电网招聘备考指导
——电工类专业本科生、研究生适用

主　编　黄绍平

副主编　张　伟

参　编　林友杰　孙　静

机械工业出版社

本书主要作为高校电工类专业本科生、研究生备考电网招聘考试的指导用书。根据国家电网招聘考试大纲，本书内容包括电工技术基础（电路原理、电力电子技术、电机学）、电力系统分析、电力系统继电保护、电气设备及主系统、高电压技术等主要课程的知识点，共45个知识单元。在每一个知识单元中，首先系统而又简明扼要地总结归纳应掌握的知识点，然后编写或精选了涵盖所有知识点的模拟测试题，其题型与电网招聘考试题型一致，包括单项选择题、多项选择题和判断题，并提供了参考答案，对部分模拟测试题给予了解析。

本书也可作为电工类专业本科生专业学习和电力企业员工专业培训资料。

图书在版编目（CIP）数据

电网招聘备考指导：电工类专业本科生、研究生适用/黄绍平主编．—北京：机械工业出版社，2022.3
ISBN 978-7-111-70096-8

Ⅰ.①电⋯ Ⅱ.①黄⋯ Ⅲ.①电力工业-工业企业-招聘-考试-中国-自学参考资料 Ⅳ.①F426.61

中国版本图书馆 CIP 数据核字（2022）第 008734 号

机械工业出版社（北京市百万庄大街22号 邮政编码100037）
策划编辑：王雅新 责任编辑：王雅新
责任校对：张晓蓉 张 薇 封面设计：马若濛
责任印制：常天培
北京机工印刷厂印刷
2022年4月第1版第1次印刷
184mm×260mm · 24.5 印张 · 608 千字
标准书号：ISBN 978-7-111-70096-8
定价：98.00 元

电话服务 网络服务
客服电话：010-88361066 机 工 官 网：www.cmpbook.com
　　　　　010-88379833 机 工 官 博：weibo.com/cmp1952
　　　　　010-68326294 金 书 网：www.golden-book.com
封底无防伪标均为盗版 机工教育服务网：www.cmpedu.com

前 言

以教材为根本,理解和系统掌握教材中的知识点,并通过一些练习题来巩固所学知识,才能在各种考试中游刃有余,取得好的成绩,达到事半功倍的效果。基于这一认知,我们为高校电工类专业本科生、研究生备考电网招聘考试编写了本书。

国家电网招聘高校电工类专业本科生的专业知识考试包括电工技术基础、电力系统分析、电力系统继电保护、电气设备及主系统、高电压技术等主要课程的内容。而招聘电工类专业研究生的考试除本科阶段的主要专业课程的内容外,还包括电网络理论、现代电力系统分析两门研究生学位专业课程的内容。本书只涉及本科阶段课程的内容。

本书依据国家电网招聘电工类专业本科生、研究生的考试大纲编写。全书内容包括电工技术基础(电路原理、电机学、电力电子技术)、电力系统分析、电力系统继电保护、电气设备及主系统、高电压技术5门课程的知识点,共45个知识单元。每一个知识单元包括主要知识点和模拟测试题两部分内容。首先系统而简明扼要地总结归纳了本单元应掌握的主要知识点,然后给出了对应这些知识点的模拟测试题。模拟测试题有单项选择题、多项选择题和判断题三种题型(与电网招聘考试一致),并提供了参考答案,并对部分测试题给予了解析。

本书由湖南工程学院黄绍平教授、林友杰副教授、孙静副教授、张伟讲师共同编写。其中,第一部分"电工技术基础"的第一~第十单元由孙静编写,第十一~第十五单元由林友杰编写;第二部分"电力系统分析",第三部分"电力系统继电保护"的第一、二单元,第四部分"电气设备及主系统",第五部分"高电压技术"由黄绍平编写;第三部分"电力系统继电保护"的第三~第六单元由张伟编写。黄绍平对本书进行统稿。研究生李博雄参与了部分校稿工作。

本书也可作为电工类专业本科生专业学习和电力企业员工专业理论培训的资料。

由于编者水平有限,书中难免会有错漏及不妥之处,敬请读者提出宝贵意见。

编 者

目 录

前言

第一部分 电工技术基础 ……………… 1
- 第一单元 电路的基本概念与基本定律 …… 2
- 第二单元 线性电阻电路的等效变换与分析 …… 8
- 第三单元 叠加原理、戴维南和诺顿定理 …… 18
- 第四单元 一阶和二阶电路的时域分析 …… 24
- 第五单元 正弦稳态电路的分析 …… 34
- 第六单元 含耦合电感电路的分析与计算 …… 44
- 第七单元 三相电路的基本概念和计算 …… 54
- 第八单元 非正弦周期电流电路的分析 …… 62
- 第九单元 二端口网络的基本概念、方程和参数 …… 65
- 第十单元 交/直流基本电参数的测量方法 …… 70
- 第十一单元 电力电子器件的原理及特性 …… 75
- 第十二单元 基本变流电路的结构及原理 …… 86
- 第十三单元 变压器的结构与工作原理 …… 100
- 第十四单元 同步电机的结构、原理及运行特性 …… 113
- 第十五单元 异步电机的结构、原理及运行特性 …… 129

第二部分 电力系统分析 ……………… 151
- 第一单元 电力系统的基本概念 …… 152
- 第二单元 电力系统各元件特性及数学模型 …… 157
- 第三单元 电力系统潮流分析与计算 …… 163
- 第四单元 电力系统有功功率和频率调整 …… 169
- 第五单元 电力系统无功功率和电压调整 …… 176
- 第六单元 电力系统故障的基本概念 …… 181
- 第七单元 电力系统简单故障分析与计算 …… 182
- 第八单元 同步发电机数学模型 …… 194
- 第九单元 电力系统稳定的基本概念 …… 201
- 第十单元 电力系统静态稳定分析 …… 204
- 第十一单元 电力系统暂态稳定分析 …… 210

第三部分 电力系统继电保护 ……………… 216
- 第一单元 电力系统继电保护的基本概念和要求 …… 217
- 第二单元 阶段式电流保护配合原理、构成和整定计算 …… 220
- 第三单元 距离保护的工作原理、动作特性和整定计算 …… 231
- 第四单元 输电线路纵联保护原理 …… 244
- 第五单元 输电线路自动重合闸的作用和要求 …… 254
- 第六单元 变压器、母线的主要故障类型、保护配置和特殊问题 …… 262

第四部分 电气设备及主系统 ……………… 273
- 第一单元 电气设备的类型及原理 …… 274
- 第二单元 电气主接线的形式、特点及倒闸操作 …… 281
- 第三单元 限制短路电流的方法 …… 293
- 第四单元 电气设备的选择 …… 296
- 第五单元 配电装置的类型及特点 …… 301
- 第六单元 变压器的运行分析 …… 304
- 第七单元 自耦变压器的特点和运行方式 …… 309

第五部分 高电压技术 ……………… 313
- 第一单元 电介质的电气特性及放电理论 …… 314
- 第二单元 输变电设备外绝缘及其放电特性 …… 336
- 第三单元 电气设备绝缘特性的测试 …… 343
- 第四单元 线路和绕组中的波过程 …… 355
- 第五单元 电力系统防雷保护 …… 364
- 第六单元 电力系统内部过电压种类及其防护措施 …… 376

附录 国家电网招聘电工类专业毕业生考试大纲 …… 384

参考文献 …… 388

第一部分

电工技术基础

第一单元　电路的基本概念与基本定律

一、主要知识点

(一) 电流和电压的参考方向

任意假定一个正电荷运动的方向为电流的参考方向。假设高电位指向低电位的方向为电压的参考方向。如果电流的实际方向与参考方向一致，则电流为正值，即 $i>0$；如果电流的实际方向与参考方向不一致，则电流为负值，即 $i<0$。同样，若电压的实际方向与参考方向一致，电压为正值，即 $u>0$；反之，若电压的实际方向与参考方向不一致，电压为负值，即 $u<0$。

如果流过元件的电流的参考方向与其两端电压的参考方向一致，则把电流和电压的这种参考方向称为关联参考方向；当两者不一致时，称为非关联参考方向。

(二) 直流功率的计算

当电压与电流采用关联参考方向时，二端元件或二端网络计算功率的公式为 $P=UI$；当电压与电流采用非关联参考方向时，二端元件或二端网络计算功率的公式为 $P=-UI$。如果 $P>0$，则该二端元件或二端网络吸收功率；如果 $P<0$，则该二端元件或二端网络发出功率。

(三) 理想电路元件

1. 电阻元件 R

(1) 定义：对电流呈现阻力的元件，是消耗电能的元件。

(2) 单位：欧姆（Ω）、千欧（kΩ）、兆欧（MΩ）。

$1\text{k}\Omega = 1000\Omega$，$1\text{M}\Omega = 1000\text{k}\Omega$。

(3) 电压—电流关系：欧姆定律 $U=RI$，其中 U 表示电阻两端的电压，I 表示流经电阻的电流。

(4) 功率：电阻元件永远吸收功率。

2. 电感元件 L

(1) 定义：产生磁场，储存磁场能量的二端元件。

(2) 单位：亨利（H）、毫亨（mH）、微亨（μH）。

$1\text{H}=1000\text{mH}$，$1\text{mH}=1000\mu\text{H}$。

(3) 电压—电流关系：VCR 的微分形式为

$$u(t) = L\frac{\mathrm{d}i(t)}{\mathrm{d}t} \tag{1-1}$$

VCR 的积分形式为

$$i(t) = \frac{1}{L}\int_{-\infty}^{t} u\mathrm{d}\xi = i(t_0) + \frac{1}{L}\int_{t_0}^{t} u\mathrm{d}\xi \tag{1-2}$$

(4) 功率：当 $P>0$ 时，电感吸收功率；当 $P<0$ 时，电感发出功率。

3. 电容元件 C

(1) 定义：产生电场，储存电场能量的二端元件。

(2) 单位：法拉（F）、微法（μH）、皮法（pF）。
$1F = 10^6 \mu F$，$1\mu F = 10^6 pF$。

(3) 电压—电流关系：VCR 的微分形式为

$$i(t) = C \frac{du(t)}{dt} \tag{1-3}$$

VCR 的积分形式为

$$u(t) = \frac{1}{C} \int_{-\infty}^{t} i d\xi = u(t_0) + \frac{1}{C} \int_{t_0}^{t} i d\xi \tag{1-4}$$

(4) 功率：当 $P>0$ 时，电容吸收功率；当 $P<0$ 时，电容发出功率。

4. 独立电源（电压源和电流源）

独立电源是将其他形式的能量转变为电能的元件。

(1) 电压源。

① 定义：两端电压总能保持定值或为一定的时间函数，其值与流过它的电流 i 无关的元件称为理想电压源。

② 电压—电流关系：

a. 电源两端电压由电源本身决定，与外电路无关，与流经它的电流方向、大小无关。

b. 通过电压源的电流由电源及外电路共同决定。

③ 功率：

a. 电压、电流参考方向非关联：$P = u_S i$，发出功率，起电源作用。

b. 电压、电流参考方向关联：$P = u_S i$，吸收功率，充当负载。

④ 注意：电压源不能短路。

(2) 电流源。

① 定义：输出电流总能保持定值或为一定的时间函数，其值与它的两端电压 u 无关的元件称为理想电流源。

② 电压—电流关系：

a. 电流源的输出电流由电源本身决定，与外电路无关，与它两端电压方向、大小无关。

b. 电流源两端的电压由电源及外电路共同决定。

③ 功率：

a. 电压、电流参考方向非关联：$P = u_S i$，发出功率，起电源作用。

b. 电压、电流参考方向关联：$P = u_S i$，吸收功率，充当负载。

④ 注意：电流源不能开路。

5. 受控源

(1) 定义：受控源又称为非独立电源，它的电压或电流的大小和方向不是给定的时间函数，而是受电路中某个地方的电压（或电流）控制的电源。

(2) 种类。

① 电压控制电压源（VCVS）：用一个电压信号控制另外一个电压信号，即 $u_2 = \mu u_1$，μ 为电压放大倍数。

② 电压控制电流源（VCCS）：用一个电压信号控制另外一个电流信号，即 $i_2 = g u_1$，g

为转移电导。

③ 电流控制电压源（CCVS）：用一个电流信号控制另外一个电压信号，即 $u_2 = ri_1$，r 为转移电阻。

④ 电流控制电流源（CCCS）：用一个电流信号控制另外一个电流信号，即 $i_2 = \beta i_1$，β 为电流放大倍数。

（四）基尔霍夫定律

1. 基尔霍夫电流定律（KCL）

在集总参数电路中，任意时刻，任一节点流出（或流入）电流的代数和等于零，换言之，流入该节点的电流等于流出该节点的电流。

KCL 反映了电荷守恒，可以推广应用于电路中包含多个节点的任一闭合面。

2. 基尔霍夫电压定律（KVL）

在集总参数电路中，任意时刻，沿任一回路，所有支路电压的代数和恒等于零。KVL 反映了能量守恒，也适用于电路中任一假想回路。

二、模拟测试题

1. [多选题] 理想电流源的（　　）在平面上是与电压轴平行的一条直线。
A. 伏安特性　　　B. 电压特性　　　C. VCR　　　D. 电压电流关系

2. [判断题] 当电路中电流的参考方向与电流的实际方向相反时，该电流一定为负值。（　　）
A. 正确　　　B. 错误

3. [单选题] 已知电路中 a、b 两点电压 $U_{ab} = 10V$，a 点电位为 4V，则 b 点电位为（　　）V。
A. 6　　　B. -6　　　C. 14　　　D. -14

4. [单选题] 电流的参考方向是指（　　）。
A. 电路任意设定方向　　　B. 电流实际方向
C. 负电荷移动方向　　　D. 正电荷移动方向

5. [单选题] 下列说法错误的是（　　）。
A. 理想电流源，不允许开路，但允许短路
B. 独立电流源的端电压决定于与它相连的外电路
C. 理想电压源两端的电压与通过它的电流无关
D. 理想电压源，不允许开路，但允许短路

6. [单选题] 根据基尔霍夫电流定律，任一瞬间，流入电路中任一节点的电流（　　）。
A. 和等于 0　　　B. 和等于常数　　　C. 代数和等于 0　　　D. 相等

7. [单选题] 电路及其对应的欧姆定律表达式分别如图 1-1a、1-1b、1-1c 所示，其中表达式正确的是（　　）。
A. 图 1-1a　　　B. 图 1-1b　　　C. 图 1-1c　　　D. 都不正确

8. [单选题] 在图 1-2 所示电路中，U_S，I_S 均为正值，其工作状态是（　　）。
A. 电压源发出功率　　　B. 电流源发出功率

C. 电压源和电流源都发出功率　　　　　D. 电压源和电流源都不发出功率

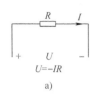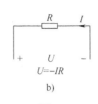

图 1-1

图 1-2

9. [单选题] 在图 1-3 所示电路中，已知电流 $I_1 = 1A$，$I_3 = -2A$，则电流 I_2 为（　　）。
 A. $-3A$　　　　B. $-1A$　　　　C. $3A$　　　　D. $1A$

10. [单选题] 在图 1-4 所示电路中，U、I 的关系式正确的是（　　）。
 A. $U = U_S + R_0 I$　　　　　　　　B. $U = U_S - R_L I$
 C. $U = U_S - R_0 I$　　　　　　　　D. $U = U_S + R_L I$

11. [单选题] 在图 1-5 所示电路中，已知 $U_S = 12V$，$I_S = 2A$。A、B 两点间的电压 U_{AB} 为（　　）。
 A. $-18V$　　　　B. $18V$　　　　C. $-6V$　　　　D. $6V$

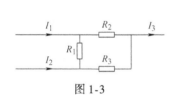　　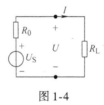　　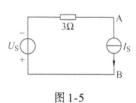

图 1-3　　　　　　　　　　图 1-4　　　　　　　　　　图 1-5

12. [单选题] 两个电阻并联时电阻值为 3Ω，串联时电阻值为 12Ω，则两个电阻值（　　）。
 A. 一定都是 6Ω　　B. 可能都是 6Ω　　C. 可能一个是 6Ω　　D. 不确定

13. [单选题] 理想电压源的电压为 U_S，短路电流为 I，则其内阻为（　　）。
 A. 0　　　　B. 无穷大　　　　C. U_S/I　　　　D. I_S/U

14. [单选题] 一根电阻线的电阻为 8Ω，现将其对折起来使用，电阻为（　　）。
 A. 16Ω　　　　B. 4Ω　　　　C. 2Ω　　　　D. 32Ω

15. [单选题] 理想电压源的外接电阻越大，则流过理想电压源的电流（　　）。
 A. 越大　　　　B. 越小　　　　C. 不能确定　　　　D. 不变

16. [单选题] 理想电流源的外接电阻越大，则电流源两端的电压（　　）。
 A. 越大　　　　B. 越小　　　　C. 不能确定　　　　D. 不变

17. [单选题] 理想电压源的外接电阻越大，则电压源两端的电压（　　）。
 A. 越大　　　　B. 越小　　　　C. 不能确定　　　　D. 不变

18. [单选题] 理想电流源的外接电阻越大，则流过理想电流源的电流（　　）。
 A. 越大　　　　B. 越小　　　　C. 不能确定　　　　D. 不变

19. [单选题] 选取关联方向某元件功率为负（$P<0$），说明该元件（　　）功率。
 A. 吸收　　　　B. 发出　　　　C. 没有吸收或发出　　　　D. 不能确定

20. [单选题] 端电压恒为 $U_S(t)$，与流过它的电流 i 无关的二端元件称为（　　）。
A. 电阻　　　　　B. 电容　　　　　C. 电压源　　　　D. 电流源

21. [单选题] 输出电流恒为 $I_S(t)$，与它两端的电压 u 无关的二端元件称为（　　）。
A. 电阻　　　　　B. 电容　　　　　C. 电压源　　　　D. 电流源

22. [单选题] 若电阻元件的电压、电流取非关联参考方向，则欧姆定律的表达式为（　　）。
A. $R = U/I$　　　B. $R = -U/I$　　C. $R = I/U$　　　D. $R = -I/U$

23. [单选题] 当参考点发生变化时，电路中其他各点的电位值将（　　），任意两点间的电压将（　　）。
A. 变化，变化　　B. 不变，不变　　C. 不变，变化　　D. 变化，不变

24. [多选题] 实现信息传送和处理的电路称为（　　）电路。
A. 电工　　　　　B. 电子　　　　　C. 强电　　　　　D. 弱电

25. [多选题] 实现电能的输送和变换的电路称为（　　）电路。
A. 电子　　　　　B. 弱电　　　　　C. 电工　　　　　D. 强电

26. [单选题] 图1-6所示电路中电流源的功率为（　　）。
A. 吸收功率6W　　　　　　　　B. 释放功率6W
C. 吸收功率 −6W　　　　　　　D. 以上都不对

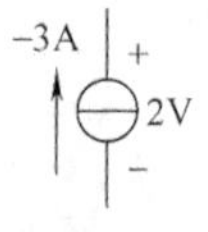

图1-6

27. [判断题] 在电路中，电流源或电压源一定是提供功率的。（　　）
A. 正确　　　　　B. 错误

28. [判断题] 电流、电压的参考方向可以任意指定，但指定的方向不同会影响问题的最后结论。（　　）
A. 正确　　　　　B. 错误

29. [判断题] 参考方向的指定具有任意性，但一经指定后，在求解过程中不得再予以变动。（　　）
A. 正确　　　　　B. 错误

30. [判断题] 电阻在任何电源回路中都是耗能的。（　　）
A. 正确　　　　　B. 错误

31. [判断题] 当电阻元件的阻值 $R = 0$ 时，可用一根短路线代替。（　　）
A. 正确　　　　　B. 错误

32. [多选题] 受电流控制的电源有（　　）。
A. VCCS　　　　　B. CCCS　　　　　C. VCVS　　　　　D. CCVS

33. [多选题] 受电压控制的电源有（　　）。
A. VCCS　　　　　B. CCCS　　　　　C. VCVS　　　　　D. CCVS

34. [单选题] 某电阻元件的额定数据为"1kΩ、2.5W"，正常使用时允许流过的最大电流为（　　）。
A. 50mA　　　　　B. 2.5mA　　　　　C. 250mA　　　　　D. 5mA

35. [判断题] 在节点处各支路电流的参考方向不能均设为流向节点，否则将只有流入节点的电流，而无流出节点的电流。（　　）
A. 正确　　　　　B. 错误

36. [判断题] 沿顺时针和逆时针列写 KVL 方程,其结果是相同的。( )
   A. 正确　　　　　　　B. 错误

37. [判断题] 基尔霍夫定律既适用于线性电路也适用非线性电路。( )
   A. 正确　　　　　　　B. 错误

38. [判断题] 在列某节点的电流方程时,均以电流的参考方向来判断电流是"流入"还是"流出"节点。( )
   A. 正确　　　　　　　B. 错误

39. [判断题] 基尔霍夫电流定律是指沿回路绕行一周,各段电压的代数和一定为零。( )
   A. 正确　　　　　　　B. 错误

40. [判断题] 应用基尔霍夫定律列写方程式时,可以不参照参考方向。( )
   A. 正确　　　　　　　B. 错误

41. [判断题] 当回路中各元件电压的参考方向与回路的绕行方向一致时,电压取正号,反之取负号。( )
   A. 正确　　　　　　　B. 错误

42. [单选题] 电路如图1-7所示,$I = ($ $)$ A。
   A. 2　　　　B. 7　　　　C. 5　　　　D. 6

43. [单选题] 电路如图1-8所示,$E = ($ $)$ V。
   A. 3　　　　B. 4　　　　C. -4　　　　D. -3

44. [单选题] 如图1-9所示电路中,I_1 和 I_2 的关系为( )。
   A. $I_1 < I_2$　　B. $I_1 > I_2$　　C. $I_1 = I_2$　　D. 不确定

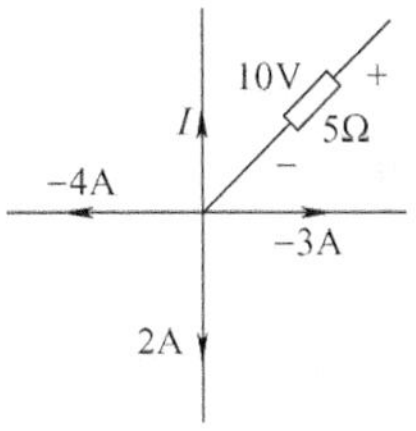

图1-7 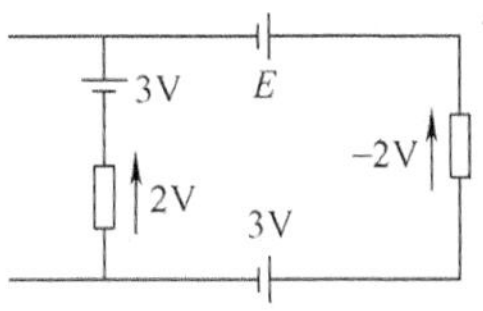　　　　　图1-8 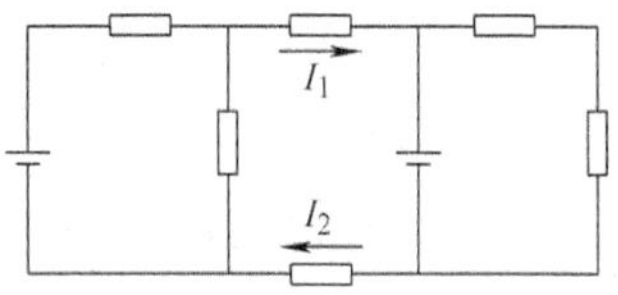　　　　　图1-9

45. [多选题] 电容是( )元件。
   A. 耗能　　　B. 储能　　　C. 记忆　　　D. 无记忆

46. [单选题] 两个电容 $C_1 = 3\mu F$,$C_2 = 6\mu F$ 串联时,其等效电容值为( )μF。
   A. 9　　　　B. 3　　　　C. 6　　　　D. 2

47. [单选题] 电感在直流稳态电路中相当于( )。
   A. 短路　　　B. 开路　　　C. 电感　　　D. 电容

48. [多选题] 电感 L 是( )元件。
   A. 耗能　　　B. 储能　　　C. 记忆　　　D. 无记忆

49. [单选题] 电容在直流稳态电路中相当于( )。
   A. 短路　　　B. 开路　　　C. 电感　　　D. 电容

50. [单选题] 图 1-10 所示电路，电容 C_{ab} 等于（　　）。
A. 1F B. 4F
C. 9F D. 11F

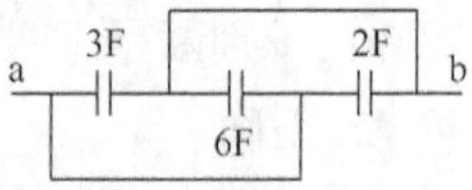

图 1-10

【参考答案与解析】

1. ACD。[解析] VCR 是 Voltage Current Relationship（电压电流关系）的缩写，又称为伏安特性关系。根据理想电流源模型，电压变化时，电流保持恒定不变，伏安特性是与电压轴平行的直线。

2. A 3. B 4. A 5. D 6. C 7. B 8. B 9. A 10. C 11. A 12. A 13. A 14. C 15. B 16. A 17. D 18. D 19. B 20. C 21. D

22. B。[解析] 电阻元件的电压、电流取关联参考方向时，$R = U/I$；若取非关联方向时，$R = -U/I$，注意有一个负号。

23. D 24. BD 25. CD 26. A 27. B 28. B 29. A 30. A 31. A 32. BD 33. AC 34. A 35. B 36. A 37. A 38. A 39. A 40. B 41. A 42. B 43. B 44. C 45. BC 46. D 47. A 48. BC 49. B

50. D。[解析] 这是电容的并联电路，$C_{ab} = 3 + 6 + 2 = 11F$。

第二单元　线性电阻电路的等效变换与分析

一、主要知识点

（一）两端电路等效的概念

两个两端电路，若其端口具有相同的电压、电流关系，则称它们是等效的电路。电路等效变换的对象是未变化的外电路中的电压、电流和功率，即等效变换时对外等效，对内不等效。电路等效变换的目的是化简电路，方便计算。

（二）电阻的串联和并联

1. 电阻的串联

（1）等效电阻为 $R_{eq} = \sum_{k=1}^{n} R_k > R_k$。

（2）串联电阻电路可作为分压电路。

2. 电阻的并联

（1）等效电阻为 $\frac{1}{R_{eq}} = G_{eq} = \sum_{k=1}^{n} G_k > G_k$（$G_k$ 为电导，$G_k = \frac{1}{R_k}$，是电阻的倒数，单位是西门子（S））。

（2）并联电阻电路可以进行分流。

3. 电阻的串并联

电路中既有电阻的串联，又有电阻的并联。在分析该类题目时关键在于识别各电阻的串联、并联关系。

(三) 电阻Y联结和△联结的等效变换

1. Y→△变换

$$R_\triangle = \frac{\text{Y电阻两两乘积之和}}{\text{Y不相邻电阻}}$$

2. △→Y变换

$$R_Y = \frac{\text{△相邻电阻的乘积}}{\text{△电阻之和}}$$

若 Y 联结或△联结的三个电阻相等，则

$$R_\triangle = 3R_Y$$

(四) 电压源与电流源的等效变换

1. 理想电压源的串并联

(1) 理想电压源的串联：利用回路的 KVL 方程进行列写，在列写过程中注意电压源电压的参考方向。

(2) 理想电压源的并联：注意相同理想电压源才能并联，电源中的电流不确定。

2. 理想电流源的串并联

(1) 理想电流源的串联：注意相同的理想电流源才能串联，每个电流源的端电压不能确定。

(2) 理想电流源的并联：利用节点的 KCL 方程进行列写，在列写过程中注意电流源电流的参考方向。

3. 实际电源的等效变换

(1) 实际电压源的伏安特性为 $u = u_s - R_s i$。不管是理想电压源，还是实际电压源，都不允许短路。对于实际电压源，希望其内阻趋近于 0。

(2) 实际电流源的伏安特性为 $i = i_s - \frac{u}{R_s}$。不管是理想电流源，还是实际电流源，都不允许开路。对于实际电流源，希望其内阻趋近于无穷大。

(3) 实际电源等效变换的条件是：

① 数值关系：$i_s = \frac{u_s}{R_s}$，$R_s = R_s$。

② 方向关系：电流源电流的参考方向与电压源电压的参考方向相反。

(五) 基尔霍夫定律的独立方程

1. 独立的 KCL 方程数

若电路中有 n 个节点，则独立的 KCL 方程数为 $(n-1)$ 个。

2. 独立的 KVL 方程数

若电路中有 n 个节点，b 条支路，则独立的 KVL 方程数为 $(b-n+1)$ 个，即基本回路数。

（六）支路电流法

1. 定义

以支路电流为未知量列写电路方程，分析电路的方法。

2. 分析

对于有 n 个节点、b 条支路的电路，要求解支路电流，未知量共有 b 个。因此，只需要列写 b 个独立的电路方程便可以求解这 b 个变量。b 个独立方程由 $(n-1)$ 个独立的 KCL 方程和 $(b-n+1)$ 个独立的 KVL 方程组成。

3. 支路电流法分析电路的一般步骤

（1）标定各支路电流（电压）的参考方向。

（2）选定 $(n-1)$ 个节点，列写其 KCL 方程。

（3）选定 $(b-n+1)$ 个独立回路，指定回路的绕行方向，列写其 KVL 方程。

（4）求解上述方程，得到 b 个支路电流。

（5）进一步计算支路电压或进行其他分析。

4. 支路电流法的特点

（1）方程列写方便、直观。

（2）方程数较多，适合在支路数不多的情况下使用。

5. 支路电流法的常见题型

（1）电路中仅含电阻和电压源：按照支路电流法分析电路的一般步骤求解。

（2）电路中含有理想电流源支路。

方法①：先设电流源两端的电压为 U，再按照支路电流法分析电路的一般步骤求解。此时因引入了一个未知量 U，所以需要增补一个方程，即电流源所在支路的电流方程。

方法②：在选择基本回路时，避开电流源支路取回路。

（3）电路中含有受控源支路，方程列写分两步：

① 先将受控源看作独立源列方程；

② 将控制量用未知量来表示。

（七）网孔电流法

1. 定义

以沿网孔连续流动的假想电流（网孔电流）为未知量列写电流方程，分析电流的方法。

2. 分析

网孔电流在网孔中是闭合的，对每一个相关节点均流进一次，流出一次，因此 KCL 方程自动满足。故网孔电流法是对网孔回路列写 KVL 方程，方程数为网孔数。

3. 网孔电流法方程的标准形式

对于具有 l 个网孔的电路，有

$$\begin{cases} R_{11}i_{l1} + R_{12}i_{l2} + \cdots + R_{1l}i_{ll} = u_{sl1} \\ R_{21}i_{l1} + R_{22}i_{l2} + \cdots + R_{2l}i_{ll} = u_{sl2} \\ \quad\quad\quad\quad\quad\quad \vdots \\ R_{l1}i_{l1} + R_{l2}i_{l2} + \cdots + R_{ll}i_{ll} = u_{sll} \end{cases} \quad (1\text{-}5)$$

式中，$R_{kk}(k=1, 2, \cdots, l)$ 是网孔 k 的自电阻，即网孔 k 的所有电阻之和，总为正。$R_{jk}(j=1, 2, \cdots, l, j \neq k)$ 是网孔 j 与网孔 k 间的互电阻。若流过互电阻的两个网孔电流方向相同，则该互电阻为正；若流过互电阻的两个网孔电流方向相反，则该互电阻为负。u_{sl1}、u_{sl2}、$\cdots$、u_{sll} 分别为网孔 1、2、$\cdots$、l 中所有电压源电压的代数和。i_{l1}、i_{l2}、$\cdots$、i_{ll} 分别为网孔 1、2、$\cdots$、l 的电流。当电压源电压方向与该网孔电流方向一致时，取负号；反之，取正号。

4. 网孔电流法分析电路的一般步骤

（1）选网孔为独立回路，并确定其绕行方向。

（2）以网孔电流为未知量，列写其 KVL 方程。

（3）求解上述方程，得到 1 个网孔电流。

（4）求各支路电流。

（5）进一步进行其他分析。

5. 网孔电流法的特点

仅适用于平面电路。

（八）回路电流法

1. 定义

以基本回路中沿回路连续流动的假想电流（回路电流）为未知量列写电路方程，分析电路的方法。

2. 分析

回路电流法是对独立回路列写 KVL 方程，方程数为 $(b-n+1)$ 个。

3. 回路电流法方程的标准形式

回路电流法方程的标准形式与网孔电流法方程的标准形式相同。

4. 回路电流法分析电路的一般步骤

（1）选取 $(b-n+1)$ 个独立回路，并确定其绕行方向。

（2）对 1 个独立回路，以回路电流为未知量，列写其 KVL 方程。

（3）求解上述方程，得到 1 个回路电流。

（4）求各支路电流。

（5）进一步进行其他分析。

5. 回路电流法的特点

（1）通过灵活的选取回路可以减少计算量。

（2）互电阻的识别难度加大，易遗漏互电阻。

6. 回路（网孔）电流法的常见题型

（1）电路中仅含电阻和电压源。

解决方法：按照回路（网孔）电流法分析电路的一般步骤求解。

（2）电路中含有理想电流源支路。

解决方法有两种：①先设电流源两端的电压为 U，再按照回路（网孔）电流法分析电路的一般步骤求解。此时因引入了一个未知量 U，所以需要增补一个方程，即回路电流和电流源电流的关系方程。②在选择独立回路时，使理想电流源支路仅仅属于一个回路，该回路电流即为电流源电流。

（3）电路中含有受控源支路。

解决方法：方程列写分两步：①先将受控源看作独立源列方程；②将控制量用未知量（回路电流）来表示。

（九）节点电压法

1. 定义

以节点电压为未知量列写电路方程，分析电路的方法。

2. 分析

选节点电压为未知量，则 KVL 自动满足。因此节点电压方程列写的是 KCL 方程，方程数为 $(n-1)$ 个。

3. 节点电压法方程的标准形式

对于具有 n 个节点的电路，有

$$\begin{cases} G_{11}u_{n1} + G_{12}u_{n2} + \cdots + G_{1,n-1}u_{n,n-1} = i_{sn1} \\ G_{21}u_{n1} + G_{22}u_{n2} + \cdots + G_{2,n-1}u_{n,n-1} = i_{sn2} \\ \quad\quad\quad\quad\quad\quad\vdots \\ G_{n-1,1}u_{n1} + G_{n-1,2}u_{n2} + \cdots + G_{n-1,n-1}u_{n,n-1} = i_{sn,n-1} \end{cases} \tag{1-6}$$

式中，$G_{ii}(i=1,2,\cdots,n)$ 是自电导，它是接在 i 节点上所有支路的电导之和，总为正。$G_{ij}(j=1,2,\cdots,n, j\neq i)$ 是互电导，它是节点 i 和节点 j 之间所有支路的电导之和，总为负。i_{sni} 是电流源电流，是流入节点 i 的所有电流源电流的代数和。流入节点的电流源电流为正，流出节点的电流源电流为负。u_{ni} 为节点 i 的电压。

4. 节点电压法分析电路的一般步骤

（1）选定参考节点，标定 $(n-1)$ 个独立节点。

（2）对 $(n-1)$ 个独立节点，以节点电压为未知量，列写其 KCL 方程。

（3）求解上述方程，得到 $(n-1)$ 个节点电压。

（4）通过节点电压求各支路电流。

（5）进一步进行其他分析。

5. 节点电压法的特点

适用于节点较少的电路。

6. 节点电压法的常见题型

（1）电路中仅含电阻和电流源（或电压源与电阻的串联支路）。

解题方法：按照节点电压法分析电路的一般步骤求解。

（2）电路中含有无伴电压源支路。

解题方法：①先设无伴电压源的电流为 I，再按照节点电压法分析电路的一般步骤求解。此时因引入了一个未知量 I，所以需要增补一个方程，即节点电压与无伴电压源电压之间的关系方程。②选择无伴电压源的负端为参考节点。

(3) 电路中含有受控源支路。

解题方法：①先将受控源看作独立源列方程。②将控制量用未知量（节点电压）来表示。

二、模拟测试题

1. [多选题] 下列关于线性电阻电路的分析，正确的有（　　）。
   A. 当两个网络的电压电流关系完全相同时，则这两个网络是互相等效的
   B. 并联电路中的等效电阻必大于任何一个并联的电阻
   C. 两个电压完全相同的电压源才能并联
   D. 两个电流完全相同的电流源才能并联

2. [多选题] 关于电源等效变换的关系，下列叙述正确的是（　　）。
   A. 当 n 个电压源串联时，可以等效为一个电压源 U_s，其数值为 n 个串联电压源电压的代数和
   B. 当 n 个电流源串联时，可以等效为一个电流源 i_s，其数值为 n 个串联电流源电流的代数和
   C. 当一个电压源 U_s 与一个电流源 i_s 相并联时，可以等效为电压源 U_s
   D. 当一个电压源 U_s 与一个电流源 i_s 相串联时，可以等效为电流源 i_s

3. [单选题] 在图 1-11 所示电路中，电阻 $R=40\Omega$，该电路的等效电阻 R_{AB} 为（　　）。
   A. 10Ω　　B. 20Ω　　C. 40Ω　　D. 30Ω

4. [单选题] 图 1-12 中 A、B 端的等效电阻 R_{AB} 为（　　）。
   A. 6Ω　　B. 7Ω　　C. 9Ω　　C. 8Ω

5. [单选题] 图 1-13 所示一端口网络的输入电阻 R_{AB} 为（　　）。
   A. $R_1 + (1+\beta)R_2$　　　　B. $R_1 + R_2$
   C. $R_2 + (1+\beta)R_1$　　　　D. $R_2 - (1+\beta)R_1$

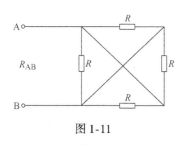

图 1-11

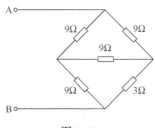

图 1-12

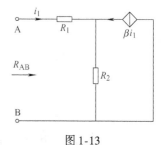

图 1-13

6. [单选题] 图 1-14 所示电路中，对负载电阻 R_L 而言，点画线框中的电路可用一个等效电源代替，该等效电源是（　　）。
   A. 理想电压源　　　　　　　B. 理想电流源
   C. 理想电压源或理想电流源　　D. 不能等效

7. [单选题] 如图 1-15 所示电路，就外特性而言，（　　）。
   A. a、b 等效　　　　　　　　B. a、d 等效
   C. a、b、c、d 均等效　　　　D. b、c 等效

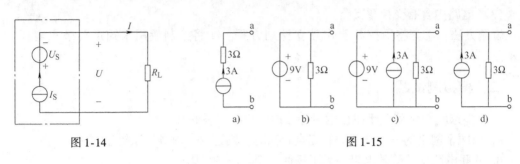

图 1-14　　　　　　　　　　　图 1-15

8. [单选题] 在图 1-16 所示电阻 R_1 和 R_2 并联电路中，支路电流 I_2 等于（　　）。

图 1-16

A. $\dfrac{R_1}{R_1+R_2}I$　　　　　　B. $\dfrac{R_2}{R_1+R_2}I$

C. $\dfrac{R_1+R_2}{R_1}I$　　　　　　D. $\dfrac{R_1+R_2}{R_2}I$

9. [单选题] 一个有 7 个节点，8 条支路的电路，有（　　）个独立节点电压方程。

A. 7　　　　B. 4　　　　C. 6　　　　D. 8

10. [单选题] 下列关于网孔电流法的说法中错误的是（　　）。

A. 自阻总是正的

B. 互阻有正有负

C. 两网孔电流在共有支路上的参考方向相同则互阻为正

D. 两网孔电流在共有支路上的参考方向相反则互阻为正

11. [判断题] 电压相等且电压极性一致的电压源才能串联。（　　）

A. 正确　　　　B. 错误

12. [判断题] 两个电路等效，是指其对端口以外的部分作用效果相同。（　　）

A. 正确　　　　B. 错误

13. [判断题] 回路电流是为了减少方程个数而人为假想的绕回路流动的电流。（　　）

A. 正确　　　　B. 错误

14. [判断题] 网孔分析法和节点分析法只适用于直流电路。

A. 正确　　　　B. 错误

15. [单选题] 在图 1-17 所示电路中，各电阻值和 U_S 值均已知。欲用支路电流法求解流过电阻 R_G 的电流 I_G，需列出独立的 KCL 和 KVL 方程数分别为（　　）。

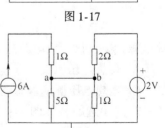

图 1-17

A. 4 和 3　　　　B. 3 和 3

C. 3 和 4　　　　D. 4 和 4

16. [单选题] 图 1-18 所示电路中节点 a 的节点方程为（　　）。

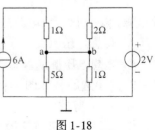

图 1-18

A. $1.7U_a = 7$　　　　B. $2.7U_a = 7$

C. $U_a = -6$　　　　D. $9U_a = -7$

17. [单选题] 列网孔电流方程时,要把元件和电源变为（　　）才可列方程式。
   A. 电导元件和电压源　　　　　　B. 电阻元件和电压源
   C. 电导元件和电流源　　　　　　D. 电阻元件和电流源

18. [单选题] 图1-19所示电路中网孔1的网孔电流方程为（　　）。
   A. $11I_{m1} - 3I_{m2} = 5$
   B. $11I_{m1} + 3I_{m2} = 5$
   C. $11I_{m1} + 3I_{m2} = -5$
   D. $11I_{m1} - 3I_{m2} = -5$

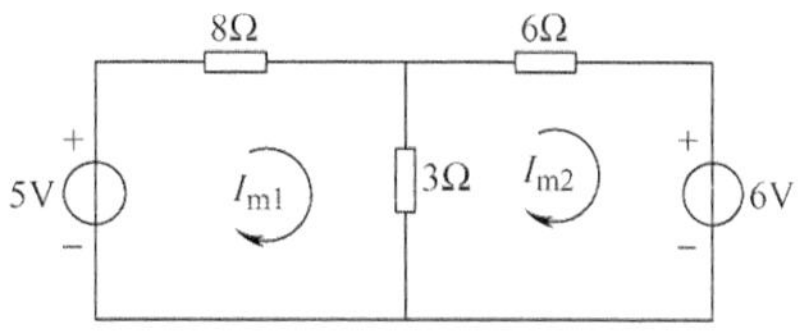

图 1-19

19. [判断题] 回路分析法与网孔分析法的方法相同,只是用独立回路代替网孔而已。（　　）
   A. 正确　　　　B. 错误

20. [单选题] 自动满足基尔霍夫电压定律的电路求解法是（　　）。
   A. 支路电流法　　B. 回路电流法　　C. 节点电压法　　D. 网孔电流法

21. [单选题] 自动满足基尔霍夫电流定律的电路求解法是（　　）。
   A. 支路电流法　　B. 回路电流法　　C. 节点电压法　　D. 都满足

22. [多选题] 关于串联电阻电路的描述正确的是（　　）。
   A. 串联电阻电路中各电阻两端电压相等
   B. 各电阻上分配的电压与其阻值成反比
   C. 各电阻上消耗的功率之和等于电路所消耗的总功率
   D. 流过每一个电阻的电流相等

23. [单选题] 电路中串联电阻的作用是（　　）。
   A. 分压　　　B. 分流　　　C. 既分压也分流　　D. 既不分压也不分流

24. [单选题] 电路中并联电阻的作用是（　　）。
   A. 分压　　　B. 分流　　　C. 既分压也分流　　D. 既不分压也不分流

25. [单选题] 两个电阻串联,$R_1:R_2=1:2$,总电压为30V,则U_1的大小为（　　）。
   A. 5V　　　B. 10V　　　C. 15V　　　D. 20V

26. [单选题] 一个电压源与一个电阻的串联,可以等效为（　　）。
   A. 一个电压源与一个电阻的并联　　　B. 一个电流源与一个电阻的并联
   C. 一个电流源与一个电阻的串联　　　D. 一个电压源与一个电流源的并联

27. [单选题] 将一小灯泡与滑动变阻器串联后接到理想电流源上,当滑动变阻器的电阻减小时,小灯泡的电压（　　）,所以小灯泡的亮度（　　）。
   A. 减小,变暗　　B. 减小,变亮　　C. 增大,变亮　　D. 不变,不变

28. [单选题] 将一小灯泡与滑动变阻器串联后接到理想电压源上,当滑动变阻器的电阻减小时,小灯泡的电压（　　）,所以小灯泡的亮度（　　）。
   A. 减小,变暗　　B. 减小,变亮　　C. 增大,变亮　　D. 不变,不变

29. [单选题] 关于电源等效变换的关系,下列叙述正确的是（　　）。
   A. 当一个理想电压源与一个实际电压源并联时,可等效为一个实际电压源
   B. 当一个理想电压源与一个实际电流源并联时,可等效为一个理想电压源

C. 当一个理想电流源与一个实际电压源串联时，可等效为一个实际电压源
D. 当一个理想电流源与一个实际电流源串联时，可等效为一个实际电流源

30. [单选题] 通过电阻上的电流增大到原来的 4 倍，则它所消耗的功率增大到原来的（　　）倍。
   A. 4　　　　　　　B. 8　　　　　　　C. 12　　　　　　D. 16

31. [单选题] 下列电路中，（　　）电路使用节点电压法求解较简单。
   A. 具有两个节点，支路电路较多　　　B. 具有两个节点，两条支路
   C. 节点数较多，支路较少　　　　　　D. 节点数较多，回路电路较少

32. [判断题] 只有电流相等、极性一致的电流源才允许串联。（　　）
   A. 正确　　　　　　B. 错误

33. [判断题] 网孔电流法、回路电流法和节点电压法只适应于直流电路。（　　）
   A. 正确　　　　　　B. 错误

34. [判断题] 串联电路中若一个用电器的内部开路，则其余的用电器仍可能正常工作。（　　）
   A. 正确　　　　　　B. 错误

35. [判断题] 网孔是回路，但回路不一定是网孔。（　　）
   A. 正确　　　　　　B. 错误

36. [多选题] 以电流变量为未知量，列写方程求解的方法是（　　）。
   A. 支路电流法　　B. 回路电流法　　C. 节点电压法　　D. 网孔电流法

37. [单选题] 电路如图 1-20 所示，a、b 端的等效电阻 R_{ab} =（　　）Ω。
   A. 2.4　　　　　　B. 2　　　　　　C. 3　　　　　　D. 4

38. [单选题] 在图 1-21 所示电路中，电源电压 U = 6V。若使电阻 R 上的电压 U_1 = 4V，则电阻 R 为（　　）Ω。
   A. 2　　　　　　　B. 4　　　　　　C. 6　　　　　　D. 8

39. [单选题] 图 1-22 所示电路中，a、b 端的等效电阻 R_{ab} 为（　　）Ω。
   A. 2　　　　　　　B. 4　　　　　　C. 6　　　　　　D. 8

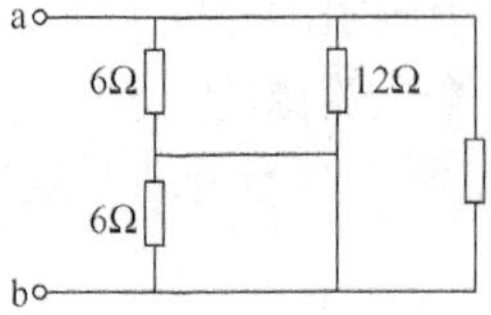

图 1-20 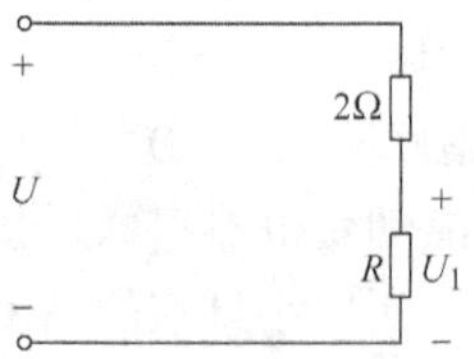　　　　　　　图 1-21 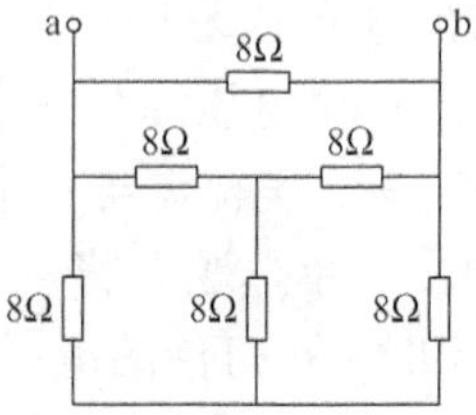　　　　　　　图 1-22

40. [单选题] 图 1-23 所示电路中 a、b 端的等效电阻 R_{ab} 为（　　）Ω。
   A. 2　　　　　　　B. 4　　　　　　C. 6　　　　　　D. 8

41. [单选题] 电压源"20V、4Ω"等效为电流源时，其电流源 I_s =（　　）A，内阻 R_i =（　　）Ω。
   A. 5，4　　　　　　B. 5，5　　　　　C. 4，4　　　　　D. 20，4

42. ［判断题］理想电压源的内阻可以看作是零；理想电流源的内阻可以看作是无穷大。（ ）
   A. 正确　　　　　　B. 错误
43. ［单选题］电路如图 1-24 所示，电流 $I =$（ ）A。
   A. -2　　　　　　B. 2　　　　　　C. -3　　　　　　D. 3

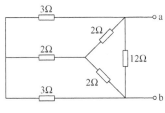

图 1-23

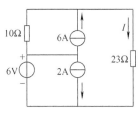

图 1-24

44. ［单选题］电路如图 1-25 所示，电压 $u =$（ ）。
   A. -20V　　　　　B. 20V　　　　　C. -10V　　　　　D. 10V
45. ［单选题］如图 1-26 所示电路中，已知 $U_{S1} = 9V$，$U_{S2} = 4V$，电阻 $R_1 = 1\Omega$，$R_2 = 2\Omega$，$R_3 = 3\Omega$，则支路电流 $I_1 =$（ ）A。
   A. 3　　　　　　B. -3　　　　　　C. -1　　　　　　D. 2
46. ［单选题］电路如图 1-27 所示，支路电流 $I_1 =$（ ）A。
   A. 1.2　　　　　　B. -0.8　　　　　C. 2　　　　　　D. 1.6

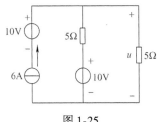

图 1-25

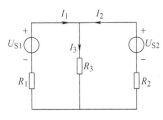

图 1-26

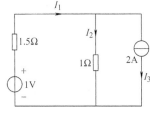

图 1-27

47. ［单选题］电路如图 1-28 所示，则受控源支路电流 $I =$（ ）A。（保留两位小数）
   A. 4.33　　　　　B. 1.33　　　　　C. 2.67　　　　　D. 1.67
48. ［单选题］如图 1-29 所示电路，回路 1 的自电阻为（ ）Ω。
   A. 4　　　　　　B. 3　　　　　　C. 2　　　　　　D. 1

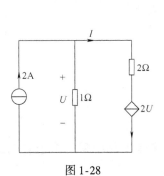

图 1-28

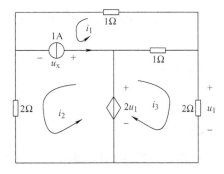

图 1-29

49. [单选题] 如图 1-29 所示电路，回路 3 与回路 2 之间的互电阻为（　　）Ω。
A. 2　　　　B. 3　　　　C. 1　　　　D. 0

50. [单选题] 如图 1-29 所示电路，回路 1 的电流为（　　）A。
A. 1　　　　B. 2　　　　C. -1　　　　D. -2

51. [单选题] 电路如图 1-30 所示，a 节点的自电导为（　　）S。
A. 1　　　　B. 8　　　　C. 0.5　　　　D. -1

52. [多选题] 如图 1-31 所示电路，参考节点已标出，则节点电压方程正确的是（　　）。
A. $U_1 = 34\text{V}$
B. $\left(\dfrac{1}{6}+\dfrac{1}{6}\right)U_1 - \dfrac{1}{6}U_2 = -1$
C. $\left(\dfrac{1}{6}+\dfrac{1}{6}+\dfrac{1}{6}\right)U_2 - \dfrac{1}{6}U_3 - \dfrac{1}{6}\times 34 = 0$
D. $-\dfrac{1}{6}U_2 + \left(\dfrac{1}{6}+\dfrac{1}{4}\right)U_3 = 1$

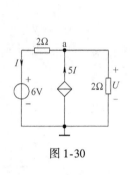

图 1-30

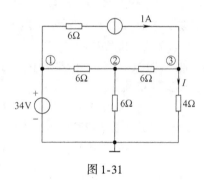

图 1-31

53. [单选题] 如图 1-31 所示电路，I 为（　　）A。
A. 1　　　　B. 2　　　　C. 3　　　　D. -1

【参考答案与解析】

1. AC　2. ACD　3. A　4. B　5. A　6. B　7. D　8. A　9. C　10. D　11. B　12. A
13. A　14. B　15. B　16. A　17. B　18. A　19. A　20. C　21. B　22. CD　23. A　24. B
25. B　26. B　27. D　28. C　29. B　30. A　31. A　32. A　33. A　34. B　35. A　36. ABD
37. B　38. B　39. B　40. A　41. A　42. A　43. D　44. B　45. A　46. A　47. B　48. C
49. D　50. B　51. A　52. ACD　53. B

第三单元　叠加原理、戴维南和诺顿定理

一、主要知识点

(一) 叠加原理

1. 内容

在线性电路中，任一支路的电流（或电压）可以看成是电路中每一个独立电源单独作用于电路时，在该支路产生的电流（或电压）的代数和。

2. 说明

（1）叠加原理只适用于线性电路。

（2）一个电源作用时，其他电源要置零，即电压源短路，电流源开路。

（3）功率不能叠加。

（4）电压或电流在叠加时要注意各分量的参考方向。

（5）含受控源（线性）电路也可以进行叠加，但受控源应始终保留在各分电路中。

（6）叠加方式是任意的，可以一次一个独立源单独作用，也可以一次几个独立源同时作用，目的是为了使分析计算简便。

（二）戴维南定理

1. 内容

任何一个线性有源一端口网络，对外电路来说，总可以用一个电压源和电阻的串联组合来等效置换。此电压源的电压等于外电路断开时端口处的开路电压 u_{oc}，而电阻等于一端口的输入电阻（或等效电阻 R_{eq}）。

2. 应用

（1）开路电压 u_{oc} 的计算。视电路形式选择前面学过的方法，使易于计算。

（2）等效电阻 R_{eq} 的计算。

① 当网络内部不含有受控源时，可采用电阻串并联和 △→Y 等效变换的方法进行计算。注意在计算前，独立源要置零。

② 当网络内部含有受控源时，可采用外加电源法（加电压源 u 求电流 i 或加电流源 i 求电压 u）进行计算。注意在加电源前，独立源要置零。等效电阻为

$$R_{eq} = \frac{u}{i} \tag{1-7}$$

③ 开路电压，短路电流法。等效电阻为

$$R_{eq} = \frac{u_{oc}}{i_{sc}} \tag{1-8}$$

3. 说明

（1）外电路可以是线性的，也可以是非线性的。外电路发生改变时，有源一端口网络的等效电路不变。

（2）当一端口内部含有受控源时，控制电路与受控源必须包含在被简化的同一部分电路中。

（3）计算含受控源电路的等效电阻时，是采用外加电源法，还是开路电压、短路电流法，要具体问题具体分析，以计算简便为好。

4. 戴维南定理分析电路的一般步骤

（1）断开待求支路，获得一端口有源网络。

（2）求开路电压 u_{oc}。

（3）求等效电阻 R_{eq}。

（4）画戴维南等效电路。

（5）接上待求支路，求解需要求的量。

(三) 诺顿定理

1. 内容

任何一个线性有源一端口网络，对外电路来说，总可以用一个电流源和电阻的并联组合来等效置换。此电流源的电流等于该一端口的短路电流 i_{sc}，电阻等于一端口的输入电阻（或等效电阻 R_{eq}）。

2. 应用

（1）短路电流 i_{sc} 的计算。视电路形式选择前面学过的方法，使易于计算。

（2）等效电阻 R_{eq} 的计算。同戴维南定理中等效电阻 R_{eq} 的计算。

3. 说明

（1）若一端口网络的等效电阻 $R_{eq}=0$，则该一端口网络只有戴维南等效电路，无诺顿等效电路。

（2）若一端口网络的等效电阻 $R_{eq}=\infty$，则该一端口网络只有诺顿等效电路，无戴维南等效电路。

（3）一般情况，诺顿等效电路可由戴维南等效电路经电源等效变换得到。

4. 诺顿定理分析电路的一般步骤

（1）断开待求支路，获得一端口有源网络。

（2）求短路电流 i_{sc}。

（3）求等效电阻 R_{eq}。

（4）画诺顿等效电路。

（5）接上待求支路，求解需要求的量。

二、模拟测试题

1. [单选题] 在叠加原理中，独立源置零的方法为（　　）。

A. 电压源用开路替代，电流源用开路替代

B. 电压源用短路替代，电流源用开路替代

C. 电压源用短路替代，电流源用短路替代

D. 电压源用开路替代，电流源用短路替代

2. [多选题] 关于叠加原理的应用，下列叙述中错误的是（　　）。

A. 不适用于非线性电路，仅适用于线性电路

B. 在线性电路中，能用其计算各分电路的功率，然后进行叠加得到原电路的功率

C. 适用于非线性电路，且对于不作用的电压源可用短路替代

D. 适用于线性电路，且对于不作用的电流源可用短路替代

3. [判断题] 叠加原理只适用于直流电路的分析。（　　）

A. 正确　　　　　B. 错误

4. [判断题] 受控源在应用叠加原理时，不能单独作用，也不能消去，其大小和方向都随控制量变化。（　　）

A. 正确　　　　　B. 错误

5. ［单选题］如图 1-32 所示电路，已知 $U_S=1V$，$I_S=1A$ 时，$U_0=0V$；$U_S=10V$，$I_S=0A$ 时，$U_0=1V$；则 $U_S=0V$，$I_S=10A$ 时，$U_0=(\quad)V$。

   A. -1　　　　　　　　　　　　B. 1
   C. 2　　　　　　　　　　　　　D. -2

6. ［单选题］图 1-33 所示电路中，电压 $U_{AB}=10V$，当电流源 I_S 单独作用时，电压 U_{AB} 将（　　）。

   A. 变大　　　　　　　　　　　　B. 变小
   C. 不变　　　　　　　　　　　　D. 不能确定

7. ［单选题］在图 1-34 所示电路中，已知 $I_S=5A$，当 I_S、U_S 共同作用时，$U_{AB}=4V$。那么当电压源 U_S 单独作用时，电压 U_{AB} 应为（　　）。

   A. $-2V$　　　　　　　　　　　B. $6V$
   C. $8V$　　　　　　　　　　　　D. $2V$

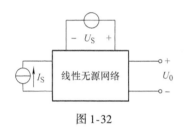

图 1-32

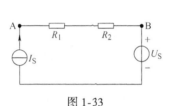

图 1-33

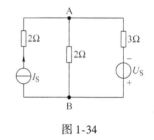

图 1-34

8. ［单选题］实验测得某有源二端线性网络在关联参考方向下的外特性曲线如图 1-35 所示，则它的戴维南等效电压源的参数 U_S 和 R_0 分别为（　　）。

   A. $2V$，1Ω　　　　　　　　B. $1V$，0.5Ω
   C. $-1V$，2Ω　　　　　　　D. $1V$，2Ω

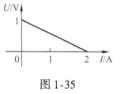

图 1-35

9. ［单选题］下列说法错误的是（　　）。

   A. 诺顿定理只适用线性电路
   B. 一有源线性一端口网络 N，对外电路来说，可以用一个电压源和电阻的串联组合来等效置换
   C. 应用诺顿定理时，要考虑负载性质
   D. 叠加原理中，原电路的响应为相应分电路中分响应的和

10. ［单选题］下列说法错误的是（　　）。

    A. 戴维南定理不适用于无源二端网络
    B. 同一个电路的等效戴维南电路和诺顿电路中的等效电阻是相同的
    C. 在用戴维南定理求解电路时，将电路所有电源置零后，可以得到该电路的等效电阻
    D. 诺顿定理中，其等效内阻 R_0 等于该网络中所有独立源均置零（理想电压源视为短接，理想电流源视为开路）时的等效电阻

11. ［多选题］戴维南定理的解题步骤为（　　）。

    A. 断开待求支路，对断开的两个端钮分别标以记号

B. 对有源二端网络求解其开路电压 U_{oc}

C. 对无源二端网络求解其输入电阻 R

D. 让开路电压 U_{oc} 等于戴维南等效电路的电压源 U_s，输入电阻 R 等于戴维南等效电路的内阻 R_0，在戴维南等效电路两端断开处重新把待求支路接上，根据欧姆定律求出其电流或电压

12. [单选题] 某一有源二端线性网络如图1-36所示，已知 $U_{S1}=1V$，$I_{S1}=2A$。该网络的戴维南等效电压源如右图所示，其中 U_S 值为（　　）。

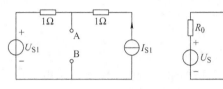

图1-36

A. 1V　　　　B. 2V
C. 3V　　　　D. 4V

13. [判断题] 戴维南定理只对外电路等效，对内电路不等效。也就是说，不可应用该定理求出等效电源和内阻之后，又返回来求原电路（即有源二端网络内部电路）的电流和功率。（　　）

A. 正确　　　　B. 错误

14. [判断题] 在进行戴维南定理化简电路的过程中，如果出现受控源，应注意除源后的二端网络等效化简的过程中，受控电压源应短路处理，受控电流源应开路处理。（　　）

A. 正确　　　　B. 错误

15. [判断题] 诺顿定理说明任何一个线性有源二端网络 N，都可以用一个等效电流源即网络 N 二端子的开路电流和内阻 R_0 并联来代替。（　　）

A. 正确　　　　B. 错误

16. [多选题] 如图1-37所示电路，已知 $E_1=20V$，$E_2=10V$，$I_S=1A$，$R_1=5\Omega$，$R_2=6\Omega$，$R_3=10\Omega$，$R_4=5\Omega$，$R_5=8\Omega$，$R_6=12\Omega$，$R_S=1\Omega$，则下列说法正确的是（　　）。

A. 该电路不能用戴维南定理或诺顿定理求解

B. 电路简化时，将 R_S 去掉，对 R_5 上的电流 I 毫无影响

C. 将电路简化时，将与 E_2 并联的 E_1R_1 和 R_2 支路去掉，对 R_5 上的电流毫无影响

D. R_5 上的电流 I 为1.1A

17. [单选题] 如图1-38所示电路，已知 $R_1=5\Omega$，$R_2=5\Omega$，$R_3=10\Omega$，$R_4=5\Omega$，$E=12V$，$R_G=10\Omega$，利用诺顿定理求解检流计 G 中的电流为（　　）A。

A. 0.126　　B. 0.230　　C. 0.5　　D. 0.732

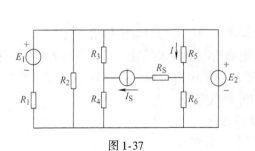

图1-37

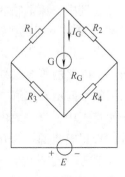

图1-38

18. [单选题] 图 1-39 所示为一有源二端线性网络，它的戴维南等效电压源的内阻 R_0 为（　　）。
    A. 3Ω　　　　　　　　　　　　B. 2Ω
    C. 4Ω　　　　　　　　　　　　D. 1Ω

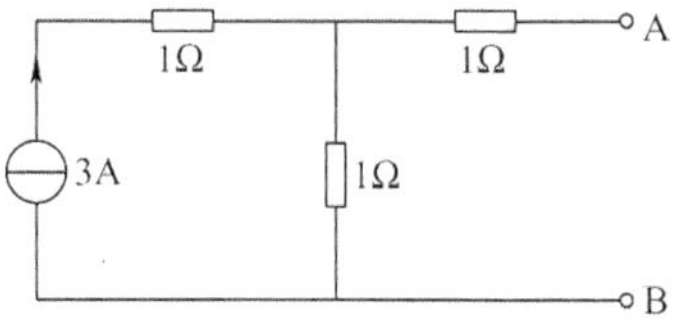

图 1-39

19. [单选题] 有源二端网络的端口短路电流为 16A，等效内阻为 8Ω，则开路电压为（　　）V。
    A. 2　　　　B. 8　　　　C. 16　　　　D. 128

20. [多选题] 线性二端网络用（　　）可以求等效电阻。
    A. 开路电压/短路电流　　　　　B. Y/△等效变换
    C. 外加电源法　　　　　　　　D. 串联、并联法

21. [单选题] 叠加原理只适用于（　　）。
    A. 交流电路　　B. 直流电路　　C. 线性电路　　D. 非线性电路

22. [单选题] 如果一端口电路的参数满足齐次性和叠加性，这个元件是（　　）。
    A. 非线性元件　　B. 线性元件　　C. 时变元件　　D. 无源元件

23. [多选题] 关于叠加原理的应用，下列叙述正确的是（　　）。
    A. 叠加原理仅适用于线性电阻电路，不适用于含动态元件的线性电路
    B. 叠加原理只适用于线性电阻电路，不适用于线性正弦稳态交流电路
    C. 叠加原理只适用于计算线性电路的电流和电压，而不适用于计算功率
    D. 叠加原理不仅适用于直流输入下的线性电路，而且适用于交流输入下的线性电路

24. [单选题] 戴维南等效电路是指一个电阻和一个电压源的串联组合，其中电阻等于原有源二端网络（　　）。
    A. 外电路电阻　　　　　　　　B. 除源后的入端电阻
    C. 电源内阻　　　　　　　　　D. 等效前两端电阻

25. [判断题] 在用戴维南定理或诺顿定理求解电路的输入电阻时，应将内部的电流源开路，电压源短路。（　　）
    A. 正确　　　　B. 错误

26. [判断题] 叠加原理、戴维南定理和诺顿定理都只适用于线性电路。（　　）
    A. 正确　　　　B. 错误

27. [单选题] 电路如图 1-40 所示，当 3A 电流源单独作用时，$i=$（　　）A；当 9V 电压源单独作用时，$i=$（　　）A；两个电源共同作用时，$i=$（　　）A。
    A. 1，1，2　　　　　　　　　B. 2，1，3
    C. 3，0，3　　　　　　　　　D. 1，0，1

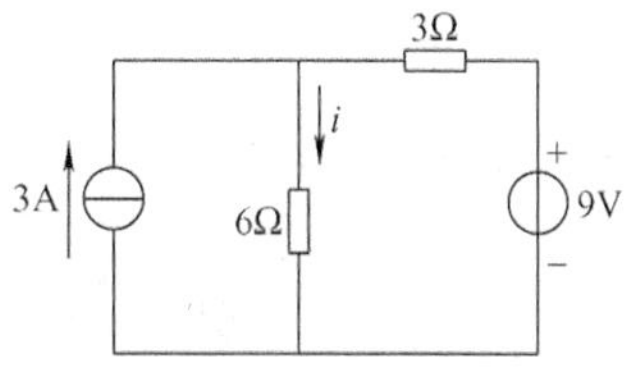

图 1-40

28. [判断题] 在一电流源和电压源共同作用的线性电路中，某支路电流为 I，若电压源和电流源同时变为原来的 2 倍，则支路电流为 $2I$。（　　）
    A. 正确　　　　B. 错误

29. [单选题] 若某含源电路的开路电压为 24V，短路电流为 30A，则它外接 1.2Ω 电阻时的电流为（　　）A。
    A. 20　　　　B. 12　　　　C. 14.4　　　　D. 15

30. [判断题] 运用外加电源法和开路电压、短路电流法，求解戴维南等效电路的内阻时，对原网络内部独立电源的处理方法是相同的。（　　）

A. 正确　　　　B. 错误

31. [单选题] 电路如图 1-41 所示，若应用戴维南定理求解电路中的电流 I，其 U_{oc} = (　　)V, R_{eq} = (　　) Ω。

A. 9, 3　　　B. 9, 0.67　　　C. 6, 3　　　D. 6, 0.67

32. [单选题] 图 1-42 所示电路的短路电流 I_{sc} 等于 (　　)A。

A. 1　　　B. 1.5　　　C. 3　　　D. -1

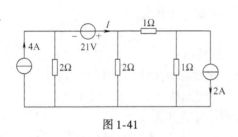

图 1-41

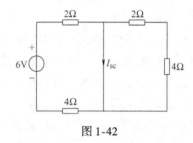

图 1-42

【参考答案与解析】

1. B　2. BCD　3. B　4. A

5. A。[解析] 设 $U_0 = k_1 U_S + k_2 I_S$，

则 $\begin{cases} k_1 + k_2 = 0 \\ 10k_1 = 1 \end{cases}$，求解可得 $\begin{cases} k_1 = 0.1 \\ k_2 = -0.1 \end{cases}$，

$U_0 = k_1 U_S + k_2 I_S = 10 \times (-0.1) = -1V$。

6. C

7. A。[解析] 当 I_S 单独作用时，电压源 U_S 短路，此时 $U'_{AB} = \frac{3}{2+3} \times 5 \times 2 = 6V$。根据叠加原理，可得电压源 U_S 单独作用时的电压 U_{AB} 为 -2V。

8. B　9. C　10. C　11. ABCD　12. C　13. A　14. B　15. B　16. BCD　17. A　18. B　19. D　20. ABCD　21. C　22. B　23. CD　24. B　25. A　26. A　27. A　28. A　29. B　30. B　31. A　32. A

第四单元　一阶和二阶电路的时域分析

一、主要知识点

（一）动态电路的基本概念

1. 定义

动态电路指含有动态元件电容和电感的电路。

2. 特点

当动态电路状态发生改变（换路）时，电路需要经历一个变化过程才能达到新的稳定状态，这个变化过程称为电路的过渡过程。

换路是指电路结构或状态发生变化，即电路存在支路的接入、断开，或电路参数发生变化。

过渡过程产生的原因是：电路内部含有储能元件—电容或电感，电路在换路时能量发生变化，而能量的存储和释放都需要一定的时间来完成。

（二）动态电路的方程

动态电路的方程是根据基尔霍夫定律和元件的电压、电流关系建立的。因为电容和电感的电压、电流关系是微分或积分关系，所以动态电路的方程是微分方程或微分—积分方程。

1. 一阶微分方程

含有一个动态元件（电容或电感）的线性电路称为一阶电路。一阶电路的电路方程为一阶线性常微分方程。

（1） RC 电路

一阶 RC 电路如图 1-43 所示，其一阶微分方程为：

① 以电容电压为变量，电路方程为

$$RC\frac{du_C}{dt} + u_C = U_S \tag{1-9}$$

② 以电流为变量，电路方程为

$$Ri + \frac{1}{C}\int i\,dt = U_S \tag{1-10}$$

（2） RL 电路

一阶 RL 电路如图 1-44 所示，其一阶微分方程为：

① 以电流为变量，电路方程为

$$Ri + L\frac{di}{dt} = U_S \tag{1-11}$$

② 以电感电压为变量，电路方程为

$$\frac{R}{L}\int u_L\,dt + u_L = U_S \tag{1-12}$$

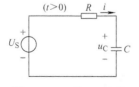

图 1-43　一阶 RC 电路

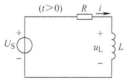

图 1-44　一阶 RL 电路

2. 二阶微分方程

含有两个动态元件的线性电路称为二阶电路。二阶电路的电路方程为二阶线性常微分方程。

二阶 RLC 电路如图 1-45 所示，其二阶微分方程若以电容电压为变量，可表示为

$$LC\frac{d^2 u_C}{dt^2} + RC\frac{du_C}{dt} + u_C = U_S \tag{1-13}$$

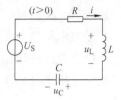

图 1-45　二阶 RLC 电路

（三）动态电路的初始条件

1. 定义

动态电路的初始条件为 $t = 0_+$ 时，电路中的电流、电压及其各阶导数的值。

2. 确定初始条件的目的

在求解动态电路的方程时首先确定方程的通解，然后需要根据电路的初始条件确定积分常数，进而得到特定条件下的特解。

3. 初始条件的分类

（1）独立初始条件：电容电压 $u_C(0_+)$ 和电感电流 $i_L(0_+)$。

（2）非独立初始条件：除电容电压 $u_C(0_+)$ 和电感电流 $i_L(0_+)$ 以外的初始条件。

4. 换路定律

（1）换路瞬间，若电容电流保持为有限值，则电容电压换路前后保持不变。

$$u_C(0_+) = u_C(0_-) \tag{1-14}$$

（2）换路瞬间，若电感电压保持为有限值，则电感电流换路前后保持不变。

$$i_L(0_+) = i_L(0_-) \tag{1-15}$$

5. 初始值的求解步骤

（1）由换路前电路（0_- 时刻）求 $u_C(0_-)$ 和 $i_L(0_-)$。

（2）由换路定律得 $u_C(0_+)$ 和 $i_L(0_+)$。

（3）画 0_+ 时刻的等效电路：电容用电压源替代，电感用电流源替代。

（4）由 0_+ 时刻电路，求所需各变量的 0_+ 值。

（四）动态电路的响应

1. 零输入响应

（1）定义：换路后外加激励为零，仅由动态元件初始储能产生的响应。

（2）一阶电路的零输入响应。

① RC 电路的零输入响应。图 1-46 为一阶 RC 电路，已知 $u_C(0_-) = U_0$，RC 电路的零输入响应为

$$\left.\begin{aligned} u_C(t) &= U_0 e^{-\frac{t}{RC}}, \quad t \geq 0 \\ i(t) &= \frac{u_C}{R} = \frac{U_0}{R} e^{-\frac{t}{RC}}, \quad t \geq 0 \end{aligned}\right\} \tag{1-16}$$

定义时间常数 $\tau = RC$，单位为秒（s），它反映了电路过渡过程时间的长短。τ 大，过渡过程时间长；τ 小，过渡过程时间短。工程上认为，经过 $3\tau \sim 5\tau$，过渡过程结束。

② RL 电路的零输入响应。图 1-47 为一阶 RL 电路，已知 $i_L(0_-) = I_0$，RL 电路的零输入响应为

$$\left.\begin{array}{l}i_L(t) = I_0 e^{-\frac{t}{L/R}}, \quad t \geq 0 \\ u_L(t) = -R I_0 e^{-\frac{t}{L/R}}, \quad t \geq 0\end{array}\right\} \quad (1-17)$$

定义时间常数 $\tau = \dfrac{L}{R}$。

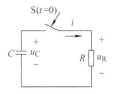

图 1-46　一阶 RC 电路的零输入响应

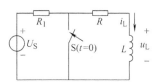

图 1-47　一阶 RL 电路的零输入响应

（3）二阶电路的零输入响应。图 1-48 为二阶 RLC 电路，已知 $i_L(0_-) = I_0$，$u_C(0_-) = U_0$，以电容电压为变量，动态电路方程为

$$LC \frac{d^2 u_C}{dt^2} + RC \frac{du_C}{dt} + u_C = U_S \quad (1-18)$$

该方程的特征根为

$$p = -\frac{R}{2L} \pm \sqrt{\left(\frac{R}{2L}\right)^2 - \frac{1}{LC}} \quad (1-19)$$

根据特征根的不同，该二阶微分方程的通解会有不同的形式：

① 当 $R > 2\sqrt{\dfrac{L}{C}}$ 时，有两个不同的负实根，此时通解为 $u_C = A_1 e^{p_1 t} + A_2 e^{p_2 t}$，该状态称为过阻尼状态，非振荡放电。

② 当 $R = 2\sqrt{\dfrac{L}{C}}$ 时，有两个相等的复实根，此时通解为 $u_C = A_1 e^{-\delta t} + A_2 t e^{-\delta t}$，该状态称为临界阻尼状态，非振荡放电。

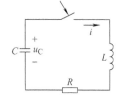

图 1-48　二阶 RLC 电路的零输入响应

③ 当 $R < 2\sqrt{\dfrac{L}{C}}$ 时，有两个共轭复根，此时通解为 $u_C = A e^{-\delta t} \sin(\omega t + \beta)$，该状态称为欠阻尼状态，振荡放电。

2. 零状态响应

（1）定义：动态元件初始能量为零，由 $t > 0$ 电路中外加激励作用所产生的响应。

（2）一阶电路的零状态响应。

① RC 电路的零状态响应。图 1-49 为一阶 RC 电路，已知 $u_C(0_-) = 0$，RC 电路的零状态响应为

$$\left.\begin{array}{l}u_C(t) = U_S(1 - e^{-\frac{t}{RC}}), \quad t \geq 0 \\ i(t) = \dfrac{U_S}{R} e^{-\frac{t}{RC}}, \quad t \geq 0\end{array}\right\} \quad (1-20)$$

② RL 电路的零状态响应。图 1-50 为一阶 RL 电路，已知 $i_L(0_-) = 0$，RL 电路的零状态响应为

$$\left.\begin{aligned} i_L(t) &= \frac{U_S}{R}(1-e^{-\frac{t}{L/R}}), \quad t \geq 0 \\ u_L(t) &= U_S e^{-\frac{t}{L/R}}, \quad t \geq 0 \end{aligned}\right\} \quad (1\text{-}21)$$

（3）二阶电路的零状态响应。图 1-51 为二阶 RLC 电路，其响应为

$$\left.\begin{aligned} u_C &= U_S + A_1 e^{p_1 t} + A_2 e^{p_2 t} & (p_1 \neq p_2) \\ u_C &= U_S + A_1 e^{-\delta t} + A_2 e^{-\delta t} & (p_1 = p_2 = -\delta) \\ u_C &= U_S + A e^{-\delta t} \sin(\omega + \beta) & (p_1、p_2 = -\delta \pm j\omega) \end{aligned}\right\} \quad (1\text{-}22)$$

式中，p_1、p_2 为特征方程的两个特征根。

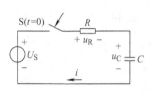
图 1-49 RC 电路的零状态响应

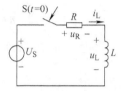
图 1-50 RL 电路的零状态响应

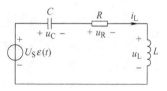
图 1-51 二阶电路的零状态响应

3. 全响应

（1）定义：电路的初始状态不为零，同时又有外加激励源作用时，电路中产生的响应。

（2）全响应的分解。

① 着眼于电路的两种工作状态，全响应 = 强制分量（稳态解）+ 自由分量（暂态解）。

② 着眼于因果关系，全响应 = 零输入响应 + 零状态响应。

（3）一阶电路的全响应分析。

① 方法一：首先分别求出零输入响应和零状态响应，然后进行叠加。

② 方法二：求一阶电路微分方程的解。

③ 方法三：分别求出稳态解 $f(\infty)$、初始值 $f(0_+)$ 和时间常数 τ，代入以下三要素公式求解，即三要素法。

$$f(t) = f(\infty) + [f(0_+) - f(\infty)] e^{-\frac{t}{\tau}} \quad (1\text{-}23)$$

二、模拟测试题

1. [多选题] 有可能引起电路状态发生动态变化的原因有（　　）。
A. 电路结构变化　　　　　　　　B. 电路元件参数变化
C. 电源接入　　　　　　　　　　D. 信号突然注入

2. [多选题] 关于一阶电路的时间常数，表述正确的是（　　）。
A. RC 电路的时间常数为 RC　　　　B. RC 电路的时间常数为 R/C
C. RL 电路的时间常数为 L/R　　　　D. RL 电路的时间常数为 RL

3. [多选题] 下列说法正确的有（　　）。
A. 电路在某一时刻接通、断开电源或电路元件参数的突然变化统称为换路
B. 设换路的时刻为 $t=0$，换路前的瞬间记作 $t=0_-$，换路后的瞬间记作 $t=0_+$，$t=0_-$ 和 $t=0_+$ 在数值上都等于零，前者是指 t 从负值趋近于零，后者是指 t 从正值趋近于零

C. 在换路过程中，如果电容电流和电感电压为有限值，则换路前后瞬间电容电压和电感电流不能跃变

D. 一阶电路的零输入响应和初始值成正比，电流、电压的稳态值是 $t = \infty$ 时电路到达稳定状态时的数值

4. ［多选题］下列说法正确的是（　　）。
A. 暂态是指从一种稳态过渡到另一种稳态所经历的过程
B. 电感两端的电压是不能发生跃变的，只能连续变化
C. 电容两端的电压是不能发生跃变的，只能连续变化
D. 电感电流是不能发生跃变的，只能连续变化

5. ［多选题］全响应除了能用三要素法表示外，根据线性电路叠加原理还可以表示为（　　）。
A. 全响应 = 零输入响应 + 零状态响应　　B. 全响应 = 稳态分量 + 瞬态分量
C. 全响应 = 阶跃响应 + 冲击响应　　　　D. 全响应 = 零状态响应 + 暂态响应

6. ［多选题］关于 RC 电路的过渡过程，下列叙述正确的是（　　）。
A. RC 串联电路的零输入响应就是电容器的放电过程
B. RC 串联电路的零状态响应就是电容器的充电过程
C. 初始条件不为 0，同时有电源作用的情况下 RC 电路的响应称为零状态响应
D. RC 串联电路的全响应不可以利用叠加原理进行分析

7. ［判断题］一阶电路通常含有一个动态元件，且具有一个独立的初始条件。（　　）
A. 正确　　　　B. 错误

8. ［多选题］动态电路分析的三要素法的"三要素"分别是（　　）。
A. 初始值　　　B. 稳态解　　　C. 时间常数　　　D. 稳态分量

9. ［多选题］下列说法正确的有（　　）。
A. 一阶电路中响应衰减快慢取决于时间常数
B. 一阶电路的零输入响应是由储能元件的初值引起的响应，都是由初始值衰减到固定值的指数衰减函数
C. 同一电路中所有响应具有相同的时间常数
D. 一阶电路的零输入响应和初始值成正比

10. ［多选题］关于零输入和零状态描述错误的是（　　）。
A. 电路的外施激励为零，只由电路的初始条件产生的响应为零输入响应
B. 电路的外施激励为零，只由电路的初始条件产生的响应为零状态响应
C. 电路的初始状态为零，只由电路的外施激励引起的响应为零状态响应
D. 电路的初始状态为零，只由电路的外施激励引起的响应为零输入响应

11. ［单选题］动态电路是指含有（　　）元件的电路。
A. 电阻　　　　B. 独立源　　　C. 储能　　　　D. 受控源

12. ［单选题］图 1-52 所示电路在换路前处于稳定状态，在 $t = 0$ 瞬间将开关 S 闭合，则 $u_C(0_+)$ 为（　　）。
A. $-6V$　　　B. $6V$　　　　C. $0V$　　　　D. $3V$

13. ［单选题］图 1-53 所示电路在换路前处于稳定状态，在 $t = 0$ 瞬间将开关 S 闭合，

则 $i_C(0_+)$ 为（　　）。

A. 0.6A　　　　B. 0A　　　　C. -0.6A　　　　D. 0.3A

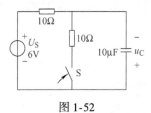
图 1-52

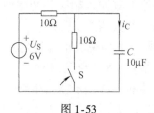
图 1-53

14. [单选题] 在换路瞬间，下列说法中正确的是（　　）。
A. 电感电流不能跃变　　　　B. 电感电压必然跃变
C. 电容电流必然跃变　　　　D. 电容电流不能跃变

15. [单选题] 工程上认为 $R=25\Omega$、$L=50\text{mH}$ 的串联电路中发生暂态过程时将持续（　　）。
A. 30~50ms　　　B. 无穷秒　　　C. 6~10ms　　　D. 0ms

16. [单选题] 以下关于动态电路说法错误的是（　　）。
A. 动态电路中一定有储能元件
B. 电路中有两个储能元件即为二阶电路
C. 过渡过程的持续时间跟时间常数 τ 有关
D. 换路定理是 $i_C(0_+)=i_C(0_-)$，$u_L(0_+)=u_L(0_-)$

17. [单选题] 一阶动态电路三要素法求解公式 $f(t)=f(\infty)+[f(0^+)-f(\infty)|_{0^+}]e^{-\frac{t}{\tau}}$ 中，$f(\infty)$ 指的是（　　）
A. 换路前的稳态　　　　B. 换路后的稳态
C. 换路后的初始状态　　D. 换路后的暂态

18. [单选题] 若二阶 RLC 串联电路的响应为衰减振荡，则电路中各元件的参数应满足（　　）。

A. $R=2\sqrt{\dfrac{L}{C}}$　　B. $R>2\sqrt{\dfrac{L}{C}}$　　C. $R<2\sqrt{\dfrac{L}{C}}$　　D. $R=0$

19. [单选题] 由 2Ω 电阻和 1F 电容元件串联的一阶电路中，电容电流的初始值为 2A，则电路的零输入响应为（　　）。
A. $2e^{-2t}$　　B. $2(1-e^{-2t})$　　C. $2(1-e^{-0.5t})$　　D. $2e^{-0.5t}$

20. [多选题] 如图 1-54 所示电路，已知 $R=4\Omega$，$L=0.1\text{H}$，$U_S=24\text{V}$，开关在 $t=0$ 时打开，则 $t\geqslant 0$ 时的电流 $i_L=$（　　）A，其中电压表的内阻 $R_V=10\text{k}\Omega$，量程为 100V，问开关打开时，电压表有无危险？（　　）
A. $6e^{-t/\tau}$　　　　　　B. $5e^{-t/\tau}$
C. 电压表有危险　　　　D. 电压表没有危险

21. [单选题] 如图 1-55 所示电路，已知 $t<0$ 时，开关 S 是闭合的，电路已处于稳定。在 $t=0$ 时，开关 S 打开，则初始值 $u_C(0_+)$、$i_L(0_+)$ 分别是（　　）。
A. 6V，1A　　B. 7V，2A　　C. 6V，2A　　D. 7V，1A

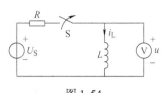 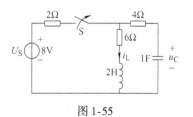

图 1-54　　　　　　　　　图 1-55

22. [判断题] 一阶电路中所有的初始值都需要根据换路定律进行求解。（　　）
   A. 正确　　　　　　B. 错误

23. [判断题] 在一阶电路中，除了电容电压和电感电流不能发生跃变，电容电流、电感电压、电阻电压和电流等，在换路时刻是可以跃变的。（　　）
   A. 正确　　　　　　B. 错误

24. [判断题] 换路时刻，电路中的电容电流和电感电压的数值可以利用换路定律来求解。（　　）
   A. 正确　　　　　　B. 错误

25. [判断题] RC 一阶电路中，C 一定时，R 值越大过渡过程时间越长。（　　）
   A. 正确　　　　　　B. 错误

26. [判断题] RL 一阶电路中，L 一定时，R 值越大过渡过程时间就越长。（　　）
   A. 正确　　　　　　B. 错误

27. [判断题] 二阶电路出现等幅震荡时必有 $X_L = X_C$，电路总电流只消耗在电阻上。（　　）
   A. 正确　　　　　　B. 错误

28. [判断题] 线性电路对某种激励的响应可分为稳态分量和暂态分量，稳态分量由初始条件决定，暂态分量由激励决定。（　　）
   A. 正确　　　　　　B. 错误

29. [判断题] 对于同一个一阶电路来说，其零状态响应、零输入响应和全响应都具有相同的时间常数。（　　）
   A. 正确　　　　　　B. 错误

30. [判断题] 电容两端的电压和流经电感的电流不能跃变。（　　）
   A. 正确　　　　　　B. 错误

31. [判断题] 一阶电路的过渡过程是电路变量由初始值按指数规律趋向新的稳态值，趋向新稳态值的速度与电路结构和元件参数存在一定的关系。（　　）
   A. 正确　　　　　　B. 错误

32. [判断题] 过渡过程是因为电路内部含有储能元件，电路在换路时能量发生变化，而能量的储存和释放都需要一定的时间来完成。（　　）
   A. 正确　　　　　　B. 错误

33. [多选题] 下列说法正确的有（　　）。
   A. 电路在初始状态和外加激励共同作用下所产生的响应称为全响应
   B. 全响应 = 零输入响应 + 零状态响应

C. 三要素法适用于直流激励下一阶电路中任意处的电流和电压，但不能用于分析二阶电路的响应

D. 三要素法不能用来求零输入响应或零状态响应的分量

34. [判断题] 三要素法适用于任何动态电路。（   ）
    A. 正确   B. 错误

35. [单选题] 电容的初始电压越高，则放电速度（   ）。
    A. 越快   B. 越慢   C. 与其无关   D. 先快后慢

36. [单选题] 一阶 RL 动态电路，$R=4\Omega$，$L=2H$，则电路的时间常数为（   ）。
    A. 2s   B. 8s   C. 0.5s   D. 6s

37. [单选题] 零输入响应电容电压经过一个时间常数后将衰减为原值的（   ）。
    A. 63.2%   B. 30%   C. 36.8%   D. 50%

38. [单选题] 动态电路的零输入响应（   ）。
    A. 仅有稳态分量   B. 仅有暂态分量
    C. 既有稳态分量，又有暂态分量   D. 与初始储能无关

39. [单选题] 一阶 RC 动态电路，$R=4\Omega$，$C=2F$，则电路的时间常数为（   ）。
    A. 2s   B. 8s   C. 0.125s   D. 0.5s

40. [单选题] 时间常数越大，储能元件充放电速度越（   ）。
    A. 越快   B. 越慢   C. 越平稳   D. 越不平稳

41. [单选题] 如图 1-56 所示电路，在已稳定状态下断开开关 S，则该电路（   ）。
    A. 因为有储能元件 L，要产生过渡过程
    B. 因为电路有储能元件且发生换路，要产生过渡过程
    C. 因为换路时元件 L 的电流储能不发生变化，不产生过渡过程
    D. 以上都不对

42. [单选题] 如图 1-57 所示电路，$U_S=100V$，$R_2=100\Omega$。开关 S 原先合在位置 1，电路处于稳态，$t=0$ 时 S 由位置 1 合到位置 2，则 $i_C(0_+)$ 为（   ）。
    A. 1A   B. 0A   C. -1A   D. 0.5A

43. [单选题] 图示 1-58 电路中，开关断开时的电容电压 $u_C(0_+)$ 等于（   ）。
    A. 2V   B. 3V   C. 4V   D. 0V

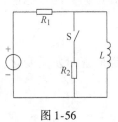

图 1-56

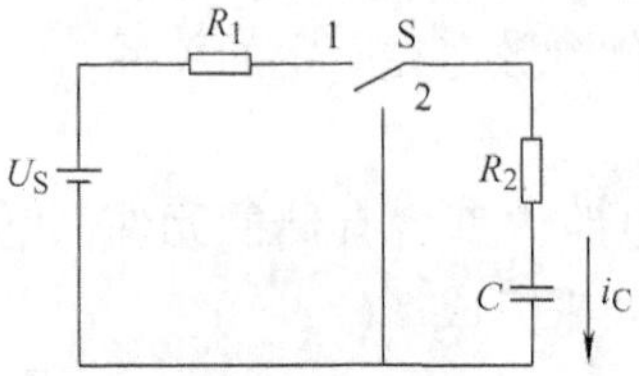

图 1-57

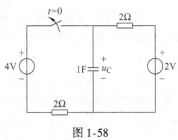

图 1-58

44. [单选题] 图 1-59 所示电路 $t=0$ 时开关打开，电路的时间常数为（   ）。
    A. 1/4s   B. 1/6s   C. 4s   D. 6s

45. [单选题] 如图 1-60 所示电路，在开关 S 断开后的时间常数为（　　）。
   A. 0.5ms   B. 0.1ms   C. 0.1s   D. 0.5s

46. [单选题] 图 1-61 所示电路的开关闭合后，电感电流 $i(t)$ 为（　　）A。
   A. $5e^{-2t}$ B. $5e^{-0.5t}$ C. $5(1-e^{-2t})$ D. $5(1-e^{-0.5t})$

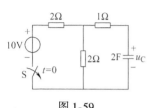

图 1-59

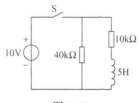
图 1-60

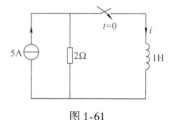
图 1-61

47. [单选题] 图 1-62 所示电路中的时间常数为（　　）。

   A. $(R_1+R_2)\dfrac{C_1C_2}{C_1+C_2}$

   B. $R_2\dfrac{C_1C_2}{C_1+C_2}$

   C. $R_2(C_1+C_2)$

   D. $(R_1+R_2)(C_1+C_2)$

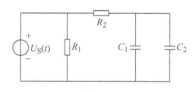
图 1-62

48. [多选题] 电路中的动态元件指的是（　　）。
   A. 电阻元件   B. 电感元件   C. 电容元件   D. 电压元件

49. [单选题] 电容元件的电压电流取非关联参考方向，下列式子正确的是（　　）。
   A. $u=Cdi/dt$ B. $u=-Cdi/dt$ C. $i=Cdu/dt$ D. $i=-Cdu/dt$

50. [单选题] 下列属于一阶零状态响应特点的是（　　）。
   A. 可直接进入稳态
   B. 不可用三要素法分析
   C. 稳态分量为 0
   D. 经过 τ，暂态分量衰减至原来的 36.8%

51. [单选题] 4Ω 电阻、1H 电感和 1F 电容串联二阶电路的零输入响应属于（　　）情况。
   A. 过阻尼   B. 欠阻尼   C. 临界阻尼   D. 无阻尼

【参考答案与解析】

1. ABCD   2. AC   3. ABCD   4. ACD   5. AB   6. AB   7. A   8. ABC   9. ABCD   10. BD
11. C   12. A   13. C   14. A   15. C   16. D   17. B

18. C。[解析] 在 RLC 二阶电路中，电容和电感都是储能元件，只有电阻是耗能元件。电容放电时，它所储存的电场能量一部分消耗在电阻中，一部分转移到电感储存于磁场中。

① 在过阻尼（$R>2\sqrt{L/C}$）情况下，由于电阻较大，能量消耗极为迅速，因此电感获得的磁场能量不可能再返回给电容，而是随电路电流的下降而逐渐释放出来，一起消耗在电阻上，所以电容电压是单调下降的，形成非振荡的放电过程。

② 在欠阻尼（$R < 2\sqrt{L/C}$）情况下，由于电阻较小，电容放电时，被电阻消耗的能量较少，大部分电场能转变为磁场能储存于电感中。当电容储能为零时，电感开始放电，电容被反向充电。当电感储能为零时，电容又开始放电。这样周而复始。由于电阻不停地消耗着能量，因此电容电压呈指数衰减的振荡过程。

③ 如果无阻尼（$R = 0$），则电路中无能量消耗，能量在电容和电感中交替为电场能和磁场能，电容电压形成等幅振荡过程。

19. D

20. AC。[解析] 开关打开时，电感对万用表内阻放电，电感两端的电压发生跃变，$t = 0_+$ 时 $U_0 = I_0 R_V = 6A \times 10k\Omega = 60kV$，将给万用表造成过电压冲击。

21. A 22. B 23. A 24. B 25. C 26. B 27. B 28. B 29. A 30. A 31. A 32. A 33. ABC 34. B 35. C 36. C 37. C 38. B 39. B 40. B 41. C 42. C 43. B 44. D 45. B 46. C 47. C 48. BC 49. D 50. D 51. A

第五单元　正弦稳态电路的分析

一、主要知识点

（一）复数的基本知识

1. 复数的表示形式

（1）代数式：$F = a + jb$（$j = \sqrt{-1}$ 为虚数单位）。

（2）指数式：$F = |F|e^{j\theta}$。

（3）三角函数式：$F = |F|(\cos\theta + j\sin\theta)$。

（4）极坐标式：$F = |F|\angle\theta$。

2. 几种表示形式之间的关系

$$\begin{cases} |F| = \sqrt{a^2 + b^2} \\ \theta = \arctan\dfrac{b}{a} \end{cases} \quad 或 \quad \begin{cases} a = |F|\cos\theta \\ b = |F|\sin\theta \end{cases}$$

3. 旋转因子

复数 $e^{j\theta} = \cos\theta + j\sin\theta = 1\angle\theta$，称为旋转因子。

特殊的旋转因子有：$+j$、$-j$ 和 -1。

（二）正弦量

1. 正弦量的瞬时值表达式

$$i(t) = I_m\cos(\omega t + \psi) \tag{1-24}$$

2. 正弦量的三要素

（1）振幅 I_m。

(2) 角频率 ω。

(3) 初相位 ψ。

3. 同频率正弦量的相位差

$\varphi = \psi_u - \psi_i$,规定 $|\varphi| \leq 180°$。

(1) 若 $\varphi > 0$,则 u 超前 i 角度为 φ。

(2) 若 $\varphi < 0$,则 i 超前 u(或 u 滞后 i)角度为 φ。

(3) 若 $\varphi = 0$,则 u 与 i 同相位。

4. 周期性电流、电压的有效值

(1) 电流的有效值

$$I \stackrel{\text{def}}{=\!=} \sqrt{\frac{1}{T}\int_0^T i^2(t)\,dt} \tag{1-25}$$

(2) 电压的有效值

$$U \stackrel{\text{def}}{=\!=} \sqrt{\frac{1}{T}\int_0^T u^2(t)\,dt} \tag{1-26}$$

(3) 正弦电流、电压的有效值

$$I_m = \sqrt{2}\,I,\ U_m = \sqrt{2}\,U \tag{1-27}$$

(三)相量法基础

$$i(t) = \sqrt{2}\,I\cos(\omega t + \psi) \Leftrightarrow \dot{I} = I\angle\psi \tag{1-28}$$

I 为相量的模,表示正弦量的有效值;ψ 为相量的幅角,表示正弦量的初相位。

(四)电路定律的相量形式

1. 电阻元件 VCR 的相量形式

$\dot{U} = R\dot{I}$;有效值关系为 $U = RI$;相位关系为 $\psi_u = \psi_i$。

2. 电感元件 VCR 的相量形式

$$\dot{U}_L = j\omega L\dot{I} = jX_L\dot{I} \tag{1-29}$$

式中,$X_L = \omega L$ 为感抗,单位为 Ω。有效值关系为 $U = \omega LI$,相位关系为 $\psi_u = \psi_i + 90°$。

3. 电容元件 VCR 的相量形式

$$\dot{U}_C = \frac{\dot{I}}{j\omega C} = jX_C\dot{I} \tag{1-30}$$

式中,$X_C = -\frac{1}{\omega C}$ 为容抗,单位为 Ω。有效值关系为 $I_C = \omega CU$,相位关系为 $\psi_i = \psi_u + 90°$。

4. 基尔霍夫定律的相量形式

(1) 基尔霍夫电流定律 $\Sigma \dot{I} = 0$。

(2) 基尔霍夫电压定律 $\Sigma \dot{U} = 0$。

(五) 阻抗和导纳

1. 阻抗

(1) 定义：在正弦稳态电路中，端口电压相量与电流相量的比值定义为阻抗，用 Z 表示，单位为 Ω，公式如下：

$$Z = \frac{\dot{U}}{\dot{I}} = |Z| \angle \varphi_z \tag{1-31}$$

其中，$|Z| = \frac{U}{I}$ 为阻抗模，$\varphi_z = \psi_u - \psi_i$ 为阻抗角。

(2) RLC 元件的阻抗。

① 电阻元件的阻抗为 $Z = R$。

② 电感元件的阻抗为 $Z = j\omega L$。

③ 电容元件的阻抗为 $Z = \frac{1}{j\omega C}$。

(3) RLC 串联电路的阻抗为

$$Z = R + j\omega L + \frac{1}{j\omega C} = R + jX \tag{1-32}$$

电路图如图 1-63 所示。

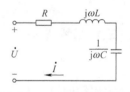

图 1-63 RLC 串联电路的阻抗

2. 导纳

(1) 定义：在正弦稳态电路中，端口电流相量与电压相量的比值定义为导纳，用 Y 表示，单位为 S，公式如下：

$$Y = \frac{\dot{I}}{\dot{U}} = |Y| \angle \varphi_y \tag{1-33}$$

其中，$|Y| = \frac{I}{U}$ 为导纳模，$\varphi_y = \psi_i - \psi_u$ 为导纳角。

(2) RLC 元件的导纳。

① 电阻元件的导纳为 $Y = G$。

② 电感元件的导纳为 $Y = \frac{1}{j\omega L}$。

③ 电容元件导纳为 $Y = j\omega C$。

(3) RLC 并联电路的导纳为

$$Y = G + \frac{1}{j\omega L} + j\omega C = G + jB \tag{1-34}$$

电路图如图 1-64 所示。

3. 阻抗与导纳之间的关系

$$Z = \frac{1}{Y} \tag{1-35}$$

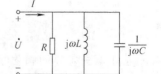

图 1-64 RLC 并联电路的导纳

(六) 正弦稳态电路的分析

正弦稳态电路的分析基础是基尔霍夫定律和元件的电压、电流关系，具体如下：

$$\begin{cases} \text{KCL}: \quad \sum \dot{I} = 0 \\ \text{KVL}: \quad \sum \dot{U} = 0 \\ \text{元件的电压、电流关系}: \dot{U} = Z\dot{I} \quad \text{或} \quad \dot{I} = Y\dot{U} \end{cases}$$

因此，引入阻抗后，可将电阻电路中讨论的所有网络定理和分析方法都推广应用于正弦稳态电路的相量分析中。

（七）正弦稳态电路的功率

设 $u(t) = \sqrt{2}U\cos\omega t$，$i(t) = \sqrt{2}I\cos(\omega t - \varphi)$，其中 $\varphi = \psi_u - \psi_i$ 是 u 和 i 的相位差。

1. 瞬时功率

$$p(t) = UI[\cos\varphi + \cos(2\omega t - \varphi)] \quad (1-36)$$

瞬时功率的单位为 W（瓦），有时为正，有时为负。$p > 0$ 时，电路吸收功率；$p < 0$ 时，电路发出功率。

2. 有功功率（平均功率）

$$P = UI\cos\varphi = I^2 R \quad (1-37)$$

式中，$\varphi = \psi_u - \psi_i$ 为功率因数角。对于无源网络，φ 为其等效阻抗的阻抗角。$\cos\varphi$ 为功率因数。

有功功率的单位为 W（瓦），它实际上是电阻消耗的功率。

3. 无功功率

$$Q = UI\sin\varphi = I^2 X \quad (1-38)$$

无功功率的单位为 var（乏），它反映了网络与外电路交换功率的速率，由储能元件 L、C 的性质决定。

4. 视在功率（容量）

$$S = UI \quad (1-39)$$

视在功率的单位为 VA（伏安），它反映了电气设备的容量。

P、Q、S 之间的关系为

$$S = \sqrt{P^2 + Q^2} \quad (1-40)$$

5. 复功率

$$\bar{S} = \dot{U}\dot{I}^* \quad (1-41)$$

复功率的单位为 VA（伏安），它是采用相量 $\dot{U}$ 和 $\dot{I}$ 来计算的功率。

（八）功率因数的提高

1. 提高功率因数的意义

根据式(1-36)可知：

（1）对发电设备来说，由于电压、电流不能超过额定值，提高功率因数，可以增大发电设备输出的有功功率，提高发电设备利用率。

（2）对电力线路来说，当输送的功率一定时，提高功率因数，能减小线路上的电流

(电压基本稳定在额定值),从而一方面使得线路上有功功率损耗减少,也就是减少了电能损耗;另一方面降低了线路阻抗上的电压降,从而提高线路电压水平。

2. 提高功率因数的措施

电动机是量大面广的用电设备,属于感性负载,工作时既要消耗有功功率,又要消耗无功功率,从而使得供配电系统功率因数较低,满足不了供电公司的要求,因此必须进行无功功率补偿。在供电系统中,通常是在电网上并联电容器进行无功补偿。电容器发出的感性无功功率为 $Q = U^2/X_C = 2\pi f C U^2$,减少负载从电网中吸收的无功功率,从而提高功率因数。

(九) 最大功率传输定理

1. 电阻电路

当负载电阻 $R_L = R_{eq}$ 时,电路可以获得最大功率,最大功率为

$$P_{\max} = \frac{U_{oc}^2}{4R_{eq}} \qquad (1-42)$$

式中,R_L 为负载电阻;R_{eq} 为一端口网络的等效电阻;U_{oc} 为一端口网络的开路电压。

2. 正弦稳态电路

当负载阻抗 $Z_L = Z_{eq}^*$ 时,电路可以获得最大功率,最大功率为

$$P_{\max} = \frac{U_{oc}^2}{4R_i} \qquad (1-43)$$

式中,Z_L 为负载阻抗;$Z_{eq} = R_i + jX_i$ 为一端口网络的等效阻抗。

二、模拟测试题

1. [判断题] 正弦电路中,若串联电路的总电压超前电流(电压、电流取关联参考方向),则此电路一定呈感性。( )
   A. 正确　　　　　　　　B. 错误

2. [判断题] 无功功率是无用的功率。( )
   A. 正确　　　　　　　　B. 错误

3. [判断题] 在对正弦稳态电路进行分析时,经常利用阻抗三角形来进行求解,即 $Z^2 = R^2 + X^2$。( )
   A. 正确　　　　　　　　B. 错误

4. [判断题] 电路的阻抗或导纳是频率的函数。( )
   A. 正确　　　　　　　　B. 错误

5. [多选题] 关于正弦稳态电路的功率分析,下列说法正确的是( )。
   A. 工程上常用视在功率衡量电气设备在额定的电压和电流下最大的负荷能力
   B. 承载能力指对外输出有功功率的最大能力
   C. 视在功率单位常用 VA 表示
   D. 三种不同功率的单位分别为 W、var、VA,其量纲相同,目的是便于区分

6. [单选题] 利用并联电容器可对感性电路进行( )补偿。
   A. 有功功率　　　　　　　　B. 无功功率
   C. 视在功率　　　　　　　　D. 复功率

7. [单选题] 正弦电压 $u(t)=\sqrt{2}U\sin(\omega t+\theta)$ 对应的相量表示为（   ）。
   A. $U=U\angle\theta$　　B. $U=\sqrt{2}U\angle\theta$　　C. $\dot{U}=U\angle\theta$　　D. $\dot{U}=\sqrt{2}U\angle\theta$

8. [单选题] 接入正弦交流电路中的电容器其交流峰值电压为250V，交流电流有效值为2A，则该电容的无功功率为（   ）var。
   A. 250　　B. 500　　C. 353.6　　D. 150

9. [单选题] 复阻抗 Z_1 与 Z_2 串联，其等效复阻抗 Z 为（   ）。
   A. Z_1+Z_2　　B. $\dfrac{1}{Z_1}+\dfrac{1}{Z_2}$　　C. $\sqrt{Z_1^2+Z_2^2}$　　D. $\dfrac{1}{Z_1+Z_2}$

10. [单选题] 电感元件的正弦交流电路中，电压有效值不变，当频率增大时，电路中电流将（   ）。
    A. 增大　　B. 减小　　C. 不变　　D. 不能确定

11. [单选题] RL 串联电路中，电阻是4Ω，电抗是3Ω，则功率因数为（   ）。
    A. 0.75　　B. 0.6　　C. 0.8　　D. 1

12. [单选题] LC 串联的正弦交流电路消耗的有功功率为（   ）。
    A. UI　　B. I^2X　　C. 0　　D. I^2R

13. 如图1-65所示单端口网络相量模型的等效阻抗等于（   ）Ω。
    A. $3+j4$　　B. $0.33-j0.25$　　C. $1.92+j1.44$　　D. $0.12+j0.16$

14. [单选题] 在如图1-66所示 R、L、C 并联正弦交流电路中，各支路电流有效值 $I_1=I_2=I_3=10A$，当电压频率增加一倍而保持其有效值不变时，各电流有效值应变为（   ）。
    A. $I_1=20A, I_2=20A, I_3=20A$
    B. $I_1=10A, I_2=20A, I_3=5A$
    C. $I_1=10A, I_2=5A, I_3=20A$
    D. $I_1=5A, I_2=10A, I_3=20A$

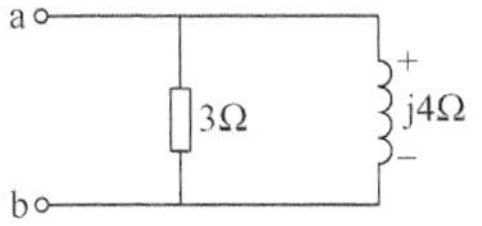

图1-65 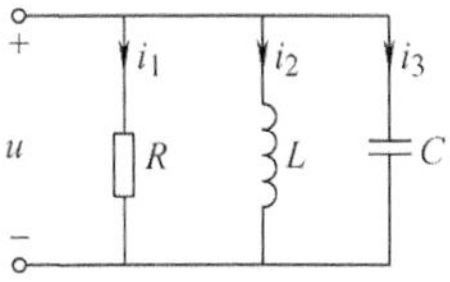　　图1-66

15. [单选题] 对某一负载来说，有功功率为100W，无功功率为100var，视在功率为（   ）。
    A. 200VA　　B. 100VA　　C. 141.4VA　　D. 141.4W

16. [单选题] 电阻和电感串联的正弦交流电路，电阻为3Ω，感抗为4Ω，电路阻抗值的大小为（   ）Ω。
    A. 7　　B. 5　　C. 3　　D. 4

17. [单选题] 在电阻、电感串联交流电路中，下列式子正确的是（   ）。
    A. $Z=R+XL$
    B. $Z^2=R^2+(\omega L)^2$
    C. $Z=R^2+(\omega L)^2$
    D. $Z=R+L$

18. [单选题] 在如图1-67所示的正弦稳态电路中，已知 $U_S=120V$，$X_C=48Ω$，若开关S闭合和断开，电流表的读数均为4A，则 $X_L=$（   ）Ω。
    A. 18　　B. 24　　C. 30　　D. 48

19. [判断题] 在正弦稳态电路中，电感或电容消耗的平均有功功率等于0。（ ）
   A. 正确   B. 错误

20. [单选题] 正弦稳态电路如图 1-68 所示，已知 $\dot{U}_S = 20\angle 0°V$，$\dot{I}_1 = 3A$，$\dot{I}_2 = 4A$，则 $I = (\quad)$ A，电压源发出平均功率 $P_s = (\quad)$ W。
   A. 5，43   B. 5，20   C. 7，43   D. 7，20

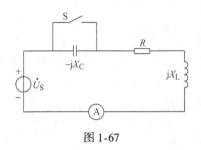

图 1-67

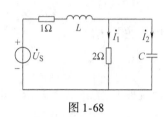

图 1-68

21. [判断题] 正弦电路中，复功率就是视在功率。（ ）
   A. 正确   B. 错误

22. [单选题] 一个交流 RC 并联电路，已知 $I_R = 6mA$，$I_C = 8mA$，总电流 I 等于（ ）mA。
   A. 14   B. 10   C. 2   D. 6

23. [单选题] 如图 1-69 所示电路中 $u_S(t) = 2\cos t V$，则单端口网络相量模型的等效阻抗为（ ）Ω。
   A. 1 – j1   B. 1 + j1   C. 1 – j2   D. 1 + j2

24. [判断题] 某电路的阻抗 $Z = (3 + j4)Ω$，则导纳为 $Y = \left(\dfrac{1}{3} + j\dfrac{1}{4}\right)S$。（ ）
   A. 正确   B. 错误

25. [判断题] 正弦量的三要素是指它的振幅、角频率和初相位。（ ）
   A. 正确   B. 错误

26. [单选题] 如图 1-70 所示电路中，负载电阻 R_L 获得最大功率的条件是 $R = (\quad)Ω$。
   A. 6   B. ∞   C. 2   D. 3

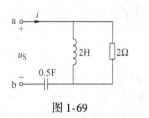

图 1-69

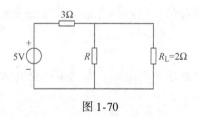

图 1-70

27. [单选题] RLC 串联电路 $X_L > X_C$，则电路为（ ）。
   A. 感性   B. 容性   C. 电阻性   D. 不能确定

28. [单选题] 一个电池电动势内阻为 r，外接负载为两个并联电阻，阻值各为 R。当 R

为（ ）时，负载上消耗的功率最大。
A. 0　　　　　　B. r　　　　　　C. 2r　　　　　　D. r/2

29. [单选题] 电感电容相串联，$U_L = 30V$，$U_C = 40V$，则总电压等于（ ）V。
A. 70　　　　　　B. 10　　　　　　C. 50　　　　　　D. 100

30. [判断题] 电阻电感相并联，$I_R = 3A$，$I_L = 4A$，则总电流等于5A。（ ）
A. 正确　　　　　　B. 错误

31. [判断题] 在RLC串联电路中，当L>C时电路呈电感性。（ ）
A. 正确　　　　　　B. 错误

32. [单选题] 已知RLC串联电路的电感电压$U_L = 4V$，电容电压$U_C = 7V$，端电压$U = 5V$，则电阻电压U_R为（ ）V。
A. 14　　　　　　B. 8　　　　　　C. 4　　　　　　D. 2

33. [单选题] 在RLC串联交流电路中，总阻抗的数值大小随着频率的增加而（ ）。
A. 增大　　　　　　B. 减小　　　　　　C. 不变　　　　　　D. 不能确定

34. [单选题] RLC串联交流电路中电流与总电压之间的相位关系是（ ）。
A. 电压与电流同相位　　　　　　B. 电压超前电流
C. 电流超前电压　　　　　　D. 不能确定

35. [单选题] 已知电路复阻抗$Z = (3 - j4)\Omega$，则该电路一定呈（ ）。
A. 感性　　　　　　B. 容性　　　　　　C. 阻性　　　　　　D. 不能确定

36. [单选题] RL串联的交流电路中，$U_R = 8V$，$U_L = 6V$，则总电压为（ ）V。
A. 14V　　　　　　B. 10V　　　　　　C. 2V　　　　　　D. 6V

37. [单选题] 同一相量图中两个正弦交流电，（ ）必须相同。
A. 有效值　　　　　　B. 初相位　　　　　　C. 频率　　　　　　D. 最大值

38. [判断题] 电容元件电压相位超前于电流90°。（ ）
A. 正确　　　　　　B. 错误

39. [单选题] 正弦电压$u(t) = 50\sin(314t + 60°)$，则该正弦电压的周期T为（ ）。
A. 314s　　　　　　B. 50s　　　　　　C. 0.02s　　　　　　D. 1/314s

40. [单选题] 用电表测量市电电网电压为210V，该电压的振幅值为（ ）V，它的变化周期为（ ）。
A. 220，50Hz　　B. $210\sqrt{2}$，20ms　　C. 220，314rad/s　　D. 210，20ms

41. [单选题] 某正弦交流电压u的初相位为45°，$t = 0$时$u = 220V$，则u的有效值约为（ ）V。
A. 220　　　　　　B. 380　　　　　　C. 311　　　　　　D. 156

42. [单选题] 正弦电压$u = U_m \cos(\omega t + \varphi)$，其正确的相量表达式为（ ）。
A. $\dot{U} = \sqrt{2} U_m \angle \varphi$　　　　　　B. $\dot{U} = \dfrac{U_m}{\sqrt{2}} \angle \varphi$

C. $\dot{U} = \sqrt{2} U_m \angle (\omega t + \varphi)$　　　　　　D. $\dot{U} = U_m \angle (\omega t + \varphi)$

43. [单选题] 已知$u_1 = 4\cos(\omega t)V$，$u_2 = 2\cos(\omega t + \pi)V$，则$u_1 - u_2$为（ ）V。
A. $6\cos(\omega t)$　　B. $6\cos(\omega t + \pi)$　　C. $2\cos(\omega t)$　　D. $2\cos(\omega t + \pi)$

44. [单选题] 两个同频率正弦交流电的相位差等于180°时，则它们的相位关系是（　　）。

　　A. 同相　　　　B. 反相　　　　C. 相等　　　　D. 以上都不对

45. [单选题] 正弦交流电的最大值等于有效值的（　　）倍。

　　A. $\sqrt{2}$　　　B. 2　　　　C. 1/2　　　　D. $1/\sqrt{2}$

46. [单选题] 有关图1-71所示电路电流 $\dot{I}$ 的下列计算公式中，错误的是（　　）。

　　A. $\dot{I} = \dfrac{\dot{U}_R}{R}$　　　B. $\dot{I} = \dfrac{\dot{U}_C}{j\omega C}$

　　C. $\dot{I} = j\omega C \dot{U}_C$　　　D. $\dot{I} = \dfrac{\dot{U}}{\left(R + \dfrac{1}{j\omega C}\right)}$

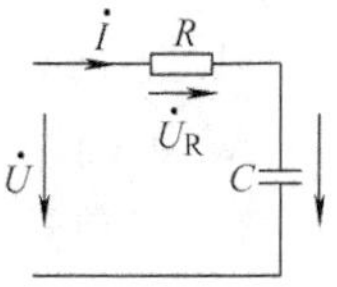

图1-71

47. [单选题] 已知2Ω电阻上的电流 $i = 6\cos(314t + 45°)$ A，当这一电阻上的电压 u、电流 i 为关联参考方向时，$u =$（　　）。

　　A. $12\cos(314t + 30°)$　　　B. $12\sqrt{2}\cos(314t + 45°)$

　　C. $12\cos(314t + 45°)$　　　D. $12\sin(314t + 45°)$

48. [单选题] 已知2Ω电阻的电压 $\dot{U} = 10\angle 60°$ V，当 u，i 为关联参考方向时，电阻上电流 $\dot{I} =$（　　）A。

　　A. $5\sqrt{2}\angle 60°$　　B. $5\angle 60°$　　C. $5\angle -60°$　　D. $5\sqrt{2}\angle -60°$

49. [单选题] 在纯电感电路中，电流应为（　　）。

　　A. $i = \dfrac{U}{X_L}$　　B. $I = \dfrac{U}{L}$　　C. $I = \dfrac{U}{\omega L}$　　D. $\dot{I} = \dfrac{U}{\omega L}$

50. [单选题] 加在一个感抗为20Ω的纯电感两端的电压是 $u = 10\cos(\omega t + 30°)$ V，则通过它的电流瞬时值为（　　）A。

　　A. $i = 0.5\cos(2\omega t - 30°)$　　　B. $i = 0.5\cos(\omega t - 60°)$

　　C. $i = 0.5\cos(\omega t + 60°)$　　　D. $i = 0.5\cos(\omega t + 120°)$

51. [单选题] 若电路中某元件的端电压为 $u = 5\cos(314t + 35°)$，电流 $i = 2\cos(314t + 125°)$，u，i 为关联参考方向，则该元件是（　　）。

　　A. 电阻　　　B. 电感　　　C. 电容　　　D. 电源

52. [单选题] 电容元件的电压与电流关系的相量表达式为（　　）。

　　A. $\dot{I}_C = \dfrac{\dot{U}}{j\omega C}$　　B. $\dot{I}_C = j\dfrac{\dot{U}}{\omega C}$　　C. $\dot{I}_C = j\omega C\dot{U}$　　D. $\dot{I}_C = \omega C\dot{U}$

53. [单选题] 正弦电流通过电感元件时，下列关系中错误的是（　　）。

　　A. $U_m = \omega L I_m$　　　　　B. $U_L = \omega L i$

　　C. $Q_L = U_L I$　　　　　　D. $L = U/(\omega I)$

54. [单选题] 图1-72所示交流电路中，电源电压不变，当频率升高时，各灯泡的亮度变化为（　　）。

　　A. 灯A变亮　　　　　　　B. 灯B变亮

　　C. 灯C变亮　　　　　　　D. 所有灯变亮

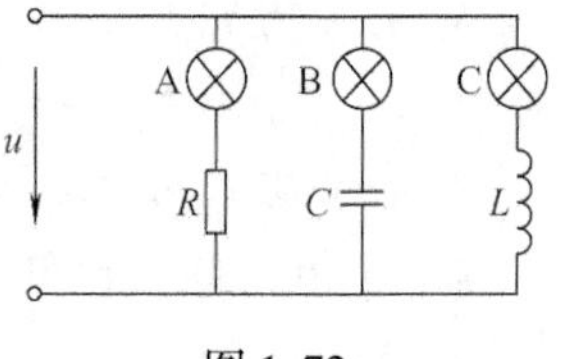

图1-72

55. [单选题] 如图 1-73 所示为 RLC 串联的正弦交流电路相量图，取 $\dot{I}$ 为参考相量，电压、电流为关联参考方向，当 $X_C > X_L$ 时，相量图为（　　）。

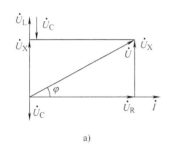
a)
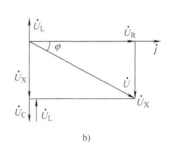
b)
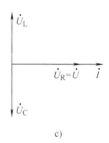
c)

图 1-73

A. 图 a)　　　　B. 图 b)　　　　C. 图 c)　　　　D. 都不是

56. [单选题] 已知在关联参考方向下某一端口网络的端口电压有效值为 10V，电流有效值为 1A，功率因数为 0.8，端口网络输入的平均功率为（　　）W。

A. 10　　　　　B. 8　　　　　C. 6　　　　　D. 5

57. [判断题] 并联电容器容量越大，功率因数越高。（　　）

A. 正确　　　　B. 错误

58. [单选题] 一元件可以表示为 $R + jX$，分别通以交流电和直流电，那么交流电阻（　　）直流电阻。

A. 大于　　　　B. 小于　　　　C. 等于　　　　D. 视情况而定

【参考答案与解析】

1. A。[解析] 若电路的总电压超前电流，则电路呈感性；若电路的总电压滞后电流，则电路呈容性；若电路的总电压与总电流同相位，则电路呈电阻性。

2. B　3. A　4. A　5. ABCD　6. B　7. C

8. C。[解析] 无功功率 $Q = UI\sin\varphi = \dfrac{250}{\sqrt{2}} \times 2 \times \sin90° = 353.6\text{var}$

9. A　10. B　11. C　12. C　13. C　14. C　15. C　16. B　17. B　18. B　19. A

20. A。[解析] $I = \sqrt{I_1^2 + I_2^2} = \sqrt{3^2 + 4^2} = 5\text{A}$，$P_s = I^2 \times 1 + I_1^2 \times 2 = 43\text{W}$。

21. B　22. B　23. A　24. B　25. A　26. A　27. A　28. C　29. B　30. A　31. B
32. C　33. A　34. D　35. B　36. B　37. C　38. B　39. C　40. B　41. A　42. B　43. A
44. B　45. A　46. B　47. C　48. B　49. C　50. B　51. C　52. B　53. B　54. B　55. B
56. B　57. B

58. A。[解析] 一般交流电阻是指阻抗。

第六单元　含耦合电感电路的分析与计算

一、主要知识点

(一) 互感

1. 耦合电感

对于空心线圈，磁通链（简称磁链）ψ 与电流 i 成正比。当只有一个线圈时，该线圈的磁通链

$$\psi_1 = \psi_{11} = L_1 i_1 \tag{1-44}$$

式中，ψ_{11} 为自感磁通链；L_1 为自感系数，单位为 H（亨利）。

当两个线圈都通过电流时，每一个线圈的磁通链为自磁通链与互磁通链的代数和，即

$$\left. \begin{aligned} \psi_1 &= \psi_{11} \pm \psi_{12} = L_1 i_1 \pm M_{12} i_2 \\ \psi_2 &= \psi_{22} \pm \psi_{21} = L_2 i_2 \pm M_{21} i_1 \end{aligned} \right\} \tag{1-45}$$

式中，ψ_1 是线圈 1 的磁通链；ψ_{11} 是线圈 1 的自感磁通链；ψ_{12} 是线圈 2 中电流产生的穿过线圈 1 的磁通链，即互磁通链；ψ_2 是线圈 2 的磁通链；ψ_{22} 是线圈 2 的自感磁通链；ψ_{21} 是线圈 1 中电流产生的穿过线圈 2 的互磁通链。L_1 和 L_2 分别是线圈 1 和线圈 2 的自感系数；M_{12} 和 M_{21} 为互感系数，二者相等，单位也为 H。M 值与线圈的形状、几何位置、空间媒质有关，与线圈中的电流无关，它可正可负，但 L 值总为正。

2. 耦合系数

耦合系数反映两个线圈磁耦合的紧密程度，用 k 表示，其值为

$$k = \frac{M}{\sqrt{L_1 L_2}} \leqslant 1 \tag{1-46}$$

耦合系数 k 与线圈的结构、相互几何位置、空间磁介质有关。当 $k = 1$ 时，称为全耦合，此时两个线圈的漏磁为零。

3. 耦合电感上的电压、电流关系

当两个线圈同时通以时变电流时，每个线圈两端的电压均包含自感电压和互感电压，即

$$\begin{cases} u_1 = u_{11} + u_{12} = L_1 \dfrac{di_1}{dt} \pm M \dfrac{di_2}{dt} \\ u_2 = u_{21} + u_{22} = \pm M \dfrac{di_1}{dt} + L_2 \dfrac{di_2}{dt} \end{cases} \tag{1-47}$$

式中，u_{11} 和 u_{22} 分别为线圈 1 和线圈 2 的自感电压，u_{12} 和 u_{21} 分别为互感电压。

在正弦交流电路中，其相量形式的方程为

$$\begin{cases} \dot{U}_1 = j\omega L_1 \dot{I}_1 \pm j\omega M \dot{I}_2 \\ \dot{U}_2 = \pm j\omega M \dot{I}_1 + j\omega L_2 \dot{I}_2 \end{cases} \tag{1-48}$$

当线圈的 u、i 取关联参考方向时，自感电压为正，否则为负。当两线圈的自感磁链和

互感磁链相助时，互感电压为正，否则为负。互感电压的正负与电流的参考方向、线圈的相对位置和绕向有关。

4. 互感线圈的同名端

当两个电流分别从两个线圈的对应端子同时流入，若所产生的磁通相互加强时，则这两个对应端子称为两互感线圈的同名端。

注意线圈的同名端必须两两确定。

（二）含有耦合电感电路的计算

1. 耦合电感的串联

（1）顺接串联（顺向串联），如图 1-74 所示。

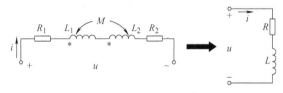

图 1-74　耦合电感的顺接串联

$$R = R_1 + R_2$$
$$L = L_1 + L_2 + 2M$$

（2）反接串联（反向串联），如图 1-75 所示。

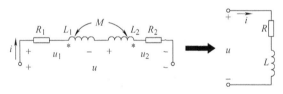

图 1-75　耦合电感的反接串联

$$R = R_1 + R_2$$
$$L = L_1 + L_2 - 2M \geq 0$$

2. 耦合电感的并联

（1）同侧并联，如图 1-76 所示。

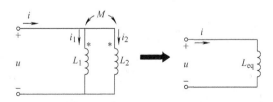

图 1-76　耦合电感的同侧并联

$$L_{eq} = \frac{(L_1 L_2 - M^2)}{L_1 + L_2 - 2M} \geq 0$$

（2）异侧并联，如图 1-77 所示。

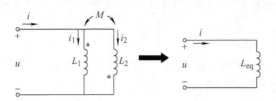

图 1-77　耦合电感的异侧并联

$$L_{eq} = \frac{(L_1 L_2 - M^2)}{L_1 + L_2 + 2M} \geqslant 0$$

3. 耦合电感的 T 形等效

（1）同名端为共端的 T 形去耦等效，如图 1-78 所示。

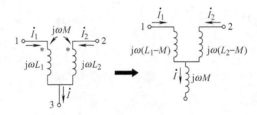

图 1-78　耦合电感同名端为共端的 T 形去耦等效

（2）异名端为共端的 T 形去耦等效，如图 1-79 所示。

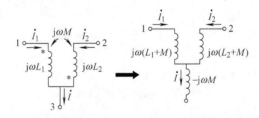

图 1-79　耦合电感异名端为共端的 T 形去耦等效

4. 耦合电感的受控源等效

如图 1-80 所示。

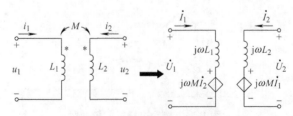

图 1-80　耦合电感的受控源等效

5. 有互感电路的计算

（1）在正弦稳态情况下，有互感电路的计算仍应用相量分析方法。

(2) 注意互感线圈上的电压除自感电压外，还应包含互感电压。

(3) 一般采用支路电流法或回路电流法计算。

6. 耦合电感的功率

当耦合电感中的施感电流变化时，将出现变化的磁场，从而产生电场（互感电压），耦合电感通过变化的电磁场进行电磁能的转换和传输，电磁能从耦合电感一边传输到另一边。

（三）变压器原理

1. 变压器组成及原理

变压器由两个具有互感的线圈构成，一个线圈接电源，另一个线圈接负载，变压器是利用互感来实现从一个电路向另一个电路传输能量或信号的器件。当变压器线圈的芯子为非铁磁材料时，称为空心变压器。

一次侧回路：变压器线圈接入电源形成的回路。

二次侧回路：变压器线圈接入负载形成的回路。

2. 变压器电路的分析方法

(1) 方程法：利用回路电流法列写电路的回路电流方程，求解方程分析电路。

(2) 等效电路法：利用上述介绍的耦合电感的串联、并联、T形等效、受控源等效等方法分析电路。

（四）理想变压器

1. 定义

理想变压器是实际变压器的理想化模型，是对互感元件的理想科学抽象，是极限情况下的耦合电感。

2. 理想变压器的三个理想化条件

(1) 无损耗：线圈导线无电阻，作为芯子的铁磁材料的磁导率无限大。

(2) 全耦合：即 $k=1$，此时 $M=\sqrt{L_1 L_2}$。

(3) 参数无限大：L_1、L_2、$M \Rightarrow \infty$，$\sqrt{\dfrac{L_1}{L_2}} = \dfrac{N_1}{N_2} = n$。

3. 理想变压器的主要性能

(1) 变压关系。

同名端为共端：$\dfrac{u_1}{u_2} = \dfrac{N_1}{N_2} = n$。

异名端为共端：$\dfrac{u_1}{u_2} = -\dfrac{N_1}{N_2} = -n$。

(2) 变流关系。

同名端为共端：$\dfrac{i_1}{i_2} = -\dfrac{1}{n}$。

异名端为共端：$\dfrac{i_1}{i_2} = \dfrac{1}{n}$。

(3) 变阻抗关系

$$\frac{\dot{U}_1}{\dot{U}_2} = n^2 Z \tag{1-49}$$

注意：理想变压器的阻抗变换只改变阻抗的大小，不改变阻抗的性质。

(4) 功率性质，即理想变压器既不储能，也不耗能，在电路中只起传递信号和能量的作用。

(五) 谐振

1. 定义

含 R、L、C 的一端口电路，在特定条件下出现端口电压、电流同相位的现象时，称电路发生了谐振，此时端口电压和电流满足的关系如下：

$$\frac{\dot{U}}{\dot{I}} = Z = R \tag{1-50}$$

2. 串联谐振

(1) 谐振角频率

$$\omega_0 = \frac{1}{\sqrt{LC}} \tag{1-51}$$

(2) 实现谐振的方式。

① LC 不变，改变 ω。

② 电源频率不变，改变 L 或 C（通常改变 C）。

(3) 谐振特点。

① 入端阻抗为纯电阻，阻抗值 $|Z|$ 最小，电流 I 和电阻电压 U_R 达到最大值。

② LC 上的电压大小相等，相位相反，串联总电压为零（LC 相当于短路），也称为电压谐振。

③ 谐振时会出现过电压现象。引入品质因数（Q）

$$Q = \frac{\omega_0 L}{R} \tag{1-52}$$

$U_L = U_C = QU \gg U$，Q 值越大，表明谐振电路的品质越好，选择性越好。一般要求在发生谐振的电路中尽可能提高 Q 值。

3. 并联谐振

(1) 谐振角频率。

$$\omega_0 = \frac{1}{\sqrt{LC}} \tag{1-53}$$

(2) 谐振特点。

① 入端导纳为纯电导，导纳值 $|Y|$ 最小，端电压达到最大值。

② L、C 上的电流大小相等，相位相反，并联总电流为零（LC 相当于开路），也称为电流谐振。

$$I_L = I_C = QI \tag{1-54}$$

式中，$Q = \dfrac{\omega_0 C}{G} = \dfrac{1}{\omega_0 GL}$。

二、模拟测试题

1. [判断题] 通过互感线圈的电流若同时流入同名端，则它们产生的感应电压彼此增强。（　　）
   A. 正确　　　　　　　　　　B. 错误

2. [多选题] 互感系数 M 与下列因素（　　）有关。
   A. 两线圈的匝数　　　　　　B. 两线圈的形状
   C. 两线圈的尺寸　　　　　　D. 两线圈的相对位置

3. [判断题] 互感系数 M 与两线圈形状和结构、两线圈几何位置、空间媒质、两线圈电压电流参考方向有关。（　　）
   A. 正确　　　　　　　　　　B. 错误

4. [单选题] 一个 $R_L = 8\Omega$ 的负载，经理想变压器接到信号源上，信号源的内阻 $R_0 = 800\Omega$，变压器一次绕组的匝数 $N_1 = 1000$，若要通过阻抗匹配使负载得到最大功率，则变压器二次绕组的匝数 N_2 应为（　　）。
   A. 100　　　　B. 1000　　　　C. 500　　　　D. 200

5. [单选题] 符合全耦合、参数无穷大、无损耗 3 个条件的变压器称为（　　）。
   A. 空心变压器　　B. 理想变压器　　C. 实际变压器　　D. 耦合变压器

6. [多选题] 关于耦合电感的并联，下列说法正确的是（　　）。
   A. 耦合电感的并联有同侧并联和异侧并联两种方式
   B. 耦合电感的同侧并联是两个同名端连接在同一个节点上
   C. 耦合电感的异侧并联是两个异名端连接在同一节点上
   D. 耦合电感的两个线圈虽然不是并联，但它们有一个端钮相连接，即有一个公共端，去耦法仍然适用

7. [多选题] 关于耦合电感的串联，下列说法正确的是（　　）。
   A. 耦合电感的串联连接有顺接串联和反接串联两种方式
   B. 耦合电感的顺接串联是异名端相接
   C. 耦合电感的反接串联是同名端相接
   D. 顺接串联时电流是从两电感的同名端流入（或流出），其线圈磁链是增强的

8. [判断题] 顺接串联的两个互感线圈，等效电感量为它们的电感量之和。（　　）
   A. 正确　　　　　　　　　　B. 错误

9. [判断题] 由于线圈本身的电流变化而在本线圈中引起的电磁感应称为自感。（　　）
   A. 正确　　　　　　　　　　B. 错误

10. [判断题] 互感电路的分析计算一般采用支路电流法或网孔电流法。（　　）
    A. 正确　　　　　　　　　　B. 错误

11. [判断题] 任意两个相距较近的线圈总会存在互感现象。（　　）
    A. 正确　　　　　　　　　　B. 错误

12. [多选题] 关于耦合电感元件，下列说法正确的有（　　）。

A. 互感是当两个电感线圈物理上相互靠近，一个线圈所产生的磁通与另一个线圈相交链，使之产生感应电压的现象

B. 由于线圈周围磁介质为非铁磁性物质，磁链是电流的线性函数

C. 耦合系数 k 表征耦合线圈的紧密程度

D. 当自感磁链和互感磁链参考方向一致时，线圈的磁链是增强的

13. [判断题] 如图 1-81 所示电路，$u_S = 18\cos(\omega t)$ V，则 $i_2 = 6\cos(\omega t)$ A。（   ）

A. 正确　　　　　　B. 错误

14. [单选题] 一个理想变压器，已知一次电压为 220V，一次侧匝数 $N_1 = 660$，为得到 10V 的二次电压，则二次侧匝数 N_2 为（   ）。

A. 50　　　　B. 40　　　　C. 30　　　　D. 20

15. [单选题] 如图 1-82 所示正弦稳态电路，已知 $\dot{I}_S = 16\angle 0°$ A，则电流 $\dot{I}$ 等于（   ）A。

A. $2\angle 180°$　　B. $2\angle 0°$　　C. $8\angle 180°$　　D. $8\angle 0°$

16. [单选题] 如图 1-83 所示含耦合电感电路中，已知 $L_1 = 0.1$ H，$L_2 = 0.4$ H，$M = 0.12$ H，a、b 两端的等效电感 L_{ab} 为（   ）H。

A. 0.064　　B. 0.062　　C. 0.64　　D. 0.62

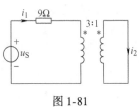
图 1-81

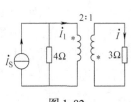
图 1-82

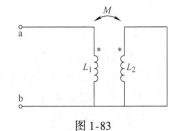
图 1-83

17. [单选题] 下列（   ）不是变压器的特性。

A. 变换电压　　　　　　　　B. 变换电流
C. 变换功率　　　　　　　　D. 变换阻抗

18. [单选题] 对如图 1-84 所示电路，下列关系式正确的是（   ）。

A. $u_1 = -L_1\dfrac{di_1}{dt} - M\dfrac{di_2}{dt}$，$u_2 = -M\dfrac{di_1}{dt} - L_2\dfrac{di_2}{dt}$

B. $u_1 = L_1\dfrac{di_1}{dt} - M\dfrac{di_2}{dt}$，$u_2 = -M\dfrac{di_1}{dt} + L_2\dfrac{di_2}{dt}$

C. $u_1 = L_1\dfrac{di_1}{dt} + M\dfrac{di_2}{dt}$，$u_2 = -M\dfrac{di_1}{dt} - L_2\dfrac{di_2}{dt}$

D. $u_1 = L_1\dfrac{di_1}{dt} + M\dfrac{di_2}{dt}$，$u_2 = M\dfrac{di_1}{dt} + L_2\dfrac{di_2}{dt}$

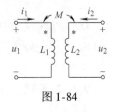
图 1-84

19. [单选题] 两线圈的自感分别为 0.8H 和 0.7H，互感为 0.5H，电阻不计，电源电压有效值不变，则两者反向串联时的电流为顺向串联的（   ）倍。

A. 3　　　　B. 4　　　　C. 5　　　　D. 6

20. [多选题] 分析含有耦合电感电路时，列写网孔电流方程的步骤有（　　）。
   A. 分析耦合电感的伏安关系　　　　B. 把各电感的电压用回路电流表示
   C. 对各网孔列写 KVL 方程　　　　　D. 对各节点列写 KCL 方程

21. [单选题] 互感 M 兼有储能元件的特性，当 M 起反向耦合作用时，它的储能特性和（　　）相同。
   A. 电感　　　　B. 电容　　　　C. 电阻　　　　D. 不能确定

22. [单选题] 互感电压（　　）端与施感电流（　　）构成同名端。
   A. 正极性，进端　　　　　　　　　B. 负极性，进端
   C. 正极性，出端　　　　　　　　　D. 不确定

23. [单选题] 已知两个耦合线圈的自感分别为 $L_1=3H$，$L_2=8H$，则它们互感 M 可能的值是（　　）H。
   A. 3　　　　　B. 5　　　　　C. 7　　　　　D. 8

24. [多选题] 关于含耦合电感电路的以下说法正确的是（　　）。
   A. 不变动的电流（直流）只产生自感和互感磁通链，不产生自感和互感电压
   B. 不变动的电流（直流）不仅产生自感和互感磁通链，也产生自感和互感电压
   C. 耦合电感上的电压包含互感电压
   D. 耦合电感上的电压不包含互感电压

25. [单选题] 若电路中 $L=1H$，$C=100pF$ 时，$X_L=X_C$，则频率 f 为（　　）。
   A. 17kHz　　　B. 15.92kHz　　　C. 20kHz　　　D. 21kHz

26. [单选题] 已知 RLC 串联电路发生谐振，端电压为 20V，电流为 5A，$X_L=6\Omega$，若改为 RLC 并联后也发生谐振，电压还是 20V 不变，则电流为（　　）A。
   A. 4　　　　　B. 5　　　　　C. 25　　　　D. 15

27. [单选题] RLC 串联正弦交流电路，发生谐振的条件是（　　）。
   A. 感抗大于容抗　　　　　　　　　B. 阻抗等于零
   C. 感抗等于容抗　　　　　　　　　D. 感抗小于容抗

28. [单选题] 关于 RLC 串联电路谐振，下列说法正确的是（　　）。
   A. 电路总阻抗等于电阻值，此时阻抗达最大值
   B. 电感、电容上的电压大小相等，相位相反
   C. 若给该电路两端加一电压源，该电路电流即为最小值
   D. 电感和电容发生电压谐振，在电路里相当于开路

29. [单选题] 若 LC 电路发生串联谐振，此时电路相当于（　　）。
   A. 短路　　　　B. 断路　　　　C. 开路　　　　D. 通路

30. [单选题] RLC 串联电路在频率为 f 时发生谐振，当频率增加到 $3f$ 时，电路性质呈（　　）。
   A. 电阻性　　　B. 感性　　　　C. 电容性　　　D. 不能确定

31. [判断题] 谐振频率由电路结构参数决定。（　　）
   A. 正确　　　　B. 错误

32. [判断题] RLC 并联电路的谐振频率由 L、C 决定，与 R 无关。（　　）
   A. 正确　　　　B. 错误

33. [判断题] 在 RLC 并联谐振电路中，发生并联谐振时导纳的虚部为零。（　　）
   A. 正确 B. 错误

34. [多选题] 关于谐振的下列说法中，（　　）是正确的。
   A. 串联谐振时阻抗最小
   B. 并联谐振时阻抗最大
   C. 电路谐振时阻抗最小
   D. 电路谐振时阻抗最大

35. [多选题] RLC 电路发生串联谐振，下列叙述正确的是（　　）。
   A. 谐振时电路呈电阻性
   B. 电路的端电压等于电阻上的压降
   C. 电路谐振时，电源与电感、电容间仍然发生能量的交换
   D. 谐振时，电路阻抗最小，电流最大

36. [单选题] 在 RLC 串联交流电路中，当电源电压不变，频率从谐振频率降到零时，电路中的电流变化趋势为（　　）。
   A. 从最大值降到零
   B. 从无穷大降到零
   C. 从最小值升到无穷大
   D. 保持不变

37. [单选题] 发生 RLC 串联谐振的条件是（　　）。
   A. $\omega_0 = \dfrac{\omega L}{R}$
   B. $f_0 = \dfrac{1}{\sqrt{LC}}$
   C. $\omega_0 = \dfrac{1}{\sqrt{LC}}$
   D. $\omega_0 = \dfrac{1}{2\pi\sqrt{LC}}$

38. [单选题] 在 RLC 串联正弦交流电路中，已知 $X_L = X_C = 20\Omega$，$R = 20\Omega$，总电压有效值为 220V，则电感上的电压为（　　）V。
   A. 0 B. 220 C. 73.3 D. 11

39. [单选题] 正弦交流电路如图 1-85 所示，已知电源电压为 220V，频率 $f = 50$Hz，电路发生谐振。现将电源的频率增加，电压有效值不变，这时灯泡的亮度（　　）。
   A. 比原来亮 B. 比原来暗 C. 和原来一样亮 D. 不能确定

40. [单选题] 正弦交流电路如图 1-86 所示，已知开关 S 打开时，电路发生谐振。当把开关合上时，电路呈现（　　）。
   A. 阻性 B. 感性 C. 容性 D. 电源性

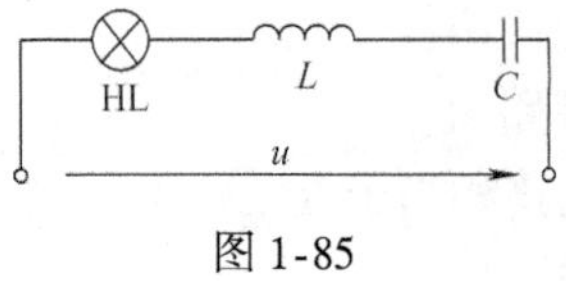

图 1-85

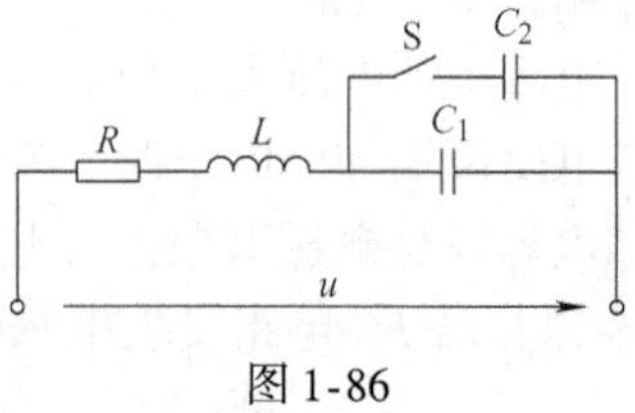

图 1-86

41. [单选题] RLC 串联电路中，发生谐振时测得电阻两端的电压为 6V，电感两端的电压为 8V，则电路总电压是（　　）。
   A. 8V B. 10V C. 6V D. 14V

42. [单选题] 在电源频率和电压保持不变的条件下，调节 C 使 RLC 并联电路发生谐振，则该电路中总电流将（　　）。
   A. 达到最大值
   B. 达到最小值
   C. 随 C 增加而增大
   D. 不变

43. [单选题] 两个完全相同的线圈若通以同向电流，则它们的运动情况是（　　）。
   A. 相互吸引　　　B. 相互排斥　　　C. 先吸引后排斥　　　D. 先排斥后吸引

44. [单选题] 在电源频率和电压保持不变的条件下，调节 L 使 RLC 串联电路发生谐振，则该电路的电流将（　　）。
   A. 达到最大值　　B. 达到最小值　　C. 随 L 增大而减小　　D. 不变

45. [单选题] 收音机原调谐至 600kHz，现在若要收听 1200kHz 电台的节目，则可变电容的电容量应调至原来的（　　）倍。
   A. 1/2　　　　　B. 2　　　　　　C. 1/4　　　　　　　D. 4

46. [单选题] RLC 并联正弦交流电路中，各支路电流有效值为 $I_R = 4A$，$I_L = 1A$，$I_C = 4A$，则电路总电流为（　　）A。
   A. 9　　　　　　B. 7　　　　　　C. 5　　　　　　　　D. 6

47. [单选题] RLC 串联正弦交流电路中，已知：$U_R = 80V$，$U_L = 100V$，$U_C = 40V$，则电路总电压为（　　）V。
   A. 220　　　　　B. 140　　　　　C. 100　　　　　　　D. 161

48. [判断题] RLC 并联电路发生谐振时，个别支路的电流有效值可能超过电源供给电路的电流有效值。（　　）
   A. 正确　　　　　B. 错误

【参考答案与解析】

1. A　2. ABCD

3. B。[解析] 互感系数 M 与两线圈电压电流参考方向无关。

4. A。[解析] 根据最大功率传输定理以及理想变压器的变阻抗性质，$n^2 R_L = R_0$，代入已知条件，$n = 10$，即 $\frac{N_1}{N_2} = 10$，$N_1 = 100$。

5. B　6. ABCD　7. ABCD　8. B　9. A　10. A

11. B。[解析] 相邻两个线圈耦合，即有公共的磁路，才会产生互感现象。

12. ABCD

13. A。[解析] 变阻抗后，可求得 $i_1 = \frac{u_S}{9} = 2\cos(\omega t) A$；根据变流性质，$\frac{i_1}{i_2} = \frac{1}{3}$，因此 $i_2 = 6\cos(\omega t) A$。

14. C　15. C

16. A。[解析] 采用如图 1-78 所示的同名端为共端的 T 形去耦等效法，得

$$L_{ab} = (0.1 - 0.12) + \frac{(0.4 - 0.12) \times 0.12}{0.4 - 0.12 + 0.12} = 0.064H$$

17. C　18. D

19. C。[解析] 反向串联的电感为 0.5H，顺向串联的电感为 2.5H，电源电压有效值不变时，电流有效值与电感值成反比，因而反向串联时的电流为顺向串联时的 5 倍。

20. ABC　21. B　22. A

23. A。[解析] 在无漏磁的情形下（例如两线圈密排缠绕在一起），一个线圈产生的磁

场对自身每一匝的磁通量都相等且全部通过另一个线圈的每一匝,这时两线圈的互感系数有最大值 $M = \sqrt{L_1 L_2}$。有漏磁时,$M < \sqrt{L_1 L_2}$,M 的计算比较复杂,而用实验方法测定。本题 M 的最大值小于 5H,所以 M 可能为 3H。

24. AC 25. B 26. B 27. C 28. B 29. A 30. B 31. A 32. A 33. A 34. AB 35. ABD 36. A 37. C 38. B 39. B 40. B 41. C 42. B

43. A。[解析] 同向电流相互吸引,异向电流相互排斥。

44. A 45. C 46. C 47. C 48. A

第七单元 三相电路的基本概念和计算

一、主要知识点

(一) 三相电路的基本概念

1. 定义

由三相电源、三相负载和三相输电线路三部分组成的电路称为三相电路。

2. 对称三相电源

(1) 产生:通常由三相同步发电机产生,三相绕组在空间互差 120°,当转子以均匀角速度 ω 转动时,在三相绕组中产生感应电压,从而形成对称三相电源。

(2) 定义:三相电源是三个频率相同、振幅相同、相位彼此相差 120° 的正弦电源。

(3) 表达式。

① 瞬时值表达式

$$\begin{cases} u_A(t) = \sqrt{2}U\cos(\omega t) \\ u_B(t) = \sqrt{2}U\cos(\omega t - 120°) \\ u_C(t) = \sqrt{2}U\cos(\omega t + 120°) \end{cases} \quad (1\text{-}55)$$

② 相量表达式

$$\begin{cases} \dot{U}_A = U\angle 0° \\ \dot{U}_B = U\angle -120° \\ \dot{U}_C = U\angle 120° \end{cases} \quad (1\text{-}56)$$

(4) 波形图及相量图(正序连接)。

① 波形图如图 1-87 所示。

② 相量图如图 1-88 所示。

(5) 特点

$$\begin{cases} u_A + u_B + u_C = 0 \\ \dot{U}_A + \dot{U}_B + \dot{U}_C = 0 \end{cases} \quad (1\text{-}57)$$

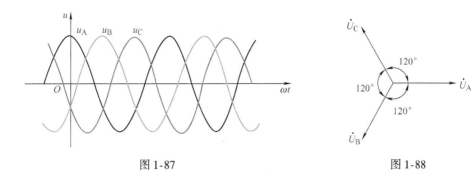

图 1-87   图 1-88

（6）相序，三相电源各相经过同一值（如最大值）的先后顺序。

正序：A - B - C - A。

负序：A - C - B - A。

（7）联结方式。

① 星形联结（Y联结），如图 1-89 所示。

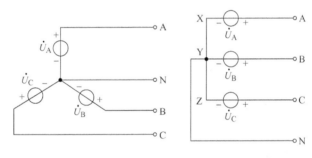

图 1-89

② 三角形联结（△联结），如图 1-90 所示。

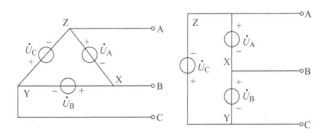

图 1-90

3. 三相负载

（1）三相电路的负载由三部分组成，其中每一部分称为一相负载。当三部分负载相等时，称为三相对称负载。

（2）联结方式。

① 星形联结（Y联结），如图 1-91 所示。

② 三角形联结（△联结），如图 1-92 所示。

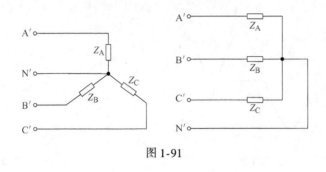

图 1-91

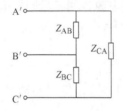

图 1-92

(二) 线电压(电流)与相电压(电流)的关系

1. 星形联结

(1) 电压关系：线电压大小等于相电压大小的$\sqrt{3}$倍，即$U_l = \sqrt{3}\,U_p$；线电压相位超前对应相电压相位30°。

(2) 电流关系：线电流等于相电流。

2. 三角形联结

(1) 电压关系：线电压等于相电压。

(2) 电流关系：线电流大小等于相电流大小的$\sqrt{3}$倍，即$I_l = \sqrt{3}\,I_p$；线电流相位滞后对应相电流相位30°。

(三) 对称三相电路的计算

1. 方法

对称三相电路由于电源对称、负载对称、线路对称，因而可以将三相电路的计算化为单相电路的计算。

2. 计算步骤

(1) 将所有三相电源、负载都化为等值Y-Y联结电路（连接负载和电源中性点，中性线上若有阻抗可不计）。

(2) 画出单相计算电路，求出一相的电压、电流：一相电路中的电压为Y联结时的相电压；一相电路中的电流为线电流。

(3) 根据△联结、Y联结时线量、相量之间的关系，求出原电路的电流电压。

(4) 由对称性，得出其他两相的电压、电流。

（四）三相电路的功率

1. 有功功率（平均功率）

$$P = 3U_p I_p \cos\varphi = \sqrt{3} U_l I_l \cos\varphi \tag{1-58}$$

注意：φ 为相电压与相电流的相位差。

2. 无功功率

$$Q = 3U_p I_p \sin\varphi = \sqrt{3} U_l I_l \sin\varphi \tag{1-59}$$

3. 视在功率

$$S = \sqrt{P^2 + Q^2} = 3U_p I_p = \sqrt{3} U_l I_l \tag{1-60}$$

4. 瞬时功率

$$p = p_A + p_B + p_C = 3UI\cos\varphi \tag{1-61}$$

5. 三相功率的测量

（1）三表法，如图 1-93 所示。

若负载对称，则需一块表，读数乘以 3。

（2）二表法。测量线路的接法是将两个功率表的电流线圈串到任意两相中，电压线圈的同名端接到其电流线圈所串的线上，电压线圈的非同名端接到另一相没有串功率表的线上，如图 1-94 所示。

若 W_1 的读数为 P_1，W_2 的读数为 P_2，则三相总功率为：$P = P_1 + P_2$。

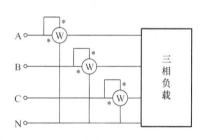

图 1-93

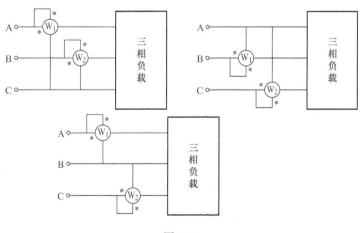

图 1-94

在负载对称的情况下，有

$$\begin{aligned} P_1 &= U_l I_l \cos(\varphi - 30°) \\ P_2 &= U_l I_l \cos(\varphi + 30°) \end{aligned} \tag{1-62}$$

二、模拟测试题

1. [单选题] 三相对称电压是指三个大小相等、频率相同、相位相差（　　）的三个正弦电压。
   A. 90°　　　　B. 180°　　　　C. 120°　　　　D. 60°

2. [单选题] 已知某三相四线制电路的线电压 $\dot{U}_{AB}=380\angle 13°\text{V}$，$\dot{U}_{BC}=380\angle -107°\text{V}$，$\dot{U}_{CA}=380\angle 133°\text{V}$，当 $t=12\text{s}$ 时，三个相电压之和为（　　）。
   A. 380V　　　B. 0V　　　　C. $380\sqrt{2}\text{V}$　　　D. 220V

3. [单选题] 在三相交流电路中，负载对称的条件是（　　）。
   A. $|Z_A|=|Z_B|=|Z_C|$　　　　　B. $\varphi_A=\varphi_B=\varphi_C$
   C. $Z_A=Z_B=Z_C$　　　　　　　D. A 或 B

4. [单选题] 关于三相对称电路，以下说法错误的是（　　）。
   A. 三相电压幅值相等、频率相同、相位角相差 120°
   B. 三相电压之和不等于零
   C. 三相电流之和等于零
   D. 三相电路的功率是指三相功率之和

5. [判断题] 无论是三相电源，还是三相负载都可以星形联结或三角形联结。（　　）
   A. 正确　　　　B. 错误

6. [单选题] 某三角形联结的三相对称负载接于三相对称电源，线电流与其对应的相电流的相位关系是（　　）。
   A. 线电流超前相电流 30°　　　　B. 线电流滞后相电流 30°
   C. 两者同相位　　　　　　　　　D. 线电流超前相电流 60°

7. [单选题] 某三相四线制供电电路中，相电压为 220V，则线电压为（　　）。
   A. 220V　　　B. 311V　　　C. 380V　　　D. 537V

8. [判断题] 对称三相电源、负载星形联结时，线电流等于相电流。（　　）
   A. 正确　　　　B. 错误

9. [单选题] 如图 1-95 所示对称三相电路中，若 $\dot{I}_a=72\angle 0°\text{A}$，负载 $Z=10\angle 0°\Omega$，则相电压 $\dot{U}_a=$（　　）V。
   A. $720\angle 0°$　　　B. $240\sqrt{3}\angle 30°$
   C. $240\angle 0°$　　　D. $720\sqrt{3}\angle 0°$

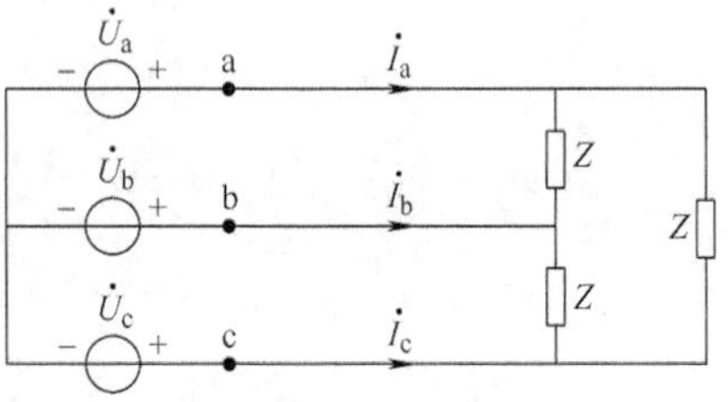

图 1-95

10. [判断题] 三相四线制电路无论对称与不对称，都可以用二表法测量三相功率。（　　）
    A. 正确　　　　B. 错误

11. [多选题] 三相电路中测量功率常用的方法有（　　）。
    A. 二表法　　B. 三表法　　C. 一表法　　D. 四表法

12. [单选题] 一台三相电动机，每相绕组的额定电压为 220V，所接电源的线电压为

380V，则此电动机应接成（　　）。

　　A. 星形　　　　B. 三角形　　　　C. V形　　　　D. 不确定

13. [单选题] 在纯电容负载作三角形联结的三相对称电路中，各相 $X_C = 38\Omega$，电源线电压为380V，则三相负载的无功功率是（　　）kvar。

　　A. 11.4　　　　B. 3.8　　　　C. 6.58　　　　D. 5

14. [选题] 如图1-96所示对称三相电路中，线电流 $\dot{I}_A$ 为（　　）。

　　A. $\dfrac{\dot{U}_A}{Z+Z_N}$　　B. $\dfrac{\dot{U}_A}{Z+3Z_N}$　　C. $\dfrac{\dot{U}_A}{Z+Z_N/3}$　　D. $\dfrac{\dot{U}_A}{Z}$

15. [单选题] 对称三相电路总有功功率为 $P = \sqrt{3}U_l I_l \cos\varphi$，式中的 φ 角是（　　）。

　　A. 线电压与线电流之间的相位差角　　B. 相电压与相电流之间的相位差角
　　C. 线电压与相电流之间的相位差角　　D. 相电压与线电流之间的相位差角

16. [单选题] 图1-97所示三相对称电路中，三相交流电源的相电压 U_{pS} 为220V，$Z = 38\Omega$，则负载的相电流 $I_{pL} = $（　　）A。

　　A. 10　　　　B. 5.79　　　　C. $10\sqrt{3}$　　　　D. $5.79\sqrt{3}$

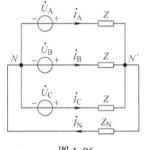
图1-96

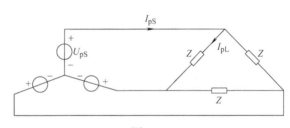
图1-97

17. [判断题] 在对称三相四线制电路中，若中线阻抗 Z_N 不为零，则负载中性点与电源中性点不是等电位点。（　　）

　　A. 正确　　　　B. 错误

18. [判断题] 如果三相电源电压频率相同，振幅相等，相位角也相同，就称为对称三相电源。（　　）

　　A. 正确　　　　B. 错误

19. [多选题] 三相电路中，视在功率等于（　　）。

　　A. 电路实际所消耗的功率　　　　B. 有功功率除以功率因数
　　C. 有功功率与无功功率的数量和　　D. 相电流与相电压之积的3倍

20. [单选题] 对称三相电源，线电压 $U = 380$V，对称三相感性负载作星形联结，若测得线电流 $I = 17.3$A，三相功率 $P = 9.12$kW，则每相负载的阻抗为（　　）Ω。

　　A. $10.2 + j7.63$　　B. $12.7 + j7.63$　　C. $10.2 + j12.7$　　D. $7.57 + j10.2$

21. [判断题] 三相四线制电路当负载对称时，可改为三相三线制电路而对负载无影响。（　　）

　　A. 正确　　　　B. 错误

22. [多选题] 在（　　）中，可以使用两个功率表的方法测量三相功率。
   A. 对称的三相三线制电路 B. 不对称的三相三线制电路
   C. 对称的三相四线制电路 D. 不对称的三相四线制电路

23. [多选题] 下列关于三相电路的描述，说法正确的是（　　）。
   A. 三相电路中，流经输电线中的电流为线电流
   B. 三相电源和三相负载中每一相的电压和电流称为线电压和线电流
   C. 三相电源和三相负载中每一相的电压和电流称为相电压和相电流
   D. 对于三角形联结的电源，线电压对称时，相电压也一定对称

24. [多选题] 下列关于三相有功功率测量的说法正确的是（　　）。
   A. 利用单相功率表测对称三相电路中任意一相的功率，可得三相功率
   B. 三相三线制电路，无论负载是否对称，都可使用两只单相功率表测三相功率
   C. 两表法通过电流表的电流是相电流
   D. 两表法测有功功率时，功率表的读数可能是负数或零

25. [单选题] 某三相电源绕组连成Y时线电压为380V，若将它改接成三角形，线电压为（　　）V。
   A. 720　　　　B. 660　　　　C. 380　　　　D. 220

26. [单选题] 对称三相交流电路中，三相负载为Y联结，当电源电压不变，而负载变为△联结时，对称三相负载所吸收的功率（　　）。
   A. 减小　　　B. 增大　　　C. 不变　　　D. 不确定

27. [单选题] 对称三相交流电路，三相负载为Y联结，当电源电压不变而负载换为△联结时，三相负载的相电流应（　　）。
   A. 增大　　　B. 减小　　　C. 不变　　　D. 不确定

28. [单选题] 同一三相负载，分别采用三角形联结和星形联结接于线电压相同的三相电源上，则这两种情况下负载的有功功率的比值为（　　）。
   A. 1　　　　B. 3　　　　C. 5　　　　D. 7

29. [单选题] 在三相四线制供电线路中，三相负载越接近对称负载，中性线上的电流（　　）。
   A. 越小　　　B. 越大　　　C. 不变　　　D. 无法确定

30. [单选题] 日常生活中，流过白炽灯泡中的电流为（　　）。
   A. 线电流　　B. 相电流　　C. 中性线电流　　D. 零序电流

31. [单选题] 三相对称电路是指（　　）。
   A. 三相电源对称的电路 B. 三相负载对称的电路
   C. 三相电源和三相负载均对称的电路 D. 三相电源或三相负载对称的电路

32. [单选题] 若要求三相负载中各相电压均为电源线电压，则负载应接成（　　）。
   A. 三角形联结 B. 星形联结有中性线
   C. 星形联结无中性线 D. 三角形联结或星形联结

33. [单选题] 测量三相电路功率时，不论电路是否对称（　　）。
   A. 三相四线制用二表法 B. 三相四线制用一表法
   C. 三相三线制用一表法 D. 三相三线制用二表法

34. [单选题] 电源和负载均为星形联结的对称三相电路中，负载联结不变，电源改为三角形联结，负载电流有效值（ ）。
    A. 增大   B. 减小   C. 不变   D. 不能确定

35. [单选题] 对称三相星形联结负载，各相阻抗为（3 + j3）Ω，若将其变换为等效三角形联结负载，则各相阻抗为（ ）。
    A. （1 + j1）Ω   B. $3\sqrt{2}\angle 45°$Ω   C. （9 + j9）Ω   D. $\sqrt{3}$(3 + j3)Ω

36. [单选题] 三相对称交流电路的瞬时功率为（ ）。
    A. 一个随时间变化的量   B. 三相有功功率
    C. 0   D. 三相无功功率

37. [单选题] 一个对称三相负载接成星形接到线电压为 380V 的对称三相电源上，每相电阻 $R = 6Ω$，电抗 $X_L = 8Ω$，则负载三相有功功率约为（ ）kW。
    A. 14.5   B. 8.7   C. 5.03   D. 8.07

38. [多选题] 对称三相电路系统，说法错误的是（ ）。
    A. 三相电流相量和不等于 0   B. 三相电流有效值之和不等于 0
    C. 三相电压有效值之和不等于 0 D. 三相电流瞬时值之和不等于 0

39. [单选题] 已知某三相四线制电路的三个线电压分别为 380∠13°、380∠−107°、380∠133°，当 $t = 12s$ 时，三个相电压之和为（ ）。
    A. 380   B. 220   C. 0   D. 537

【参考答案与解析】

1. C   2. B   3. C   4. B   5. A   6. B   7. C   8. A

9. C。[解析] 将三角形联结的负载转为星形联结的负载，此时 $Z_Y = \dfrac{Z}{3} = \dfrac{10}{3}\angle 0°$Ω。
$\dot{U}_a = \dot{I}_a Z_Y = 72\angle 0° \times \dfrac{10}{3}\angle 0° = 240\angle 0°$V。

10. B。[解析] 二表法可以测量三相三线制电路（不管对称与否）的功率，以及对称的三相四线制电路的功率，但不可以测量不对称的三相四线制电路的功率。

11. ABC   12. A

13. A。[解析] 三相对称电路的线电流为 $I_1 = \dfrac{380}{\sqrt{3}} / \left(\dfrac{38}{3}\right) = \dfrac{660}{38}$A，故三相负载的无功功率为 $Q = \sqrt{3}U_1 I_1 \sin 90° = \sqrt{3} \times 380 \times \dfrac{660}{38} = 11.4$kVar

14. D   15. B   16. A

17. B。[解析] 在对称三相四线制电路中，负载中点与电源中点恒为等电位点。

18. B   19. BD

20. A。[解析]
$$\cos\varphi = \dfrac{P}{\sqrt{3}UI} = \dfrac{9.12 \times 1000}{\sqrt{3} \times 380 \times 17.3} = 0.8$$
$$Z = \dfrac{380/\sqrt{3}}{17.3}(\cos\varphi + j\sin\varphi) \approx 10.2 + j7.63$$

21. A 22. ABC 23. ACD 24. ABD 25. D 26. B 27. A 28. B 29. A 30. B
31. C 32. A 33. D 34. B 35. C 36. B 37. B 38. AD 39. C

第八单元　非正弦周期电流电路的分析

一、主要知识点

(一) 非正弦周期电流、电压的有效值、平均值

1. 有效值

(1) 电流：$I = \sqrt{I_0^2 + I_1^2 + I_2^2 + \cdots}$。

(2) 电压：$U = \sqrt{U_0^2 + U_1^2 + U_2^2 + \cdots}$。

周期函数的有效值为直流分量及各次谐波分量有效值平方和的方根。

2. 平均值

(1) 电流：$I_{av} = \dfrac{1}{T}\int_0^T |I_m\cos\omega t|\,dt = \dfrac{2I_m}{\pi}$。

(2) 电压：$U_{av} = \dfrac{1}{T}\int_0^T |U_m\cos\omega t|\,dt = \dfrac{2U_m}{\pi}$。

(二) 非正弦周期电流电路的平均功率

$$P = U_0 I_0 + U_1 I_1 \cos\varphi_1 + U_2 I_2 \cos\varphi_2 \cdots \tag{1-63}$$

平均功率 = 直流分量的功率 + 各次谐波的平均功率。

(三) 非正弦周期电流电路的计算

1. 计算步骤

(1) 利用傅里叶级数，将非正弦周期函数展开成若干种频率的谐波信号。

(2) 对各次谐波分别应用相量法计算。

(3) 将以上计算结果转换为瞬时值叠加。

2. 注意事项

(1) 交流分量作用时，各谐波的 X_L、X_C 不同。

(2) 直流分量作用时，电容 C 相当于开路、电感 L 相于短路。

(3) 计算过程中，注意 L 和 C 有没有发生串联谐振或并联谐振。

二、模拟测试题

1. [多选题] 周期函数的高次谐波指的是（　　）。
   A. 基频　　　　　　B. 二次频率　　　　　C. 三次频率　　　　　D. 四次频率

2. [单选题] 非正弦周期信号作用下的线性电路响应等于它的各次谐波单独作用时产生的响应的（　　）叠加。
   A. 有效值　　　　　B. 瞬时值　　　　　　C. 相量　　　　　　　D. 平均值

3. [单选题] 某元件两端电压 $u = (3 + 4\sqrt{2}\sin\omega t)$ V，其有效值为（　　）V。
A. 3　　　　　B. 4　　　　　C. 5　　　　　D. 25

4. [单选题] 某非正弦周期电流电路的电压、电流分别为：
$$u = [120 + 100\sqrt{2}\sin\omega t + 30\sqrt{2}\sin(3\omega t + 30°)] \text{V},$$
$$i = [13.9 + 10\sqrt{2}(\sin\omega t + 30°) + 1.73\sqrt{2}\sin(3\omega t - 30°)] \text{A},$$
则其三次谐波的功率 P_3 为（　　）。
A. 25.95　　　B. 45　　　　C. 51.9　　　D. 63.5

5. [多选题] 关于非正弦周期电流电路的分析，下列说法正确的有（　　）。
A. 谐波分析法实质上是把非正弦周期电路的计算化为一系列正弦电路的计算
B. 按非正弦规律变化的周期电源为非正弦周期电源
C. 非正弦周期电流的有效值等于恒定分量与各次谐波有效值的方均根值
D. C 结论适用于所有的非正弦周期量

6. [单选题] 已知某一端口网络的电压和电流分别为：
$$u(t) = [5 + 10\sin(10t + 30°) + 5\cos(30t + 60°)] \text{V}$$
$$i(t) = [3\cos(10t) + 2\cos(30t - 30°)] \text{A}$$
则该网络吸收的平均功率为（　　）W。
A. 7.5　　　　B. 5　　　　　C. 10　　　　D. 12.5

7. [单选题] 在非正弦周期电流电路中，对不同的谐波，各元件的阻抗值与频率的关系描述正确的是（　　）。
A. 电感的感抗随频率增加而减少　　　B. 电容的容抗随频率增加而增大
C. 电阻的阻值随频率增加而增大　　　D. 电感的感抗随频率增加而增大

8. [单选题] 关于非正弦周期量产生的原因，下面说法正确的是（　　）。
A. 电路中一定存在产生非正弦周期电流的特殊电源
B. 电路中一定存在非线性元件
C. 电路中可能存在非线性元件
D. 电路中一定有几个不同频率的正弦交流电同时作用于电路

9. [单选题] 已知基波的频率为 60Hz，则该非正弦波的二次谐波频率为（　　）。
A. 180Hz　　　B. 150Hz　　　C. 120Hz　　　D. 30Hz

10. [单选题] 非正弦周期信号的有效值等于（　　）。
A. 各次谐波有效值之和　　　　　B. 各次谐波有效值的平方和
C. 各次谐波有效值的方均根值　　D. 各次谐波有效值的平均值

11. [判断题] 非正弦周期电流电路中，容抗、感抗与谐波次数无关。（　　）
A. 正确　　　　B. 错误

12. [多选题] 关于非正弦周期电流电路的分析，下列说法正确的有（　　）。
A. 对于恒定分量，电容看作开路，电感看作短路
B. 对于各次谐波分量，采用相量法求解
C. 计算时，将不同频率正弦电流相量相加也是有意义的
D. 计算时，将不同频率正弦电流相量相加毫无意义

13. [多选题] 在线性非正弦周期电流电路中,关于电压、电流和功率的计算方法,正确的是（　　）。
   A. 功率的计算不可以直接采用叠加原理
   B. 电流响应的计算可以直接采用叠加原理
   C. 电压响应的计算可以直接采用叠加原理
   D. 功率的计算可以直接采用叠加原理

14. [单选题] 非正弦周期电路的平均功率等于（　　）。
   A. 直流分量产生的平均功率
   B. 各次谐波分量产生的平均功率
   C. 直流分量与各次谐波分量分别产生的平均功率之和
   D. 直流分量与各次谐波分量分别产生的平均功率之差

15. [单选题] 如图 1-98 所示电路中,已知 $u_{S1}=[12+5\sqrt{2}\cos(\omega t)]$V, $u_{S2}=5\sqrt{2}\cos(\omega t+240°)$V。设电压表指示有效值,则电压表的读数为（　　）V。
   A. 12　　　B. 13　　　C. 13.93　　　D. 14

16. [单选题] 在图 1-99 所示电路中,已知 $u_S=\sqrt{2}\cos(100t)$V, $i_S=[3+4\sqrt{2}\cos(100t-60°)]$A, 则 u_S 发出的平均功率为（　　）W。
   A. 2　　　B. 4　　　C. 5　　　D. 3

17. [单选题] 在如图 1-100 所示电路中, $R=20\Omega$, $\omega L=5\Omega$, $\dfrac{1}{\omega C}=45\Omega$, $u_S=[100+276\cos(\omega t)+100\cos(3\omega t)]$V,现欲使电流 i 中含有尽可能大的基波分量, Z 应是（　　）元件。
   A. 电阻　　　B. 电感　　　C. 电容　　　D. 电源

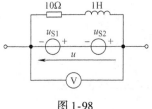

图 1-98

图 1-99

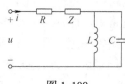

图 1-100

【参考答案与解析】

1. BCD　2. B　3. C
4. A。[解析] $P_3=30\times1.73\cos60°=25.95$W
5. ABCD
6. A。[解析]
$$P=5\times0+\dfrac{10}{\sqrt{2}}\times\dfrac{3}{\sqrt{2}}\cos60°+\dfrac{5}{\sqrt{2}}\times\dfrac{2}{\sqrt{2}}\cos90°=7.5$$
7. D　8. C　9. C　10. C　11. B　12. ABD　13. ABC　14. C

15. B。[解析]
$u = u_{S1} + u_{S2} = 12 + 5\sqrt{2}\cos(\omega t) + 5\sqrt{2}\cos(\omega t + 240°) = 12 + 5\sqrt{2}\cos(\omega t - 60°)$
$U = \sqrt{12^2 + 5^2} = 13\text{V}$

16. A

17. C。[解析] 此电路对基波的阻抗为
$Z_i = R + Z + j\omega L // \dfrac{1}{j\omega C} = 20 + Z + \dfrac{5 \times 45}{j5 - j45} = 20 + Z + j\dfrac{45}{8}$

欲使电流 i 中含有尽可能大的基波分量,就要使 Z_i 的模最小,因此 Z 应为电容。

第九单元　二端口网络的基本概念、方程和参数

一、主要知识点

(一) 二端口网络的基本概念

1. 端口

由一对端钮构成,且满足如下端口条件:从一个端钮流入的电流等于从另一个端钮流出的电流,如图 1-101 所示。

2. 二端口网络

当一个电路与外部电路通过两个端口连接时,称此电路为二端口网络,如图 1-102 所示。

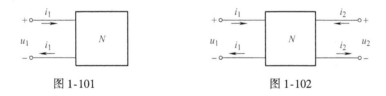

图 1-101　　　　　　　　图 1-102

(二) 二端口网络的方程和参数

二端口网络的端口物理量有 4 个,可以用 6 种不同的方程来描述其电气特性,它们也可以用 6 套参数来描述:

Y 参数方程:用 $\dot{U}_1$、$\dot{U}_2$ 表示 $\dot{I}_1$、$\dot{I}_2$。

Z 参数方程:用 $\dot{I}_1$、$\dot{I}_2$ 表示 $\dot{U}_1$、$\dot{U}_2$。

T 参数方程:用 $\dot{U}_2$、$\dot{I}_2$ 表示 $\dot{U}_1$、$\dot{I}_1$。

H 参数方程:用 $\dot{I}_1$、$\dot{U}_2$ 表示 $\dot{U}_1$、$\dot{I}_2$。

其余 2 组分别与 H 参数和 T 参数相似,只是把电路方程等号两边的端口变量互换而已。

1. Y 参数方程

(1) 采用相量形式(正弦稳态)。将两个端口各施加一电压源,则端口电流可视为电压源单独作用时产生的电流之和。

$$\begin{cases} \dot{I}_1 = Y_{11}\dot{U}_1 + Y_{12}\dot{U}_2 \\ \dot{I}_2 = Y_{21}\dot{U}_1 + Y_{22}\dot{U}_2 \end{cases} \tag{1-64}$$

定义 $[Y] = \begin{bmatrix} Y_{11} & Y_{12} \\ Y_{21} & Y_{22} \end{bmatrix}$ 为二端口网络的 Y 参数矩阵。

(2) Y 参数的物理意义。

$Y_{11} = \dfrac{\dot{I}_1}{\dot{U}_1}\bigg|_{\dot{U}_2=0}$ 为输入导纳；$Y_{21} = \dfrac{\dot{I}_2}{\dot{U}_1}\bigg|_{\dot{U}_2=0}$ 为转移导纳；$Y_{12} = \dfrac{\dot{I}_1}{\dot{U}_2}\bigg|_{\dot{U}_1=0}$ 为转移导纳；

$Y_{22} = \dfrac{\dot{I}_2}{\dot{U}_2}\bigg|_{\dot{U}_1=0}$ 为输入导纳。

因此，Y 参数为短路导纳参数。

(3) 互易性和对称性。

互易二端口满足 $Y_{12} = Y_{21}$，此时互易二端口 4 个参数中只有 3 个是独立的。

对称二端口除满足 $Y_{12} = Y_{21}$ 外，还满足 $Y_{11} = Y_{22}$，此时对称二端口只有两个参数是独立的。

注意：对称二端口是指两个端口电气特性上对称。电路结构左右对称的一般为对称二端口。结构不对称的二端口，其电气特性可能是对称的，这样的二端口也是对称二端口。

2. Z 参数方程

(1) 将两个端口各施加一电流源，则端口电压可视为电流源单独作用时产生的电压之和。

$$\begin{cases} \dot{U}_1 = Z_{11}\dot{I}_1 + Z_{12}\dot{I}_2 \\ \dot{U}_2 = Z_{21}\dot{I}_1 + Z_{22}\dot{I}_2 \end{cases} \tag{1-65}$$

定义 $[Z] = \begin{bmatrix} Z_{11} & Z_{12} \\ Z_{21} & Z_{22} \end{bmatrix}$ 为二端口网络的 Z 参数矩阵。

(2) Z 参数的物理意义。

$Z_{11} = \dfrac{\dot{U}_1}{\dot{I}_1}\bigg|_{\dot{I}_2=0}$ 为输入阻抗；$Z_{21} = \dfrac{\dot{U}_2}{\dot{I}_1}\bigg|_{\dot{I}_2=0}$ 为转移阻抗；$Z_{12} = \dfrac{\dot{U}_1}{\dot{I}_2}\bigg|_{\dot{I}_1=0}$ 为转移阻抗；

$Z_{22} = \dfrac{\dot{U}_2}{\dot{I}_2}\bigg|_{\dot{I}_1=0}$ 为输入阻抗。

因此，Z 参数为开路阻抗参数。

(3) 互易性和对称性。

互易二端口满足 $Z_{12} = Z_{21}$，此时互易二端口 4 个参数中只有 3 个是独立的。

对称二端口除满足 $Z_{12} = Z_{21}$ 外，还满足 $Z_{11} = Z_{22}$，此时对称二端口只有两个参数是独立的。

注意：并非所有的二端口均有 Z、Y 参数。

3. T 参数方程

（1）T 参数方程为

$$\begin{cases} \dot{U}_1 = A\dot{U}_2 - B\dot{I}_2 \\ \dot{I}_1 = C\dot{U}_2 - D\dot{I}_2 \end{cases} \tag{1-66}$$

定义 $[T] = \begin{bmatrix} A & B \\ C & D \end{bmatrix}$ 为二端口网络的 T 参数矩阵。T 参数也称为传输参数，反映输入和输出之间的关系。

（2）T 参数的物理意义。

$A = \dfrac{\dot{U}_1}{\dot{U}_2}\bigg|_{\dot{I}_2=0}$ 为转移电压比；$C = \dfrac{\dot{I}_1}{\dot{U}_2}\bigg|_{\dot{I}_2=0}$ 为转移导纳；$B = \dfrac{\dot{U}_1}{-\dot{I}_2}\bigg|_{\dot{U}_2=0}$ 为转移阻抗；

$D = \dfrac{\dot{I}_1}{-\dot{I}_2}\bigg|_{\dot{U}_2=0}$ 为转移电流比。

（3）互易性和对称性。

互易二端口满足 $AD - BC = 1$，此时互易二端口 4 个参数中只有 3 个是独立的。

对称二端口除满足 $AD - BC = 1$ 外，还满足 $A = D$，此时对称二端口只有两个参数是独立的。

4. H 参数方程

（1）H 参数方程为

$$\begin{cases} \dot{U}_1 = H_{11}\dot{I}_1 + H_{12}\dot{U}_2 \\ \dot{I}_2 = H_{21}\dot{I}_1 + H_{22}\dot{U}_2 \end{cases} \tag{1-67}$$

定义 $[T] = \begin{bmatrix} H_{11} & H_{12} \\ H_{21} & H_{22} \end{bmatrix}$ 为二端口网络的 H 参数矩阵。

（2）H 参数的物理意义。

$H_{11} = \dfrac{\dot{U}_1}{\dot{I}_1}\bigg|_{\dot{U}_2=0}$ 为输入阻抗；$H_{12} = \dfrac{\dot{U}_1}{\dot{U}_2}\bigg|_{\dot{I}_1=0}$ 为转移电压比；$H_{21} = \dfrac{\dot{I}_2}{\dot{I}_1}\bigg|_{\dot{U}_2=0}$ 为转移电流比；$H_{22} = \dfrac{\dot{I}_2}{\dot{U}_2}\bigg|_{\dot{I}_1=0}$ 为输入导纳。

（3）互易性和对称性。

互易二端口满足 $H_{12} = -H_{21}$，此时互易二端口 4 个参数中只有 3 个是独立的。

对称二端口除满足 $H_{12} = -H_{21}$ 外，还满足 $H_{11}H_{22} - H_{12}H_{21} = 1$，此时对称二端口只有两个参数是独立的。

二、模拟测试题

1. [单选题] 阻抗参数方程又称为（　　）。
A. Z 参数方程　　B. Y 参数方程　　C. H 参数方程　　D. T 参数方程

2. [单选题] 互易二端口的 Y 参数中有（　　）个参数是独立的。
A. 1　　B. 2　　C. 3　　D. 4

3. [判断题] 对于端口来说，从一个端钮流入的电流可以不等于从另一个端钮流出的电流。（　　）
A. 正确　　B. 错误

4. [单选题] 二端口网络一共有（　　）种不同的参数。
A. 3　　B. 4　　C. 5　　D. 6

5. [单选题] 二端口网络有（　　）种不同的参数方程。
A. 3　　B. 4　　C. 5　　D. 6

6. [单选题] 电路如图 1-103 所示，若满足条件（　　），则 N 为二端口网络。
A. $i_1 = i_1'$ 和 $u_1 = u_2$　　B. $i_1 = i_1'$ 和 $i_2 = i_2'$
C. $i_2 = i_2'$ 和 $u_1 = u_2$　　D. $i_1 = i_2$ 和 $i_1' = i_2'$

7. [单选题] 电气对称的线性无源二端口，其 Y、Z、T、H 参数只有（　　）个是独立的。
A. 2　　B. 3　　C. 4　　D. 5

8. [单选题] 图 1-104 所示二端口网络的 Z 参数为（　　）。
A. $Z = \begin{bmatrix} 6+j2 & 2+j2 \\ 4+j2 & 5+j2 \end{bmatrix}$　　B. $Z = \begin{bmatrix} 6+j2 & 2-j2 \\ 4+j2 & 5-j2 \end{bmatrix}$
C. $Z = \begin{bmatrix} 6+j2 & 2+j2 \\ 5+j2 & 4+j2 \end{bmatrix}$　　D. $Z = \begin{bmatrix} 6-j2 & 2-j2 \\ 5-j2 & 4-j2 \end{bmatrix}$

9. [单选题] 图 1-105 所示二端口网络的 Y 参数为（　　）。
A. $Y = \begin{bmatrix} 1.5 & 1 \\ -1 & 1.2 \end{bmatrix}$　　B. $Y = \begin{bmatrix} 1.5 & -1 \\ -1 & 1.2 \end{bmatrix}$
C. $Y = \begin{bmatrix} 1.5 & 1 \\ 1 & 1.2 \end{bmatrix}$　　D. $Y = \begin{bmatrix} -1.5 & 1 \\ 1 & 1.2 \end{bmatrix}$

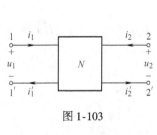

图 1-103

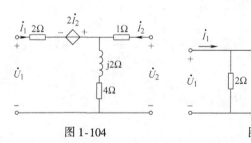

图 1-104

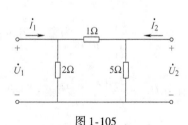

图 1-105

10. [单选题] 如图 1-106 所示二端口网络，其 T 参数为（　　）。
A. $T = \begin{bmatrix} -0.1 & -0.5 \\ -0.05 & -0.25 \end{bmatrix}$　　B. $T = \begin{bmatrix} -0.1 & 0.5 \\ -0.05 & 0.25 \end{bmatrix}$

C. $T = \begin{bmatrix} -0.1 & -0.05 \\ -0.5 & -0.25 \end{bmatrix}$ D. $T = \begin{bmatrix} 0.1 & 0.05 \\ 0.5 & 0.25 \end{bmatrix}$

11. [单选题] 在图 1-107 所示电路中，已知 $R_1 = R_2 = R_3 = 1\Omega$，则 H 参数为（　　）。

A. $H = \begin{bmatrix} 0.5 & 1 \\ 0 & -1 \end{bmatrix}$ B. $H = \begin{bmatrix} -0.5 & 1 \\ 0 & -1 \end{bmatrix}$

C. $H = \begin{bmatrix} -0.5 & -1 \\ 0 & -1 \end{bmatrix}$ D. $H = \begin{bmatrix} 0.5 & 1 \\ 0 & 1 \end{bmatrix}$

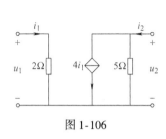
图 1-106

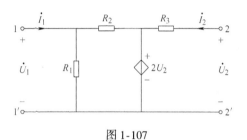
图 1-107

12. [单选题] 对称二端口是指两个端口（　　）上对称。
A. 电气特性 B. 电气结构
C. 电气特性以及电气结构 D. 电气特性或电气结构

13. [单选题] 导纳参数方程又称（　　）。
A. Y 参数方程 B. Z 参数方程
C. H 参数方程 D. T 参数方程

14. [多选题] 关于二端口网络，下列说法正确的是（　　）。
A. 二端口网络一定是四端网络 B. 四端网络一定是二端口
C. 二端网络一定是一端口网络 D. 一端口网络一定是二端网络

15. [判断题] H 参数又称混合参数，T 参数又称传输参数。（　　）
A. 正确 B. 错误

16. [判断题] 同一个参数方程，可以画出结构不同的等效电路，即等效电路不唯一。（　　）
A. 正确 B. 错误

17. [多选题] 对称二端口 Z 参数网络满足（　　）。
A. $Z_{12} = Z_{21}$ B. $Z_{12} = Z_{11}$
C. $Z_{11} = Z_{22}$ D. $Z_{22} = Z_{21}$

18. [单选题] H 参数的二端口是互易二端口的充要条件是（　　）。
A. $H_{12} = H_{21}$ B. $H_{12} = -H_{21}$
C. $H_{11} = H_{22}$ D. $H_{11} = -H_{22}$

19. [单选题] Z 参数二端口网络的参数 Z_{11} 是（　　）情况下一个端口的输入阻抗。
A. 本端口开路 B. 本端口短路
C. 另一端口开路 D. 另一端口短路

【参考答案与解析】

1. A 2. C 3. B 4. D
5. D 6. B 7. A
8. A。[解析] 列写回路的 KVL 方程,得

$$\dot{U}_1 = (6+j2)\dot{I}_1 + (2+j2)\dot{I}_2$$

$$\dot{U}_2 = (4+j2)\dot{I}_1 + (5+j2)\dot{I}_2$$

因此,Z 参数矩阵为 $Z = \begin{bmatrix} 6+j2 & 2+j2 \\ 4+j2 & 5+j2 \end{bmatrix}$

9. B。[解析] 列写节点的 KCL 方程,得

$$\dot{I}_1 = \frac{\dot{U}_1}{2} + \frac{\dot{U}_1 - \dot{U}_2}{1} = 1.5\dot{U}_1 - \dot{U}_2$$

$$\dot{I}_2 = \frac{\dot{U}_2}{5} + \frac{\dot{U}_2 - \dot{U}_1}{1} = -\dot{U}_1 + 1.2\dot{U}_2$$

因此,Y 参数矩阵为 $Y = \begin{bmatrix} 1.5 & -1 \\ -1 & 1.2 \end{bmatrix}$

10. A。[解析] 列写节点的 KCL 方程,得

$\dot{U}_1 = 2\dot{I}_1$
$\dot{U}_2 = 5(\dot{I}_2 - 4\dot{I}_1)$,推导可得 $\dot{U}_1 = -0.1\dot{U}_2 + 0.5\dot{I}_2$
$\dot{I}_1 = -0.05\dot{U}_2 + 0.25\dot{I}_2$, $T = \begin{bmatrix} -0.1 & -0.5 \\ -0.05 & -0.25 \end{bmatrix}$

11. A。[解析] 列写 KVL 方程,得

$\dot{U}_1 = \left(\dot{I}_1 - \frac{\dot{U}_1}{R_1}\right)R_2 + 2\dot{U}_2$
$\dot{I}_2 = \frac{\dot{U}_2 - 2\dot{U}_2}{R_3}$,整理可得 $\dot{U}_1 = \frac{1}{2}\dot{I}_1 + \dot{U}_2$
$\dot{I}_2 = -\dot{U}_2$, $H = \begin{bmatrix} 0.5 & 1 \\ 0 & -1 \end{bmatrix}$

12. A 13. A 14. ACD 15. A 16. A 17. AC 18. B 19. C

第十单元 交/直流基本电参数的测量方法

一、主要知识点

(一) 电流与电压的测量

1. 测量方法

(1) 直接法。在测量过程中,能从仪器、仪表上直接读出被测参量的波形和数值。注意:测电流时与被测电路串联,测电压时与被测电路并联。

(2) 间接法。先把电流转换成电压、频率、磁场强度等物理量,对各间接参量进行直

接测量，再将测得的数值代入公式，通过计算得到待测参量。

2. 测量仪器

电流与电压的测量仪器按照工作原理可以分为磁电系、电磁系、电动系等。

（1）磁电系仪表。

① 原理：通电线圈在磁场中受电磁力矩的作用使指针产生偏转。

② 特点：灵敏度高，准确度高，表耗功率低；具有均匀等分的刻度；只能用于直流电路；过载能力弱。

③ 使用与扩容。

a. 磁电系电流表。磁电系电流表直接测量的电流只能是微安级或毫安级，若要测量较大电流，需要并联分流电阻，扩大其电流量程。

b. 磁电系电压表。磁电系电压表直接测量上限一般只有毫伏级，如果需要测量更高的电压，需要串联分压电阻，扩大其电压量程。通过串联不同的附加电阻可构成多量限电压表。

④ 测交流电压、电流。磁电系仪表不能直接测量交流量，但可以通过检波器转换为直流量后，推动微安表头，由表头指针指示出被测交流量的大小。

（2）电磁系仪表。

① 原理：通电线圈产生磁场形成转动力矩使指针产生偏转。

② 特点：灵敏度低，准确度低，表耗功率高；既可以测量直流量，也可以测量交流量；刻度不均匀；结构简单，价格低廉，过载能力强；防干扰能力差。

③ 电磁系仪表与磁电系仪表的区别：

电磁系仪表：测量结构的磁场由通电的固定线圈产生。

磁电系仪表：测量结构的磁场由永久磁铁产生。

④ 使用与扩容。

a. 电磁系电流表。电磁系电流表可以测量较大的电流，但最大量程不超过200A。测量200A以上的交流电流时，应与电流互感器配合使用。将固定线圈分段，利用各段线圈的串联或并联来改变电流量程。量程的改变用开关来完成。

b. 电磁系电压表。可采用由固定线圈串联附加电阻的方式扩大量程，但是附加电阻不宜过大，否则通过固定线圈的电流很小，需要增加固定线圈的匝数，使误差增大。

（3）电动系仪表。

① 原理：利用通电的固定线圈和可动线圈之间的电动力产生转动力矩使指针产生偏转。

② 特点：准确度高；既可以测量直流量，也可以测量交流量；电流表和电压表是平方律的刻度，功率表是均匀刻度；坚固性强；防干扰能力差。

③ 电动系仪表与电磁系仪表的区别：电动系仪表由可动线圈代替可动铁心，可以消除磁滞和涡流的影响，准确度提高，具有固定和可动两套线圈，可以测量功率和电能。

④ 使用与扩容。

a. 电动系电流表。

- 作为小量程电流表使用时，可将固定线圈与可动线圈串联。
- 作为大量程电流表使用时，可动线圈只能与固定线圈并联。
- 直流电流扩大量程：改变线圈匝数，如把固定线圈分成两段，改变它们的串并联组合。

- 交流电流扩大量程：使用互感器。

b. 电动系电压表。可动线圈、固定线圈相互串联，与附加电阻形成测量电路，改变附加电阻可以改变电压量程。

3. 测量仪器使用的注意事项

（1）测量电流时，电流表必须串联在被测电路中；测量电压时，电压表必须并联在被测电路中。

（2）直流电流表（主要是磁电系）在测量电流时，电流从"＋"端子流入，从"－"端子流出，以防指针反偏；直流电压表（主要是磁电系）在测量电压时，电压从"＋"端子接高电位，从"－"端子接低电位，以防指针反偏。

（3）量程选择要合适，在许可情况下，应该尽量使指针偏转角大一些。

（二）电阻、电容与电感的测量

1. 电阻测量

（1）电阻分类。电阻分为固定电阻（普通电阻）、可变电阻（电位器、微调电阻）和敏感电阻（热敏电阻、光敏电阻、气敏电阻）。

（2）电阻参数的识别。电阻器的主要参数（标称值与允许误差）要标注在电阻器上，以供识别。电阻器的参数表示方法有直标法、文字符号法、数码法和色环法四种。

（3）电阻参数的测量。电阻参数的测量方法有伏安法、万用表法（欧姆法）、单臂电桥法（惠斯登电桥法）、双臂电桥法（凯文电桥法）和绝缘电阻表法（兆欧表法）。

2. 电容测量

（1）谐振法。

（2）交流电桥法。

3. 电感测量

（1）谐振法。

（2）交流电桥法。

（三）功率的测量

1. 直流功率的测量

（1）用电流表和电压表测量直流功率。

（2）用功率表测量直流功率。

（3）用直流电位差计测量直流功率。

2. 单相交流功率的测量

（1）用间接法测量单相交流功率。

（2）用功率表测量单相交流功率。

3. 三相交流功率的测量

（1）有功功率的测量。

① 一表法。

② 二表法。

③ 三表法。

④ 三相有功功率表。

（2）无功功率的测量。

① 一表跨相法。

② 二表跨相法。

③ 三表跨相法。

（3）功率表使用的注意事项。

① 正确使用量程。在使用时，不仅要注意功率量程，还要看电压、电流量程，不能超载使用。

② 正确接线。

二、模拟测试题

1．［单选题］一磁电系测量机构，满刻度电流为200μA，可动线圈内阻为300Ω，若把满刻度电流扩大到0.5A，应并联（　　）的分流电阻。

A．0.12Ω　　　　B．0.14Ω　　　　C．1.2Ω　　　　D．1.4Ω

2．［单选题］有一磁电系电压表，其量程为50V，内阻为2000Ω。现欲使其量程扩大到300V，还需要串联（　　）的分压电阻。

A．10Ω　　　　B．100Ω　　　　C．1000Ω　　　　D．10000Ω

3．［单选题］伏安法测量标称为150Ω的电阻，电流表内阻为30Ω，电压表内阻为15kΩ，电压表的接法应采用（　　）。

A．前接法　　　　　　　　　　B．后接法
C．前接法、后接法均可　　　　D．视情况而定

4．［单选题］适合测量损耗大的电容器的电桥是（　　）电桥。

A．串联电容　　B．并联电容　　C．海氏　　　　D．马氏

5．［判断题］用指针式万用表测量电感质量好坏应该用电阻档。（　　）

A．正确　　　　B．错误

6．［单选题］三相三线制中，测量不对称负载的有功功率应采用（　　）。

A．一表法　　　B．二表法　　　C．一表跨相法　　D．二表跨相法

7．［判断题］用电流表测电流必须将电流表与被测电路串联。（　　）

A．正确　　　　B．错误

8．［判断题］直流电桥可用来较准确的测量电阻。（　　）

A．正确　　　　B．错误

9．［多选题］关于电桥平衡的状态描述，下列描述正确的是（　　）。

A．电桥平衡的条件是 $R_1R_4 = R_2R_3$

B．对角线支路电流为零

C．电桥平衡时，中间的支路可看作短路

D．电桥平衡时，中间的支路可看作开路

10．［单选题］用电压表前接的伏安法测量电阻时，测得电流为5A，电压为60V，电流表的内阻为2Ω，则被测电阻的值为（　　）Ω。

A．10　　　　　B．20　　　　　C．30　　　　　D．40

11. [单选题] 用内阻为 50kΩ 的直流电压表测量某直流电源电压时,电压表读数为 100V。现改用内阻为 100kΩ 的电压表测量,电压表读数为 109V,则该电路的实际电压为 (　　) V。

　　A. 115　　　　　B. 120　　　　　C. 125　　　　　D. 130

12. [单选题] 测量三相交流电路的有功功率有很多方法,其中二表法适用于测量 (　　)。

　　A. 三相三线制电路　B. 任何电路　　C. 三相四线制电路　D. 任何三相电路

13. [单选题] 用电压表测量实际值为 220V 的电压,若测量值为 240V,则该读数的相对误差为 (　　)。

　　A. 9.1%　　　　B. 8.3%　　　　C. 0.91%　　　　D. 0.83%

14. [单选题] 交流电压表和电流表测量的是交流电的 (　　)。

　　A. 最大值　　　　B. 有效值　　　　C. 瞬时值　　　　D. 峰峰值

15. [单选题] 电流表的内阻相对较 (　　),电压表的内阻相对较 (　　)。

　　A. 大,大　　　　B. 大,小　　　　C. 小,大　　　　D. 小,小

【参考答案与解析】

1. A。[解析] 磁电系电流表通过并联分流电阻来扩大其量程,具体原理图如图 1-108 所示。

电路中的电压、电流关系满足 $I_C R_C = I(R_{sh} // R_C)$。

当电流扩大 n 倍,即 $I = nI_C$ 时,分流电阻 R_{sh} 和仪器机构电阻 R_C 的关系为

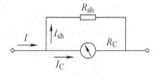

图 1-108

$$R_{sh} = \frac{R_C}{n-1}$$

本题目中 $n = \frac{0.5}{200 \times 10^{-6}} = 2500$,因此 $R_{sh} = \frac{R_C}{n-1} = \frac{300}{2500-1} = 0.12\Omega$。

2. D。[解析] 磁电系电压表通过串联分压电阻来扩大其量程,具体原理图如图 1-109 所示。

电路中的电压、电流关系满足 $I_C = \frac{U}{R_C + R_{ad}} = \frac{U_C}{R_C}$。

当电压扩大 n 倍,即 $U = nU_C$ 时,分压电阻 R_{ad} 和仪器机构电阻 R_C 的关系为

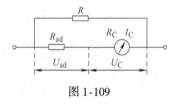

图 1-109

$$R_{ad} = (n-1)R_C$$

本题目中 $n = \frac{300}{50} = 6$,因此 $R_{ad} = (n-1)R_C = 10000\Omega$。

3. B。[解析] 利用伏安法测量电阻的接线方式:①当被测电阻是大电阻,远大于电流表电阻时,采用电压表前接法(电流表内接法);②当被测电阻是小电阻,远小于电压表电阻时,采用电压表后接法(电流表外接法)。本题测量电阻远小于电压表电阻,因此采用电压表后接法。

4. B。[解析] 交流电桥法采用的结构有串联电桥和并联电桥。串联电桥适用于测量损

耗小的电容器；并联电桥适用于测量损耗较大的电容器。海氏电桥和马氏电桥用于测量电感。当被测电感线圈的品质因数 $Q<10$ 时，采用马氏电桥；当被测电感线圈的品质因数 $Q>10$ 时，采用海氏电桥。

5. A。[解析] 理想电感的电阻为0，用电阻档的测量结果为0，说明电感正常；若显示结果为无穷大，说明电感开路，已损坏。

6. B。[解析] 一表法适用于完全对称的三相制。二表法适用于三相三线制，无论负载对称或不对称都可以使用。三表法一般适用于不对称的三相四线制。一表跨相法和二表跨相法用于测量无功功率，其中一表跨相法适用于三相电路完全对称的情况，二表跨相法适用于三相电路对称的情况，三表跨相法适用于电源电压对称的情况，对负载对称与否没有要求。

7. A。[解析] 用电流表测电流时必须将电流表与被测电路串联，用电压表测电压时必须将电压表与被测电路并联。

8. A。[解析] 电阻参数的测量方法有伏安法、万用表法和电桥法（包含单臂电桥法和双臂电桥法），其中伏安法和万用表法测量的电阻准确度不高，电桥法准确度较高，但操作麻烦。

9. ABCD。[解析] 电桥平衡的条件是 $R_1R_4=R_2R_3$。当电桥处于平衡状态时，对角线支路电流为零，中间的支路可看作开路或短路。这是电桥平衡的基本概念。

10. A。[解析] 被测电阻的电压为 $u_R=u_V-R_AI_A=60-5\times 2=50\text{V}$，则被测电阻 $R_x=\dfrac{u_R}{I_A}=\dfrac{50}{5}=10\Omega$。

11. B。[解析] 设直流电源的电压为 U，内阻为 R_i。根据已知条件，得

$$\begin{cases}\dfrac{U}{R_i+50}\times 50=100\\[2mm] \dfrac{U}{R_i+100}\times 100=109\end{cases}$$，求解可得 $U=119.8\text{V}$。

12. A

13. A。[解析] $r=\dfrac{240-220}{220}\times 100\%=9.1\%$。

14. B　15. C

第十一单元　电力电子器件的原理及特性

一、主要知识点

（一）电力电子器件的概念和特征

电力电子器件是对电能进行变换或控制的电子器件，又称为功率半导体器件，其电流为数十至数千安，电压数百伏以上。其基本特征是：

(1) 电力电子器件一般都工作在开关状态。

(2) 电力电子器件的开关状态由外电路（驱动电路）来控制。

(3) 在工作中，电力电子器件的功耗很大。为保证不致因损耗散发的热量导致器件温

度过高而损坏,在其工作时一般都要安装散热器。

(二) 电力电子器件的分类

1. 根据控制信号所控制的程度分类

(1) 不可控器件:不能用控制信号来控制其通断的电力电子器件,如普通电力二极管、快速恢复二极管(FSD)、肖特基势垒二极管(SBD)等。

(2) 半控型器件:通过控制信号可以控制其导通而不能控制其关断的电力电子器件,主要有晶闸管(SCR)及其派生的器件,如双向晶闸管(TRIAC)、逆导晶闸管(RCT)、快速晶闸管(FST)、光控晶闸管(LTT)等。

(3) 全控型器件:通过控制信号既可以控制其导通,又可以控制其关断的电力电子器件。如门极可关断晶闸管(GTO)、电力晶体管(GTR)、电力 MOSFET(Power MOSFET)、绝缘栅双极晶体管(IGBT)、MOS 控制晶闸管(MCT)等。

2. 根据驱动信号的性质分类

(1) 电流型器件:通过从控制端注入或抽出电流的方式来实现导通或关断的电力电子器件,如 SCR、GTO、GTR 等。

(2) 电压型器件:通过在控制端和公共端之间施加一定电压信号的方式来实现导通或关断的电力电子器件。如 IGBT、电力 MOSFET、静电感应晶闸管(SITH)等。

3. 根据器件内部载流子参与导电的情况分类

(1) 单极型器件(多子器件):内部由一种载流子参与导电的器件。如电力 MOSFET、静电感应晶体管(SIT)、SBD 等。

(2) 双极型器件(少子器件):由电子和空穴两种载流子参与导电的器件,如普通电力二极管、GTO、GTR、SCR 等。

(3) 复合型器件:由单极型器件和双极型器件集成混合而成的器件,如 IGBT、MCT、SITH 等。

4. 根据控制信号波形分类

(1) 脉冲触发型器件:例如 SCR、GTO。

(2) 电平控制型器件:例如 GTR、电力 MOSFET、IGBT 等。

(三) 不控型电力电子器件——电力二极管

1. 电力二极管的结构和工作原理

电力二极管以半导体 PN 结为基础,结构形式有螺栓型、平板型等。

当 PN 结正向偏置(P 区接电源正极,N 区接电源的负极),外施电压的方向与 PN 结内电场相反,多数载流子的扩散运动大于少数载流子的漂移运动,PN 结中的空间电荷区变窄,甚至消失。在外电路上看,电流从 P 区流入而从 N 区流出,称为正向导通电流。

当 PN 结反向偏置时(P 区接电源负极,N 区接电源正极),外施电压的方向与 PN 结内电场相同,多数载流子的扩散运动弱于少数载流子的漂移运动,PN 结中的空间电荷区变宽。在外电路上看,电流从 N 区流入而从 P 区流出,称为反向饱和电流,一般在微安数量级,因此反向偏置呈现高阻态。

电力二极管与信息电子电路中的二极管有如下不同之处:

(1) 为提高电力二极管的通流能力,电力二极管采用垂直导电结构。

(2) 电力二极管在 P 区和 N 区之间多了一层低掺杂 N 区,称为漂移区,其掺杂浓度低,接近于本征半导体层,因此电力二极管相当于 P-i-N 结构。漂移区的厚度决定了电力二极管的反向耐压能力。

(3) 漂移区低掺杂而具有的高电阻率不利于电力二极管的正向导通。这个矛盾通过电导调制效应来解决。

电力二极管的外形、电气图形符号、伏安特性如图 1-110 所示。

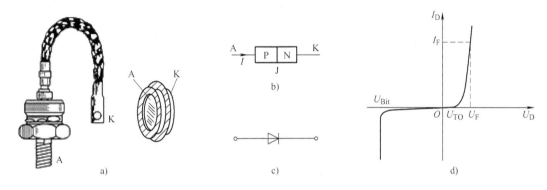

图 1-110　电力二极管的外形、基本结构、电气符号及伏安特性
a) 外形　b) 基本结构　c) 电气符号　d) 伏安特性

2. 电力二极管的类型

常用的电力二极管有以下几类:

(1) 普通二极管。又称整流二极管,多用于开关频率不高 (1kHz 以下) 的整流电路中。

(2) 快恢复二极管。恢复过程很短,特别是反向恢复过程很短 (一般在 1μs 以下) 的二极管。超快速恢复二极管的反向恢复时间一般小于 100ns。

(3) 肖特基二极管 (SBD)。以金属和半导体接触形成势垒为基础的二极管,它属于多子器件,这一点与普通二极管和快恢复二极管不同。与以 PN 结为基础的普通电力二极管相比,肖特基二极管具有反向恢复过程很短 (10~40ns)、正向恢复过程中也不会有明显的电压冲击、开关损耗和正向导通损耗小、效率高等优点。但肖特基二极管耐压低 (小于 200V)。

3. 电力二极管的主要参数

(1) 正向平均电流 $I_{F(AV)}$:指电力二极管长期运行时,在指定的管壳温度和散热条件下,其允许流过的最大工频正弦半波电流的平均值。由正弦半波波形的平均值与有效值的关系 (波形系数) 为 1:1.57 可知,该电力二极管允许流过的最大电流有效值为 $1.57I_{F(AV)}$。

(2) 正向压降 U_F:指电力二极管在指定温度下,流过某一指定的稳态电流时对应的正向压降。

(3) 反向重复峰值电压 U_{RRM}:指对电力二极管所能重复施加的反向最高峰值电压。使用时,往往按照电力二极管可能承受的反向最高峰值电压的两倍来选定此类参数。

(4) 最高工作结温 T_{JM}：指电力二极管工作时管芯 PN 结所能承受的最高温度，通常在 125~175℃。

(四) 半控型电力电子器件——晶闸管

1. 晶闸管的结构和工作原理

晶闸管是晶体闸流管的简称，又称可控硅整流器（SCR），简称为可控硅。图 1-111 为晶闸管的外形、结构和电气图形符号。从外形看，晶闸管主要有平板型（大于 200A）和螺栓型（小于 200A）两种封装结构，均引出阳极 A、阴极 K 和门极（控制端）G 三个连接端。

晶闸管内部是 PNPN 4 层半导体结构，形成 J_1、J_2 和 J_3 3 个 PN 结。如果正向电压（阳极高于阴极）加到器件上，J_2 处于反向偏置状态，器件 A、K 两端之间处于阻断状态，只能流过很小的漏电流；如果反向电压加到器件上，则 J_1、J_3 反偏，器件也处于阻断状态，仅有极小的反向漏电流通过。

晶闸管相当于一个 NPN 晶体管和一个 PNP 晶体管组成的达林顿管形式，如图 1-112 所示。当 A、K 间加正向电压，且外电路向门极注入电流（驱动电流），达林顿管形成强烈的正反馈，晶闸管导通。晶闸管导通后撤掉外部门极电流，正反馈仍然存在，晶闸管继续维持导通。因此，晶闸管的门极电流只能触发控制其导通而不能控制其关断，晶闸管称为半控型器件。

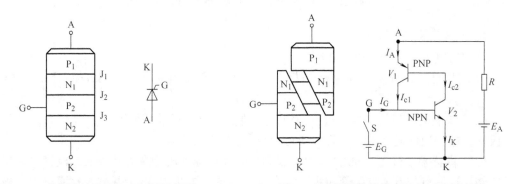

图 1-111 晶闸管的结构和电气图形符号　　图 1-112 双晶体管模型及其工作原理

2. 晶闸管的静态特性

(1) 当晶闸管承受反向电压时，不论门极是否有触发电流，晶闸管都不会导通。

(2) 当晶闸管承受正向电压时，仅在门极有触发电流的情况下晶闸管才能导通。

(3) 晶闸管一旦导通，门极就失去控制作用，不论门极触发电流是否还存在，晶闸管都保持导通。

(4) 若要使已导通的晶闸管关断，只能利用外加电压和外电路的作用使流过晶闸管的电流降到接近于零的某一数值以下。

3. 晶闸管的主要参数

(1) 额定电流 $I_{T(AV)}$：也叫通态平均电流，它是指晶闸管在环境温度为 40℃ 和规定的冷却状态下，稳定结温不超过额定结温时所允许流过的最大工频正弦半波电流的平均值。

(2) 额定电压：晶闸管额定电压为反向不重复峰值电压、反向重复峰值电压、断态不重复峰值电压和断态重复电压这4个电压值的最小值。使用时,额定电压要留有一定裕量,一般取额定电压为正常工作时晶闸管所承受峰值电压的2~3倍。

(3) 维持电流 I_H:晶闸管维持导通所必需的最小阳极电流,通常为几十毫安到几百毫安。

(4) 擎住电流 I_L:晶闸管从断态转入通态并移除触发信号后,能维持导通所需的最小电流。对同一晶闸管来说,通常 I_L 为 I_H 的2~4倍。

(5) 断态电压临界上升率:在额定结温和门极开路条件下,使晶闸管从断态到导通的最低电压上升率。

(6) 通态电流临界上升率:指在规定条件下,晶闸管能承受而无有害影响的最大通态电流上升率。如果电流上升太快,则晶闸管刚一开通,便会有很大的电流集中在门极附近的小区域内,从而造成局部过热而使晶闸管损坏。

(7) 门极触发电压 U_{GT}:规定的环境温度以及在阳极与阴极加上一定电压的条件下,使得晶闸管从截止状态转为导通状态所需的最小门极直流电压,一般小于3V。

(8) 门极反向峰值电压 U_{RGM}:门极所施加的反向峰值电压一般不得超过10V。

4. 晶闸管的派生器件

(1) 快速晶闸管:包括常规快速晶闸管和高频晶闸管。晶闸管、快速晶闸管和高频晶闸管的关断时间分别为数百微秒、数十微秒和十微秒左右。

(2) 双向晶闸管:可以认为是反向并联的晶闸管的组合。

(3) 逆导晶闸管:相当于一个普通晶闸管和一个电力二极管的反向并联。

(4) 光控晶闸管:相当于触发脉冲信号由光照信号提供。可以实现触发电路与主电路之间的电气隔离。

(五) 全控型电力电子器件

1. 门极可关断晶闸管 (GTO)

(1) 结构和工作原理。门极可关断晶闸管 (GTO) 是普通晶闸管的派生系列。与普通晶闸管一样,GTO 是 PNPN 4 层半导体结构,外部引出阳极、阴极和门极,如图1-113所示。

GTO 是一种多元的功率集成器件,其内部包含数十个甚至数百个共阳极的小 GTO 元,这些 GTO 元的阴极和门极在器件内部并联在一起,正是这种特殊结构才能实现门极关断作用。

(2) 静态特性。

① 当 GTO 承受反向电压时,不论门极是否有触发电流,晶闸管都不会导通。

② 当 GTO 承受正向电压时,仅在门极有触发电流的情况下晶闸管才能导通。

③ GTO 导通后,若门极施加反向驱动电流,则 GTO 关断,即可以通过门极电流控制 GTO 导通和关断。通过 AK 间施加反向电压同样可以保证 GTO 关断。

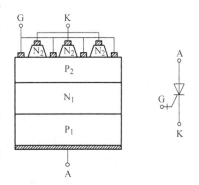

图1-113 GTO 的内部结构和电气图形符号

(3) 主要参数。GTO 的许多参数与晶闸管相应的参数意义相同。不同的主要有:

① 最大可关断阳极电流：这也是用来标称 GTO 额定电流的参数。普通晶闸管是用通态平均电流来标称额定电流的。

② 电流关断增益：它是最大可关断阳极电流与门极负脉冲电流最大值之比。这个值较小（一般在 5 左右），这是 GTO 器件的一个缺点，一个 1000A 的 GTO，关断时门极负脉冲电流的峰值达 200A。

2. 电力晶体管（GTR）

（1）结构和工作原理。电力晶体管（GTR）按英文名称的字面意思是巨型晶体管，也称为功率晶体管，是一种高电压、大电流的双极结型晶体管（BJT）。在电力电子技术领域，GTR 与 BJT 是等效的。GTR 由 3 层半导体形成的两个 PN 结构成，如图 1-114 所示，其基本原理是通过控制基极电流来控制集电极电流的通断，属于电流驱动、双极型、全控器件。

（2）主要参数。除前述的一些参数外，对 GTR 主要关心的参数还有：

① 最高工作电压：GTR 上所加电压超过规定值就会发生击穿。

② 电流放大倍数：指集电极电流与基极电流之间的比值，一般在 10 左右。

③ 集电极最大允许电流：通常规定直流电流增益系数下降到规定值的 1/2~1/3 时，对应的电流为集电极最大允许电流。

④ 集电极最大耗散功率：指在最高工作温度下允许的耗散功率。

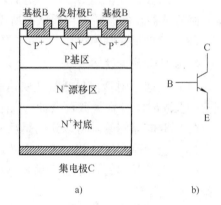

图 1-114 GTR 的内部结构和电气符号

（3）GTR 的二次击穿现象。当 GTR 的集电极电压超过击穿电压，出现雪崩击穿，此时若能控制集电极电流不超过集电极最大耗散功率所对应的最大允许电流，一般是不会损坏器件的。这就是一次击穿。若集电极电流超过某个临界值会突然增大，同时伴随电压陡降的现象，称为二次击穿。二次击穿通常为立即的永久性击穿。

3. 电力场效应晶体管（MOSFET）

（1）结构和工作原理。MOSFET 的种类和结构繁多，按工作原理分为结型和绝缘栅型，但通常是指绝缘栅型中的 MOS 型，简称功率 MOSFET 或电力 MOSFET。按导电沟道可分为 P 沟道和 N 沟道。当栅极电压为零时漏源极之间就存在导电沟道的称为耗尽型；对于 N(P) 型沟道器件，栅极电压大于（小于）零时才存在导电沟道的称为增强型。在电力 MOSFET，主要是 N 沟道增强型。目前的电力 MOSFET 大都采用垂直导电结构，所以又称为 VMOSFET（Vertical MOSFET）。

电力 MOSFET 的结构和电气图形符号如图 1-115 所示，D、S、G 分别是漏极、源极和栅极（门极）。电力 MOSFET 在导通时只有一种极性的载流子（多子）导电，是单极型晶体管，它是用栅极电压来控制漏极电流，驱动电路简单，驱动功率小，开关速度快，工作频率高，热稳定性优于 GTR，但其容量小，耐压低，一般只适用于功率不超过 10kW 的电力电子装置。

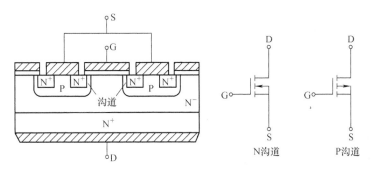

图 1-115　电力 MOSFET 的结构和电气图形符号

（2）基本特性。

① 转移特性：漏极直流电流 I_D 和栅源极电压 U_{GS} 的关系反映了输入电压和输出电流的关系，称为转移特性，如图 1-116 所示。

② 输出特性：不同门极电压的情况下，漏极电流与漏极电压之间的关系，如图 1-117 所示。分为截止区Ⅰ、饱和区Ⅲ和非饱和区Ⅱ。饱和区是指漏极电压增加时，漏极电流不再增加。电力 MOSFET 工作在开关状态，在非饱和区和截止区之间来回切换。

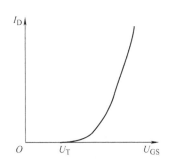

图 1-116　电力 MOSFET 的转移特性

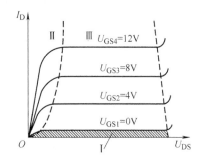

图 1-117　电力 MOSFET 的输出特性

4．绝缘栅双极晶体管（IGBT）

（1）结构和工作原理。IGBT 也是 3 端器件，具有栅极 G、集电极 C 和发射极 E，其结构、简化等效电路和电气符号如图 1-118 所示。IGBT 可以用由两个晶体管和 MOSFET 组成的等效电路来构建，它将晶体管的低饱和电压与 MOSFET 的高输入阻抗和开关速度相结合，从而获得良好的输出开关和转移特性。

（2）主要特点。IGBT 结合了 GTR 和电力 MOSFET 的优点，具有良好的特性。

① IGBT 开关速度高，开关损耗小。

② 在相同的电压和电流定额情况下，IGBT 的安全工作区比 GTR 大，而且具有耐脉冲电流冲击的能力。

③ IGBT 的通态压降较低。

④ IGBT 的输入阻抗高，其输入特性与电力 MOSFET 类似。

⑤ 与 GTR 和电力 MOSFET 相比，IGBT 的耐压和通断能力还可进一步提高。

（3）IGBT 的擎住效应。IGBT 内部存在寄生晶闸管，若集电极电流或 du_{CE}/dt 过大，寄生晶闸管将导通，栅极就失去对集电极电流的控制作用，导致集电极电流增大，造成器件损

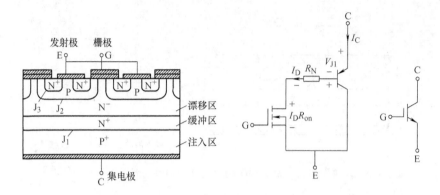

图 1-118 IGBT 的结构、简化等效电路和电气图形符号

坏。这种电流失控的现象称为擎住效应或自锁效应。

（六）电力电子器件的比较

电力电子器件的比较见表 1-1。

表 1-1 电力电子器件的优缺点

类型	优 点	缺 点
电力二极管	结构和原理简单，工作可靠	不可控
晶闸管	承受电压和电流容量在所有器件中最高	半控型器件
IGBT	开关速度快，开关损耗小，输入阻抗高，为电压驱动，驱动功率小	开关速度低于电力 MOSFET，电压、电流容量不及 GTO
GTR	耐压高，电流大，开关特性好	开关速度低，为电流驱动，所需驱动功率大，驱动电路复杂，存在二次击穿问题
GTO	电压、电流容量大，适用于大功率场合	关断时门极负脉冲电流大，开关速度低，驱动功率大，驱动电路复杂，开关频率低
电力 MOSFET	开关速度快，输入阻抗高，热稳定性好，驱动功率小，驱动电路简单，工作频率高	电流容量小，耐压低，一般只适用于功率不超过 10kW 的场合

二、模拟测试题

1. ［单选题］某电力二极管实际承担的某波形电流的有效值为 400A，考虑 2 倍左右的安全裕度，则应选择额定电流为（　　）的二极管。

  A. 800A   B. 500A   C. 400A   D. 300A

2. ［单选题］晶闸管门极触发电压一般为（　　）。

  A. 1～3V   B. 5～8V   C. 8～10V   D. 10～20V

3. ［单选题］额定正向平均电流 100A 的晶闸管，其电流有效值为（　　）。

  A. 100A   B. 157A   C. 141A   D. 173A

4. [单选题] 直流电变换成交流电称为（　　）。
   A. 整流　　　　　B. 逆变　　　　　C. 斩波　　　　　D. 变频
5. [判断题] 电力电子器件也称为电力半导体器件。（　　）
   A. 正确　　　　　B. 错误
6. [单选题] 下列（　　）是电力晶体管英文缩写。
   A. GTO　　　　　B. GTR　　　　　C. SCR　　　　　D. IGBT
7. [单选题] 一般认为电力电子技术的诞生是以1957年美国通用电气公司研制出的第一个（　　）为标志的。
   A. 电力二极管　　B. 电子管　　　　C. 晶闸管　　　　D. IGBT
8. [多选题] 以下器件中属于全控型的有（　　）。
   A. SCR　　　　　B. GTO　　　　　C. 电力MOSFET　D. BJT
9. [单选题] 晶闸管具有（　　）特性。
   A. 单向导电性　　　　　　　　　　B. 可控单向导电性
   C. 电流放大功能　　　　　　　　　D. 负阻效应
10. [判断题] 与信息电子器件相同，目前电力电子器件的主要材料是硅。（　　）
    A. 正确　　　　　B. 错误
11. [判断题] 所有的电力电子器件都有3个接线端子。（　　）
    A. 正确　　　　　B. 错误
12. [单选题] 下列电力电子器件中，电流容量最大的是（　　）。
    A. SCR　　　　　B. GTO　　　　　C. IGBT　　　　　D. 电力MOSFET
13. [单选题] 下列电力电子器件中，可用于兆瓦级的全控型器件是（　　）。
    A. SCR　　　　　B. GTO　　　　　C. IGBT　　　　　D. 电力MOSFET
14. [单选题] 在10MVA以上或者数kV以上的应用场合，如果不需要自关断能力，那么（　　）是目前的首选器件。
    A. 电力二极管　　B. 晶闸管　　　　C. 电力晶体管　　D. IGBT
15. [判断题] 与用于信息电子电路的二极管不同，电力二极管的结构为P-i-N结构，P区和N区之间多了一个近似的本征半导体区。（　　）
    A. 正确　　　　　B. 错误
16. [单选题] 高压直流输电系统换流阀是（　　）器件组成的。
    A. 电力二极管　　B. 晶闸管　　　　C. 电力晶体管　　D. IGBT
17. [多选题] 电力二极管的主要类型有（　　）。
    A. 普通二极管　　　　　　　　　　B. 快速恢复二极管
    C. 肖特基二极管　　　　　　　　　D. 肖克利二极管
18. [判断题] 晶闸管导通后，门极触发信号可移除，只要正向电流不小于擎住电流，就能够保持晶闸管的导通状态。（　　）
    A. 正确　　　　　B. 错误
19. [多选题] 按照控制端和公共端之间信号的波形，可以将电力电子器件分为（　　）。
    A. 电平控制型　　B. 电流触发型　　C. 电压触发型　　D. 脉冲触发型
20. [判断题] 晶闸管断态电压上升率过大，会使得晶闸管误导通；通态电流上升率过

大，会造成晶闸管局部过热而损坏。（　　）

A. 正确　　　　　B. 错误

21. [判断题] 光控晶闸管由于有良好的控制电路与主电路之间的良好绝缘而应用于高电压电力设备中。（　　）

A. 正确　　　　　B. 错误

22. [单选题] 电力电子器件工作频率越高，（　　）也随之增大。

A. 通态损耗　　B. 断态损耗　　C. 开关损耗　　D. 开通损耗

23. [多选题] 电力MOSFET的特点是（　　）。

A. 电压驱动型　B. 驱动功率小　C. 开关速度快　D. 单极型

24. [单选题] 某电力二极管额定电流为300A，考虑2倍裕度，在电路中允许长期流过的实际电流的有效值为（　　）。

A. 150A　　　B. 235A　　　C. 300A　　　D. 471A

25. [单选题] 要使处于导通状态的晶闸管关断，须将流过晶闸管的电流降到（　　）以下。

A. 额定电流　B. 维持电流　C. 擎住电流　D. 触发电流

26. [单选题] 下列哪一种器件不属于晶体管家族？（　　）

A. IGBT　　　B. MOSFET　　C. GTO　　　D. BJT

27. [单选题] 电力晶体管是（　　）。

A. 3层、3结器件　B. 3层、2结器件　C. 2层、1结器件　D. 4层、3结器件

28. [单选题] 电力晶体管是（　　）器件。

A. 两端，双极型，电压控制　　　B. 双端，单极型，电流控制
C. 3端，单极型，电压控制　　　D. 3端，双极型，电流控制

29. [单选题] 电力晶体管（GTR）作为开关器件，工作时通常在截止区（关断状态）或饱和区（导通状态）。处于导通状态时（　　）。

A. 基极-发射极和基极-集电极结都是正向偏置的
B. 基极-发射极结反向偏置，基极-集电极结正向偏置
C. 基极-发射极结正向偏置，基极-集电极结反向偏置
D. 基极-集电极和基极-发射极结都是反向偏置的

30. [单选题] 下列（　　）是晶闸管派生器件。

A. IGBT　　　B. 电力MOSFET　C. GTR　　　D. GTO

31. [单选题] 任何电力电子装置的高频操作都受限于（　　）。

A. 正向额定电压　B. 开关损耗　C. 导热性能　D. 散热片布置

32. [单选题] 下列（　　）属于单极型电力电子器件。

A. IGBT　　　B. 电力MOSFET　C. GTR　　　D. GTO

33. [判断题] 普通晶闸管用电流平均值来表示其额定电流，而双向晶闸管用电流有效值来表示其额定电流。（　　）

A. 正确　　　　　B. 错误

34. [判断题] 通常情况下，要关断阳极电流为1000A的GTO，需要在门极通入峰值为200A左右的脉冲电流。（　　）

A. 正确　　　　　B. 错误

35. [判断题] GTO是用最大可关断阳极电流来标称额定电流，而普通晶闸管是用通态平均电流来标称额定电流。

A. 正确　　　　　B. 错误

36. [判断题] GTR发生一次击穿一般是可逆击穿，而二次击穿则一定是永久击穿。（　　）

A. 正确　　　　　B. 错误

37. [单选题] 由（　　）参与导电的电力电子器件称为单极型器件。

A. 电子　　　B. 空穴　　　C. 电子或空穴　　　D. 电子和空穴

38. [单选题] 半控型电力电子器件是指（　　）。

A. 导通与关断都不可控　　　　　B. 导通可控，关断不可控
C. 导通不可控，关断可控　　　　D. 导通与关断都可控

39. [单选题] 当电力电子器件的开关频率较高时，（　　）可能成为器件功率损耗的主要因素。

A. 通态损耗　　　B. 断态损耗　　　C. 开关损耗　　　D. 负载损耗

40. [单选题] 电力电子器件一般工作在（　　）状态。

A. 导通　　　B. 阻断　　　C. 线性放大　　　D. 开关

41. [多选题] 与信息电子器件相比，电力电子器件的特点是（　　）。

A. 能耐受高电压和大电流　　　　B. 一般工作在开关状态
C. 所用的材料不一样　　　　　　D. 一般需要安装散热器

【参考答案与解析】

1. B。[解析] 电力二极管允许流过的最大电流有效值为1.57倍正向平均电流（额定电流），实际电流有效值为400A，考虑2倍左右的安全裕度，则为800A（有效值），因此电力二极管的额定电流（正向平均电流）应该≥800/1.57＝509A，取为500A（考虑到安全裕度取值为2倍，此处取为500A是没有问题的）。

2. A　3. B　4. B　5. A　6. B　7. C　8. BCD　9. B　10. A

11. B。[解析] 电力二极管只有两个端子。

12. A　13. B　14. B　15. A　16. B　17. ABC　18. B　19. AD　20. A　21. A　22. C　23. ABCD　24. B　25. B

26. C。[解析] GTO——门极可关断晶闸管，属于晶闸管的派生系列。其他的都属于晶体管系列。

27. B。[解析] 功率晶体管即电力晶体管（GTR），它是3层、2结的结构。

28. D

29. A。[解析] 当基极-发射极和基极-集电极结仅正向偏置时，P–N结均为正向偏置，且器件处于开启状态。

30. D　31. B

32. B。[解析] GTR、GTO是基于PN结的双极型器件；IGBT属于复合型器件，由于它也是两种载流子导电，也有人将它归于双极型器件。

33. A。[解析] 双向晶闸管通常用于交流电路中，交流电路的电压平均值一般为0。与普通晶闸管不同，双向晶闸管通常用有效值来表示其额定电流。

34. A 35. A

36. B。[解析] GTR器件二次击穿常常立即导致永久性损坏，或者工作特性的明显衰变。

37. C 38. B 39. C 40. D 41. ABD

第十二单元　基本变流电路的结构及原理

一、主要知识点

（一）电力电子变流电路的类型和电力电子应用系统的组成

1. 电力电子变流电路的类型

（1）交流变直流（AC-DC）：整流。

（2）直流变交流（DC-AC）：逆变。

（3）直流变直流（DC-DC）：一般通过直流斩波电路实现。

（4）交流变交流（AC-AC）：一般称为交流电力控制。

2. 电力电子应用系统的基本组成与工作原理

电力电子系统一般由主电路、控制电路、检测电路、驱动电路、保护电路等组成，如图1-119所示。

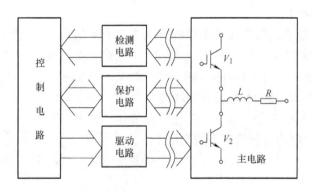

图1-119　电力电子系统的组成

（1）主电路：直接承担电能变换或控制任务的电路，由电力电子器件构成。

（2）检测电路：检测主电路中的信号，送入控制电路，根据这些信号并按照系统工作要求形成电力电子器件的工作信号。

（3）驱动电路：控制电力电子器件的导通或关断。

（4）控制电路：通过驱动电路控制电力电子器件的工作。

（5）保护电路：对主电路和控制电路进行保护，以保证系统正常可靠运行。

也可以把主电路以外的所有电路统称为控制电路，即电力电子应用系统就是由主电路和控制电路构成的。

(二) 整流电路（AC - DC 变换电路）

1. 整流电路的作用

整流电路是将交流电能转换为直流电能的变流电路，即 AC - DC 变换电路。整流电路的应用十分广泛，例如电镀电解电源、同步发电机励磁、高压直流输电系统、通信电源等。

2. 整流电路的类型

(1) 按组成器件可分为不可控、半控、全控三种。

(2) 按电路结构可分为半波整流电路和桥式整流电路。

(3) 按交流输入相数分为单相、三相、多相整流电路。

(4) 按控制方式分为相控、PWM（脉冲宽度调制）控制。

3. 单相可控整流电路

典型的单相可控整流电路包括单相半波可控整流电路、单相全波可控整流电路、单相桥式半控整流电路等。

(1) 单相半波可控整流电路。

① 带电阻负载。单相半波可控整流电路及其波形如图 1-120 所示。电路由整流变压器 T、晶闸管 VT、负载 R 构成。整流变压器的作用是变换电压和电气隔离。由于电源负半周 VT 关断，没有波形输出，故称为"半波电路"。

晶闸管为理想开关器件，不考虑通态压降和漏电流，开通与关断过程瞬时完成；不考虑变压器漏阻抗，设变压器二次电压为

$$u_2 = \sqrt{2} U_2 \sin\omega t \tag{1-68}$$

触发延迟角 α：也称触发角或控制角，它是从晶闸管开始承受正向阳极电压起到施加触发脉冲止的电角度。

导通角 θ：晶闸管在一个电源周期中处于通态的电角度，$\theta = \pi - \alpha$。

工作过程：$0 < \omega t < \alpha$，VT 截止；$\alpha < \omega t < \pi$，VT 导通；$\pi < \omega t < 2\pi + \alpha$，VT 截止。

相位控制：改变 α 便可以改变输出电压波形和平均值，称之为相位控制，简称相控方式。

直流输出电压平均值为

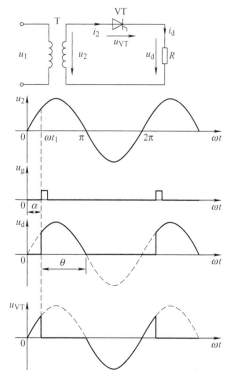

图 1-120 带电阻负载的单相半波可控整流电路及其波形

$$U_d = \frac{1}{2\pi}\int_\alpha^\pi \sqrt{2} U_2 \sin(\omega t) \mathrm{d}(\omega t) = 0.45 U_2 \frac{1 + \cos\alpha}{2} \tag{1-69}$$

$\alpha = 0$，整流输出电压平均值最大，为 $0.45 U_2$。随着 α 增大，U_d 减小。当 $\alpha = \pi$ 时，

$U_d = 0$。α 移相范围为 $180°$。

晶闸管可能承受的最大正、反向电压为

$$U_{DM} = U_{RM} = \sqrt{2} U_2 \tag{1-70}$$

② 带阻抗负载。带阻抗负载的单相半波可控整流电路及其波形如图 1-121 所示。由于电感的存在，使电流不能突变。在 ωt_1 时刻，即触发角 α 处，VT 开始导通，因电感 L 的存在使 i_d 不能突变，i_d 从 0 开始增加，同时电感阻止其增加。这时，交流电源一方面供给电阻 R 消耗的能量，另一方面供给电感吸收磁场能。当 u_2 过 0 时，i_d 尚未降到 0，VT 仍处于通态。此后，电感中储存的能量逐渐释放，一方面供电阻消耗，另一方面供给变压器二次绕组吸收。在 ωt_2 时刻，电感能量吸收完毕，VT 关断并立即获得反向电压。在一个周期内，电感储存的能量等于释放的能量。在稳态条件下，电感两端的电压平均值恒等于零。

电感的存在使直流输出电压平均值降低。电感越大，直流输出电压平均值越低。为解决这一问题，在负载两端并联续流二极管，如图 1-122 所示，当 u_2 过 0 时，续流二极管与负载构成回路，由电阻消耗掉电感储存的能量。此时，VT 因承受反向电压而关断。

单相半波可控整流电路的特点是简单，但输出脉动大，变压器二次电流中含有直流分量，造成变压器铁心直流磁化。实际中很少应用这种电路。

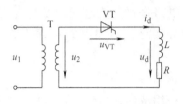

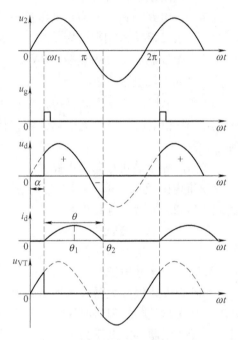

图 1-121 带阻抗负载的单相半波可控整流电路及其波形

(2) 单相桥式全控整流电路。

① 带电阻负载。带电阻负载的单相桥式全控整流电路如图 1-123 所示，晶闸管 VT_1 和 VT_4 组成一对桥臂，VT_2 和 VT_3 组成另一对桥臂。由于在交流电源的正负半周整流电路都输出电流，因而属于"全波整流"。

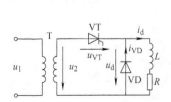

图 1-122 有续流二极管的单相半波可控整流电路

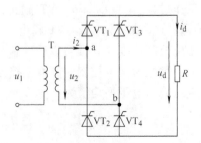

图 1-123 带电阻负载的单相桥式整流电路

晶闸管承受的最大正向电压和反向电压分别为 $\frac{\sqrt{2}}{2}U_2$ 和 $\sqrt{2}U_2$。直流输出电压平均值为

$$U_\mathrm{d} = \frac{1}{\pi}\int_\alpha^\pi \sqrt{2}U_2\sin(\omega t)\mathrm{d}(\omega t) = 0.9U_2\frac{1+\cos\alpha}{2} \tag{1-71}$$

② 带阻感负载。电感对负载电流起平波作用，使晶闸管导通角增大。

换流：也叫换相，负载电流从一个晶闸管支路转移到另一个晶闸管支路上。

直流输出电压平均值为

$$U_\mathrm{d} = \frac{1}{\pi}\int_\alpha^{\pi+\alpha}\sqrt{2}U_2\sin(\omega t)\mathrm{d}(\omega t) = 0.9U_2\cos\alpha \tag{1-72}$$

直流输出电流平均值为

$$I_\mathrm{d} = \frac{U_\mathrm{d}}{R} \tag{1-73}$$

晶闸管移相范围为 0°~90°。晶闸管导通角 θ 与触发角 α 无关，为 180°。晶闸管承受的最大正反向电压均为 $\sqrt{2}U_2$，流过晶闸管的电流的平均值和有效值分别为 $I_\mathrm{dVT} = 0.5I_\mathrm{d}$ 和 $I_\mathrm{VT} = 0.707I_\mathrm{d}$。变压器二次侧电流波形为矩形波，其有效值 $I_2 = I_\mathrm{d}$。

③ 带反电动势负载。当负载为蓄电池时，负载就是一个直流电压源，对于整流电路，就是反电动势负载。只有当变压器二次侧电压瞬时值的绝对值大于反电动势，即 $|u_2| > E$ 时，才有晶闸管承受正向电压，有导通的可能。与电阻负载相比，晶闸管提前了电角度 δ 停止导通。停止导通角为

$$\delta = \arcsin = \frac{E}{\sqrt{2}U_2} \tag{1-74}$$

在 α 角相同时，输出电压比纯电阻负载时大，输出电流比纯电阻负载时小。

为了减小电流的脉动和延长晶闸管导通的时间，一般在主电路的直流输出侧串联一个平波电抗器，如图 1-124 所示。

相对于半波整流电路，桥式整流电路变压器无直流磁化问题；桥式电路输出电压平均值是半波电路的 2 倍；直流电压脉动幅度减小，直流电流更平稳。

4. 三相可控整流电路

（1）三相半波整流电路。三相半波整流电路是最基本的三相可控整流电路。电阻负载时共阴极接法三相半波整流电路如图 1-125 所示。

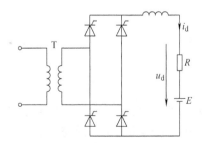
图 1-124 串联平波电抗器带反电动势负载的单相桥式整流电路

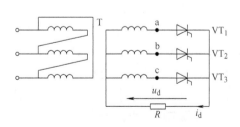
图 1-125 电阻负载时共阴极接法三相半波整流电路

其电路特点是：

① 整流变压器二次侧接成星形得到中性线，而一次侧接成三角形避免 3 次谐波流入电网。

② 自然换流点：线电压过零点，相电压 30°。

③ 导通角 $\theta = 120°$。

电阻负载时整流电压平均值 U_d 的计算分两种情况：

① $\alpha \leq 30°$ 时，负载电流连续，$U_d = 1.17 U_2 \cos\alpha$。

② $\alpha > 30°$ 时，负载电流断续，$U_d = 0.675 U_2 \left[1 + \cos\left(\frac{\pi}{6} + \alpha\right) \right]$。

三相半波整流电路移相范围：电阻负载时，0°~150°；感性负载时，0°~90°。

晶闸管承受的最大反向电压为变压器二次线电压峰值，即 $U_{RM} = \sqrt{6} U_2$；晶闸管承受的最大正向电压为变压器二次相电压峰值，即 $U_{DM} = \sqrt{2} U_2$。

（2）三相桥式全控整流电路。三相桥式全控整流电路是应用最广泛的整流电路，其原理电路如图 1-126 所示，VT_1、VT_3、VT_5 共阴极组，VT_4、VT_6、VT_2 共阳极组。晶闸管按 1~6 的顺序导通，任意时刻共阳极组和共阴极组中各有一个晶闸管处于导通状态，施加在负载上的电压为某一线电压。线电压过零点为自然换流点。

电阻负载时，其工作特点如下：

① 直流电压 U_d 一周期脉动 6 次，每次脉动的波形都一样，故该电路为 6 脉波整流电路。

② 触发脉冲为宽度大于 60° 或间隔 60° 的双窄脉冲，按 $VT_1 - VT_2 - VT_3 - VT_4 - VT_5 - VT_6$ 的顺序，相位依次差 60°。

③ 变压器二次侧流过正、负对称的交变电流，不含直流分量，避免直流磁化。

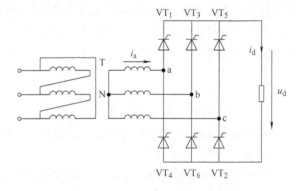

图 1-126 三相桥式全控整流原理电路

（三）逆变电路（DC - AC 变换电路）

1. 基本概念

逆变电路：将直流电源变换成交流电源的电路。

有源逆变：交流侧接在电网上，即交流侧接有电源的逆变形式。高压直流输电系统换流站就是有源逆变。

无源逆变：交流侧直接和负载相接的逆变形式。

电压（源）型逆变器（VSI）：直流侧为电压源，或并联有大电容相当于电压源的逆变电路。交流侧电压波形为矩形波，交流电流波形因负载阻抗情况而变化。逆变桥各个桥臂反向并联反馈二极管。

电流（源）型逆变器（CSI）：直流侧为电流源，或串联有大电感相当于电流源的逆变电路。交流侧电流波形为矩形波，交流侧电压波形与负载阻抗角有关。逆变桥各桥臂不需要反向并联二极管。

2. 逆变电路的基本工作原理与换流方式

（1）逆变电路的基本工作原理。以图 1-127 的单相桥式逆变电路为例说明最基本原理。图中 S1～S4 是桥式逆变电路的 4 个桥臂，它们由电力电子器件及其辅助电路组成。当开关 S1、S4 闭合，S2、S3 断开时，负载电压 u_o 为正；当 S1、S4 断开，S2、S3 闭合时，负载电压 u_o 为负。这样就把直流电变成了交流电，改变两组开关的切换频率，即可改变输出交流电的频率。

（2）换流方式。图 1-127 所示电路工作过程中，电流从一条支路转移到另一条支路的过程称为换流，也称为换相。

换流方式分为以下几种：

① 器件换流：利用全控型器件的自关断能力进行换流。

② 电网换流：利用晶闸管等半控型器件的阳极在承受反向电压时自动关断的特点，由电网电压的正负半周变换实现换流（正半周加触发信号导通，负半周电流下降到维持电流以下自然关断）。

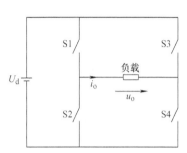

图 1-127　逆变电路的基本原理

③ 负载换流：由负载电流提供换相电压的换流方式。凡是负载电流的相位超前于负载电压的场合，都可以实现负载换流。

④ 强迫换流：设置附加的换流电路，给欲关断的器件施加反向电压或反向电流的换流方式。通常利用附加电容来实现，又称为电容换流。

3. 基本逆变电路

（1）单相半桥电压型逆变电路。单相半桥电压型逆变电路如图 1-128 所示，它由两个桥臂组成，每个桥臂均包含一个可控器件和一个反并联二极管（它是负载向直流侧反馈能量的通道，故称为反馈二极管；又因为起着使负载电流连续的作用，因此又称为续流二极管）。直流输入侧接有两个相互串联的足够大的电容，两个电容的连接点为直流电源的中点。负载连接在直流电源中性点和两个桥臂连接点之间。上下桥臂的导通角度为 180°，每 180° 电角度换流一次。

半桥逆变电路的优点是简单，使用器件少。但它输出的交流电压幅值 U_m 仅为 $U_d/2$，直流侧需两个电容器串联，工作时要控制两个电容器电压均衡。半桥逆变电路常用于几千瓦以下的小功率逆变电源。

（2）单相全桥电压型逆变电路。单相全桥电压型逆变电路如图 1-129 所示，它由两个半桥电路组合而成，桥臂 1 和 4 与桥臂 2 和 3 交替各导通 180°。输出电压 u_o 的波形是矩形波，其幅值 U_m 为 U_d，展开成傅里叶级数为

$$u_o = \frac{4U_d}{\pi}\left[\sin(\omega t) + \frac{1}{3}\sin(3\omega t) + \frac{1}{5}\sin(5\omega t) + \cdots\right] \tag{1-75}$$

基波的幅值 U_{o1m} 和有效值 U_{o1} 分别为

$$U_{o1m} = \frac{4U_d}{\pi} = 1.27U_d \tag{1-76}$$

$$U_{o1} = \frac{2\sqrt{2}}{\pi} U_d = 0.9 U_d \tag{1-77}$$

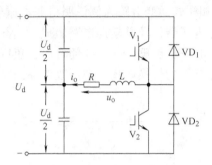

图 1-128 单相半桥电压型逆变电路

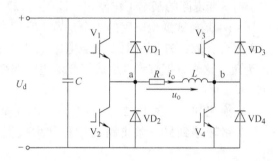

图 1-129 单相全桥电压型逆变电路

全桥逆变电路在单相逆变电路中应用最为广泛。

(3) 三相电压型桥式逆变电路。由三个单相逆变器组可以组合成一个三相逆变电路,但在三相逆变电路中,应用最广泛的还是三相桥式逆变电路,如图 1-130 所示。

图 1-130 电路的直流侧通常只有一个电容器就可以了,但为了分析的方便,画成串联的两个电容器并标出假想中性点 N'。其基本工作方式为 180°导电方式,即每个桥臂的导电角度为 180°,同一相(即同一半桥)上下两个臂交替导电,各相开始导电的角度依次相差 120°。这样,在任一瞬间,有 3 个桥臂同时导通。可能是上面一个臂和下面两个臂,也可能是上面两个臂和下面一个臂同时导通。因

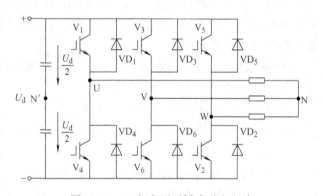

图 1-130 三相电压型桥式逆变电路

为每次换流都是在同一相上下两个臂之间进行,因此也称为纵向换流。

三相桥式逆变电路输出线电压 u_{AB} 展开成傅里叶级数为

$$u_{AB} = \frac{2\sqrt{3} U_d}{\pi} \left[\sin(\omega t) - \frac{1}{5}\sin(5\omega t) - \frac{1}{7}\sin(7\omega t) + \frac{1}{11}\sin(11\omega t) + \frac{1}{13}\sin(13\omega t) + \cdots \right]$$

$$= \frac{2\sqrt{3} U_d}{\pi} \left[\sin(\omega t) + \sum_n (-1)^k \sin(n\omega t) \right] \tag{1-78}$$

式中,$n = 6k \pm 1$,k 为自然数。

输出线电压的总有效值为 $U_{AB} = 0.816 U_d$;基波幅值有效值为 $0.78 U_d$。

(4) 电流型逆变电路。如图 1-131 所示是一个电流型三相桥式逆变电路。其特点是:

① 直流侧串联大电感,相当于电流源。直流侧电流基本无脉动,直流回路呈现高阻抗。

② 电路中开关器件的作用仅是改变直流电流的流通路径,因此交流侧输出电流为矩形波,并且与负载阻抗角无关。

③ 当交流侧为阻感负载时需要提供无功功率,直流侧电感起缓冲无功能量的作用。

(四) 斩波电路 (DC-DC 变换电路)

将直流电变为另一固定电压或可调电压的直流电的电路称为直流-直流变换电路 (DC-DC Converter), 也称斩波电路, 主要应用于开关电源、直流电动机调速、直流电焊机等。

斩波电路有降压斩波电路、升压斩波电路、升降压斩波电路、Cuk 斩波电路、Sepic 斩波电路、Zeta 斩波电路等 6 种基本形式。这里介绍了降压斩波电路、升压斩波电路和升降压斩波电路这 3 种最基本的斩波电路。

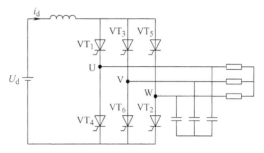

图 1-131 电流型三相桥式逆变电路

1. 降压斩波电路 (Buck Convertor)

降压斩波电路如图 1-132 所示。该电路使用一个全控型的器件 (V), 可用 IGBT 或其他器件, 若采用晶闸管, 则需设置使晶闸管关断的辅助电路。

当 V 导通时, 电源 E 向负载供电, 负载电压 $u_o = E$, 负载电流 i_o 按指数曲线增大。当 V 关断时, 负载电流 i_o 经二极管 VD 续流, 负载电压 u_o 近似为零, 负载电流 i_o 按指数曲线减小。如果令周期为 T, 则负载电压平均值为

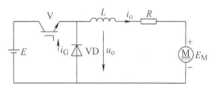

图 1-132 降压斩波电路

$$U_o = \frac{t_{on}}{t_{on}+t_{off}}E = \frac{t_{on}}{T}E = DE \quad (1-79)$$

式中, t_{on} 为一个周期内的导通持续时间; t_{off} 为一个周期内的关断持续时间; $D = t_{on}/T$ 称为占空比。

根据对输出电压调制方式的不同, 斩波电路有三种控制方式:
(1) 脉冲宽度调制 (PWM): 保持开关周期 T 不变, 调节开关导通时间 t_{on}。
(2) 频率调制: 保持开关导通时间 t_{on} 不变, 改变开关周期 T。
(3) 混合型: t_{on}、T 都可调, 改变占空比。

2. 升压斩波电路 (Boost Chopper)

升压斩波电路如图 1-133 所示, 采用全控型开关器件 V。假定 L、C 的值都很大, 当可控开关 V 处于通态时, 电源 E 向电感 L 充电, 充电电流基本恒定为 I_1, 同时电容 C 上的电压向负载供电。因为 C 值很大, 基本保持输出电压 u_o 为恒定, 记为 U_o。设 V 处于通态的时间为 t_{on}, 此阶段电感 L 积蓄的能量为 $EI_1 t_{on}$。当 V 处于断态时, E 和 L 共同向电容 C 充电并向负载 R 提供能量。设处于断态的时间为 t_{off}, 则在此期间电感 L 释放的能量为 $(U_o - E)I_1 t_{off}$。当电路工作于稳态时, 一个周期中, 电感积蓄的能量与释放的能量相等。即

$$EI_1 t_{on} = (U_o - E)t_{off} \quad (1-80)$$

$$U_o = \frac{t_{on}+t_{off}}{t_{off}}E = \frac{T}{t_{off}}E = \frac{1}{1-D}E \quad (1-81)$$

式中, $T/t_{off} = 1/(1-D)$ 为升压比, 调节其大小, 即可改变输出电压的大小。

3. 升降压斩波电路 (Buck-Boost Chopper)

升降压斩波电路如图 1-134 所示。设电路中电感 L 值很大, 电容 C 值也很大, 使电感电

流 i_L 和电容电压 u_o 基本为恒值。

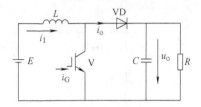 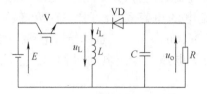

图 1-133 升压斩波电路　　　　　图 1-134 升降压斩波电路

该电路的基本工作原理是：当可控开关 V 处于通态时，电源 E 经 V 向电感 L 供电使其储存能量。同时，电容 C 维持输出电压基本恒定并向负载 R 供电。此后，V 关断，电感 L 中储存的能量向负载释放。可见，负载电压极性为上负下正，与电源电压极性相反，与降压斩波电路和升压斩波电路的情况正好相反，因此该电路也称为反极性斩波电路。

当 V 处于通态期间，$u_L = E$；当 V 处于断态期间，$u_L = -u_o$。于是

$$Et_{on} = U_o t_{off} \tag{1-82}$$

$$U_o = \frac{t_{on}}{t_{off}}E = \frac{T_{on}}{T - t_{on}}E = \frac{D}{1-D}E \tag{1-83}$$

改变占空比 D，输出电压既可以比电源电压高，也可以比电源电压低。当 $0 < D < 1/2$ 时为降压；当 $1/2 < D < 1$ 时为升压。

（五）交流-交流变换电路（AC-AC 变换电路）

交流-交流变换电路又称为交流电力变换电路，它是将某种参数的交流电变为另一种参数的交流电，包括电压、电流、频率、相位和相数等变换，主要有交流调压、交流调功和交流电力电子开关。

1. 交流调压电路

（1）单相交流调压电路。单相交流调压电路如图 1-135 所示。用一对反并联晶闸管或一个双向晶闸管与负载串联，通过对晶闸管的控制实现对负载的交流电压和功率的控制。

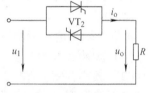

图 1-135 单相交流调压电路

电阻负载时，输出电压有效值为

$$U_o = \sqrt{\frac{1}{\pi}\int_\alpha^\pi (\sqrt{2}U_1\sin(\omega t))^2 d(\omega t)} = U_1\sqrt{\frac{1}{2\pi}\sin 2\alpha + \frac{\pi - \alpha}{\pi}} \tag{1-84}$$

式中，α 移相范围为 0°~180°。

（2）三相交流调压电路。三相交流调压电路具有多种形式。图 1-136 是 3 种常用的三相交流调压电路。支路控制三角形联结方式的一个典型应用是晶闸管控制电抗器（TCR）静止无功补偿装置。

2. 交流调功电路

交流调功电路和交流调压电路的电路形式完全一样，只是控制方式不同，是将负载与电源接通几个周期，再断开几个周期，通过改变接通周期数与断开周期数之比来调节负载所消耗的平均功率。

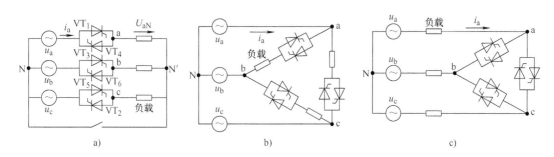

图 1-136 三相交流调压电路

a) 星形联结　b) 支路控制三角形联结　c) 中性点控制三角形联结

3. 交流电力电子开关

一般用于通断控制，用来替代交流电路中的机械开关，常用于投切电力容器以控制电网的无功功率，如晶闸管投切电容器（TSC）、晶闸管控制电抗器（TCR）。

4. 交-交变频电路

交-交变频器也叫周波变换器（Cycloconvertor），是把电网固定频率的交流电，经过功率半导体电路直接转变为频率可调的交流电的过程。它不同于普通的变频器，没有交流整流到直流再逆变成交流的环节，是交-交变换的结构，这种技术一般用在大型功率装置上。因为没有中间的直流环节，因此属于直接变频电路，广泛应用于大功率交流电动机调速传动系统。输出频率上限不高于电网频率的 1/3~1/2。

（六）电力电子技术在电力系统中的应用

1. 高压直流输电（HVDC）

图 1-137 所示是高压直流输电系统的典型结构，它是采用十二脉波换流器的双极高压直流输电系统。双极是指输电线路两端的每端都由额定电压相等的换流器（由晶闸管阀组成）串联连接，具有两根传输导线，分别为正极和负极，每端两个换流器的串联连接点接地。

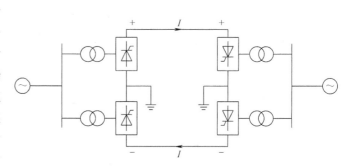

图 1-137 高压直流输电系统的典型结构

2. 静止无功补偿装置

静止无功补偿装置包括晶闸管投切电容器（TSC）、晶闸管控制电抗器（TCR）、静止无功发生器（SVG，也称为静止无功补偿器 STATCOM）。

3. 有源电力滤波器（APF）

有源电力滤波器（APF）采用先进的电力电子变流器，能对变化的谐波进行快速地动态跟踪补偿。

4. 电能质量控制、柔性交流输电

(1) 动态电压恢复器（DVR）。

(2) 通用电能质量控制器（UPQC）。

(3) 柔性输电系统（FACTS）：如晶闸管投切串联电容器（TSSC）、晶闸管控制串联电容器（TCSC）、统一潮流控制器（UPFC）。

二、模拟测试题

1. ［判断题］改变整流电路的触发角可以改变输出电压的波形和平均值。（　　）

   A. 正确　　　　　　B. 错误

2. ［单选题］带电阻负载的单相半波可控整流电路输入电压为 $u = 220\sqrt{2}\sin(314t)$ V，直流输出电压最大平均值为（　　）V。

   A. 220　　　　B. 99　　　　C. 140　　　　D. 198

3. ［单选题］单相半波可控整流电路由电阻负载改为感性负载而其他条件不变，其直流输出电压平均值（　　）。

   A. 不变　　　　B. 升高　　　　C. 降低　　　　D. 不能确定

4. ［判断题］整流电路控制角越大，输出直流电压越小。（　　）

   A. 正确　　　　　　B. 错误

5. ［单选题］单相半波可控整流电路会使整流变压器二次电流中含有（　　）分量，造成变压器铁心发热，因而实际中很少应用这种电路。

   A. 工频　　　　B. 二次谐波　　　　C. 三次谐波　　　　D. 直流

6. ［单选题］带电阻负载的单相桥式全控整流电路输入电压为 $u = 220\sqrt{2}\sin(314t)$ V，直流输出电压最大平均值为（　　）V。

   A. 220　　　　B. 99　　　　C. 140　　　　D. 198

7. ［单选题］单相桥式全控整流电路输入电压为 $u = 220\sqrt{2}\sin(314t)$ V，晶闸管承受的最大反向电压约为（　　）V。

   A. 220　　　　B. 380　　　　C. 311　　　　D. 156

8. ［判断题］在单相半波整流电路中，二极管承受的反向电压是输入电压峰值的 2 倍。（　　）

   A. 正确　　　　　　B. 错误

9. ［判断题］单相桥式全控整流电路带大电感性负载时，晶闸管导通角 θ 为 180°，与触发角 α 无关。（　　）

   A. 正确　　　　　　B. 错误

10. ［判断题］晶闸管桥式半控整流电路有共阴极和同桥臂两种接法，同桥臂接法不需要专门的续流二极管。（　　）

    A. 正确　　　　　　B. 错误

11. ［判断题］单相全波可控整流电路中的晶闸管要比单相桥式可控整流电路中的晶闸管少两个，但是晶闸管承受的最大反向电压要大一倍。（　　）

    A. 正确　　　　　　B. 错误

12. [判断题] 三相半波可控整流电路阻性负载时控制角移相范围为0°~150°。（ ）
   A. 正确　　　　　　B. 错误
13. [判断题] 三相半波可控整流电路感性负载时控制角移相范围为0°~90°。（ ）
   A. 正确　　　　　　B. 错误
14. [判断题] 在半波整流电路中，输出电压波形仅仅是输入电压波形的正半波。（ ）
   A. 正确　　　　　　B. 错误
15. [单选题] 晶闸管构成的三相全控桥式整流电路采用（ ）方式。
   A. 电网换流　　B. 负载换流　　C. 强迫换流　　D. 器件换流
16. [单选题] 单相桥式半控整流电路中的两只晶闸管的触发脉冲相差（ ）。
   A. 180°　　　　B. 60°　　　　C. 300°　　　　D. 120°
17. [单选题] 触发角为（ ）时，带电阻性负载的三相半波可控整流电路输出电压波形处在连续和不连续的临界状态。
   A. 0°　　　　　B. 60°　　　　C. 30°　　　　D. 120°
18. [单选题] 触发角为（ ）时，带电阻性负载的三相全控桥式整流电路输出的电压波形处在连续和不连续的临界状态。
   A. 0°　　　　　B. 60°　　　　C. 30°　　　　D. 120°
19. [多选题] 电力电子变流电路的主要类型有（ ）。
   A. AC-DC　　　B. AC-AC　　　C. DC-AC　　　D. DC-DC
20. [判断题] 高压直流输电系统受端换流站属于无源逆变。（ ）
   A. 正确　　　　　　B. 错误
21. [单选题] 单相半波可控整流电阻性负载电路中，控制角的最大移相范围是（ ）。
   A. 0°~90°　　B. 0°~120°　　C. 0°~150°　　D. 0°~180°
22. [单选题] 电化学工业中的电解铝、电解食盐水、电镀装置等需要大容量的（ ）。
   A. 整流电源　　B. 逆变电源　　C. 变频电源　　D. 直流斩波电源
23. [多选题] 晶闸管可采用的换流方式有（ ）。
   A. 电网换流　　B. 负载换流　　C. 强迫换流　　D. 器件换流
24. [多选题] 逆变电路的换流方式有（ ）。
   A. 器件换流　　B. 电网换流　　C. 负载换流　　D. 强迫换流
25. [判断题] 逆变失败是因为主电路元件出现损坏、脉冲丢失、电源缺相或者逆变角太小造成的。（ ）
   A. 正确　　　　　　B. 错误
26. [判断题] 交流侧接在电网上的逆变电路是有源逆变。（ ）
   A. 正确　　　　　　B. 错误
27. [单选题] 三相电压源逆变器的基本工作方式是（ ）导通方式。
   A. 90°　　　　B. 120°　　　C. 150°　　　D. 180°
28. [判断题] 变频调速是属于无源逆变。（ ）
   A. 正确　　　　　　B. 错误
29. [判断题] 有源逆变是把逆变后的交流能量送回到电网。（ ）
   A. 正确　　　　　　B. 错误

30. [判断题] 多重化逆变或者多电平逆变的输出电压波形更接近于正弦波。（ ）
   A. 正确　　　　　　B. 错误

31. [单选题] 升压斩波电路中，输入电压为100V，占空比为0.6，则输出电压的平均值为（   ）V。
   A. 400　　　　B. 1000　　　　C. 250　　　　D. 60

32. [单选题] 降压斩波电路中，已知电源电压为100V，负载电压为50V，开关器件的导通时间为2ms，则斩波周期为（   ）ms。
   A. 1　　　　　B. 2　　　　　C. 3　　　　　D. 4

33. [判断题] 升降压斩波电路中，占空比小于0.5时为降压，占空比大于0.5时为升压。（ ）
   A. 正确　　　　　　B. 错误

34. [判断题] 升压斩波电路中，与恒定直流电源负极相连的负载端的电极性为负，因此升压斩波电路又称为反极性斩波电路。（ ）
   A. 正确　　　　　　B. 错误

35. [单选题] 升压斩波电路能使输出电压高于电源电压的关键因素在于（   ）。
   A. 二极管的单向导电和电容器的电压保持
   B. 电感的储能泵升和开关器件的通断特性
   C. 电感的储能泵升和电容的电压保持
   D. 开关器件的通断特性和二极管的单向导电

36. [判断题] 斩波电路只能输出比电源电压低的直流电压。（ ）
   A. 正确　　　　　　B. 错误

37. [判断题] 带隔离的直流-直流变流电路中必须包含变压器。（ ）
   A. 正确　　　　　　B. 错误

38. [单选题] 下列（   ）不属于电力电子变流功能。
   A. 有源逆变　　B. 交流调压　　C. 变压器降压　　D. 直流斩波

39. [多选题] 下列不属于电力控制电路的是（   ）。
   A. 交流调压电路　　　　　　B. 交流调功电路
   C. 交流电力电子开关　　　　D. 交-交变频电路

40. [单选题] 交流调功电路采用的控制方式和控制目的是（   ）。
   A. 相位控制，负载电流有效值　　B. 通断控制，负载电压有效值
   C. 相位控制，负载功率平均值　　D. 通断控制，负载功率平均值

41. [单选题] 支路控制三角形联结的三相交流调压电路的典型应用是（   ）。
   A. TSC　　　　B. TCR　　　　C. SVC　　　　D. SVG

42. [单选题] 以交流电的周期为单位控制晶闸管的通断，改变通态周期数和断态周期数的比值来调节输出功率平均值的交流电力控制电路称为（   ）。
   A. 交流调功电路　　B. 交流调压电路　　C. 变频　　D. 交流电力电子开关

43. [单选题] 电网频率为50Hz时，对6脉冲三相桥式电路而言，交-交变频电路的输出上限为（   ）Hz。
   A. 10　　　　　B. 20　　　　　C. 50　　　　　D. 100

44. [单选题] 交流调功电路常用于（   ）。
   A. 炉温控制 B. 舞台灯光控制
   C. 异步电动机软起动 D. 异步电动机调速

45. [单选题] 在单相交流调压电路中，阻感性负载（阻抗角为 φ）稳态时，触发角 α 的移相范围是（   ）。
   A. $0° \leq \alpha \leq 180°$ B. $90° \leq \alpha \leq 180°$
   C. $\varphi \leq \alpha \leq 180°$ D. $\varphi \leq \alpha \leq 90°$

46. [多选题] 下列关于晶闸管投切电容器（TSC）的说法，正确的是（   ）。
   A. 通过投入或切除交流电容器来控制无功功率
   B. 可以实现动态无功补偿
   C. 可以提高功率因数
   D. 响应速度比机械开关快

47. [单选题] 单相全控桥式整流电路带电阻性负载，设 U_2 为变压器二次侧电压有效值，则晶闸管可能承受的最大正向电压为（   ）。
   A. $\sqrt{6}U_2$ B. $2\sqrt{2}U_2$ C. $\sqrt{2}U_2$ D. $1.2\sqrt{2}U_2$

48. [单选题] 逆变电路的功能是将直流电转化为（   ）。
   A. 直流电 B. 交流电 C. 磁场储能 D. 电场储能

49. [单选题] 高压直流输电系统受端换流站的电能变换方式是（   ）。
   A. AC－DC B. DC－AC C. DC－DC D. AC－AC

50. [单选题] 三相桥式全控整流电路变压器二次电流中含有（   ）次谐波（k 为正整数）。
   A. $2k \pm 1$ B. $3k \pm 1$ C. $6k \pm 1$ D. $12k \pm 1$

51. [多选题] 下列用于电力系统无功控制的电力电子装置有（   ）。
   A. TCR B. TSC C. APF D. SVG

52. [单选题] 高压直流输电系统电能变换的场所叫（   ）。
   A. 整流站 B. 逆变站 C. 变电站 D. 换流站

53. [多选题] 下列电力电子装置含有逆变电路的是（   ）。
   A. TCR B. TSC C. APF D. STATCOM

【参考答案与解析】
1. A 2. B 3. C 4. A 5. D 6. D 7. C 8. B 9. A 10. A 11. A 12. A 13. A 14. A 15. A 16. A 17. C 18. B 19. ABCD 20. B 21. D 22. A 23. ABC 24. ACD 25. A 26. A 27. D 28. A 29. A 30. A 31. C 32. D 33. A 34. A 35. C 36. B 37. A 38. C

39. CD。[解析] 电力控制电路一般包括交流调压电路和交流调功电路。

40. D

41. D。[解析] TSC（晶闸管投切电容器）是根据电网的需要改变投入的电容器的组数（容量），实际上 TSC 是断续可调的动态无功补偿器；TCR（晶闸管控制电抗器）是一种并联型晶闸管控制电抗器，通过控制晶闸管的导通时间，可以连续调节电抗器的有效电抗；

SVC（静止无功补偿）一般包括固定容量的电容器（FC）、TSC、晶闸管投切电抗器（TSR）、TCR 等；SVG（静止无功发生器）或称为静止无功补偿器（STATCOM）是指由自换相的电力电子桥式电压型变流电路来进行动态无功补偿的装置。

42. A　43. B　44. A　45. C　46. ABCD　47. C　48. B　49. B　50. C

51. ABD。［解析］TCR（晶闸管控制电抗器）；TSC（晶闸管投切电容器）；APF（有源电力滤波器）；SVG（静止无功发生器）。

52. D　53. CD

第十三单元　变压器的结构与工作原理

一、主要知识点

（一）电力变压器的类型、基本结构、额定参数和联结组标号

电力变压器是利用电磁感应原理，将一种交流电压的电能转换成同频率的另一种交流电压的电能，是电力系统输配电网的重要设备。在整个电力系统中变压器的容量约为发电机容量的 6~7 倍。

1. 电力变压器的类型

（1）按容量分：大型、中型、小型。

（2）按升降压分：升压变压器和降压变压器。

（3）按绕组数目分：双绕组变压器、三绕组变压器、自耦变压器。

（4）按照绕组与铁心的相对位置分：心式变压器和壳式变压器。心式变压器的铁心被绕组所包围；壳式变压器则是铁心包围绕组的顶面、底面和侧面。心式变压器的绕组和绝缘装配比较容易，所以电力变压器常用心式结构。壳式变压器的机械强度较好，常用做低电压、大电流的变压器或小容量电信变压器。

（5）按相数分：单相变压器、三相变压器。三相变压器又分为三相心式变压器和三相组式变压器。后者是由三台单相变压器连接成的三相变压器组，一般在 500kV 及以上电压等级的大型变压器采用这种型式。

（6）按冷却和绝缘介质分：干式变压器、油浸式变压器和 SF_6 气体绝缘变压器。

2. 电力变压器的基本结构

变压器的主体结构是器身，包括铁心和绕组，如图 1-138 所示。除了器身外，还有冷却媒质和装置、机械支撑结构、继电保护装置和控制测量装置等。

（1）铁心。

为减少铁心损耗，铁心一般用硅钢片叠压而成。硅含量高，导磁性能好，单位重量的铁心损耗小；硅含量低，饱和时的磁通量大，机械性能好。为了三相励磁电流尽量平衡，有时也采用三相卷铁心式的铁心结构。

铁心中套装绕组的部分称为心柱。连接心柱的铁心部分称为轭部。为了降低变压器的高度，有时也用旁轭结构形式，如三相五心柱变压器。

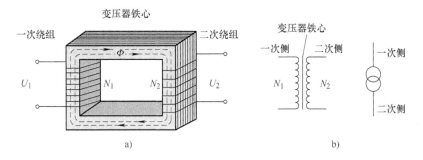

图 1-138　电力变压器结构和电气符号
a）变压器结构　b）变压器电气符号

（2）绕组。

一次绕组：输入电能的绕组称为一次绕组。

二次绕组：输出电能的绕组称为二次绕组。一次绕组和二次绕组通常是套装在同一个心柱上。

电压等级高的称为高压绕组，电压等级低的称为低压绕组。

按照高低压绕组的相对位置，又可以分为同心式绕组、交叠式绕组。

同心式绕组结构简单，国产的电力变压器都采用同心式绕组。为便于线圈和铁心绝缘，低压绕组靠近铁心柱在里面，高压绕组在外面。

（3）其他部件。

典型的油浸式变压器还包括油箱、变压器油、绝缘套管、分接开关、保护装置（包括泄油道、气体继电器等）。

3. 电力变压器的额定参数

（1）额定容量：铭牌规定在额定使用条件下所输出的视在功率。一般用 kVA 或者 MVA 表示。对于三相变压器，则是指三相容量之和。

（2）额定电压：指变压器长时间运行所承受的工作电压。又分为：

一次额定电压：规定加在一次侧的电压。三相时指线电压。

二次额定电压：一次侧加额定电压，二次侧空载时的端电压。三相时指线电压。

（3）额定频率：在我国为 50Hz，也称为工频。

（4）额定温升：是指在设计规定的环境温度（40℃）下，绕组的最高允许温升，它取决于绕组的绝缘等级。油浸式变压器的线圈温升限值为 65K。

4. 三相变压器的联结组标号

联结组标号用以表示变压器高、低压侧三相绕组的联结形式及线电压相位关系。由两个部分组成：一是联结方式，包括星形联结和三角形联结，分别用字母 Y 和 D 表示；二是联结组号，用 0~11 数字表示，代表低压侧的线电压滞后于高压侧线电压的角度，0 为同相位，1 代表滞后 30°，以此类推。若超过 180°则记为超前。

国产电力变压器常用的联结组标号有：Yyn0、Yd11、YNd11、YNy0 和 Yy0 5 种。

配电变压器由于要形成三相四线制，常用 Yyn0。高压输电中，高压侧中性点接地可以降低故障状态下的线路对地的绝缘等级，从而降低造价，常用 YNd11。

（二）电力变压器的工作原理

1. 理想变压器模型

在一个闭合的铁心磁路上安装两个匝数不同的绕组，就构成了一台最简单的变压器，如图1-139所示。

（1）基本假设。

一、二次绕组完全耦合，无漏磁通；铁心磁路的磁阻为零，铁心损耗也为零；一、二次绕组的电阻都等于零。

（2）一、二次电压、电流的关系。

变比：变压器一、二次相电压的有效值之比，等于一、二次侧的匝数比。主磁通在一、二次侧中的任一匝线圈中感应电动势的大小都相等，只要改变一、二次线圈的匝数，就能达到改变电压的目的。

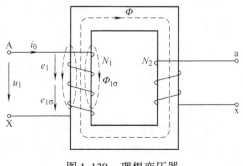

图1-139 理想变压器

电压变比：一般情况下，变压器变比就是电压变比。

电流变比：为电压变比的倒数。

阻抗变比：从一次侧看到二次侧的阻抗大小与二次侧实际阻抗大小之比，为变压器变比的平方。

2. 变压器的空载运行

空载运行：一次侧接电源，二次侧断开的运行状态。此时一、二次侧及负载之间没有能量的传递。

空载电流：空载运行时，一次侧的输入电流。

励磁电流：建立磁场的电流或电流分量。空载运行时，可以认为变压器的空载电流就是励磁电流（忽略绕组铜耗）。

电力变压器在空载运行时，空载电流很小，一次绕组的铜耗可以忽略不计，有功损耗主要为铁心损耗。一般通过薄硅钢片叠压等方式降低铁心损耗。

铁耗电流分量：空载电流中传递有功功率的分量为铁耗电流分量。由于变压器主磁路的磁阻很小，因此磁化电流也很小。

磁化电流分量：空载电流的主要任务就是建立起磁场。建立磁场的电流分量为磁化电流。

空载时，空载电流中的铁耗电流分量和磁化分量都很小，因此空载电流仅为一次额定电流的2%~10%。变压器容量越大，空载电流百分数越小。

空载感应电动势：交变的空载磁场在一次绕组中产生的电动势，其大小与磁场及频率成正比。即

$$\dot{E}_1 = -j4.44 N f \dot{\Phi} \tag{1-85}$$

空载电流波形：铁心都是略饱和的，磁化电流呈尖顶波，除了基波外，还有较强的三次谐波和其他高次谐波。为了便于计算，通常用一个有效值与之相等的等效正弦波代替非正弦

的磁化电流。

铁心绕组的等效电路：由磁化电抗 X_μ 和铁耗电阻 R_{Fe} 并联支路构成。如图 1-140 所示。一般采用串联形式的等效电路。

励磁阻抗：$Z_m = R_m + jX_m$ 称为变压器的励磁阻抗，它是表征铁心磁化性能和铁心损耗的一个综合参数。负载变化时，主磁通变化很小，近似地认为 Z_m 是一个常数。

励磁电阻：表征铁心损耗的等效电阻。

励磁电抗：表征磁化性能的参数。

3. 电力变压器的负载运行

变压器一次绕组接交流电源，二次绕组接有负载阻抗时的运行状态称为负载运行，如图 1-141 所示。

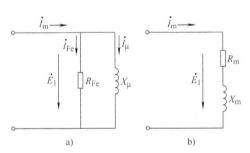

图 1-140 励磁回路的等效电路
a) 并联电路 b) 串联电路

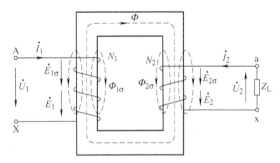

图 1-141 变压器负载运行

(1) 负载运行时的磁动势方程。变压器的磁场是由一、二次电流共同建立的，为了分析方便，一般认为只有一次电流中的某个分量建立起磁场，这个电流分量就是励磁电流。由于主磁通主要决定于电源电压，$U_1 \approx E_1 = 4.44fN_1\Phi_m$，主磁通基本为常值，负载时建立磁场的励磁电流可以认为就是空载时的励磁电流。

一次绕组电流包括负载分量和励磁分量，即 $\dot{I}_1 = \dot{I}_m + \dot{I}_{1L}$。

基于以上假设，可以直接写出磁动势平衡方程

$$N_1\dot{I}_m = N_1\dot{I}_1 + N_2\dot{I}_2 \tag{1-86}$$

负载时用以建立主磁通的励磁磁动势 $N_1\dot{I}_m$，实质上就是一次和二次绕组的合成磁动势。

一次绕组的负载电流分量刚好抵消二次电流对磁场的影响，$N_1\dot{I}_{1L} + N_2\dot{I}_2 = 0$，即

$$\dot{I}_{1L} = -\left(\frac{N_2}{N_1}\right)\dot{I}_2 \tag{1-87}$$

(2) 漏磁电抗。变压器的漏磁电抗（简称漏抗）是表征变压器绕组漏磁效应的参数，一次和二次绕组的漏磁路大部分为空气，因此漏抗为常值。

(3) 电压方程。根据上述可以列出变压器的电压方程，与磁动势平衡方程合在一起，就得到变压器的基本方程。

$$\left.\begin{aligned}\dot{U}_1 &= \dot{I}_1 Z_{1\sigma} + (-\dot{E}_1) \\ \dot{E}_2 &= \dot{I}_2 Z_{2\sigma} + \dot{U}_2 \\ N_1 \dot{I}_m &= N_1 \dot{I}_1 + N_2 \dot{I}_2 \\ -\dot{E}_1 &= \dot{I}_m Z_m \\ \frac{\dot{E}_1}{\dot{E}_2} &= k \end{aligned}\right\} \quad (1\text{-}88)$$

利用上述方程式组可求解出 6 个未知量：I_1、I_2、I_m、E_1、E_2、U_2。变压器的阻抗为已知参数，施加的电压有效值 U_1 与频率 f_1 为已知量。

4. 电力变压器的等效电路

（1）绕组归算。

电力变压器（除自耦变压器外）一、二次侧之间无电气连接。通过绕组归算，可以把一、二次侧的电气部分等效连接起来，这样既可以分析变压器的内部电磁关系，又便于工程计算。

通常将二次绕组归算到一次绕组，也就是假想把二次绕组的匝数变换成一次绕组的匝数，而不改变一次和二次绕组原有的电磁关系。

归算后的变压器基本方程为

$$\left.\begin{aligned}\dot{U}_1 &= \dot{I}_1 Z_{1\sigma} + (-\dot{E}_1) \\ \dot{E}_2' &= \dot{I}_2' Z_{2\sigma}' + \dot{U}_2' \\ \dot{I}_m &= \dot{I}_1 + \dot{I}_2' \\ \dot{E}_1 &= \dot{E}_2' = -\dot{I}_m Z \end{aligned}\right\} \quad (1\text{-}89)$$

（2）等效电路。

变压器的等效电路有 T 形等效电路、Γ 形等效电路（近似等效电路）和简化等效电路等形式，如图 1-142 所示。

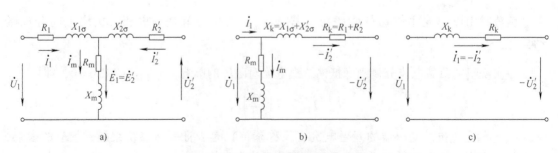

图 1-142 电力变压器的等效电路图
a) T 形等效电路图 b) Γ 形等效电路图 c) 简化等效电路图

T形等效电路能准确地反映变压器运行时的物理情况，但它含有串联和并联支路，运算较为复杂。

变压器一次绕组的漏阻抗压降一般仅占额定电压的百分之几，而励磁电流又远小于额定电流，因此可以把T形等效电路中的励磁支路从电路的中间移到电源端，即Γ形等效电路，这对变压器的计算不会带来明显的误差。

由于励磁电流很小，故在变压器满载及负载电流较大时，可以近似地认为励磁电流为零，相当于励磁支路断开，等效电路进一步简化成一个串联阻抗。

（三）变压器参数的测定

当用基本方程式、等效电路、相量图求解变压器的运行性能时，必须知道变压器的励磁参数 R_m、X_m 和短路参数 R_k、X_k。这些参数在设计变压器时可用计算方法求得，对于已制成的变压器，可以通过空载试验、短路试验求取。

1. 空载试验

变压器空载试验也称开路试验，是将二次绕组开路，一次绕组加以额定电压，测量此时的输入功率 P_0、电压 U_1 和电流 I_0，即可计算出励磁阻抗。

为了试验的安全和仪表选择的方便，空载试验也可以在低压侧加上电压，高压侧开路，此时测出的值为归算到低压侧的值，归算到高压侧时乘以 k^2 即可。

2. 短路试验

短路试验也称为负载试验。试验时二次绕组短路，一次绕组上加一可调的低电压。调节电压，使短路电流达到变压器额定电流，测量此时的一次电压和输入功率、电流，即可算出短路阻抗。由于此时高压侧电压很低（一般只有额定电压的5%~15%），因此可以忽略励磁电流和铁心损耗。

短路试验时使短路电流达到变压器额定电流时所加的高压侧电压称为变压器的阻抗电压，也称为短路电压。用额定电压百分值表示的阻抗电压为

$$u_k = \frac{U_{1k}}{U_{1N}} \times 100\% = \frac{I_{1N} \times Z_k}{U_{1N}} \times 100\% \tag{1-90}$$

阻抗电压的大小反映变压器在额定负载下运行时漏阻抗压降的大小。从运行性能考虑，希望阻抗电压小，使变压器负载时端电压随负载变化波动小；从限制短路电流考虑，则希望阻抗电压大。

（四）标幺值

在电力工程计算中，各物理量常用标幺值表示和计算。所谓标幺值，就是某一物理量的实际值与选定的基准值之比，即标幺值 = 实际值/基准值。标幺值通常用物理量加上标"*"表示，基准值用物理量加下标"B"表示。

在三相系统的4个物理量 U、I、Z 和 S 中，通常选 U 和 S 为基准值，则4个物理量的标幺值为

$$\begin{cases} U^* = U/U_B \\ S^* = S/S_B \\ I^* = I/I_B = I/\dfrac{S_B}{\sqrt{3}\,U_B} \\ Z^* = Z/Z_B = Z/\dfrac{U_B^2}{S_B} \end{cases} \tag{1-91}$$

(五) 变压器的运行特性

变压器的运行特性主要体现在外特性和效率特性上。从外特性可以确定变压器的额定电压调整率；从效率特性可以确定变压器的额定效率。

1. 外特性和电压调整率

外特性又称端口特性。它是功率因数保持恒定时，二次绕组端电压与负载电流（二次绕组电流）之间的关系。

由于变压器内部存在电阻和漏抗，负载时产生电阻压降和漏抗压降，导致二次电压随负载电流变化而变化。二次电压变化的程度可以用电压调整率表示。所谓电压调整率就是当一次电压（外施电压）保持为额定，负载功率因数为常值时，从空载到额定负载时二次电压变化的百分值，用 Δu 表示。

$$\Delta u = I^*(R_k^*\cos\varphi_2 + X_k^*\sin\varphi_2)\times 100\% \tag{1-92}$$

电压调整率是变压器的主要性能指标之一，通常额定电压调整率约为 5% 左右，因此一般电力变压器的高压绕组上均设有 ±2×2.5% 的用以调节匝数的分接头，以调节电压。

2. 效率和效率特性

变压器的损耗分为铜耗和铁耗两类，每一类又包括基本损耗和杂散损耗。

基本铜耗是指电流流过绕组时所产生的直流电阻损耗。杂散铜耗主要指漏磁场引起电流趋肤效应，使绕组的有效电阻增大所增加的铜耗，以及漏磁场在结构部件中所引起的涡流损耗等。铜耗与负载电流的二次方成正比，因而也称为可变损耗。

基本铁耗是变压器铁心中由主磁通引起的磁滞和涡流损耗。杂散铁耗包括叠片之间的局部涡流损耗和主磁通在结构部件中引起的涡流损耗等。铁耗可近似认为与 B_m^2 或 U_1^2 成正比，一次电压保持不变，则铁耗可视为不变损耗。

工程上常用间接法来计算效率，即测出铜耗和铁耗，再计算效率。

$$\eta = \dfrac{P_2}{P_1}\times 100\% = \dfrac{P_2}{P_2+\sum P}\times 100\% \tag{1-93}$$

式中，$\sum P$ 为变压器总损耗。

电力变压器的效率很高，通常额定效率 η_N 达 95% ~ 99%。

工程上通常是由空载试验测出铁耗，由短路试验测出铜耗，再计算效率，称为惯例效率。

$$\eta = \dfrac{mU_{20}I_2\cos\varphi_2}{mU_{20}I_2\cos\varphi_2 + P_{Fe} + mI_2^2 R_k''} \tag{1-94}$$

式中，m 为相数；R_k'' 为归算到二次侧的短路电阻。

当铜耗等于铁耗时，变压器的效率达到最高。最大效率为

$$\eta_{max} = \frac{2P_0}{\beta S_N \cos\varphi_2 + 2P_0} \tag{1-95}$$

式中，β 为变压器负荷率，为实际负载电流与额定负载电流的比值。考虑到变压器长期运行的综合效率，一般设计时取 β 为 0.5~0.6 时，变压器的效率最高。

3. 变压器的并联运行

变压器并联运行也称为并列运行。

(1) 变压器理想并联运行条件。

① 各变压器一、二次额定电压对应相等。

② 联结组号相同。

③ 短路阻抗标幺值相等，阻抗角相同。

(2) 变压器实际并联运行条件。

① 电压比的偏差要严格控制（±0.5%）。

② 联结组号相同。

③ 短路阻抗标幺值相差不能大于10%，阻抗角则允许有一定差别。

此外，为了不浪费设备容量，要求任两台变压器容量之比小于3。

(3) 变比不同的影响。由于变压器短路阻抗很小，所以即使变比差值很小，也能产生较大的环流。电力变压器变比误差一般都控制在0.5%以内。

(4) 联结组号不同的影响。联结组号不同的变压器，二次电压相量的相位至少相差30°，由于短路阻抗很小（例如两变压器均为0.05），将在两变压器绕组中产生很大的空载环流，其值将达到额定电流的5.2倍，这是绝不允许的。因此联结组号不同的变压器不能并联运行。

(5) 短路阻抗不同的影响。并联运行的各变压器的负载系数与其短路阻抗的标幺值成反比，短路阻抗标幺值小的变压器负荷率大，先达到满载。

关于变压器运行的一些问题可参考本书4.6单元。

(六) 三绕组变压器、自耦变压器

1. 三绕组变压器

三绕组变压器可以连接3个不同电压等级的电网，例如一台110kV/38.5kV/10.5kV 的三绕组变压器可以从110kV电网中接收电能，传输给35kV、10.5kV 两个电网。

三绕组变压器的结构和双绕组变压器相似，在每个铁心柱上同心排列着高压绕组、中压绕组、低压绕组。为绝缘方便，高压绕组在最外层。相互间传递功率较多的绕组应当靠得近些。

关于三绕组变压器绕组的排列和参数计算详见本书2.2单元。

2. 自耦变压器

自耦变压器一次绕组和二次绕组之间电的直接联系，如图1-143所示，其一次绕组由串联绕组（bc）和公共绕组（cd）串联而成，二次绕组就是公共绕组。

设双绕组单相变压器一次绕组和二次绕组的匝数分别为 N_1 和 N_2，额定电压为 U_{1N} 和 U_{2N}，额定电流为 I_{1N} 和 I_{2N}，电压比 $k = N_1/N_2$，额定容量 $S_N = U_{1N}I_{1N} = U_{2N}I_{2N}$。若改为降压自耦连接（如图1-143所示），则电压比 k_a 为

$$k_a = (N_1 + N_2)/N_2 = 1 + k \tag{1-96}$$

降压自耦连接时，一次和二次的额定电流 I_{1aN} 和 I_{2aN} 为

$$I_{1a} = I_{1N} \quad I_{2aN} = I_{2N} + I_{1aN} = I_{2N}(1 + 1/k) \quad (1\text{-}97)$$

降压自耦连接时，额定容量为

$$S_{2N} = (U_{1N} + U_{2N})I_{1aN} = U_{2N}I_{2aN}$$

$$= S_N + S_N/k = S_N + \frac{S_N}{k_a - 1} \quad (1\text{-}98)$$

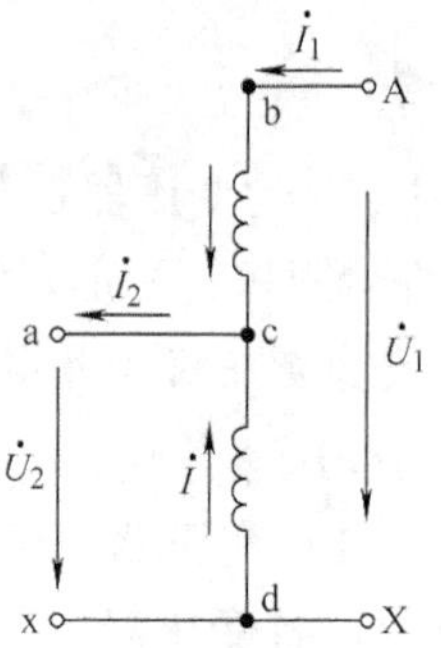

由此可见，自耦变压器的功率由两部分构成，一部分功率 S_N 与普通双绕组变压器一样，由电磁感应关系传递到二次侧，称为感应功率；另一部分功率 $S_N/(k_a - 1)$ 则是直接通过传导作用，由一次侧传导到二次侧，称为传导功率。

图 1-143 自耦变压器原理图

因此，自耦变压器具有重量轻、价格低、效率高的优点。电压比 k_a 越接近1，传导功率所占比例越大，经济效果越显著。在电力系统中，自耦变压器主要用于连接额定电压相差不大的两个电网，例如 220/110kV 两个电网就可用自耦变压器连接。

关于自耦变压器的运行方式详见本书 4.7 单元。

二、模拟测试题

1. ［判断题］在电网电压为正弦波的情况下，若不考虑铁心饱和现象，变压器空载电流的波形一定是正弦波。（ ）

　　A. 正确　　　　　　B. 错误

2. ［判断题］若电源电压保持不变，变压器在空载和负载状态产生的主磁通基本保持不变。（ ）

　　A. 正确　　　　　　B. 错误

3. ［判断题］一般而言，硅钢片中的硅含量越大，导磁性能越好。（ ）

　　A. 正确　　　　　　B. 错误

4. ［单选题］当磁路饱和时，变压器中的正弦励磁电流产生的主磁通波形为（ ）。

　　A. 正弦波　　　B. 平顶波　　　C. 尖顶波　　　D. 三角波

5. ［判断题］无论变压器中各电量的正方向如何设定，其相应的方程式都不会改变。（ ）

　　A. 正确　　　　　　B. 错误

6. ［判断题］变压器额定运行时效率最大。（ ）

　　A. 正确　　　　　　B. 错误

7. ［判断题］电力变压器的负载越大，铁心的饱和程度也越大。（ ）

　　A. 正确　　　　　　B. 错误

8. ［单选题］二次侧可引出中性线，构成三相四线制线路的变压器联结组标号是（ ）。

　　A. Yy0　　　B. Yd11　　　C. Yn0　　　D. Yd7

9. ［判断题］采用标幺值进行计算时，变压器一、二次侧的各物理量的标幺值无须折算。（ ）

　　A. 正确　　　　　　B. 错误

10. [单选题] Dyn11 接线的变压器，高压侧线电压和低压侧线电压之间的相位关系（　　）。
    A. 高压侧超前低压侧 30°　　　　B. 高压侧滞后低压侧 30°
    C. 高压侧超前低压侧 60°　　　　D. 高压侧滞后低压侧 60°

11. [单选题] 两台短路阻抗不相等的变压器并列运行时，负荷分配情况是（　　）。
    A. 短路阻抗小的变压器负荷小　　B. 负荷分配不受短路阻抗的影响
    C. 短路阻抗小的变压器负荷大　　D. 短路阻抗小的变压器先达到满载

12. [判断题] 在三相心式变压器磁路中，三相磁路长度不相等，中间相磁路较短，两边相磁路较长，磁阻也较大。（　　）
    A. 正确　　　　　B. 错误

13. [单选题] 三相电力变压器带电阻电感性负载运行时，负载电流相同的条件下，功率因数越高，则二次（　　）。
    A. 电压变化率越大，效率越高　　B. 电压变化率越大，效率越低
    C. 电压变化率越小，效率越低　　D. 电压变化率越小，效率越高

14. [单选题] 三相变压器额定容量为 560kVA，电压比为 10000/400V，Dyn11 接线，负载时忽略励磁电流，低压侧相电流为 808.3A 时，则高压侧的相电流为（　　）A。
    A. 808.3　　　B. 56　　　C. 18.68　　　D. 32.33

15. [单选题] 一台单相变压器一次侧加额定电压，空载时两侧电压比为 14.5∶1，额定负载时两侧电压之比为 15∶1，则该台变压器的电压变化率为（　　）。
    A. 0.0333　　　B. 0.5　　　C. 0.03　　　D. 0.025

16. [单选题] 若变压器二次电流增加到额定值时，二次侧的电压升高，那么负载阻抗的性质是（　　）。
    A. 感性　　　B. 纯电阻　　　C. 容性　　　D. 不能确定

17. [单选题] 一台变压器额定频率为 60Hz，如果接到 50Hz 的电源上，且额定电压的数值相等，那么此变压器铁心中的磁通（　　）。
    A. 减少　　　B. 不变　　　C. 增加　　　D. 不能确定

18. [单选题] 为了抑制电压和电流的谐波，三相变压器一般不接成（　　）。
    A. Yd　　　B. Yy　　　C. Dy　　　D. Dd

19. [单选题] 变压器达到最高效率的条件是（　　）。
    A. 满载　　　B. 铜耗小于铁耗　　　C. 铜耗等于铁耗　　　D. 轻载

20. [单选题] 变压器（　　）等效电路中一、二次电流绝对值相等。
    A. T 形　　　B. 简化　　　C. Γ 形　　　D. 以上都不对

21. [多选题] 变压器的过励磁就是当变压器在（　　）时造成的工作磁通密度增加，使变压器的铁心饱和。
    A. 电压升高　　　B. 频率下降　　　C. 电压下降　　　D. 频率上升

22. [单选题] 要使得变压器的电压调整率等于 0，那么负载性质应为（　　）。
    A. 阻抗性　　　B. 纯电阻　　　C. 纯感性　　　D. 阻容性

23. [单选题] 下列变压器（　　）在电力系统中不宜采用。
    A. Yd 接法的心式变压器　　　B. Dy 接法的组式变压器

C. Yy 接法的心式变压器　　　　　　　D. Yy 接法的组式变压器

24. [单选题] 变压器的其他条件不变，若一、二次绕组的匝数同时减少 10%，则一次电抗 X_{1a}、二次电抗 X_{2a} 及励磁电抗 X_m 的大小变化情况是（　　）。
 A. X_{1a} 和 X_{2a} 同时减小 10%，X_m 增大
 B. X_{1a} 和 X_{2a} 同时减小到 0.81 倍，X_m 减小
 C. X_{1a} 和 X_{2a} 同时减小到 0.81 倍，X_m 增大
 D. X_{1a} 和 X_{2a} 同时减小 10%，X_m 减小

25. [单选题] 变压器的最大效率设计在（　　）。
 A. 满载　　　　　　　　　　　　　B. 负荷率为 50% ~ 60%
 C. 接近满载　　　　　　　　　　　D. 负荷率为 70% ~ 80%

26. [单选题] 变压器的空载电流约占额定电流的（　　）。
 A. 0.2% ~ 0.9%　　B. 2% ~ 10%　　C. 12% ~ 15%　　D. 20% ~ 30%

27. [单选题] 变压器采用硅钢片叠压铁心形式的主要目的是（　　）。
 A. 提供机械支撑　　B. 减小涡流损耗　　C. 减小磁滞损耗　　D. 减小磁路的磁阻

28. [单选题] 电力变压器的额定效率一般为（　　）。
 A. 80% ~ 90%　　B. 90% ~ 95%　　C. 95% ~ 99%　　D. 70% ~ 80%

29. [多选题] 变压器的效率主要取决于（　　）。
 A. 供电频率　　B. 负载电流大小　　C. 负载功率因数　　D. 绕组接线方式

30. [单选题] 变压器空载电流与外施电压的相位关系是（　　）。
 A. 空载电流滞后 90°　　　　　　　B. 空载电流滞后小于 90°
 C. 空载电流超前 90°　　　　　　　D. 空载电流超前小于 90°

31. [单选题] 将一台双绕组变压器连接成自耦变压器，自耦变压器的变比为 2:1，则自耦变压器额定容量是原双绕组变压器额定容量的（　　）倍。
 A. 1　　　　B. 3　　　　C. 2　　　　D. 1.5

32. [单选题] 变压器在满载且功率因数为 0.85 滞后时的效率为 95%，那么在满载且功率因数为 0.85 超前时的效率（　　）95%。
 A. 小于　　　B. 大于　　　C. 等于　　　D. 不能确定

33. [单选题] 变压器在满载且功率因数为 0.85 滞后时的电压调整率为 5%，那么在满载且功率因数为 0.85 超前时的电压调整率（　　）5%。
 A. 小于　　　B. 大于　　　C. 等于　　　D. 不能确定

34. [单选题] 变压器电压调整率为负的情况可能发生在（　　）负载时。
 A. 超前功率因数　　B. 滞后功率因数　　C. 单位功率因数　　D. 零功率因数

35. [多选题] 仅将 Yd7 接法变压器的二次侧三相绕组改接成星形，其他都保持不变，则联结组标号可能变成（　　）。
 A. Yy6　　　B. Yy2　　　C. Yy8　　　D. Yy4

36. [单选题] 一台单相自耦变压器，$S_N = 2kVA$，一次额定电压 $U_{1N} = 220V$，二次电压可以调节，当二次电压调节到 $U_2 = 100V$ 时，输出电流 $I_2 = 10A$，则这时串联绕组、公共绕组的电流分别是（　　）。
 A. 14.55A, 4.55A　B. 4.55A, 5.45A　C. 5.45A, 4.55A　D. 15.45A, 5.45A

37. [多选题] 变压器空载时输入的有功功率包括（　　）。
    A. 一次绕组铜耗　　B. 涡流损耗　　C. 磁滞损耗　　D. 二次绕组铜耗
38. [单选题] 一台变比为 10 的变压器，在低压侧做空载试验，求得二次侧的励磁阻抗标幺值为 16，那么一次侧励磁阻抗的标幺值为（　　）。
    A. 16　　　　　　B. 1600　　　　C. 0.16　　　　D. 1.6
39. [多选题] 理想变压器的特征是（　　）。
    A. 无漏磁通　　　　　　　　　B. 铁心磁路磁阻为零
    C. 无铁耗　　　　　　　　　　D. 无铜耗
40. [单选题] 某三相变压器变比为 10/0.4kV，取基准容量 $S_B = 100MVA$，基准电压 $U_B = 10kV$，归算到高压侧每相电抗为 10Ω，则其标幺值为（　　）。
    A. 0.1　　　　　B. 1　　　　　C. 10　　　　　D. 100
41. [单选题] 三相变压器平衡方程为（　　）。
    A. 一、二次磁动势的代数和等于合成磁动势
    B. 一、二次磁动势的时间相量和等于合成磁动势
    C. 一、二次磁动势的代数差等于合成磁动势
    D. 一、二次磁动势的空间矢量和等于合成磁动势
42. [单选题] 升压变压器一次绕组的每匝电动势（　　）二次绕组的每匝电动势。
    A. 等于　　　　　B. 大于　　　　C. 小于　　　　D. 不能确定
43. [单选题] 三相变压器二次额定电压是指一次侧加额定电压时二次侧的（　　）。
    A. 空载线电压　　　　　　　　B. 空载相电压
    C. 额定负载时的线电压　　　　D. 额定负载时的相电压
44. [单选题] 单相变压器通入正弦励磁电流，二次侧的空载电压波形为（　　）。
    A. 正弦波　　　　B. 尖顶波　　　C. 平顶波　　　D. 三角波
45. [单选题] 联结组标号不同的变压器不能并联运行是因为（　　）。
    A. 电压变化率太大　　　　　　B. 空载环流太大
    C. 负载时励磁电流太大　　　　D. 不同联结组标号的变压器变比不同
46. [单选题] 三相变压器不宜采用 Yy 联结组，主要是为了避免（　　）。
    A. 线电动势波形发生畸变　　　B. 相电动势波形发生畸变
    C. 损耗增大　　　　　　　　　D. 有效材料的消耗增大
47. [单选题] 三相变压器带对称负载运行时的端电压等于变压器二次侧的空载电压，则该负载一定是（　　）。
    A. 纯电阻负载　　B. 电感性负载　　C. 电容性负载　　D. 无法确定
48. [单选题] 三相变压器额定电压为 220/110V，绕组联结组标号为 Yy0，在高压侧进行短路试验测得短路阻抗标幺值为 0.06。若在低压侧进行短路试验，测得短路阻抗标幺值为（　　）。
    A. 0.06　　　　　B. 0.03　　　　C. 0.12　　　　D. 0.24
49. [判断题] 变压器负载运行时，用以建立主磁通的励磁磁动势是一次绕组产生的磁动势。（　　）
    A. 正确　　　　　B. 错误

50. [判断题] 考虑磁路饱和时,如果变压器主磁通为正弦波,则产生主磁通的励磁电流也是正弦波。(   )

A. 正确　　　　　　B. 错误

51. [判断题] 变压器负载时的主磁通比空载时的主磁通大。(   )

A. 正确　　　　　　B. 错误

【参考答案与解析】

1. A　2. A　3. B　4. C

5. B。[解析] 正方向的规定会影响到方程式中相关物理量的正负号,但不会改变物理规律。

6. B。[解析] 不变损耗等于可变损耗(铁耗等于铜耗)时,变压器的运行效率最大。电力变压器常年挂在电网上运行,负荷变化比较大,为了全年运行的经济性,一般最大效率不会设计在额定负载点。

7. B　8. C　9. A　10. B　11. C　12. A　13. D

14. C。[解析] 三相变压器的电压比或者电流比,均为线电压或者线电流之比。因为 Dyn11 联结方式,所以高低压侧的相电压之比为 $10000/(400/\sqrt{3}) = 43.3$。根据功率平衡方程,相电流之比为相电压之比的倒数,即高压侧相电流/低压侧相电流 = 1/43.3,已知低压侧的相电流为 808.3A,则高压侧的相电流为 $808.3A/43.3 = 18.68A$。

15. A　16. C

17. C。[解析] 磁通近似与电压、频率的比值(压频比)成正比。频率降低,压频比变大,则磁通增加。

18. B。[解析] 为了能够让电压的波形呈现正弦波,励磁电流中必须含有三次谐波。一、二次绕组接法必须至少有一侧接成三角形接法或带中性线的星形接法。

19. C　20. B

21. AB。[解析] 大型变压器在短时过电压或频率降低时,励磁电流会激增,磁通密度增加,使变压器的铁心饱和、发热,甚至烧损。

22. D

23. D。[解析] 变压器工作时磁路略饱和,电压为正弦波时,励磁电流为尖顶波。反之如果励磁电流为正弦波,则电压的波形为平顶波,就包含了以三次谐波为主的谐波分量。主磁通或相电动势波形是否为正弦,取决于励磁电流中是否存在三次谐波电流。Y 接法三相绕组不能流过三次谐波电流,因此 Yy 接法的组式变压器主磁通、相电动势为非正弦,但 Yy 联结的心式变压器由于主磁通三次谐波经过油箱壁闭合,大大削弱,主磁通或相电动势波形接近正弦。Yd 或 Dy 联结的三相变压器,总有一侧绕组接成三角形,三次谐波电流能通过,因此主磁通或相电动势波形为正弦。容量大于 1600kVA 的变压器,总有一方接成三角形,就是为了获得正弦磁通与电动势。

24. B　25. B　26. B　27. B　28. C　29. BC

30. B。[解析] 空载时的等效电路相当于阻抗角很大的感性负载电路。

31. C　32. C　33. A　34. A　35. AC　36. B　37. ABC　38. A　39. ABCD　40. C　41. B

42. A。[解析] 一、二次侧每一匝匝链的磁通为同一个磁通,根据法拉第电磁感应定律，一、二次侧每匝电动势也一样。

43．A 44．C 45．B 46．B 47．C 48．A 49．B 50．B 51．B

第十四单元 同步电机的结构、原理及运行特性

一、主要知识点

（一）同步电机的基本结构

1．同步电机的特点

转子的转速与旋转磁场同步（即转速与频率有固定不变的关系：$n=60f/p$）。一般用作发电机使用。

2．同步电机分类

按照旋转部件：旋转电枢式——三相电枢绕组安装在转子上；旋转磁极式——磁极安装在转子上。

按照转子结构形式：凸极同步电机——转子有明显可见的凸出的磁极；隐极同步电机——转子的磁极不明显。如图1-144所示。

按照配备的原动机不同：汽轮发电机——与高速的汽轮机相配套；水轮发电机——与低速的水轮机相配套。

按照转轴与安装面的形式：立式——转轴与安装面相垂直；卧式——转轴与安装面相平行。

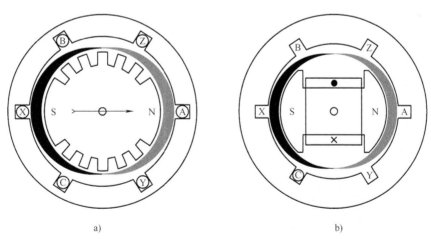

图1-144 同步发电机的结构
a）旋转磁极式隐极同步电机 b）旋转磁极式凸极同步电机

3．隐极同步发电机的基本结构特点

隐极同步发电机的典型代表是汽轮同步发电机和旋转磁极式隐极同步发电机。汽轮同步发电机以汽轮机为原动机，转速一般为3000r/min（50Hz）。二者均为卧式结构，发电机机身比较细长，转子和中部通风困难。转子的磁极不明显，一般为2极，同步转速3000r/min。定子冲片用0.35mm或0.50mm的冷轧无取向硅钢片。转子铁心要有高导磁性能和高机械强

度。铁心一般采用铬镍钼合金钢锻制而成。转子槽采用非磁性的高强度合金槽楔,如硬质铝合金。转子金属性槽楔相当于阻尼绕组。单机容量最大超过1000MW。

4. 凸极同步发电机的基本结构特点

凸极同步发电机的典型代表是水轮同步发电机和旋转磁极式凸极同步发电机。水轮同步发电机以水轮机为原动机,水轮机转速低。有立式和卧式结构,发电机的机身扁平(定子铁心外径与长度比可达5~7)。转子有明显可见的凸出的磁极,磁极数目多,可多达数十个。转子磁极极靴(磁极顶部)一般安装有阻尼绕组。

(二) 同步电机的运行状态

区分运行状态的特征物理量是功率角。

功率角 δ:转子主极磁场超前于定子合成磁场的夹角。规定主极磁场超前时角度为正。

发电机运行:功率角 $\delta > 0$,原动机输入机械功率,电磁转矩为制动性质。

电动机运行:功率角 $\delta < 0$,拖动机械负载,电磁转矩为驱动性质。

补偿机(调相机)运行:功率角 $\delta = 0$,不输入或输出有功功率,只进行无功功率的调节。一般用来调节电网的功率因数,因此又称调相机("调相"即调节相位)。

(三) 同步电机的励磁方式

给励磁绕组提供直流电的方式称为同步电机的励磁方式。

1. 直流励磁机励磁

它是典型励磁方式。系统中的直流励磁机多采用他励或永磁励磁方式的直流发电机,且与同步发电机同轴旋转,输出的直流电流经电刷、集电环输入同步发电机转子励磁绕组。

2. 交流励磁机励磁

同轴旋转的(旋转磁极式的)交流励磁机的输出电流经静止整流器整流后供给发电机励磁绕组。与典型的直流励磁相比,其主要区别是变直流励磁机为交流励磁机,从而解决了换向火花问题。又称整流器静止式交流整流励磁系统。

3. 无刷励磁系统

如果把交流励磁机做成转枢式同步发电机,并将整流器固定在转轴上一道旋转,就可以将整流输出直接供给发电机的励磁绕组,则不需要电刷和集电环,构成整流器旋转的无触点(或称无刷)交流整流励磁系统,简称无刷励磁系统。

(四) 同步电机的额定值

额定电压 U_N:额定运行时定子线电压的有效值。

额定电流 I_N:额定运行时定子线电流的有效值。

额定功率因数 $\cos\varphi_N$:额定运行时电机的功率因数。

额定功率 P_N:额定运行时电机的输出功率。同步发电机指从定子绕组端输出的有功电功率;同步电动机指转子轴上输出的机械功率。

额定频率 f_N:额定运行时电枢电流的频率。

额定转速 n_N:额定运行时电机的转速,单位为 r/min。

额定效率 η_N:额定运行时电机输出功率与输入功率之比。

(五) 空载运行

用原动机把同步发电机拖动到同步转速，加入额定励磁电流，电枢绕组开路或电流等于零时的运行状态，称为同步发电机的空载运行。

空载运行时，同步电机内仅有由励磁电流所建立的主极磁通。主极磁通分成主磁通和主极漏磁通。主磁通与定转子绕组相交链，经过转子磁极、转子轭部、气隙、定子齿和定子轭部。主极漏磁通不穿过气隙，只与转子励磁绕组相交链，经过转子磁极和转子磁极周围的气隙。

当转子以同步转速旋转时，主磁场将在气隙中形成一个旋转磁场，在定子绕组内感应出对称三相电动势（称为空载电动势，也称励磁电动势）。忽略高次谐波时，空载电动势（相电动势）的有效值为

$$E_0 = 4.44 f N_1 k_{w1} \Phi_0 \tag{1-99}$$

式中，Φ_0 为每极的主磁通量。

空载电动势滞后于主磁通 $90°$ 电角度。

空载时发电机的端电压与励磁电流之间的关系曲线即为空载特性曲线，它本质上是一条磁化曲线。

(六) 负载运行

原动机拖动到同步转速，加入额定的励磁电流，接上三相对称负载，三相电枢绕组中将流过三相对称电流，电枢磁动势将产生电枢磁场，其基波为以同步速度旋转的磁动势和磁场，与转子主极磁场保持相对静止。同步电机负载运行时，气隙内的合成磁场是由主极磁动势和电枢磁动势共同作用产生的。

1. 电枢反应

负载时定子电枢绕组电流产生的磁场对主极磁场的影响称为电枢反应。电枢反应分为直轴电枢反应和交轴电枢反应。直轴电枢反应使得主极磁通增强或减弱；交轴电枢反应使得主机磁场波形发生畸变，考虑到磁路饱和，交轴电枢反应还使得每极磁通量变小。交轴电枢反应是机电能量转换的必要条件。

(1) 当同步发电机带较大容性负载时，直轴电枢反应磁场与主磁场方向相同，对主场起到增磁作用。

(2) 当同步发电机带感性负载时，直轴电枢反应磁场与主磁场方向相反，对主磁场起到去磁作用。

(3) 当同步发电机带电阻性负载时，直轴电枢反应磁场与主磁场方向相反，对主磁场起到去磁作用。

2. 时空统一矢量图

将表示随时间呈现正弦规律变化的物理量的相量图和表示与空间方向位置有关的矢量图画在一起而形成的时间矢量和空间矢量图的简称。一般将 A 相绕组的相轴与 A 相电流的时轴相重合。在时空统一矢量图上，电机的合成磁场方向就与 A 相绕组的电流相位方向相重合。

3. 内功率因数角 ψ_0

它是定子电枢绕组中的感应电动势 $\dot{E}_0$ 超前于电枢电流 $\dot{I}$ 的角度，是同步电机中的基本变量之一。内功率因数角的正负和大小决定了电枢反应的性质和大小。

4. 电枢反应的主要结论

（1）主极磁通 $\dot{\Phi}_0$ 超前于感应电动势 $\dot{E}_1$ 90°电角度，电枢反应磁场 $\dot{\Phi}_a$（电枢反应磁动势 F_a）与电枢电流相量 $\dot{I}$ 同相位。

（2）$\dot{I}$ 和 $\dot{E}_0$ 同相位时的电枢反应：主极磁通与电枢反应磁场垂直，且主极磁场超前电枢反应磁场90°电角度，电枢反应为纯交轴电枢反应，无直轴电枢反应。

（3）$\dot{I}$ 和 $\dot{E}_0$ 不同相位时的电枢反应：一般情况下既有直轴电枢反应又有交轴电枢反应。

（七）隐极同步发电机的电压方程、相量图和等效电路

隐极同步发电机的气隙均匀，气隙圆周上各点对应的磁阻相同。不饱和时，可以利用线性叠加原理进行分析。电枢绕组中的励磁磁动势和电枢反应磁动势叠加形成了气隙磁动势。

励磁磁动势 F_f 和电枢反应磁动势 F_a 都会在电枢绕组中产生对应的磁通，即主磁通 $\dot{\Phi}_0$ 和电枢反应磁通 $\dot{\Phi}_a$；主磁通 $\dot{\Phi}_0$ 和电枢反应磁通 $\dot{\Phi}_a$ 与电枢绕组相交链，都会在其中产生电动势，即空载电动势 $\dot{E}_0$ 和电枢反应电动势 $\dot{E}_a$。

电枢绕组相当于电源，对外供电。电枢绕组中的合成电动势减去漏阻抗压降后，即为发电机输出的电压，电磁关系及电压方程式如下：

$$\left.\begin{array}{l} I_f \to F_f \to F_{f1} \to \dot{\Phi}_0 \to \dot{E}_0 \\ \dot{I}_{(a)} \to F_a \to \dot{\Phi}_a \to \dot{E}_a \end{array}\right\} \to \dot{E}_\delta(\dot{E}) = \dot{E}_0 + \dot{E}_a = \dot{U} + \dot{I}(R_a + jX_\sigma)$$

1. 电枢反应电抗

$$\dot{I}_a \xrightarrow{1} F_a \xrightarrow{2} \dot{B}_a \xrightarrow{3} \dot{\Phi}_a \xrightarrow{4} \dot{E}_a$$

同步电机的同步电抗是电枢反应的产物，其大小等于电枢电流引起的电枢反应电动势与电枢电流之比；相位关系为电动势滞后于电流90°。

$$\dot{E}_a = -j\dot{I}X_a \tag{1-100}$$

采用发电机惯例，以输出电流作为电枢电流的正方向时，可得隐极同步发电机的电压方程

$$\begin{aligned} \dot{E}_0 &= \dot{U} + \dot{I}(R_a + jX_\sigma) + j\dot{I}X_a \\ &= \dot{U} + \dot{I}[R_a + j(X_a + X_\sigma)] \\ &= \dot{U} + \dot{I}(R_a + jX_s) = \dot{U} + \dot{I}Z_s \end{aligned} \tag{1-101}$$

2. 同步电抗

同步电抗等于电枢反应电抗 X_a 与漏电抗 X_σ 之和。它是对称稳态运行时表征电枢反应和电枢漏磁这两个效应的一个综合参数。

3. 等效电路

等效电路如图1-145所示。

4. 相量图

相量图如图 1-146 所示。

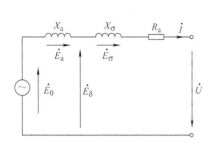

图 1-145 隐极同步发电机的等效电路图

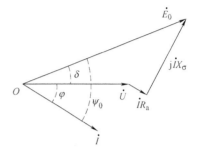

图 1-146 隐极同步发电机的相量图

5. 考虑磁饱和

因为磁路饱和，气隙合成磁通就不能用各磁动势引起的磁通进行直接的相加（不满足叠加原理）。必须要先求出合成磁动势，然后再求合成磁动势产生的感应电动势。电磁关系如下：

$$\begin{matrix} I_f \to \pmb{F}_f \to \pmb{F}_{f1} \searrow \\ \dot{I}_{(a)} \to \pmb{F}_a \nearrow \end{matrix} \pmb{F}_{\delta 1} \to \dot{\pmb{\Phi}}_\delta \to \dot{E} = \dot{U} + \dot{I}(R_a + jX_\sigma)$$

考虑到磁饱和时漏磁通增大，在计算气隙电动势时，通常用波梯电抗 X_p 去代替定子漏抗 X_σ（$X_p > X_\sigma$）

$$\dot{E} = \dot{U} + \dot{I}(R_a + jX_p) \tag{1-102}$$

（八）凸极同步发电机的电压方程、等效电路和相量图

凸极同步机的气隙不均匀。电枢反应磁动势和转子的相对位置不同，电枢反应磁动势经过的磁路磁阻（磁导）也不同。因此，同一电枢磁动势作用在不同位置时电枢反应是不一样的。凸极同步机的电枢反应磁动势与磁通以及电枢反应电动势的大小相位不能像隐极同步发电机一样有唯一对应的关系，而是取决于电枢反应磁动势与转子的相对位置。

1. 双反应理论

考虑到凸极电机气隙的不均匀性，把电枢反应分成直轴和交轴电枢反应（直轴、交轴有恒定的磁阻）分别来处理，然后将作用的结果叠加的方法，就称为双反应理论。

2. 不考虑饱和时的凸极同步发电机电压方程

不考虑饱和时的凸极同步发电机的电磁关系如图 1-147 所示。

电枢反应感应电动势可以用相应的负电抗压降来表示：$\dot{E}_{ad} = -j\dot{I}_d X_{ad}$，$\dot{E}_{aq} =$

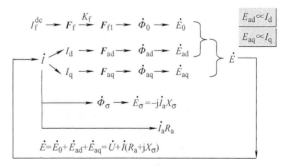

图 1-147 凸极同步发电机的电磁关系

$-\mathrm{j}\dot{I}_\mathrm{q}X_\mathrm{aq}$。并由此得到：

$$\dot{E} = \dot{E}_0 + \dot{E}_\mathrm{ad} + \dot{E}_\mathrm{aq} = \dot{U} + \dot{I}(R_\mathrm{a} + \mathrm{j}X_\sigma), \quad \dot{E}_\mathrm{ad} = -\mathrm{j}\dot{I}_\mathrm{d}X_\mathrm{ad}, \quad \dot{E}_\mathrm{aq} = -\mathrm{j}\dot{I}_\mathrm{q}X_\mathrm{aq}$$
$$\dot{E}_0 = \dot{U} + \dot{I}R_\mathrm{a} + \mathrm{j}\dot{I}_\mathrm{d}(X_\sigma + X_\mathrm{ad}) + \mathrm{j}\dot{I}_\mathrm{q}(X_\sigma + X_\mathrm{aq}) = \dot{U} + \dot{I}R_\mathrm{a} + \mathrm{j}\dot{I}_\mathrm{d}X_\mathrm{d} + \mathrm{j}\dot{I}_\mathrm{q}X_\mathrm{q} \tag{1-103}$$

3. 电压方程

$$\dot{E}_0 = \dot{U} + \dot{I}R_\mathrm{a} + \mathrm{j}\dot{I}_\mathrm{d}X_\mathrm{d} + \mathrm{j}\dot{I}_\mathrm{q}X_\mathrm{q} \tag{1-104}$$

凸极同步发电机的直轴电枢反应电抗、交轴电枢反应电抗体现了感应电动势与对应的电流之间的大小与相位关系，与气隙长度、绕组匝数等有关，$X \propto N^2 \Lambda$，$X_\mathrm{ad} > X_\mathrm{aq}$。

直轴同步电抗、交轴同步电抗是表征对称稳态运行时电枢漏磁和直轴或交轴电枢反应的一个综合参数，$X_\mathrm{d} = X_\sigma + X_\mathrm{ad}$，$X_\mathrm{q} = X_\sigma + X_\mathrm{aq}$，$X_\mathrm{d} > X_\mathrm{q}$。

4. 虚拟电动势 E_q 和相量图

要画出凸极同步发电机的相量图，必须把电枢电流分解为直轴和交轴两个分量。为此，需要首先确定内功率因数角 ψ_0。

引入虚拟电动势 $\dot{E}_\mathrm{Q}$，使 $\dot{E}_\mathrm{Q} = \dot{E}_0 - \mathrm{j}\dot{I}_\mathrm{d}(X_\mathrm{d} - X_\mathrm{q})$，可得

$$\dot{E}_\mathrm{Q} = (\dot{U} + \dot{I}R_\mathrm{a} + \mathrm{j}\dot{I}_\mathrm{d}X_\mathrm{d} + \mathrm{j}\dot{I}_\mathrm{q}X_\mathrm{q}) - \mathrm{j}\dot{I}_\mathrm{d}(X_\mathrm{d} - X_\mathrm{q}) = \dot{U} + \dot{I}X_\mathrm{d} + \mathrm{j}\dot{I}X_\mathrm{q} \tag{1-105}$$

$\dot{E}_\mathrm{Q}$ 与 $\dot{E}_0$ 同相位。凸极同步发电机相量图如图 1-148 所示。

其中，内功率因数角 ψ_0 为

$$\psi_0 = \arctan\frac{U\sin\varphi + IX_\mathrm{q}}{U\cos\varphi + IR_\mathrm{a}} \tag{1-106}$$

引入虚拟电动势后，由式 (1-103) 可得凸极同步发电机的等效电路，如图 1-149 所示。这就是"凸极机隐极化"。

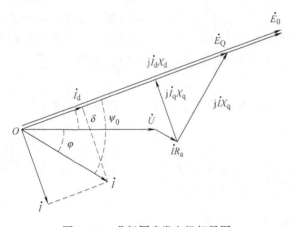

图 1-148 凸极同步发电机相量图

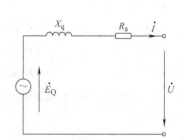

图 1-149 凸极同步发电机等效电路

5. 考虑磁饱和

考虑磁饱和时，叠加原理不再适用，此时气隙的合成磁场将取决于主极和电枢两者的合成磁动势。

（九）同步发电机的功率方程和转矩方程

1. 功率方程

$$P_1 = P_\Omega + p_{Fe} + P_{em}, P_{em} = p_{Cu} + P_2 \tag{1-107}$$

式中，P_1 为输入机械功率；P_Ω 为机械损耗功率；p_{Fe} 为定子铁耗；P_{em} 为电磁功率；p_{Cu} 为电枢铜耗；P_2 为发电机输出电功率。

用感应电动势和电枢电流表示的电磁功率为

$$\begin{aligned} P_{em} &= p_{cu} + P_2 = 3I^2 R_a + 3UI\cos\varphi = 3I(IR_a + U\cos\varphi) \\ &= 3EI\cos\psi = 3E_0 I\cos\psi_0 = 3E_0 I_q = 3E_0 \frac{U}{X_s}\sin\delta \end{aligned} \tag{1-108}$$

上式表明，要进行能量转换，电枢电流中就必须有交轴分量。在一定的范围内（功率角 $\delta = 0° \sim 90°$），δ 越大，功率越大。

2. 转矩方程

把功率方程式(1-105)除以同步机械角速度 Ω_s，可得转矩方程

$$T_1 = T_0 + T_e \tag{1-109}$$

式中，T_1 为原动机的驱动转矩；T_e 为电磁转矩；T_0 为发电机的空载转矩

$$T_0 = (P_\Omega + p_{Fe})/\Omega \tag{1-110}$$

（十）同步发电机的稳态运行特性

1. 空载特性

空载特性是指在同步转速下，电枢电流为 0 时，电枢空载端电压与励磁电流的关系曲线，即 $U_0 = f(I_f)$，如图 1-150 所示。

电压调整率为

$$\Delta U = \frac{E_0 - U_N}{U_N} \times 100\% \tag{1-111}$$

为防止故障切除时导致电压剧烈上升击穿绝缘，按国家标准规定 $\Delta U < 50\%$。

2. 短路特性

短路特性可由三相稳态短路试验测出。将同步电机的电枢端点三相短路，保持 $n = n_N$，然后调节发电机励磁电流 I_f，使电枢电流 I 从 0 增加到 $1.2I_N$ 左右，便可得到短路特性 $I_k = f(I_f)$，如图 1-151 所示。

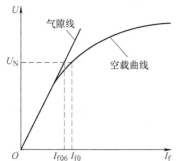

图 1-150　同步发电机的空载特性曲线

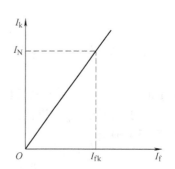

图 1-151　同步发电机的短路特性曲线

短路比：产生空载电压为额定电压的励磁电流与产生短路电流为电枢额定电流所需的励磁电流之比。

短路比越小，负载变化时发电机的电压变化率越大，并联运行时发电机的稳定度较差，但电机造价较低。增大气隙可减小 X_d，使短路比增大，电机性能变好，但励磁电动势和转子用铜量增大，造价增大。随着单机容量的增长，为提高材料利用率，希望短路比有所降低。

3. 负载特性

负载特性是在 $n = n_N$，电枢电流和 $\cos\varphi$ 均为某一常值时，发电机端电压与励磁电流之间的关系曲线 $U = f(I_f)$。其中以零功率因数（纯电感）负载特性最有实用价值。

4. 外特性

外特性是发电机的转速为同步转速，励磁电流和负载功率因数保持不变时，发电机的端电压（相电压）与电枢电流的关系，如图 1-152 所示。

在感性负载或纯电阻负载（$\cos\varphi = 1$）时，由于电枢反应去磁作用和定子漏抗压降影响，外特性是下降的。

在容性负载且内功率因数角 $\psi_0 < 0$ 时，由于电枢反应起助磁作用及容性电流的漏抗压降使端电压上升，所以外特性是上升的。

一般地，我们把单位功率因数时的励磁状态称为正常励磁。

显然，在感性负载下，为了保持端电压不变，必须适当地增加励磁电流。此时为过励状态。

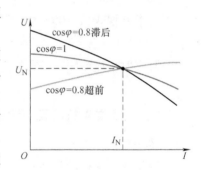

图 1-152 同步发电机的外特性

在容性负载，端电压上升的情况下，为了保持端电压不变，必须适当地减小励磁电流。此时为欠励状态。

5. 调整（调节）特性

调整特性表示发电机的转速为同步转速，端电压为额定电压，负载的功率因数不变，单机运行时，励磁电流与负载电流之间的关系，如图 1-153 所示。

感性负载时，随负载增大，需增加励磁以抵消电枢反应的去磁作用；容性负载时，随负载增大，需减小励磁以平衡电枢反应的助磁影响。刚好与外特性相反。

6. 效率特性

效率特性是指转速为同步转速，端电压为额定电压，功率因数为额定功率因数时，发电机的效率与输出功率的关系。

同步电机的基本损耗包括电枢的基本铁耗 p_{Fe}、电枢基本铜耗 p_{Cu}、励磁损耗 p_{Cuf} 和机械损耗 p_Ω。总损耗 $\sum p$ 求出后，效率即可确定

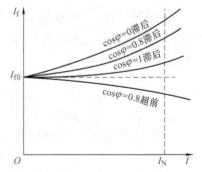

图 1-153 同步发电机的调整特性

$$\eta = \left(1 - \frac{\sum p}{P_2 + \sum p}\right) \times 100\% \tag{1-112}$$

现代空气冷却的大型水轮发电机,额定效率大致在 95%~98.5%。空冷汽轮发电机的额定效率大致在 94%~97.8%。氢冷时,额定效率约可增高 0.8%。

(十一) 同步电抗的测定

1. 通过空载特性、短路特性测定同步电抗

同步电机电枢端三相短路时,端电压为 0,短路电流仅受电机本身阻抗的限制。通常电枢电阻远小于同步电抗,因此短路电流可认为是纯感性,电枢磁动势接近于纯去磁性的直轴磁动势,因而电机的磁路处于不饱和状态(即同步电抗值恒定不变),故短路特性是一条直线。

$$X_d = E_0/I \tag{1-113}$$

2. 用转差法测定同步电抗

将被试同步电机由原动机拖到接近同步转速,励磁绕组开路,再在定子绕组上施加 (2%~5%) U_N 的三相对称低电压,外施电压的相序必须使定子旋转磁场的转向与转子转向一致。调节原动机的转速,使被试同步电机的转差率小于 0.5%,但不被牵入同步,这时定子旋转磁场与转子之间保持一个低速的相对运动,使定子旋转磁场的轴线不断交替地与转子的直轴和交轴重合。定子旋转磁场的轴线与转子直轴、交轴重合时,定子所表现出来的电抗分别为直轴电抗和交轴电抗。

与直轴重合时,有 $\dot{I}_d = \dot{I}$,$\dot{I}_q = 0$,电枢电抗达到最大值 X_d,故定子电流为最小值 I_{min},定子端电压为最大值 U_{max},亦即有

$$X_d = U_{max}/I_{min} \tag{1-114}$$

同理,可推导出

$$X_q = U_{min}/I_{max} \tag{1-115}$$

(十二) 同步发电机与电网的并联运行

1. 投入并联的条件

为避免发生电磁冲击和机械冲击,总体要求就是发电机端各相电动势的瞬时值要与电网端对应相电压的瞬时值完全一致。具体要求:波形、频率、幅值、相位、相序相同。

2. 投入并联的方法

(1) 准确同步法。

将发电机调整到完全符合并联条件后的合闸并网操作过程称为准确同步法。调整过程中,常用同步指示器来判断条件的满足情况。

准确同步法投入瞬间电网和电机没有冲击,缺点是整步过程复杂。

(2) 自同步法。

先将发电机励磁绕组经限流电阻短路,当发电机转速接近同步转速(差值小于 2%)时,合上并网开关,并立即加入励磁,最后利用自整步作用实现同步。

自同步法的优点是操作简便,不需要添加复杂设备。缺点是合闸及投入励磁时均有较大的电流冲击。

(十三) 同步发电机的功角特性

1. 功率角 δ 的物理含义

同步发电机空载电动势相量 ($\dot{E}_0$) 与电枢端电压相量 ($\dot{U}$) 之间的夹角称为功率角（简称功角）。它也是定子合成磁场轴线与转子磁场轴线之间的夹角。如图 1-154 所示。

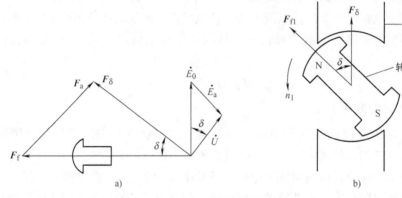

图 1-154 功率角的物理意义
a) 时间相量图和空间矢量图 b) 主极磁场和定子合成磁场的夹角

2. 功角特性方程及曲线

隐极同步发电机：

$$P_{em} = \frac{3E_0 U}{X_s}\sin\delta \tag{1-116}$$

凸极同步发电机：

$$P_{em} = \frac{3E_Q U}{X_s}\sin\delta = \frac{3E_0 U}{X_s}\sin\delta + \frac{3U^2}{2}\left(\frac{1}{X_q} - \frac{1}{X_d}\right)\sin2\delta \tag{1-117}$$

凸极同步发电机的电磁功率包括两个部分：基本功率和磁阻功率。当直轴和交轴同步电抗不相等时，就有磁阻功率，也就有了磁阻转矩。因此在凸极同步发电机失去励磁时，可以作为凸极磁阻电动机运行。

功角特性曲线如图 1-155 所示。

关于同步发电机功角特性可参考本书 2.9 单元。

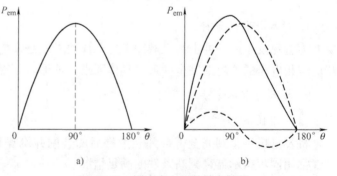

图 1-155 同步发电机的功角特性
a) 隐极电机 b) 凸极电机

(十四) 同步电动机与同步补偿机

1. 同步电动机

大功率同步电动机与同容量的感应电动机相比，同步电动机的功率因数高，在运行时，不仅不会使电网的功率因数降低,而且能够改善电网的功率因数。

同步电动机一般都做成凸极式,为了能够自起动,在转子磁极的极靴上装起动绕组。

同步电动机不带机械负载运行时,可以作为同步补偿机使用,它可以改善电网的功率因数,调整电网的电压。与感应电动机相比,同步电动机具有转子转速与负载大小无关而始终保持为同步转速,且功率因数可以调节的特点。因此在恒速负载及需要改善功率因数的场合,常常优先选用同步电动机。

当同步电动机输出有功功率恒定而改变其励磁电流时,其无功功率也是可以调节的。其原理是调节励磁电流的大小可以调节无功功率的大小和性质。过励时,功率因数超前,同步电动机发出感性无功功率;欠励时,功率因数滞后,同步电动机吸收感性无功功率。

2. 同步补偿机（调相机）

同步补偿机实为不带机械负载的同步电动机,它利用同步电动机改变励磁可以调节功率因数的原理并联运行于电网上。因为同步补偿机吸收的有功功率仅供给电机本身的损耗,因此它总是在接近于零电磁功率和零功率因数的情况下运行。

电力系统在大多数情况下呈感性,故补偿机（调相机）通常都是在过励状态下运行,作为无功功率电源,提供感性无功,改善电网功率因数,保持电网电压稳定。

二、模拟测试题

1. ［判断题］静止整流器励磁系统中的交流励磁机通常是旋转磁极式同步发电机。（　　）

　　A. 正确　　　　　　B. 错误

2. ［单选题］同步电机定子旋转磁场的特点是（　　）。

　　A. 磁极数和转速与转子相同,但转向可不同

　　B. 磁极数和转向与转子相同,但转速可不同

　　C. 转速和转向与转子相同,但磁极对数不同

　　D. 转速和转向与转子相同,且磁极对数相同

3. ［判断题］在分析同步发电机时,可以将隐极同步发电机当成是一种特殊的凸极同步发电机。（　　）

　　A. 正确　　　　　　B. 错误

4. ［单选题］容性负载的电枢反应将使同步发电机气隙合成磁场强度（　　）。

　　A. 减小　　　B. 增大　　　C. 不变　　　D. 不能确定

5. ［单选题］当同步发电机运行时,若汽轮机主汽门关闭,则发电机（　　）。

　　A. 停止转动

　　B. 继续输出有功和无功功率

　　C. 从系统吸收少量有功功率,继续向系统输送无功功率

　　D. 无法判断

6. ［单选题］某同步发电机额定运行时励磁电流为100A,若将励磁电流调节到大于100A,则发电机处于（　　）运行状态。

　　A. 过励　　　B. 欠励　　　C. 电动机　　　D. 不能确定

7. [单选题] 同步发电机的额定功率指（   ）。
   A. 转轴上输入的机械功率   B. 转轴上输出的机械功率
   C. 电枢端口输入的电功率   D. 电枢端口输出的电功率
8. [判断题] 同步电机电枢反应电抗为每相励磁电抗的 1.5 倍。（   ）
   A. 正确   B. 错误
9. [单选题] 同步电机的感应电动势相量（   ）。
   A. 超前定子合成磁通 90°   B. 与定子合成磁通同相位
   C. 与定子合成磁通反相位   D. 滞后定子合成磁通 90°
10. [单选题] 同步电动机的转速取决于（   ）。
    A. 励磁电流   B. 供电电压   C. 电源频率   D. 电源电压和频率
11. [判断题] 内功率因数角是同步电机中的基本变量之一，它的正负和大小决定了电枢反应的性质和大小。（   ）
    A. 正确   B. 错误
12. [单选题] 同步发电机负载运行时（   ）。
    A. 空载感应电动势超前于端电压，角度大小为功率角
    B. 空载感应电动势滞后于端电压，角度大小为功率角
    C. 空载感应电动势与端电压同相位
    D. 空载感应电动势与端电压反相位
13. [判断题] 凸极同步电机的直轴电枢反应电抗大于交轴电枢反应电抗。（   ）
    A. 正确   B. 错误
14. [单选题] 利用同步发电机的空载特性曲线和零功率因数负载特性曲线，可以得出（   ）。
    A. 同步电抗   B. 漏电抗
    C. 电枢反应等效的励磁电流 D. 漏电抗和电枢反应等效的励磁电流
15. [判断题] 同步发电机的稳态短路电流很大。（   ）
    A. 正确   B. 错误
16. [单选题] 隐极式同步发电机的最大输出功率为（   ）。
    A. 端电压与空载感应电动势的乘积除以同步电抗
    B. 端电压的二次方除以同步电抗
    C. 空载感应电动势的二次方除以同步电抗
    D. 同步电抗除以端电压与空载感应电动势的乘积
17. [单选题] 对于凸极机，X_d（   ）X_q。
    A. 大于   B. 小于   C. 等于   D. 不能确定
18. [单选题] 一台隐极同步发电机在额定电压和额定电流且零功率因数（超前）下运行，同步电抗的标幺值为 0.5，则空载感应电动势标幺值为（   ）。
    A. 2.0   B. 1.5   C. 1.0   D. 0.5
19. [单选题] 凸极同步发电机三相对称短路（忽略电枢电阻），则短路电流（   ）。
    A. 只含有交轴分量   B. 只含有直轴分量
    C. 包含直轴和交轴分量   D. 不区分直轴和交轴

20. ［单选题］同步发电机稳态运行时，若所带负载为感性，则其电枢反应的性质为（　　）。
 A. 交轴电枢反应 B. 直轴去磁电枢反应
 C. 直轴去磁与交轴电枢反应 D. 直轴增磁与交轴电枢反应

21. ［单选题］同步发电机稳定短路电流不是很大的原因是（　　）。
 A. 漏阻抗较大 B. 短路电流产生去磁作用较强
 C. 电枢反应产生增磁作用 D. 同步电抗较大

22. ［单选题］同步补偿机的作用是（　　）。
 A. 补偿电网电力不足 B. 改善电网功率因数
 C. 作为用户的备用电源 D. 作为同步发电机的励磁电源

23. ［判断题］当凸极同步发电机运行时，若励磁绕组突然断线，则输出的电磁功率为零。（　　）
 A. 正确 B. 错误

24. ［判断题］原动机输入功率越大，同步发电机输出电功率也越大。（　　）
 A. 正确 B. 错误

25. ［判断题］同步发电机静态过载能力与短路比成正比，因此短路比越大，静态稳定性越好。（　　）
 A. 正确 B. 错误

26. ［判断题］利用空载特性和短路特性可以测定同步发电机的直轴同步电抗和交轴同步电抗。（　　）
 A. 正确 B. 错误

27. ［判断题］隐极式转子多用于高速发电机，凸极式转子多用于中低速发电机。（　　）
 A. 正确 B. 错误

28. ［单选题］完成电机能量转换的反应是（　　）。
 A. 交轴电枢反应 B. 直轴电枢反应 C. 去磁反映 D. 增磁反应

29. ［单选题］同步发电机电枢绕组一般接成星形而不接成三角形的目的是（　　）。
 A. 减小电枢电流 B. 提高输出电压 C. 减少不变损耗 D. 避免三次谐波环流

30. ［单选题］同步发电机磁极铁心周围槽中嵌入的短路鼠笼条是（　　）绕组。
 A. 阻尼 B. 起动 C. 励磁 D. 电枢

31. ［单选题］同步发电机的空载特性是指在同步转速下，电枢电流为0时，电枢空载端电压与（　　）变化的关系。
 A. 励磁电流 B. 电枢电流 C. 励磁电压 D. 输出电压

32. ［单选题］同步发电机的空载特性实质是同步发电机的（　　）特性曲线。
 A. 外 B. 调节（调整） C. 磁化 D. 机械

33. ［单选题］同步发电机以额定转速运行，当励磁电流为零时，空载电压为（　　）。
 A. 额定电压 B. 剩磁电压 C. 空载电势 D. 零

34. ［单选题］同步发电机的电枢反应是由（　　）引起的。
 A. 电枢电压 B. 电枢电流 C. 励磁电压 D. 励磁电流

35. [单选题] 同步发电机电枢电流与空载电势同相位时的电枢反应是（ ）电枢反应。
　　A. 交轴　　　　　B. 交、直轴　　　C. 直轴去磁　　　D. 直轴增磁

36. [单选题] 同步发电机外特性是转速为同步转速，励磁电流和负载功率因数保持不变时，发电机的（ ）与电枢电流之间的关系。
　　A. 端电压　　　　B. 励磁电流　　　C. 电磁转矩　　　D. 电磁功率

37. [单选题] 当同步发电机为（ ）性负载时，其端电压随着负载电流的增加而增加。
　　A. 电阻　　　　　B. 电容　　　　　C. 电感　　　　　D. 无功

38. [单选题] 同步发电机电压调整率是指同步发电机从额定运行到空载时，（ ）的相对变化率。
　　A. 端电压　　　　B. 励磁电流　　　C. 电磁转矩　　　D. 电磁功率

39. [单选题] 同步发电机电压调整率一般要求小于（ ）%。
　　A. 10　　　　　　B. 30　　　　　　C. 50　　　　　　D. 70

40. [单选题] 凸极式同步电机允许的电压调整率（ ）隐极式同步电机电压调整率。
　　A. 高于　　　　　B. 低于　　　　　C. 等于　　　　　D. 不能确定

41. [单选题] 凸极同步发电机最大功率（极限功率）出现在功率角（ ）处。
　　A. 90°　　　　　B. <90°　　　　　C. >90°　　　　　D. ≥90°

42. [单选题] 同步发电机调节特性是转速为同步转速，端电压为额定电压，负载功率因数不变时，（ ）与负载电流之间的关系。
　　A. 端电压　　　　B. 励磁电流　　　C. 电磁转矩　　　D. 电磁功率

43. [判断题] 同步发电机的功率角是感应电动势与端电压之间的夹角。（ ）
　　A. 正确　　　　　B. 错误

44. [单选题] 同步发电机的额定功率角一般设计在（ ）之间。
　　A. 15°~25°　　　B. 25°~35°　　　C. 35°~45°　　　D. 45°~55°

45. [单选题] 同步发电机接上三相对称负载时，定子电枢磁场是一个（ ）磁场。
　　A. 直流　　　　　B. 脉振　　　　　C. 圆形旋转　　　D. 椭圆形旋转

46. [单选题] 大型汽轮发电机的极对数一般为（ ）。
　　A. 1　　　　　　B. 2　　　　　　C. 3　　　　　　D. 4

47. [单选题] 按照励磁在电机的哪一侧分类，大型同步发电机的结构形式为（ ）。
　　A. 旋转电枢式　　B. 旋转磁极式　　C. 绕线型转子　　D. 笼型转子

48. [单选题] 我国现代大型汽轮机的转速一般为（ ）r/min。
　　A. 1500　　　　　B. 1800　　　　　C. 3000　　　　　D. 3600

49. [判断题] 同步发电机的功率角是定子合成磁场轴线与转子磁场轴线之间的夹角。（ ）
　　A. 正确　　　　　B. 错误

50. [单选题] 对称负载时，同步发电机的电枢反应主要取决于（ ）。
　　A. 电枢端电压的大小　　　　　　　B. 功率因数角

C. 内功率因数角　　　　　　　　　　D. 负载特性

51. [多选题] 下列关于同步发电机功率角的说法中错误的是（　　）。
A. 从空间上看，功率角是主磁极轴线与电枢合成磁场轴线之间的夹角
B. 从时间上看，功率角是励磁电动势（空载电动势）与端电压之间的夹角
C. 功率角越大，发电机输出的电磁功率也越大
D. 功率角是功率因数角的简称

52. [单选题] 同步电机实现机电能量转换的必要条件是（　　）。
A. 有直轴电枢磁势
B. 有交轴电枢磁势
C. 既有直轴电枢磁势，又有交轴电枢磁势
D. 有直轴电枢磁势或交轴电枢磁势

53. [单选题] 三相同步电动机运行在过励状态时，从电网吸收（　　）。
A. 感性电流　　　B. 容性电流　　　C. 纯有功电流　　　D. 无法判断

54. [单选题] 同步发电机带感性负载单机运行，端电压要比相同励磁电流下的空载电压低，这是因为（　　）。
A. 饱和的影响　　　　　　　　　　B. 有电枢反应去磁作用和漏阻抗的存在
C. 功角增大了　　　　　　　　　　D. 有电阻压降

55. [单选题] 已知一台凸极同步发电机的 $I_d = I_q = 10\text{A}$，此时发电机的电枢电流为（　　）A。
A. 10　　　　　B. 20　　　　　C. 14.14　　　　　D. 5

56. [单选题] 一台与无限大电网并联运行的同步发电机，其功率因数是由（　　）决定的。
A. 负载性质　　　　　　　　　　B. 发电机的参数
C. 发电机励磁电流大小　　　　　　D. 发电机电枢电流大小

57. [单选题] 并联于大电网上的同步发电机，当运行于 $\cos\varphi = 1.0$ 的情况下，若逐渐减小励磁电流，则电枢电流（　　）。
A. 逐渐增大　　　　　　　　　　B. 逐渐减小
C. 先增大后减小　　　　　　　　D. 先减小后增大

58. [单选题] 同步发电机短路特性是一条直线的原因是（　　）。
A. 励磁电流较小，磁路不饱和
B. 电枢反应去磁作用使磁路不饱和
C. 同步电机短路时相当于一个电阻为常数的电路
D. 短路电流大使磁路饱和程度提高

59. [单选题] 当同步发电机的电枢电流超前空载电动势运行时，其电枢反应为（　　）。
A. 交轴电枢反应　　　　　　　　B. 直轴增磁
C. 交轴电枢反应兼直轴去磁　　　　D. 交轴电枢反应兼直轴增磁

60. [单选题] 发电机功率因数 $\cos\varphi = 0.8$（滞后）时，发生的电枢反应为（　　）。
A. 交轴和直轴去磁电枢反应　　　　B. 交轴和直轴增磁电枢反应
C. 仅有交轴电枢反应　　　　　　　D. 仅有直轴电枢反应

61. [判断题] 凸极同步电机的直轴同步电抗的饱和值等于短路比的倒数。（　　）
   A. 正确　　　　　　　B. 错误

62. [判断题] 隐极同步发电机的同步电抗是表征对称稳态运行时电枢反应的参数。（　　）
   A. 正确　　　　　　　B. 错误

63. [多选题] 凸极同步电机负载运行时电枢绕组产生的气隙磁动势是由（　　）共同作用而产生的。
   A. 直轴电枢磁动势　　　　　B. 交轴电枢磁动势
   C. 转子主磁极磁动势　　　　D. 阻尼绕组磁动势

64. [多选题] 下列关于电枢反应的说法中正确的是（　　）。
   A. 电枢反应是指同步电机负载运行时定子电枢绕组电流产生的磁场对主极磁场所产生的影响
   B. 直轴电枢反应使得主极磁通增强或减弱
   C. 交轴电枢反应是机电能量转换的必要条件
   D. 当同步电机磁路饱和时，交轴电枢反应会使得每极磁通量变小

65. [单选题] 同步电机中，（　　）与电磁转矩的产生和能量的转换直接相关。
   A. 定子绕组交轴电枢磁动势　　　B. 定子绕组直轴电枢磁动势
   C. 定子绕组产生的磁动势幅值　　D. 定子绕组产生的漏磁通

【参考答案与解析】

1. A　2. D

3. A。[解析] 隐极机可以看成是交直轴磁阻相等的凸极机。

4. B。[解析] 容性负载时，电枢反应中的直轴电枢反应是增磁的。

5. C　6. A　7. D

8. A。[解析] 同步电机每相励磁电抗就是将某相绕组单独抽出，当作一个电抗器使用时的电抗值。同样的相电流，三相合成的定子旋转磁动势（对应于电枢反应电抗）的幅值为每相脉振磁动势（对应于每相励磁电抗）的幅值的1.5倍。对应的磁通、感应电动势也为1.5倍。

9. D　10. C　11. A　12. A

13. A。[解析] 直轴气隙要比交轴气隙短，因此磁导大，对应的电枢反应也大。

14. D

15. B。[解析] 发电机短路时，电枢反应基本上是纯去磁的直轴电枢反应，因此合成磁通很小，对应的感应电动势小。

16. A　17. A

18. D。[解析] 设 $\dot{U}=1\angle0°$，则 $\dot{I}=j1$（超前的零功率因数），则

$$\dot{E}_0 = \dot{U} + j\dot{I}X_s = 1\angle0° + j \times j1 \times 0.5 = 0.5$$

19. B。[解析] 同步发电机无论是凸极的还是隐极的，根据电压方程可以分析得出，在忽略电阻时，在短路情况下短路电流只有直轴分量，而无交轴分量。

20. C 21. B 22. B 23. B

24. B。[解析] 发电机输出的功率不能超过其极限功率,当原动机输入功率太大时,发电机会超速运行,使系统失去稳定性。

25. B。[解析] 短路比小,负载变化时发电机的电压变化较大,并联运行时发电机的稳定度较差,但电机造价较便宜。增大气隙可减小 X_d,使短路比增大,电机性能变好,但励磁电动势和转子用铜量增大,造价增高。随着单机容量的增长,为提高材料利用率,希望短路比有所降低。

26. B 27. A 28. A 29. D 30. A 31. A 32. C 33. B 34. B 35. A 36. A
37. B 38. A

39. C。[解析] 电压调整率是发电机的性能指标之一,按国家标准规定应不大于50%。通常凸极同步发电机在18%~30%,隐极同步发电机在30%~48%。

40. B 41. B 42. B 43. A 44. B 45. C 46. A 47. B 48. C 49. A 50. C
51. CD 52. B 53. B 54. B 55. C 56. A 57. A 58. B 59. D 60. A 61. B

62. B。[解析] 同步电抗等于电枢反应电抗与漏电抗之和,它是对称稳态运行时表征电枢反应和电枢漏磁这两个效应的一个综合参数。

63. ABC 64. ABCD 65. A

第十五单元 异步电机的结构、原理及运行特性

一、主要知识点

(一) 异步电机的基本结构和额定参数

异步电机也叫感应电机,它利用电磁感应原理,将电能转换为机械能。

1. 异步电机的类型

按照容量分为大、中、小型异步电机;按照相数分为单相异步电机、三相异步电机;按照转子的结构型式分为笼型异步电机和绕线型异步电机。

2. 异步电机的基本结构

定子:包括定子铁心、定子绕组和机座。

转子:包括转子铁心、转子绕组和转轴。

定子铁心:一般采用0.5mm厚的硅钢片叠成。在定子铁心内圆均匀地冲制若干个形状相同的槽,用以嵌放定子绕组。

定子绕组:是定子的电路部分。通常应用双层短距绕组,小型电机可应用单层绕组。

机座:主要用于固定和支撑定子铁心,因此要求有足够的机械强度。

笼型转子:表面开槽,槽中放置铜条或者铸铝形成的铝条,两端部用短路端环连接起来,形如鼠笼。

绕线型转子:一般是对称三相绕组,接成星形,出线端接到转轴的集电环上,再通过电刷引出电流。通过集电环电刷接入外部附加电阻,以改善起动性能或调节转速。

气隙：气隙大小对异步电机的性能影响很大，气隙小可以降低空载电流，提高效率。气隙应尽可能小，而又不至于定、转子发生摩擦，气隙一般为 0.2~2.0mm。

3. 三相异步电机的额定参数

额定容量：额定情况下运行时，由轴端输出的机械功率。

额定电压：额定情况下运行时，施加在定子绕组上的线电压。

额定电流：额定电压、额定频率下输出额定功率时，定子的线电流。

对于三相异步电动机，额定功率：

$$P_N = \sqrt{3}U_N I_N \eta_N \cos\varphi_N \tag{1-118}$$

额定频率：在我国为 50Hz，也称为工频。

额定转速 n_N：额定电压、额定频率下输出额定功率时的转子转速，单位为 r/min。

绕组接法：三相异步电动机定子绕组可以接成星形或三角形。

异步电机的型号：由产品系列、机座中心高、机座长短代号、铁心长短代号及极数等组成。如 Y132S1-2 表示 Y 系列异步电机中心高为 132mm，短机座，短铁心，极数为 2。

(二) 三相异步电机的工作原理和运行状态

1. 工作原理

定子三相绕组接到三相电源，将产生基波旋转磁场。旋转磁场的转速称为同步转速 n_s，决定于电网频率 f 和绕组的极对数 p，即

$$n_s = 60f/p \tag{1-119}$$

当三相异步电机的定子绕组接到三相对称电压时，定子绕组中将流过对称的三相电流，而产生基波旋转磁动势。在磁动势作用下，将产生通过气隙的主磁场，主磁场以同步速旋转，并切割转子绕组，使转子绕组内产生三相感应电动势和三相感应电流。气隙磁场与转子感应电流相互作用而产生电磁转矩，起到驱动旋转或制动作用。若转子与旋转磁场无相对切割运行，即转子的转速等于同步速，就不会有电磁感应现象，也不会有转矩产生，因此异步电机必须运行在异步状态下才能正常工作。

转速随负载的变化而变动，用转差率 s 描述转子转速 n 与同步转速 n_s（定子旋转磁场转速）之间的差异程度，即

$$s = \frac{n_s - n}{n_s} n_s = 60f/p \tag{1-120}$$

2. 运行状态

根据转差率的正负、大小，异步电机有电动机、发电机、电磁制动三种运行状态。

电动机状态：当 $0<n<n_s$，$0<s<1$ 时，电磁力的方向与转子旋转方向相同，电磁力矩为驱动转矩，克服负载制动转矩而拖动转子旋转，从轴上输出机械功率。电机从电网吸收有功功率。在电动机状态，转速 n 不可能达到同步转速 n_s。

发电机状态：用原动机拖动，使转速高于旋转磁场的同步转速，即 $n>n_s$，$s<0$，电磁力的方向与转子旋转方向相反，电磁转矩为制动性质。若要保持此状态，必须从原动机输入机械功率，通过电磁感应由定子向电网输出电功率，电机处于发电机状态。

电磁制动状态：由于机械负载或其他外因，转子逆着旋转磁场的方向旋转，即 $n<0$，$s>1$，转子转向与旋转磁场方向相反，电磁转矩为制动转矩，电机从原动机输入机械功率。同时电机从电网吸收电功率。两者都变成了电机内部的损耗。

（三）三相异步电机的磁动势和磁场

1. 空载运行时的磁动势和磁场

（1）空载磁场。

空载运行时，转子转速接近同步转速，可认为定子磁场与转子绕组（导条）无相对切割运动，转子电流很小，可近似认为是 0；定子电流 $\dot{I}_{10}$ 近似等于励磁电流 $\dot{I}_m$；励磁磁场 B_m 在空间上滞后于励磁磁动势 F_m 铁耗角 α_{Fe}。

（2）空载感应电动势。

基波旋转磁动势产生的基波主磁通 Φ_m 在定子绕组中产生的三相对称感应电动势 $\dot{E}_1$ 为

$$\dot{E}_1 = -\text{j}4.44f_1 N_1 k_{w1} \dot{\Phi}_m \tag{1-121}$$

感应电动势滞后于主磁通90°。

一般情况下，为充分利用铁心材料而又不至于铁心过饱和，工作磁密一般在磁化曲线的膝点附近，可近似认为主磁通与励磁电流成正比。因此，感应电动势 E_1 与励磁电流 I_m 成正比，即

$$\dot{E}_1 = -\dot{I}_m(R_m + \text{j}X_m) = -\dot{I}_m Z_m \tag{1-122}$$

式中，Z_m 为励磁阻抗；R_m 为励磁电阻；X_m 为励磁电抗。

（3）定子漏抗。

除主磁通外，定子电流还将产生仅与定子绕组交链而不进入转子的定子漏磁通。定子漏磁通将在定子绕组中感应漏磁电动势。定子漏抗 $X_{1\sigma} = N_1^2 \Lambda_{1\sigma}$，其中 N_1 为定子绕组的匝数，$\Lambda_{1\sigma}$ 为定子漏磁导。

（4）空载时的定子电压方程。

空载运行时，定子电压方程为

$$\dot{U}_1 = -\dot{E}_1 + \dot{I}_{10}R_1 + \text{j}\dot{I}_{10}X_{1\sigma} = -\dot{E}_1 + \dot{I}_{10}Z_{1\sigma} \tag{1-123}$$

式中，$Z_{1\sigma}$ 为定子漏阻抗，$Z_{1\sigma} = R_1 + \text{j}X_{1\sigma}$。

2. 负载运行时的磁动势和磁场

（1）转子磁动势及其转速。

当电动机带上负载时，电动机的转速比空载转速低，转子绕组的感应电动势和电流将会增大。三相转子绕组产生的磁动势 F_2 为

$$F_2 = \frac{3}{2} \times 0.9 \frac{N_2 k_{w2} I_2}{p} \tag{1-124}$$

式中，N_2 为转子绕组的匝数；k_{w2} 为绕组因数；p 为极对数；I_2 为转子电流。

此时，气隙旋转磁场将以转差为 $\Delta n = n_s - n = sn_s$ 的相对速度"切割"转子绕组。转子绕组的感应电动势和电流的频率 f_2 为

$$f_2 = \frac{p\Delta n}{60} = \frac{pn_s}{60}s = sf_1 \tag{1-125}$$

f_2 称为转差频率。频率为 f_2 的转子电流将产生旋转磁动势 F_2。F_2 相对转子的转速 n_2 为

$$n_2 = \frac{60f_2}{p} = \frac{60sf_1}{p} = sn_s = \Delta n \tag{1-126}$$

由于转子本身以转速 n 在旋转,因此从定子侧观察时,F_2 在空间的转速应为

$$n_2 + n = \Delta n + n = n_s \tag{1-127}$$

式(1-127)表明,无论转子的实际转速是多少,转子磁动势在空间的转速总是等于同步转速,并与定子磁动势保持相对静止。而定、转子磁动势保持相对静止是产生恒定电磁转矩的必要条件。

(2)转子反应。

负载时转子磁动势的基波对气隙磁场的影响,称为转子反应。

转子反应使气隙磁场的大小和空间相位发生变化,从而引起定子感应电动势和定子电流发生变化。转子磁场与主磁场相互作用,产生所需要的电磁转矩。这两个作用合在一起,体现了通过电磁感应作用实现机电能量转换的机理。

与双绕组变压器相类似,负载后定子电流中除励磁分量 $\dot{I}_m$ 以外,还将出现一个补偿转子磁动势的"负载分量" $\dot{I}_{1L}$,$\dot{I}_1 = \dot{I}_m + \dot{I}_{1L}$。负载电流分量产生的磁动势为

$$F_{1L} = \frac{m_1}{2} \times 0.9 \times \frac{N_1 k_{w1}}{p} \times I_{1L} \tag{1-128}$$

刚好抵消转子磁动势的作用,即 $\boldsymbol{F}_{1L} = -\boldsymbol{F}_2$,以保持励磁磁动势不变,气隙内的主磁通基本不变,即 $F_m = F_1 + F_{1L} = F_1 + (-F_2)$。

(3)负载时的磁动势平衡方程

$$F_m = F_1 + F_{1L} = F_1 + (-F_2) \tag{1-129}$$

将磁动势的表达式代入,可得磁动势方程的另一种表达式

$$\dot{I}_m = \dot{I}_1 + \frac{m_2 N_2 k_{w2}}{m_1 N_1 k_{w1}}\dot{I}_2 \tag{1-130}$$

(4)转子感应电动势。

合成磁场相对于转子的速度为转差速度,产生的感应电动势的频率为转差频率 $f_2 = sf_1$,其值为

$$\dot{E}_{2s} = -\text{j}4.44f_2 N_2 k_{w2}\dot{\Phi}_m \tag{1-131}$$

(5)转子电压方程。

转子回路中的感应电动势完全消耗在转子的阻抗压降上,即

$$\dot{E}_{2s} = \dot{I}_{2s}R_2 + \text{j}\dot{I}_{2s}X_{2\sigma s} \tag{1-132}$$

式中,$X_{2\sigma s}$ 为转子漏抗,$X_{2\sigma s} = 2\pi f_2 L_{1\sigma} = sX_{2\sigma}$;$R_2$ 为转子电阻。

(四)三相异步电机的基本方程

三相异步电机的基本方程式为

$$\begin{cases} \dot{U}_1 = -\dot{E}_1 + \dot{I}_{10}R_1 + \mathrm{j}\dot{I}_{10}X_{1\sigma} \\ \dot{I}_m = \dot{I}_1 + \dfrac{m_2 N_2 k_{w2}}{m_1 N_1 k_{w1}}\dot{I}_2 \\ \dot{E}_{2s} = \dot{I}_{2s}R_2 + \mathrm{j}\dot{I}_{2s}X_{2\sigma s} \\ \dot{E}_1 = -\mathrm{j}4.44 f_1 N_1 k_{w1}\dot{\Phi}_m \\ \dot{E}_{2s} = -\mathrm{j}4.44 f_2 N_2 k_{w2}\dot{\Phi}_m \\ \dot{E}_1 = -\dot{I}_m Z_m \end{cases} \quad (1\text{-}133)$$

式中，m_1、m_2 为定子和转子的相数。

（五）三相异步电机的等效电路

异步电机的定转子的绕组参数和频率不一致，且无直接的电气连接，会给计算和分析带来不便。为了得到可以简化分析和计算的等效电路图，就要进行绕组归算和频率归算。

1. 频率归算

定子频率与转子频率不同，因此基本方程组不能直接联立求解。频率归算是把变化的转子频率转化为固定的定子频率，即 $f_2' = f_1$，定转子同频率便于进行相量计算，如图 1-156 所示。

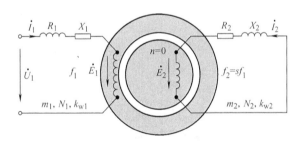

图 1-156 异步电机转子静止时的等效电路图

转子静止时，定转子同频率。但是转子旋转时，定、转子绕组中电流频率不同，转子只是通过其磁动势 F_2 对定子作用，因此只要保证 F_2 不变，可以用一个静止的转子来代替旋转的转子，而定子方各物理量不发生任何变化，即对电网等效。

电机的绕组参数固定，转子的磁动势大小与相位只取决于转子电流。通过以下简单的数学变换，即可满足要求。

$$\dot{I}_{2s} = \dfrac{\dot{E}_{2s}}{R_2 + \mathrm{j}X_{2\sigma s}} = \dfrac{s\dot{E}_2}{R_2 + \mathrm{j}sX_{2\sigma}} = \dfrac{\dot{E}_2}{\dfrac{R_2}{s} + \mathrm{j}X_{2\sigma}} = \dfrac{\dot{E}_2}{\left(R_2 + R_2\dfrac{1-s}{s}\right) + \mathrm{j}X_{2\sigma}} = \dot{I}_2 \quad (1\text{-}134)$$

可以看出，频率归算前后的转子电流 $\dot{I}_{2s}$、$\dot{I}_2$ 的大小和相位不变，因此可保持磁势平衡不变，也保持了损耗和功率不变。

频率归算后，旋转的转子变成了静止的转子，即用等效的静止转子电路替代实际转动的转子。根据功率守恒定律，"消失了"的总机械功率必然等于"多出来"的等效电阻 $R_2(1-s)/s$ 上消耗的功率，这个功率就是总机械功率，又称转换功率。该电阻称为总机械功率等效电阻。

转子旋转时转轴上产生的总机械功率等于总机械功率等效电阻上消耗的功率，即

$$P_{\text{mec}} = m_2 I_{2s}^2 \left(R_2 \frac{1-s}{s} \right) \tag{1-135}$$

频率归算后的转子感应电动势等于其静止时的值 $\dot{E}_2$。

2. 绕组归算

用等效转子绕组来替代原来的转子绕组，该等效转子的相关参数，如相数、极数、匝数和绕组系数等，都完全与定子绕组相同。

同样只要保持转子磁动势 F_2 不变（大小和相位），那么等效转子绕组的作用与实际的转子绕组的作用是等效的。

（1）电动势的归算（磁通不变）：

$$\dot{E}_2' = k_e \dot{E}_2 \qquad k_e = \frac{N_1 k_{w1}}{N_2 k_{w2}} \tag{1-136}$$

（2）电流归算（磁动势不变）：

$$\dot{I}_2' = \frac{\dot{I}_{2s}}{k_i} \qquad k_i = \frac{m_1}{m_2} k_e \tag{1-137}$$

（3）阻抗的归算：

$$\begin{cases} R_2' = k_z R_2 \\ X_{2\sigma}' = k_z X_{2\sigma} \end{cases} \qquad k_z = k_e k_i \tag{1-138}$$

（4）电压变比、电流变比和阻抗变比：

电压变比 k_e，电流变比 $k_i = (m_1/m_2) k_e$，阻抗变比 $k_z = k_e k_i$。阻抗的实部（电阻）和虚部（电抗）同步变化，因此绕组归算前后的功率因数保持不变。

（5）磁动势方程：

以电流形式表示的磁动势方程（式1-130）重列如下：

$$\dot{I}_{\text{m}} = \dot{I}_1 + \frac{m_2 N_2 k_{w2}}{m_1 N_1 k_{w1}} \dot{I}_2 \tag{1-139}$$

$$\dot{I}_1 = -\frac{\dot{I}_2}{k_i} + \dot{I}_{\text{m}} = \dot{I}_{1L} + \dot{I}_{\text{m}} = -\dot{I}_2' + \dot{I}_{\text{m}} \tag{1-140}$$

（6）电流方程：

$$\dot{I}_1 + \dot{I}_2' = \dot{I}_{\text{m}} \tag{1-141}$$

3. T形等效电路

经过绕组、频率归算后，就可以得到便于计算和分析的基本方程组

$$\begin{cases} \dot{U}_1 = \dot{I}_1(R_1 + jX_{1\sigma}) - \dot{E}_1 \\ \dot{E}'_2 = \dot{I}'_2(R'_2 + jX'_{2\sigma}) \\ \dot{I}_m = \dot{I}_1 + \dot{I}'_2 \\ \dot{E}_1 = \dot{E}'_2 \\ \dot{E}_1 = -\dot{I}_m Z_m \end{cases} \tag{1-142}$$

对应的 T 形等效电路和相量图如图 1-157 所示。

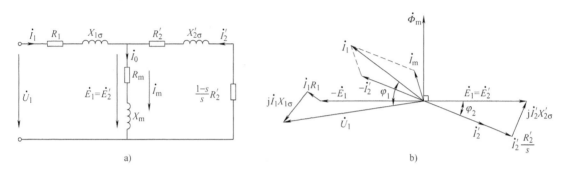

图 1-157 异步电机 T 形等效电路和相量图

a) T 形等效电路 b) 相量图

从等效电路看，异步电机的等效电路相当于变压器的纯电阻负载时的情景，运行时必须从电网吸收无功功率。对于电网来说，电动机相当于感性负载。

4. 近似等效电路

近似等效电路，也称为 Γ 形等效电路，如图 1-158 所示。

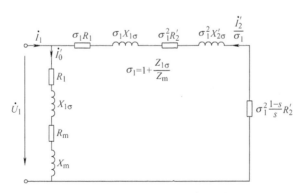

图 1-158 异步电机简化等效电路

（六）三相异步电机的功率方程和转矩方程

异步电机的功率与损耗如图 1-159 所示。

1. 功率方程

输入的电功率

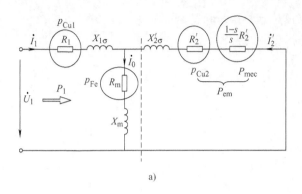 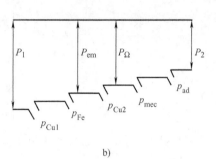

图 1-159 异步电机功率与损耗

a) 功率与损耗 b) 功率流程图

$$P_1 = m_1 U_1 I_1 \cos\varphi_1 \tag{1-143}$$

定子铜耗

$$p_{Cu1} = m_1 I_1^2 R_1 \tag{1-144}$$

定子铁耗

$$p_{Fe} = m_1 I_m^2 R_m \tag{1-145}$$

由于频率低，转子铁耗忽略不计。

电磁功率 P_{em}

$$P_{em} = P_1 - p_{Cu1} - p_{Fe} = m_1 I_2'^2 \frac{R_2'}{s} \tag{1-146}$$

转子绕组铜耗

$$p_{Cu2} = m_1 I_2'^2 R_2' = s P_{em} \tag{1-147}$$

总机械功率

$$P_\Omega = P_{em} - p_{Cu2} = m_1 I_2'^2 \frac{1-s}{s} R_2' = (1-s) P_{em} \tag{1-148}$$

$p_\Omega + p_\Delta$ 为机械损耗和杂散损耗，转轴输出的机械功率

$$P_2 = P_\Omega - p_{mec} - p_{ad} \tag{1-149}$$

功率、损耗之间的关系式

$$p_{cu2} : P_\Omega : P_{em} = 1 : \frac{1-s}{s} : \frac{1}{s} = s : (1-s) : 1 \tag{1-150}$$

2. 转矩方程

电磁转矩

$$T_{em} = \frac{P_\Omega}{\Omega} \tag{1-151}$$

式中，Ω 为机械角速度，$\Omega = (1-s)\Omega_s$（Ω_s 为同步机械角速度）。

输出转矩

$$T_2 = \frac{P_2}{\Omega} \tag{1-152}$$

空载转矩

$$T_0 = \frac{p_{\text{mec}} + p_{\text{ad}}}{\Omega} \tag{1-153}$$

转矩平衡方程

$$T_{\text{em}} = T_2 + T_0 \tag{1-154}$$

电磁转矩、电磁功率及总机械功率的关系式

$$T_{\text{em}} = \frac{P_\Omega}{\Omega} = \frac{P_\Omega}{(1-s)\Omega_s} = \frac{P_{\text{em}}}{\Omega_s} \tag{1-155}$$

(七) 笼型异步电机的参数归算

1. 笼形转子的相数、极对数和绕组系数

当某一个旋转磁场在气隙中旋转时，依次切割转子各导条，在每个导条中感应相同大小的电动势，相邻两导条中感应电动势在时间上相差的电角度为转子的槽距角。感应电动势沿着气隙圆周的分布波形与定子磁场同相位。而导条中的感应电流沿着气隙圆周的分布波形滞后于感应电动势波形一个角度，这个角度为转子阻抗角 ψ_2。由转子电流产生的转子磁场又滞后于转子电流波形 $90°$。因此转子磁场滞后于该旋转磁场 $90° + \psi_2$。

空载时转子电流很小，转子磁场对定子磁场的影响可以忽略。而在负载时，转子磁场不可以被忽略，气隙中的磁场应该为定转子磁场的合成磁场，也就是旋转磁场应为定、转子的合成磁场。负载时转子磁场滞后于合成磁场 $90° + \psi_2$。

笼型转子相数 m_2 等于转子导条数 Q_2，即 $m_2 = Q_2$。每相之间电流的相位差为转子的槽距角。每相之间的电流大小相等，相位各不同。若 Q_2/p 为整数，也可以分为 Q_2/p 个不同的相，则每相有 p 根导体并联。

每相只有一根导条，即 $1/2$ 匝，绕组系数为 1，即 $N_2 = 1/2$，$k_{w2} = 1$。

转子极对数 $p_2 = p_1$，因为感生磁场与感生它的原磁场极对数相同。

2. 笼型转子的参数归算

笼形转子各导条中的电流 I_{B1}，$I_{B2}\cdots$ 以及导条两端的各段端环的电流 I_{R1}，$I_{R2}\cdots$ 都可以看成是 Q_2 相对称的电流系统。设笼形转子相邻导条的电动势相量之间的相位差为 α_2，由各导条和各端环连接点的节点电流方程，可以得出端环电流与导条电流的关系

$$I_B = 2I_R \sin\frac{\alpha_2}{2}, \quad I_R = \frac{I_B}{2\sin\frac{\alpha_2}{2}} \tag{1-156}$$

根据折算前后的有功损耗相等 $I_R^2 R_R = I_B^2 R_R'$，无功损耗相等 $I_R^2 X_R = I_B^2 X_R'$ 的原则，可以得到折算到导条中去的端环电阻、漏电抗的折算值

$$R_R' = \frac{R_R}{4\sin^2\dfrac{p\pi}{Q_2}} \qquad X_R' = \frac{X_R}{4\sin^2\dfrac{p\pi}{Q_2}} \tag{1-157}$$

转子每相电阻和漏抗

$$\begin{cases} R_2 = R_B + 2R_R' \\ X_{2\sigma} = X_B + 2X_R' \end{cases} \tag{1-158}$$

折算到定子侧的转子电阻、漏电抗为

$$\begin{cases} R'_2 = k_z R_2 \\ X'_{2\sigma} = k_z X_{2\sigma} \end{cases} \qquad k_z = k_e k_i = \frac{m_1}{m_2}\left(\frac{N_1 k_{w1}}{N_2 k_{w2}}\right)^2 = \frac{4m_1(N_1 k_{w1})^2}{Z_2} \qquad (1\text{-}159)$$

(八) 异步电机参数的测定

异步电机的参数可用空载试验和堵转（短路）试验来确定。

1. 空载试验

空载试验的目的是测定励磁电阻 R_m、励磁电抗 X_m、铁耗 p_{Fe}、机械损耗 p_{mec}。试验时，电机轴上不带负载，用三相调压器对电机供电，使定子端电压从 $(1.1\sim1.3)U_N$ 开始，逐渐降低电压，空载电流逐渐减少，直到电动机转速发生明显变化、空载电流明显回升为止。在这个过程中，记录电动机的端电压 U_1、空载电流 I_0、空载损耗 p_0、转速 n。

异步电机的空载损耗 p_0 里，包含了由于转子转动引起的机械损耗。因此要得到铁耗 p_{Fe} 的大小，必须从空载损耗中扣除掉机械损耗 p_{mec}。

机械损耗 p_{mec} 主要因通风和转动摩擦而起，与电压无关，只与转速有关，而转速变动不大，因此可认为机械损耗为一常值。

铁心损耗 $p_{Fe} \propto U^2$，以 U^2 为横坐标，画出空载损耗曲线，可以将机械损耗 p_{mec} 从空载损耗 p_0 中分离出来。

从空载试验可得到

$$\begin{cases} R_0 = R_1 + R_m = \dfrac{p_0 - p_{mec} - p_{ad0}}{m_1 I_0^2} \\ X_0 = X_{1\sigma} + X_m = \sqrt{\left(\dfrac{U_{10}}{I_{10}}\right)^2 - R_0^2} \end{cases} \qquad (1\text{-}160)$$

2. 堵转（短路）试验

堵转（短路）试验的目的是测定异步电机的短路阻抗、转子电阻和定、转子漏抗。试验时将转子堵住，在定子端施加电压，从 $U_k = 0.4 U_{1N}$ 开始逐渐降低，记录定子绕组端电压 U_k、定子电流 I_k、定子端输入功率 P_k，做出异步电机的短路特性。

异步电机由于存在气隙，励磁电流较大。励磁电抗比转子漏抗大得多，不宜像变压器短路试验那样将励磁回路开路处理。

由短路试验可得

$$R_k = \frac{P_k}{m_1 I_k^2} \qquad X_k = \sqrt{Z_k^2 - R_k^2} \qquad Z_k = \frac{U_k}{I_k} \qquad (1\text{-}161)$$

$$\begin{cases} R_k = R_1 + R'_2 \dfrac{X_m^2}{R'^2_2 + (X_m + X'_{2\sigma})^2} \\ X_k = X_{1\sigma} + X_m \dfrac{R'^2_2 + X'_{2\sigma}(X_m + X'_{2\sigma})}{R'^2_2 + (X_m + X'_{2\sigma})^2} \end{cases} \qquad (1\text{-}162)$$

(九) 异步电机的电磁转矩表达式

1. 电磁转矩的物理表达式

电磁转矩表达式描述了电磁转矩与主磁通、转子有功电流的关系，即

$$T_{em} = \frac{P_{em}}{\Omega_1} = \frac{1}{\Omega_1} m_1 I_2'^2 \frac{R_2'}{s} = \frac{p}{\omega_1} m_1 E_2' I_2' \cos\psi_2' = \frac{p}{2\pi f_1} m_1 E_2' I_2' \cos\psi_2' \tag{1-163}$$

由于折算到定子侧的转子相电动势 $E_2' = \sqrt{2}\pi f_1 N_1 k_{w1} \Phi_m$，因而又可写成

$$T_{em} = \left(\frac{pm_1 N_1 k_{w1}}{\sqrt{2}}\right) \Phi_m I_2' \cos\psi_2' = C_M I_2' \cos\psi_2' \tag{1-164}$$

2. 电磁转矩的参数表达式

由异步电机简化等效电路（图 1-158）可得

$$I_2' = \frac{U_1}{\sqrt{\left(R_1 + \frac{R_2'}{s}\right)^2 + (X_{1\sigma} + X_{2\sigma}')^2}} R_2' \tag{1-165}$$

电磁功率等于消耗在转子支路总电阻上的功率，有

$$P_{em} = m_1 I_2'^2 \frac{R_2'}{s} = \frac{m_1 U_1^2 \frac{R_2'}{s}}{\left(R_1 + \frac{R_2'}{s}\right)^2 + (X_{1\sigma} + X_{2\sigma}')^2} \tag{1-166}$$

按定义，电磁转矩等于电磁功率除以同步角速度，即

$$T_{em} = \frac{P_{em}}{\Omega_1} = \frac{m_1 p U_1^2 \frac{R_2'}{s}}{2\pi f_1 \left[\left(R_1 + \frac{R_2'}{s}\right)^2 + (X_{1\sigma} + X_{2\sigma}')^2\right]} \tag{1-167}$$

式中，$\Omega_1 = \frac{2\pi f_1}{p}$。

3. 电磁转矩的实用表达式

$$T_{em} = \frac{2}{\frac{s_m}{s} + \frac{s}{s_m}} T_{max} \tag{1-168}$$

（十）异步电机的转矩-转差率曲线

1. 转矩-转差率特性

将式(1-167)稍作整理，就得到用电阻、电抗等参数表示的异步电机转矩特性表达式

$$T = \frac{m_1 p}{2\pi f} \frac{U_1^2 \frac{R_2}{s}}{\left(R_1 + \frac{R_2}{s}\right)^2 + (X_{1\sigma} + X_{2\sigma})^2} \tag{1-169}$$

由此，可得到异步电机的转矩-转差率曲线，如图 1-160 所示。图中，$0 < s < 1$ 的范围是电动机状态，$s < 0$ 的范围是发电机状态，$s > 1$ 的范围是电磁制动状态。

2. 最大转矩及对应的临界转差率

$$T_{max} = \frac{pm_1}{\omega_1} \frac{U_1^2}{2\left(\pm R_1 + \sqrt{R_1^2 + (X_{1\sigma} + X_{2\sigma}')^2}\right)} \tag{1-170}$$

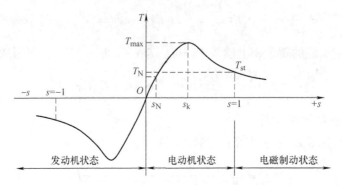

图 1-160 异步电机的转矩-转差率曲线

$$s_\mathrm{m} = \pm \frac{c_1 R'_2}{\sqrt{R'^2_2 + (X_{1\sigma} + X'_{2\sigma})^2}} \tag{1-171}$$

由此可知：
（1）发电机状态时的最大转矩要大于电动机运行状态时的最大转矩。
（2）最大转矩与电源电压成正比。
（3）最大转矩与转子的电阻值无关。
（4）临界转差率大小与转子的电阻值成正比。

3. 过载能力

异步电机最大转矩除以额定转矩的倍数称为过载系数，即

$$k_\mathrm{m} = \frac{T_\mathrm{max}}{T_\mathrm{N}} \tag{1-172}$$

对普通电机，$k_\mathrm{m} = 1.8 \sim 2.5$，在有特殊要求时也可特殊制造成 $k_\mathrm{m} = 2.8 \sim 3.0$。

4. 起动转矩与起动电流

异步电机接通电源开始起动（$s=1$）时的电磁转矩，称为起动转矩 T_st。

$$T_\mathrm{st} = \frac{m_1 p}{\omega_1} \frac{U_1^2 R'_2}{(R_1 + R'_2)^2 + (X_{1\sigma} + X'_{2\sigma})^2} \tag{1-173}$$

起动转矩倍数为

$$k_\mathrm{st} = \frac{T_\mathrm{st}}{T_\mathrm{N}} \tag{1-174}$$

普通电机起动转矩倍数通常在 $1.6 \sim 2.5$ 之间。在一定的范围内，增大转子电阻可以增大起动转矩，这就是绕线电机存在的理由之一。

异步电机起动时的定子电流称为起动电流 I_st，可由异步电机近似等效电路求出。

5. 稳定运行区域

异步电机稳定运行区域在 $0<s<s_\mathrm{m}$，在此区间电磁转矩近似与转差率成正比。

（十一）异步电机的工作特性

在额定电压、额定频率下，异步电动机的转速 n、效率 η、功率因数 $\cos\varphi_1$、输出转矩 T_2、定子电流 I_1 与输出功率 P_2 的关系曲线称为异步电机的工作特性。

1. 转速特性

异步电动机的转速为 $n = n_s(1-s)$,空载时 $P_2 = 0$,$s \approx 0$,转子的转速非常接近于同步转速 n_s。随着负载增大,转子电流将增大,s 也增大。通常额定转速比同步转速低 2%~5%。

2. 定子电流特性

随着 P_2 增大,转子电流增大,定子电流也增大。

3. 电磁转矩

电机正常运行过程中,转速变化很小,$T_{em} = P_{em}/\Omega \approx P_2/\Omega$,因此 $T_{em} \propto P_2$。

4. 效率特性

异步电机在正常运行时,主磁通变化不大,转速变化也不大。因此与主磁通对应的铁耗可以认为不变,与转速相关的机械损耗也不变。这两项称为不变损耗。

定转子的铜耗是电流的二次方乘以电阻,附加损耗按照输出功率的百分比计算,铜耗与附加损耗都随着输出功率的变化而变化,称为可变损耗。

当 P_2 从零开始增加时,总损耗 Σp 增加较慢,效率上升很快,在可变损耗与不变损耗相等时,η 达到最大值。当 P_2 继续增大,由于定、转子铜耗增加很快,效率反而下降。

5. 功率因数特性

异步电机必须从电网吸收滞后的电流来励磁,其功率因数永远小于1。功率因数的大小取决于阻抗角的大小,阻抗角越大,功率因数越小。

空载运行时,转差率很小,转子近似开路,定子电流基本上是励磁电流,因此空载时功率因数很低,通常小于 0.2。

轻载运行时,转差率还是很小,转子电流的主要成分是有功电流。随着负载的增大,定子电流的增长主要是有功分量增加,$\cos\varphi_1$ 迅速增大。在额定负载附近,$\cos\varphi_1$ 达到最大值。

负载较大时,转差率也增大,转子等效电阻 R_2'/s 变小,功率因数角变大,功率因数变小。

(十二) 异步电机的起动

异步电机起动时,要求起动电流小,起动转矩大。

1. 笼型异步电动机的起动

笼型异步电动机的起动方法主要有两种:直接起动和减压起动。

(1) 直接起动。笼型异步电动机直接起动时,其起动电流就是额定电压下的堵转电流,一般约为额定电流的 5~7 倍,起动转矩倍数约为 1~2 倍。这种起动方式只适用于小功率 (7.5kW 及以下) 电动机。

(2) 减压起动。这种方法是通过降低电动机的端电压来减小起动电流,但也降低了起动转矩。它包括星三角起动法和自耦变压器起动法。

2. 绕线型异步电动机的起动

绕线型异步电动机通常采用转子串电阻的起动方法。这种方法不仅可以减小起动电流,而且能够增大起动转矩。

(十三) 异步电动机的调速

从异步电动机的转速公式 $n = \dfrac{60f_1}{p}(1-s)$ 可知，其调速的方法主要有：变频调速、变极调速、改变转差率调速。

1. 变频调速

改变供电电源频率，可以改变转子的转速，这种调速方式为无级调速。变频调速时，通常希望电动机的主磁通 Φ_m 保持不变。增大 Φ_m 将引起磁路过分饱和，励磁电流大大增加，功率因数降低；若 Φ_m 太小（E_1 也小），则电机容量得不到充分利用。

2. 变极调速

变换异步电动机绕组极数从而改变同步转速进行调速的方式称为变极调速，属于分级调速或有级调速。变极调速电机大多为笼型转子电动机，其结构与基本系列异步电动机相似，主要有双速、三速电机两种形式。双速电机的有级调速方式有双绕组变极和单绕组变极。

3. 改变转差调速

绕线型异步电动机转子串接电阻或采用串接调速以及双馈电机可改变转差来调速。

(十四) 异步电动机的制动

异步电动机的制动是指电动机产生的电磁转矩与转子方向相反，使电磁转矩成为制动转矩时的运行状态。常用的制动方法有：

1. 正接反转制动

定子侧三相接线不变，通过改变转子的电阻值，使得电机反转。它主要用于以绕线型异步电动机为动力的起重机械中。

2. 反接制动

将定子三相电源引入线的任意两根对调，电磁转矩即变为制动转矩，使得电机转速下降，对转子起制动作用。反接时，转差率变成 $2-s$，故定子电流很大。若电动机转子为绕线型，在转子回路应接入一定的限流电阻。

在反接制动时，电机从转轴上吸收的机械功率和从电网上吸收的电磁功率全部消耗在转子回路里，转子将严重发热，因此电机不能长期运行于此种状态。

3. 回馈制动

由于某种外来原因（例如当起重机放下重物，或电动汽车下坡时），使异步电动机的转子超过同步速，转速率 $s<0$，电机处在发电状态。此时电磁转矩变成了制动转矩，限制了转速的进一步上升。重物下降释放出来的位能转化为电能，回馈给电网。

4. 能耗制动

将正在运行的电动机的定子绕组从电网断开，接到直流电源上，由于定子中流过直流电流，故再没有电磁功率从定子侧传递到转子侧。

定子的直流电流形成恒定磁场，转子由于惯性继续转动，其导条切割定子的恒定磁场而在转子绕组中感应电动势、电流，从而将转子动能变成电能消耗在转子电阻上，使转子发热，当转子动能消耗完，转子就停止转动，这一过程称为能耗制动。

(十五) 单相异步电动机

采用单相交流电源的异步电动机称为单相异步电动机。

1. 结构特点

单相异步电动机一般有两套绕组：主绕组和副绕组（起动绕组）。主绕组占总槽数的 2/3，起动绕组占 1/3，电机尺寸小，多采用单层绕组，起动绕组在转速达到 75% 左右时，由离心开关或继电器断开。

2. 工作原理和等效电路

单相异步电动机原理结构示意图和等效电路如图 1-161 所示。

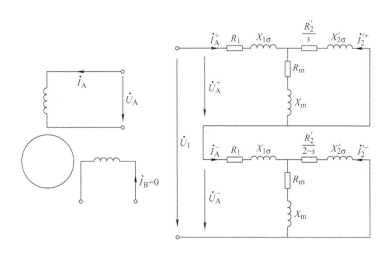

图 1-161　单相异步电动机原理结构示意图和等效电路图

应用双旋转磁场理论来分析单相异步电动机的工作原理。单相交流电流接入单相电机绕组中，产生脉振磁场。脉振磁场可以分解为大小相等、转向相反、转速相同的两个旋转磁场。若磁路为线性，将正向和反向旋转磁动势所产生的磁场，与转子相应的感应电流作用后所产生的正向和反向电磁转矩分别叠加起来，即可以得到电机内的合成磁场和合成电磁转矩。

若转子转速为 n，则转子正向旋转磁场的转差率 s_f 为

$$s_f = \frac{n_s - n}{n_s} = s \tag{1-175}$$

对反向磁场，转子的转差率 s_b 为

$$s_b = \frac{-n_s - n}{-n_s} = 2 - s \tag{1-176}$$

正向合成旋转磁场与由它所感应的转子电流相作用，将产生正向电磁转矩；反向合成旋转磁场与由它所感应的转子电流相作用，将产生反向电磁转矩。根据双旋转磁场理论，两者之和即为电动机的合成电磁转矩，如图 1-162 所示。

由此可见，单相异步电动机起动转矩为零，不能自起动。单相电动机在起动后，能带一定负载，但过载能力小。

3. 起动方法

单相异步电动机无起动转矩，不能自己起动。为了产生起动转矩，起动时应设法在气隙中形成一个旋转磁场。为此，在定子上应另装一个空间位置不同于主绕组的起动绕组，并使起动绕组内的电流在时间相位上也不同于主绕组内的电流。常用的方法有裂相法和罩极法。

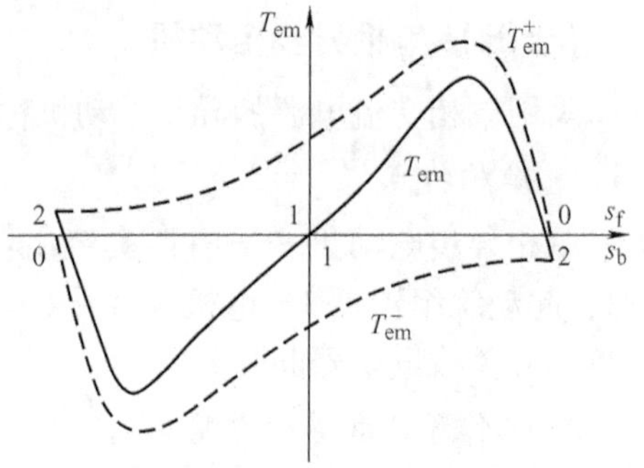

（十六）异步发电机

图 1-162 单相异步电动机转矩-转差率曲线

将异步电机定子三相绕组接入到电压、频率恒定的电网时，若用原动机把异步电机转子拖到超过同步转速，即 $n > n_1$，转差率为负值，则异步电机进入发电机状态。来自原动机的机械功率在扣除各种损耗之后，转换成电功率送给电网，将机械能转换成电能。与电网并联运行时，三相感应发电机的端电压与频率受到电网的约束而与电网保持一致。

由原动机拖动，使得转子达到同步速，转差率为 0，定子磁场与转子之间的相对速度为 0，无电磁感应现象，转子中的感应电动势和电流均为 0，称为理想空载状态，它是发电状态和电动状态的临界点。

二、模拟测试题

1. [判断题] 三相异步电动机满载运行时效率最高。（　　）
   A. 正确　　　　B. 错误
2. [判断题] 三相异步电动机在满载和空载下起动时，起动瞬间的电流一样大。（　　）
   A. 正确　　　　B. 错误
3. [判断题] 笼型异步电动机采用减压起动可以降低起动电流，同时增加起动转矩。（　　）
   A. 正确　　　　B. 错误
4. [判断题] 异步电动机的转子电流也能产生旋转磁场。（　　）
   A. 正确　　　　B. 错误
5. [单选题] 异步电机在恒转矩负载运行时，如果电源电压下降，当电动机稳定运行后，电动机的电磁转矩（　　）。
   A. 下降　　　B. 增大　　　C. 不变　　　D. 不能确定
6. [单选题] 单相异步电动机一般有（　　）组定子绕组。
   A. 1　　　　B. 2　　　　C. 3　　　　D. 不一定
7. [单选题] 三相异步电机转差率 $s<0$ 时电机处于（　　）运行状态。
   A. 电动机　　B. 发电机　　C. 电磁制动　　D. 超速
8. [判断题] 异步电动机的效率是指轴上输出机械功率与定子输入的电功率之比。（　　）
   A. 正确　　　　B. 错误
9. [单选题] 中小型三相异步电动机在额定工作状态下运行时，转差率为（　　）左右。
   A. 0.05　　　B. 0.02~0.15　　　C. 1　　　D. 0.10

10. [单选题] 三相异步电动机的额定电压为 380V，额定电流为 28A，$\cos\varphi = 0.85$，$\eta = 0.9$，该电动机的额定功率约为（　　）kW。
   A. 10　　　　　B. 14　　　　　C. 20　　　　　D. 28

11. [判断题] 绕线型异步电动机转子外接电阻越大，起动转矩越大。（　　）
   A. 正确　　　　B. 错误

12. [单选题] 电动机的机械特性是（　　）的关系。
   A. 转速与电压　B. 转速与转矩　C. 电压与转矩　D. 转速与电流

13. [单选题] 绕线型异步电机的转子绕组中串入调速电阻，当转速达到稳定后，如果负载转矩为恒转矩负载，转子电流（　　）。
   A. 不变　　　　B. 增加　　　　C. 减小　　　　D. 不能确定

14. [单选题] 一台三相四极异步电动机，额定转差率是 0.04，若电源频率是 50Hz，则电动机的额定转速为（　　）r/min。
   A. 1450　　　　B. 1440　　　　C. 960　　　　D. 950

15. [判断题] 笼型异步电动机负载时转子磁场滞后于合成磁场的角度为 90°加上转子的阻抗角。（　　）
   A. 正确　　　　B. 错误

16. [单选题] 异步电动机的额定功率是指（　　）。
   A. 输入的有功功率　　　　　　B. 输入的视在功率
   C. 电磁功率　　　　　　　　　D. 转子轴输出的机械功率

17. [单选题] 一台 50Hz 的三相感应电动机的转速为 1468r/min，该电机的极数为（　　）。
   A. 4 极　　　　B. 6 极　　　　C. 8 极　　　　D. 10 极

18. [判断题] 三相异步电动机在起动过程中，考虑趋肤效应时，转子的电阻值实际上是变化的。（　　）
   A. 正确　　　　B. 错误

19. [单选题] 异步电动机采用自耦降压起动器 80% 的抽头起动时，堵转转矩为全压起动的（　　）。
   A. 100%　　　　B. 80%　　　　C. 64%　　　　D. 40%

20. [判断题] 绕线型异步电动机可以改变极对数进行调速。（　　）
   A. 正确　　　　B. 错误

21. [单选题] 绕线型三相感应电动机转子串电阻起动时（　　）。
   A. 起动转矩增大，起动电流增大　　B. 起动转矩增大，起动电流减小
   C. 起动转矩增大，起动电流不变　　D. 起动转矩减小，起动电流增大

22. [单选题] 电容起动式单相异步电动机中的电容应（　　）。
   A. 并联在起动绕组两端　　　　B. 串联在起动绕组中
   C. 并联在运行绕组两端　　　　D. 串联在运行绕组中

23. [判断题] 三相笼型异步电动机铭牌标明"额定电压 380/220V，接线 Y/△"，当电源电压为 380V 时，这台三相异步电动机可以采用星三角起动。（　　）
   A. 正确　　　　B. 错误

24. [单选题] 三相异步电动机与变压器的等效电路类似是由于（　　）。

A. 它们的定子或一次电流都滞后于电源电压
B. 气隙磁场在定、转子或主磁通在一、二次侧都感应电动势
C. 它们都有主磁通和漏磁通
D. 它们都由电网取得励磁电流

25. [单选题] 三相异步电动机气隙增大，其他条件不变，则空载电流（　　）。
A. 增大　　　　B. 减小　　　　C. 不变　　　　D. 不能确定

26. [单选题] 绕线型异步电动机如果转子电阻增加一倍，其他条件不变，最大转矩将（　　）。
A. 增大一倍　　B. 减小一倍　　C. 保持不变　　D. 不能确定

27. [判断题] 异步电机的等效电路与变压器带纯电阻负载时的等效电路形式相同。（　　）
A. 正确　　　　B. 错误

28. [判断题] 恒压频比调速是近似的恒最大转矩调速。要保持恒最大转矩，在低速（低频）时要进行电压补偿。（　　）
A. 正确　　　　B. 错误

29. [判断题] 罩极式异步电动机的转向可以改变。（　　）
A. 正确　　　　B. 错误

30. [单选题] 绕线型异步电动机的三相转子绕组的联结方式通常是（　　）。
A. 串联　　　　B. 并联　　　　C. 星形联结　　D. 三角形联结

31. [判断题] 异步电动机旋转磁场的转速与负载转矩有关。（　　）
A. 正确　　　　B. 错误

32. [单选题] 在电动机状态，异步电动机的实际转速（　　）同步转速。
A. 明显高于　　B. 略低于　　　C. 略高于　　　D. 明显低于

33. [单选题] 三相异步电动机运行在 $s=0.03$ 时，则通过气隙传递给转子的功率中有（　　）。
A. 3%是电磁功率　B. 3%是机械功率　C. 3%是机械损耗　D. 3%是转子铜耗

34. [单选题] 三相绕线型异步电动机拖动恒转矩负载运行时，若转子回路串入电阻调速，则运行在不同转速下，电动机的转子侧功率因数 $\cos\varphi_2$ 的变化情况是（　　）。
A. 转速越低，$\cos\varphi_2$ 越高　　　　B. 基本不变
C. 转速越低，$\cos\varphi_2$ 越低　　　　D. 不能确定

35. [判断题] 异步电动机的额定功率是指输入功率。（　　）
A. 正确　　　　B. 错误

36. [判断题] 在任何转速下，异步电动机定、转子磁动势在空间上都能保持同步旋转，相对静止。（　　）
A. 正确　　　　B. 错误

37. [单选题] 一台绕线型感应电动机，在恒定负载下，以某一转差率运行，当转子侧串入电阻，电阻值为转子绕组本身电阻的2倍，则串入电阻后的转差率将为（　　）。
A. 等于原先的转差率　　　　B. 3倍于原先的转差率
C. 2倍于原先的转差率　　　　D. 无法确定

38. [判断题] 异步电机若转差率在 0~1 之间，一定运行在电动机状态。（　　）
   A. 正确　　　　　B. 错误
39. [单选题] 异步电动机是电力系统用电量最大的负载。（　　）
   A. 正确　　　　　B. 错误
40. [单选题] 带有电刷和集电环的电动机是（　　）。
   A. 小容量笼型异步电动机　　　　B. 中容量笼型异步电动机
   C. 大容量笼型异步电动机　　　　D. 绕线型异步电动机
41. [单选题] 异步电动机工作在电动机状态时，转速、转差率分别为（　　）。
   A. 转速高于同步转速，转差率大于 1　　B. 转速低于同步转速，转差率大于 1
   C. 转速高于同步转速，转差率小于 1　　D. 转速低于同步转速，转差率小于 1
42. [判断题] 异步电动机可变损耗与不变损耗相等时运行效率最高。（　　）
   A. 正确　　　　　B. 错误
43. [单选题] 一台笼型异步电动机，原来笼条是铜的，后因损坏改为铸铝，若负载转矩不变，则（　　）。
   A. 定子电流减小，转速降低　　　　B. 定子电流增大，转速上升
   C. 定子电流不变，转速上升　　　　D. 定子电流不变，转速下降
44. [单选题] 异步电动机的定子铁心由厚（　　）mm，表面有绝缘层的硅钢片叠压而成。
   A. 0.35~0.5　　B. 0.5~1　　C. 1~1.5　　D. 1.5~2
45. [单选题] 三相异步电动机拖动额定转矩负载运行时，若电源电压下降 10%，电机的电磁转矩为（　　）。
   A. $T_{em} = T_N$　　　　　　　B. $T_{em} = 0.81 T_N$
   C. $T_{em} = 0.9 T_N$　　　　　D. 条件不足，无法判断
46. [单选题] 三相感应电动机电磁转矩的大小和（　　）成正比。
   A. 电磁功率　　B. 输出功率　　C. 输入功率　　D. 全机械功率
47. [判断题] 对于需要反复起动且负荷大的机械，通常采用绕线型异步电动机。（　　）
   A. 正确　　　　　B. 错误
48. [单选题] 异步电动机旋转磁场的转速与极数（　　）。
   A. 成正比　　B. 二次方成正比　　C. 成反比　　D. 无关
49. [单选题] 异步电动机全压起动时，起动瞬间的电流高达电动机额定电流的（　　）倍。
   A. 2~3　　B. 3~4　　C. 5~7　　D. 8~9
50. [判断题] 异步电动机稳定运行区域在 $0 < s < s_m$（s_m 为临界转差率），在此区间电磁转矩与转差率近似成正比。（　　）
   A. 正确　　　　　B. 错误
51. [单选题] 三相异步电动机在运行中，把定子两相反接，则转子的转速会（　　）。
   A. 升高　　　　　　　　　　　B. 一直下降到停转
   C. 下降至零后再反向旋转　　　D. 下降到某一稳定转速

52. [单选题] 异步电机的型号为 Y132S1-2，表明该电机的极对数为 2。（   ）
    A. 正确   B. 错误

53. [单选题] 三相感应电动机等效电路中的附加电阻上所消耗的电功率应等于(   )。
    A. 输出功率   B. 输入功率   C. 电磁功率   D. 总机械功率

54. [单选题] 交流异步电动机的变极调速是通过改变（   ）来实现的。
    A. 转子外接电阻   B. 定子绕组的连接方式
    C. 电源电压   D. 电源频率

55. [判断题] 单相异步电动机无起动转矩，通常采用裂相法或罩极法起动。
    A. 正确   B. 错误

56. [多选题] 三相笼型异步电动机的制动方法有（   ）。
    A. 正接反转制动   B. 反接制动   C. 回馈制动   D. 能耗制动

57. [多选题] 三相异步电动机的调速方法有（   ）。
    A. 改变电源频率   B. 改变磁极数   C. 改变转差率   D. 改变电源电压

58. [多选题] 三相笼型异步电动机的起动方法有（   ）。
    A. 星三角起动   B. 转子串电阻起动
    C. 自耦变压器起动   D. 直接起动

59. [单选题] 三相异步电动机对称运行时，定、转子绕组的两个旋转磁场的关系为（   ）。
    A. 始终同步   B. 反向   C. 同向，但不同步 D. 有时同步，有时失步

60. [单选题] 一台三相异步电动机其空载转速为 730r/min，则其极对数为（   ）。
    A. 2   B. 4   C. 6   D. 8

61. [单选题] 三相异步电动机运行时，在空间上定子绕组产生的旋转磁场转速（   ）转子绕组产生的旋转磁场转速。
    A. 大于   B. 小于   C. 等于   D. 不能确定

62. [单选题] 要消除三相异步电动机定子绕组中的齿谐波磁动势，一般可采用（   ）。
    A. 短矩绕组   B. 分布绕组   C. 斜槽   D. 直槽

63. [单选题] 笼型异步电动机减压起动与直接起动相比，起动电流（   ），起动转矩（   ）。
    A. 减小，减小   B. 增大，减小   C. 减小，增大   D. 增大，增大

64. [单选题] 感应电动机运行时，定子电流的频率为 f_1，转差率为 s，则转子电流的频率为（   ）。
    A. f_1 B. f_1/s C. sf_1 D. $(1-s)f_1$

65. [单选题] 一台 50Hz、380V 三相感应电动机若运行于 60Hz、380V 电网上，当输出功率保持不变时，则同步转速（   ），电动机实际转速（   ）。
    A. 增大，减小   B. 增大，增大   C. 减小，减小   D. 减小，增大

66. [判断题] 只要电源电压不变，异步电动机的铁耗基本不变。（   ）
    A. 正确   B. 错误

67. [判断题] 当异步电动机定子接电源，转子堵住不转时，电机的电磁功率、输出功

率和电磁转矩都为零。

    A. 正确   B. 错误

【参考答案与解析】

1. B
2. A。[解析] 起动瞬间相当于堵转，起动电流的大小与空载起动还是重载起动无关。
3. B。[解析] 减压起动不能兼顾起动电流小和起动转矩大的要求，它是以减小起动转矩为代价来降低起动电流。
4. A
5. C。[解析] 恒转矩负载时，在稳定状态下，电磁转矩等于负载转矩。
6. B   7. B   8. A   9. A   10. B   11. B   12. B
13. A。[解析] 负载转矩不变，则电磁转矩也不变。从电磁转矩的表达式可以看出电磁转矩不变，则 R'_2/s 也保持不变，即转子回路的总电阻保持不变，因此等效电路中的电阻和电抗都保持不变，因此电流也不变。变化的是转速的大小。
14. B
15. A。[解析] 定转子磁场在气隙圆周中相互作用形成了合成磁场，合成磁场在转子绕组中产生感应电动势，感应电动势滞后于合成磁场 90°。感应电流滞后于感应电动势转子阻抗角。因此由转子电流产生的同相位的转子磁场滞后于合成磁场一个角度，这个角度等于 90° 加上转子阻抗角。
16. D   17. A   18. A   19. C
20. B。[解析] 变极调速需要专门的变极调速电机，一般为双速或三速调速电机。
21. B   22. B
23. B。[解析] 铭牌上的"额定电压 380/220V，接线 Y/△"含义是当 Y 接法时，额定线电压为 380V，△接法时额定线电压为 220V。只有在正常运行为△接法时，才可以采用星三角起动。
24. B   25. A
26. C。[解析] 最大转矩的大小与转子电阻无关，转子电阻的大小只会改变发生最大转矩时的转差率。
27. A   28. A
29. B。[解析] 罩极电机的转向是固定的，只能由未罩极部分转向罩极部分。
30. C   31. B   32. B   33. D
34. B。[解析] 负载转矩不变，则电磁转矩也不变，因此等效电路中的电阻和电抗都保持不变。功率因数实际上取决于等效电路的阻抗，阻抗不变，功率因数也不变。参考第 13 题解析。
35. B   36. A
37. B。[解析] 恒转矩负载时串电阻调速，转子回路的总电阻 R'_2/s 保持不变。串入 2 倍的电阻，传入后的电阻为原来的 3 倍，因此转差率也为原来的 3 倍。
38. A   39. A   40. D   41. D   42. A
43. D。[解析] 负载转矩不变，则电磁转矩也不变，则电流不变。铝的电阻率大于铜，铜条换成铝条，转子的电阻变大，R_2'/s 不变，因此转差率也变大，转速降低。参考第 13 题解析。

44. A

45. A。[解析] 恒定负载稳定运行时，电磁转矩就等于负载转矩。

46. A　47. A　48. C　49. C　50. A　51. C　52. B　53. D　54. B　55. A　56. BCD　57. ABC　58. ACD　59. A　60. B　61. C　62. C　63. A　64. C　65. B　66. A　67. B

第二部分

电力系统分析

第一单元　电力系统的基本概念

一、主要知识点

(一) 电力系统的组成与特点

1. 电力系统的组成

电力系统是由发电厂、电网和用户三大部分组成的发电、输电、变电、配电和用电的一个整体，如图2-1所示。

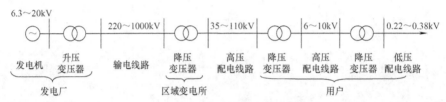

图2-1　电力系统组成示意图

发电厂：火电、水电、核电以及风力发电、太阳能光伏发电等。

电网：变电站（所）及其所连接的各个电压等级的电力线路。电网又分为输电网（区域电网，220kV及以上）和配电网（地区电网，110kV及以下）。

电力用户：一般中小型电力用户供电电压等级为10kV，大型电力用户（负荷容量10000kVA以上）供电电压为35～110kV，特大型电力用户供电电压可达220kV。

2. 电力系统的特点

（1）发电、输电、变电、配电、用电是同时进行的，电能不能大量储存。

（2）暂态过程十分迅速。

3. 对电力系统运行的基本要求

（1）安全。包括人身安全和设备安全。

（2）可靠。一级负荷无论系统正常运行还是发生故障，不允许停电，必须有两个独立电源供电。对二级负荷，应采用双回线路或专线供电。

（3）优质。电能质量指标包括频率、电压和波形。

（4）经济。经济运行指标包括燃料消耗率、网损率和厂用电率。

(二) 电力系统的额定电压

1. 电力线路的额定电压等级

低压：380/220V、660/380V。

高压交流：3kV、6kV、10kV、35kV、60kV、110kV、220kV、330kV、500kV、800kV、1000kV。

高压直流：±500kV、±600kV、±800kV、±1100kV。

2. 变压器的额定电压

（1）一次绕组额定电压：如与发电机直接相连（发电厂升压变压器），则一次绕组额定电压等于发电机额定电压；若接在电力线路上，则一次绕组额定电压等于电力线路额定电压。

(2) 二次绕组额定电压：指变压器空载电压，为 1.1 倍二次线路额定电压（若二次线路较短，则为 1.05 倍二次线路额定电压）。

3. 开关设备的额定电压

开关设备的额定电压规定为系统最高电压，具体如下：

3~10kV 线路的开关设备：为线路额定电压的 1.2 倍，有 3.6kV、7.2kV、12kV。

35~220kV 线路的开关设备：为线路额定电压的 1.15 倍，有 40.5kV、72.5kV、126kV、252kV。

330kV 及以上线路的开关设备：为线路额定电压的 1.1 倍，有 363kV、550kV 等。

（三）电力负荷

1. 有关概念

综合用电负荷：用户消耗的功率之和。异步电动机所占比例最大。

供电负荷：综合用电负荷和网损。

发电负荷：供电负荷和（发电厂）厂用电功率。

2. 负荷曲线

负荷曲线：负荷随时间变化的曲线。分为日负荷曲线（连续形、阶梯形两种）和年最大负荷曲线（一年中逐日最大负荷形成的曲线）、年持续负荷曲线（全年各个小时的负荷大小及其累计持续时间的顺序排列而形成的曲线）。又可分为有功负荷曲线和无功负荷曲线。

负荷率：反映负荷曲线的起伏程度，负荷率 = 日平均负荷/日最大负荷。

年最大负荷利用小时数（T_{max}）= 负荷全年消耗的电能/年最大负荷。

（四）电力系统中性点的接地方式

1. 电力系统中性点接地方式的类型

电力系统的中性点是指绕组接成星形的变压器、发电机及同步调相机的中性点。

电力系统中性点的接地方式主要有以下 4 种：

(1) 中性点不接地。适用于 3~60kV 的系统：

① 3~6kV 系统，单相接地电流（接地电容电流）不大于 30A。

② 10kV 系统，单相接地电流不大于 20A。

③ 20~60kV 系统，单相接地电流不大于 10A。

(2) 中性点经消弧线圈接地。3~60kV 不符合中性点不接地的系统，采用这种接地方式。

(3) 中性点经电阻接地。单相接地电流超过允许值时，也可采用中性点经电阻接地。又分为高电阻接地和中值电阻接地。这种接地方式一般用于发电厂厂用电系统。

(4) 中性点直接接地。

① 低压电网 TN 型式：配电变压器低压侧星形联结的绕组中性点直接接地，并引出中性线，采用保护接地。保护线与中性线共用的系统称为 TN‑C 系统（三相四线制）；保护线与中性线分开的系统称为 TN‑S 系统。

② 110kV 及以上的高压系统：我国 110kV 系统多采用中性点直接接地方式，220kV 及以上系统一律采用中性点直接接地方式。为了减小单相接地短路电流，可采用中性点经小电抗接地，以增大零序电抗。

2. 小电流接地系统的运行特点

中性点不接地或经消弧线圈或经电阻接地的系统叫作小电流接地系统，也称为非有效接地系统。

小电流接地系统发生单相接地故障时，对于金属性接地故障，非故障相对地电压升高到线电压，系统线电压不变，产生接地电流（对地电容电流）。系统只有一点接点时，允许继续运行2小时。

3. 消弧线圈的补偿方式

当中性点经消弧线圈接地系统发生单相接地时，流过消弧线圈的电感电流 I_L 与单相接地电容电流 I_C 方向相反，其大小分别为：

$$I_L = \frac{U_\varphi}{\omega L}, \quad I_C = 3\omega C U_\varphi \tag{2-1}$$

式中，U_φ 为系统相电压；C 为每相对地电容。

（1）全补偿。$I_L = I_C$，构成谐振条件，不能采用。

（2）欠补偿。$I_L < I_C$，当部分线路切除时，对地电容电流将减小，同样可能构成谐振条件，所以这种补偿方式也不能采用。

（3）过补偿。$I_L > I_C$，广泛采用这种方式。

二、模拟测试题

1. ［单选题］电力系统是由发电厂、（　　）和电力用户三部分组成的。
   A. 变电站　　　　B. 供电系统　　　　C. 电网　　　　D. 电力线路

2. ［单选题］我国现有最高交流输电电压等级和最高直流输电电压等级分别是（　　）。
   A. 500kV，±500kV　　　　　　　　B. 800kV，±800kV
   C. 1000kV，±800kV　　　　　　　D. 1000kV，±1100kV

3. ［多选题］下列（　　）属于可再生能源发电。
   A. 水电　　　　B. 核电　　　　C. 风力发电　　　　D. 太阳能光伏发电

4. ［单选题］中小型电力用户供电电源电压一般为（　　）。
   A. 35kV　　　　B. 10kV　　　　C. 6kV　　　　D. 380/220V

5. ［单选题］下列（　　）不是电能质量指标。
   A. 电压偏移　　　　B. 频率偏移　　　　C. 谐波含量　　　　D. 供电功率

6. ［单选题］火电厂的发电机组是（　　）。
   A. 汽轮机与同步发电机　　　　　　B. 水轮机与同步发电机
   C. 双馈异步发电机组　　　　　　　D. 永磁同步发电机组

7. ［单选题］电力系统A、B、C三相导体依次用（　　）颜色标识。
   A. 黄、绿、红　　　B. 绿、黄、红　　　C. 红、黄、绿　　　D. 绿、红、黄

8. ［单选题］对电力系统运行的基本要求是（　　）。
   A. 在优质前提下，保证安全，力求经济　　　B. 在经济前提下，保证安全，力求优质
   C. 在安全前提下，保证质量，力求经济　　　D. 在优质前提下，力求经济，保证质量

9. ［单选题］对于一级负荷比例比较大的电力用户，应采用的供电方式为（　　）。

A. 双回线路　　　B. 两个独立电源　　C. 专线　　　　D. 单回放射线路

10. [单选题] 根据我国现行规定，大型电力系统正常运行情况下频率偏移不得超过（　　）。

A. ±0.5Hz　　　B. ±0.2Hz　　　C. ±1Hz　　　D. ±0.1Hz

11. [单选题] 衡量电力系统运行经济性的主要指标是（　　）。

A. 燃料消耗率、厂用电率、网损率　　　B. 燃料消耗率、建设投资、网损率
C. 网损率、建设投资、电压畸变率　　　D. 网损率、占地面积、建设投资

12. [单选题] 将220kV降为110kV的变压器，其额定电压比为（　　）。

A. 220kV/110kV　　B. 220kV/121kV　　C. 242kV/121kV　　D. 242kV/110kV

13. [单选题] 低压电网额定电压为380/220V，则配电变压器二次绕组额定电压为（　　）。

A. 380/220V　　B. 400/230V　　C. 399/231V　　D. 418/242V

14. [单选题] 三绕组变压器将110kV电压降为35kV和10kV两个等级，则其额定电压比为（　　）。

A. 121kV/38.5kV/11kV　　　　B. 110kV/38.5kV/11kV
C. 110kV/36.75kV/10.5kV　　D. 110kV/35kV/10kV

15. [单选题] 110kV电网中使用的断路器的额定电压为（　　）kV。

A. 110　　　B. 121　　　C. 126　　　D. 115.5

16. [单选题] 电力系统中用户用电设备消耗功率总和称为（　　）。

A. 发电负荷　　B. 综合用电负荷　　C. 供电负荷　　D. 备用负荷

17. [单选题] 供电负荷与厂用电之和称为（　　）。

A. 发电负荷　　B. 综合供电负荷　　C. 用电负荷　　D. 工业负荷

18. [单选题] 图2-2为某用户年持续负荷曲线，年最大负荷利用小时数为（　　）小时。

A. 8760　　　B. 6000　　　C. 4928　　　D. 3680

19. [单选题] 图2-2显示的年平均负荷为（　　）MW。

A. 60　　　　　　　　　　B. 50
C. 56.3　　　　　　　　　D. 45.8

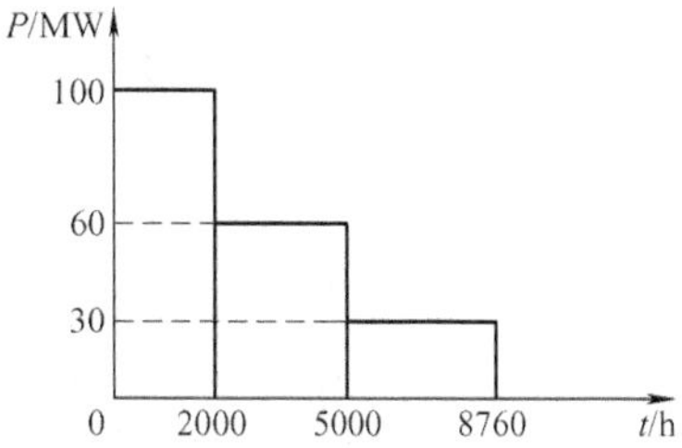

20. [判断题] 负荷率大有利于提高设备利用率和运行经济性。（　　）

A. 正确　　　B. 错误

21. [单选题] 我国110kV及以上电压等级系统采用中性点接地方式是（　　）。

A. 不接地　　　　　　　B. 经消弧线圈接地
C. 直接接地　　　　　　D. 非有效接地

图 2-2

22. [多选题] 根据不同情况，3~60kV系统采用的中性点接地方式有（　　）。

A. 直接接地　　B. 不接地　　C. 经消弧线圈接地　　D. 经电阻接地

23. [单选题] 电力系统中性点经消弧线圈接地时，应采用的补偿方式为（　　）。

A. 过补偿　　B. 欠补偿　　C. 全补偿　　D. 全补偿或欠补偿

24. [单选题] 采用全补偿方式的中性点经消弧线圈接地系统在发生单相接地时，系统

可能会（　　）。
  A. 产生谐振　　　B. 失去稳定　　　C. 保护误动　　　D. 接地电流增加

25. [多选题] 中性点不接地系统发生单相接地时，会出现（　　）。
  A. 非故障相对地电压升高　　　　B. 产生接地电流
  C. 线电压发生变化　　　　　　　D. 中性点对地压发生变化

26. [单选题] 中性点不接地系统发生单相接地时，中性点对地电压为（　　）。
  A. 0　　　　B. 线电压　　　　C. 相电压　　　　D. 不能确定

27. [判断题] 10kV 电力线路用的电缆其对地绝缘按相电压设计即可。（　　）
  A. 正确　　　　B. 错误

28. [判断题] 电压和长度相同的电缆线路其接地电容电流比架空线路大得多。（　　）
  A. 正确　　　　B. 错误

29. [单选题] 某 10kV 配电网的单相接地电容电流为 30A，如果通过消弧线圈接地补偿，要将单相接地时流过接地点的电流减小到 10A，则消弧线圈的电流应为（　　）。
  A. 20A　　　　B. 10A　　　　C. 40A　　　　D. 30A

30. [单选题] 10kV 电网单相接地时流过接地点的电容电流为 35A，如要把单相接地时流过接地点的电流补偿到 20A，则所需消弧线圈的电感系数为（　　）。
  A. 0.334H　　　B. 0.579H　　　C. 1.225H　　　D. 2.121H

31. [判断题] 采用中性点非有效接地的系统有利于提高供电可靠性。（　　）
  A. 正确　　　　B. 错误

32. [单选题] 低压三相四线制线路的 PEN 线是（　　）。
  A. 中性线　　　B. 保护线　　　C. 保护中性线　　　D. 地线

33. [单选题] 10kV 配电变压器高压绕组接成三角形，低压绕组接成星形且中性点直接接地，则变压器绕组联结组标号为（　　）。
  A. Yyn0　　　B. Dyn0　　　C. Dyn11　　　D. Dy11

34. [单选题] 220kV 三绕组变压器将电压分别降为 110kV 和 35kV，220kV 和 110kV 绕组均接成星形且中性点直接接地，35kV 绕组接成三角形，则变压器绕组联结组标号为（　　）。
  A. YN,yn0,d11　　　　　　B. YN,yn0,d0
  C. YN,yn11,d11　　　　　D. YN,d11,yn0

35. [单选题] 变压器中性点经消弧线圈接地是为了（　　）。
  A. 提高电网的电压水平　　　　B. 限制变压器故障电流
  C. 补偿电网系统单相接地时的电容电流　D. 消除潜供电流

36. [单选题] 发电机的中性点不能采用以下哪种接地方式（　　）。
  A. 不接地　　　B. 直接接地　　　C. 经消弧线圈接地　　　D. 经高阻接地

37. [判断题] 中性点直接接地系统的单相接地短路电流可能大于三相短路电流。（　　）
  A. 正确　　　　B. 错误

38. [判断题] 为了减小中性点直接接地系统的单相接地短路电流，可将中性点经小电抗接地。（　　）
  A. 正确　　　　B. 错误

【参考答案与解析】

1．C　2．D　3．ACD　4．B　5．D　6．A　7．A　8．C　9．B　10．B　11．A　12．B

13．B。[解析] 低压线路较短，不考虑线路的电压损失，变压器二次绕组额定电压比线路额定电压高5%即可（补偿变压器内部阻抗上的电压损失），取标准值为400/230V。

14．B　15．C　16．B　17．A　18．C

19．C。[解析] 年平均负荷 = 年电能消耗量/8760h。

20．A。[解析] 负荷率大说明负荷变化小，比较平稳，这是系统运行所希望的。

21．C　22．BCD　23．A　24．A　25．ABD　26．C

27．B。[解析] 10kV系统属于中性点非有效接地（不接地或经消弧线圈接地），这种系统发生单相接地时，对地电压会升高到线电压，所以电缆和电气设备的对地绝缘应该按线电压来设计。

28．A

29．C。[解析] 消弧线圈流过的电感电流与接地电容电流方向相反，采用过补偿，电感电流为40A时，单相接地时流过接地点的电流才能减小到10A。

30．[答案] A。[解析] 采用过补偿方式，使电感电流为55A，根据式(2-1) 可计算出 $L = 0.334H$（注意10kV是线电压）。

31．A。[解析] 中性点非有效接地系统（不接地或经过消弧线圈接地）发生单相接地故障时，系统线电压不变，接地电流比正常负荷电流要小得多，因此允许系统继续运行而不需要中断供电。

32．C　33．C　34．A

35．C。[解析] 当故障线路的故障相两侧切除后，非故障相与断开相之间存在的电容耦合和电感耦合继续向故障相提供的电流称为潜供电流。

36．B。[解析] 由于发电机存在一定的对地电容，若中性点采用直接接地方式，当发电机绕组发生单相接地短路故障时，将会产生较大的接地电流（一般为数安至数十安），接地故障处产生断续电弧，出现间歇性弧光过电压，这将损伤发电机定子绝缘，造成匝间或相间短路，扩大事故范围，严重时将烧伤定子铁心。

37．A　38．A

第二单元　电力系统各元件特性及数学模型

一、主要知识点

（一）电力线路参数和等效电路

1. 电力线路的结构

电力线路分为架空线路和电缆线路两类。

架空线路的特点有：

(1) 架空线路由导线、避雷线、杆塔、绝缘子和金具构成。

(2) 导线种类：铜绞线、铝绞线、钢芯铝绞线。220kV 及以上线路采用扩径导线和分裂导线。

(3) 分裂导线：每相导线分裂为几根导线（一般 2~4 根），改变了导线周围的磁场分布，等效增大了导线半径，减小了电抗，有利于抑制电晕（导线周围空气电离）。

(4) 导线换位：200km 以上的 220kV 以上架空线路要进行换位，使各相参数平衡。

2. 电力线路的参数

(1) 电阻。每相导线单位长度电阻 $r_1 = \rho/S$，其电阻率略大于直流电阻率。

(2) 电抗。反映导线周围的磁场效应。电抗值与导线几何均距、导线半径为对数关系，工程计算中高压架空线路单位长度电抗值取为 $0.4\Omega/\mathrm{km}$。

(3) 电纳。反映导线周围的电场效应，包括相与相之间电容和对地电容。

(4) 电导。反映绝缘子泄漏损耗和导线电晕损耗。泄漏损耗一般很小，可忽略不计。当线路上工作电压低于电晕临界电压时，就不会发生电晕。110kV 及以上电力线路通常按晴好天气下不发生电晕确定导线半径。

电缆线路结构完全不同，一般查手册确定参数。

3. 电力线路的等效电路

Π 形等效电路如图 2-3 所示。

(1) 短电力线路（<100km，≤60kV）：可不计导纳。

(2) 中等长度电力线路（110~220kV，100~300km）：要计电纳而不计电导。

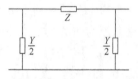

图 2-3 电力线路的 Π 形等效电路

(3) 长线路（300km 以上的架空线路和 100km 以上的电缆线路）：需考虑分布参数特性。

4. 波阻抗与自然功率

对于无损耗（忽略电阻和电导）的长线路，其波阻抗 Z_C 和传播系数 γ 分别为

$$Z_C = \sqrt{L_0/C_0} ; \gamma = j\omega \sqrt{L_0 C_0} \tag{2-2}$$

式中，L_0、C_0 分别为单位长度线路的电感和电容。

自然功率也称为波阻抗负荷，是指负荷阻抗为波阻抗时该负荷消耗的功率，自然功率的值为

$$P_N = U_N^2/Z_C \tag{2-3}$$

(1) 当线路上传输自然功率时，线路上电感消耗的无功功率等于电容产生的无功功率，线路上各点电压、电流幅值都是一样的，电压与电流同相位。

(2) 如果线路上传输功率超过自然功率，线路电感吸收的无功功率大于电容产生的无功功率，末端电压低于首端电压，电流滞后电压。

(3) 如果线路上传输功率小于自然功率，则与 (2) 相反。

（二）变压器、电抗器的参数和等效电路

电力系统中的变压器有普通双绕组变压器、普通三绕组变压器、三绕组自耦变压器和单相变压器组（用于 500kV 及以上系统）。

1. 双绕组变压器

双绕组变压器 Γ 形等效电路如图 2-4 所示。各参数计算式如下：

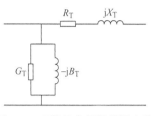

$$\left.\begin{aligned} R_T &= \frac{P_k U_N^2}{S_N^2} \\ X_T &= \frac{U_k \% U_N^2}{100 S_N} \\ G_T &= \frac{P_0}{10^3 U_N^2} \\ B_T &= \frac{I_0 \% S_N}{100 U_N^2} \end{aligned}\right\} \quad (2\text{-}4)$$

图 2-4 双绕组变压器等效电路

式中，U_N、S_N、P_0、P_k、$U_k\%$、$I_0\%$ 分别为变压器额定电压（kV）、额定容量（kVA）、空载损耗（kW）、短路损耗（kW）、短路电压百分数、空载电流百分数；常数 100 和 10^3 只是单位换算所带来的；U_N 取高压侧的电压，则参数归算到高压侧，取低压侧的电压则参数归算到低压侧。

2. 三绕组变压器

三绕组变压器等效电路如图 2-5 所示。

（1）绕组的排列方式。

升压变压器：最外层至铁心依次为高压绕组、低压绕组、中压绕组。这样排列是使一次绕组（低压绕组）与两个二次绕组的漏抗都不太大。

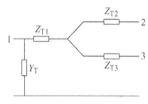

图 2-5 三绕组变压器等效电路

降压变压器：最外层至铁心依次为高压绕组、中压绕组、低压绕组。

（2）电阻。一是制造厂给出的短路损耗是两个绕组之间的损耗（另一绕组开路），要计算出三个绕组各自的短路损耗。二是三绕组变压器有 100/100/100、100/100/50、100/50/100 三种容量比，要将容量为 50% 绕组的短路损耗归算到额定容量（100%）下的绕组短路损耗，即将 50% 绕组的短路损耗乘以 4 归算到额定容量下的短路损耗。求出每个绕组的短路损耗，再套用式(2-4) 计算每个绕组的电阻。

（3）电抗。根据给出的两个绕组之间的短路电压百分数，计算出三个绕组各自的短路电压百分数（制造厂给的数据已归算到额定容量，无须再归算），套用式(2-4) 计算每个绕组的电抗。

（4）导纳。与双绕组变压器计算完全一样。

3. 电抗器

电抗器的电阻一般忽略不计，其等效电路为纯电抗电路，其电抗值为

$$X_L = \frac{X_L \% U_N}{100 \sqrt{3} I_N} \quad (2\text{-}5)$$

（三）发电机、负荷的参数和等效电路

1. 发电机的电抗和等效电路

发电机的电抗为

$$X_G = \frac{X_G\%}{100} \times \frac{U_N}{\sqrt{3} I_N} = \frac{X_G\%}{100} \times \frac{U_N^2}{S_N} = \frac{X_G\%}{100} \times \frac{U_N^2 \cos\varphi_N}{P_N} \tag{2-6}$$

电压源表示的等效电路如图2-6所示。

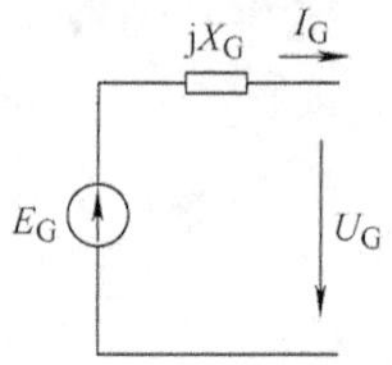

2. 负荷

负荷复功率：$S = P + jQ$。

（四）电力网络的等效电路

1. 变压器变比

电力网中各元件参数要归算到同一个电压等级（基本级），这与变压器的变比有关。

图2-6 以电压源表示的发电机等效电路

（1）额定变比：主分接头（对应额定电压）电压与低压绕组额定电压之比。

（2）实际变比：实际分接头电压与低压绕组额定电压之比。

（3）近似变比：变压器两侧平均额定电压（1.05倍的线路额定电压）之比。

2. 以有名值表示的等效网络

将不同电压级各元件的参数归算至同一电压等级（基本级）。基本级一般取网络中最高电压级，也可以取其他某一电压级。有名值归算按下式计算

$$\left. \begin{array}{l} R = R(K_1 K_2 \cdots K_n)^2 \\ X = X(K_1 K_2 \cdots K_n)^2 \end{array} \right\} \tag{2-7}$$

即 R、X 的值与电压的二次方成正比，而 G、B 的值与电压的二次方成反比。

3. 以标幺值表示的等效网络

（1）基准值的选取。基准容量 S_B 可取为某发电机或变压器的额定容量，更多地选为 100MVA、1000MVA。基准电压可取为基本级额定电压或各级平均额定电压。基准阻抗和基准电流为

$$Z_B = \frac{U_B^2}{S_B}, \quad I_B = \frac{S_B}{\sqrt{3} U_B} \tag{2-8}$$

（2）标幺值计算。按平均额定电压之比计算各元件标幺值为

$$\left. \begin{array}{l} X_{G*} = \dfrac{X_G\%}{100} \times \dfrac{S_B}{S_N} \\[6pt] X_{T*} = \dfrac{U_K\%}{100} \times \dfrac{S_B}{S_N} \\[6pt] X_{I*} = x_1 l \dfrac{S_B}{U_{av.n}^2} \\[6pt] X_{L*} = \dfrac{X_L\%}{100} \times \dfrac{U_N}{\sqrt{3} I_N} \times \dfrac{S_B}{U_{av.n}^2} \end{array} \right\} \tag{2-9}$$

二、模拟测试题

1. ［判断题］电力线路交流电阻大于直流电阻。（　　）

A. 正确　　　　　　B. 错误

2. [判断题] 超高压长距离输电线路每隔一定距离要进行换位。（　　）
A. 正确　　　　　　B. 错误

3. [单选题] 架空线路采用分裂导线的目的是（　　）。
A. 减小电阻　　B. 防止断线　　C. 提高载流能力　　D. 抑制电晕

4. [多选题] 关于电力线路电晕的描述正确的是（　　）。
A. 电晕是导线周围空气电离现象
B. 当输电线路电压超过电晕临界电压时就会产生电晕
C. 电力线路发生电晕将消耗有功功率
D. 采用分裂导线能降低导线周围的电场强度，从而减小或抑制电晕

5. [单选题] 下列参数（　　）反映电力线路的电晕损耗和沿绝缘子的泄漏损耗。
A. 电阻　　　　B. 电抗　　　　C. 电导　　　　D. 电纳

6. [单选题] 下列参数（　　）反映电力线路相间电容和相对地电容。
A. 电阻　　　　B. 电抗　　　　C. 电导　　　　D. 电纳

7. [判断题] 分裂导线的电抗小于同截面单导线的电抗。（　　）
A. 正确　　　　　　B. 错误

8. [单选题] 下列说法中不正确的是（　　）。
A. 高压线路的电抗比电阻大得多
B. 架空线路的电抗比电缆线路的电抗大得多
C. 同一线路的交流电阻略大于直流电阻
D. 表面光滑导线比表面粗糙导线更易发生电晕

9. [判断题] 长电力线路的传输特性不同于中、短长度电力线路的传输特性。（　　）
A. 正确　　　　　　B. 错误

10. [判断题] 输电线路越长，其波阻抗越大。（　　）
A. 正确　　　　　　B. 错误

11. [单选题] 在超高压输电线路中，当线路输送功率等于自然功率时，线路末端电压（　　）线路首端电压。
A. 等于　　　　B. 高于　　　　C. 低于　　　　D. 不能确定

12. [判断题] 输电线路负荷端电压总是低于电源端电压。（　　）
A. 正确　　　　　　B. 错误

13. [单选题] 变压器的电阻可根据变压器的（　　）计算出来。
A. 空载损耗　　B. 铁耗　　　　C. 短路损耗　　D. 空载电流百分数

14. [单选题] 变压器的电抗可根据变压器的（　　）计算出来。
A. 短路电压百分数　B. 空载损耗　　C. 短路损耗　　D. 空载电流百分数

15. [单选题] 变压器的电导可根据变压器的（　　）计算出来。
A. 短路损耗　　B. 短路电压百分数　C. 空载损耗　　D. 空载电流百分数

16. [单选题] 变压器的电纳可根据变压器的（　　）计算出来。
A. 短路损耗　　B. 短路电压百分数　C. 空载损耗　　D. 空载电流百分数

17. [单选题] 三绕组升压变压器铁心上中间层绕组为（　　）。
A. 高压绕组　　B. 中压绕组　　C. 低压绕组　　D. 不一定

18. [单选题] 三绕组降压变压器铁心上中间层绕组为（　　）。
    A. 高压绕组　　　B. 中压绕组　　　C. 低压绕组　　　D. 不一定

19. [单选题] 三绕组自耦变压器（　　）绕组共用一部分绕组。
    A. 高压与中压　　B. 高压与低压　　C. 中压与低压　　D. 高压、中压与低压

20. [多选题] 三绕组降压变压器的容量比可以是下列（　　）。
    A. 100/100/100　　B. 100/100/50　　C. 100/50/100　　D. 50/100/100

21. [单选题] 在计算容量比为 100/100/50 的三绕组变压器电阻时，应将制造厂给出的 1-3 绕组、2-3 绕组的短路损耗乘以（　　），归算到变压器额定容量时的值。
    A. 2　　　　　　B. 4　　　　　　C. 1/2　　　　　D. 1/4

22. [单选题] 电抗器的等效电路为（　　）。
    A. 电阻与电感串联　B. 纯电感　　　C. 电阻与电感并联　D. 电阻与电容串联

23. [单选题] 电力系统等效电路中，所有参数应归算到同一电压等级（即基本级），关于基本级的选择，下述说法正确的是（　　）。
    A. 必须选择最高电压等级作为基本级
    B. 在没有明确要求的情况下，选择最高电压等级作为基本级
    C. 在没有明确要求的情况下，选择最低电压等级作为基本级
    D. 选择发电机电压等级作为基本级

24. [单选题] 关于电力系统等效电路参数计算时变压器变比的选择，下述说法正确的是（　　）。
    A. 精确计算时采用实际变比，近似计算时采用平均额定变比
    B. 近似计算时采用实际变比，精确计算时采用平均额定变比
    C. 不管是精确计算还是近似计算均应采用额定变比
    D. 不管是精确计算还是近似计算均应采用平均额定变比

25. [单选题] 电力系统等效电路参数近似计算中，变压器的变比采用（　　）。
    A. 实际变比　　　　　　　　　B. 额定变比
    C. 平均额定变比　　　　　　　D. 最大分接头（抽头）变比

26. [单选题] 下列负荷中，功率因数最大的是（　　）。
    A. (4+j3)MVA　　B. (5+j4)MVA　　C. (6+j4)MVA　　D. (5+j3)MVA

27. [单选题] 一台容量为 20MVA 的 110kV/11kV 降压变压器高压侧额定电流为（　　）。
    A. 105A　　　　B. 181.9A　　　C. 1049.8A　　　D. 0.1A

28. [单选题] 取基准容量为 100MVA，110kV 线路电抗为 40Ω，如果采取近似计算法，其标幺值为（　　）。
    A. 0.302　　　　B. 0.33　　　　C. 36.36　　　　D. 4840

29. [单选题] 取基准容量为 100MVA，容量为 20MVA 的 110kV/10kV 降压变压器，其短路电压百分数为 10.5%，如果采用近似计算法，其电抗标幺值为（　　）。
    A. 0.525　　　　B. 0.021　　　　C. 1.004　　　　D. 1.719

30. [单选题] 基准容量为 100MVA，一台 600MW 的发电机的功率因数为 0.85，额定电压为 11kV，次暂态电抗值为 0.112，如果采用近似计算法，其次暂态电抗标幺值为（　　）。

A. 0.01587　　　B. 0.672　　　C. 0.01877　　　D. 0.7906

31. [单选题] 变压器的额定变比为220kV/121kV，归算到高压侧的变压器电抗值为40Ω，归算到低压侧的电抗值为（　　）Ω。

A. 12.1　　　B. 22　　　C. 132.23　　　D. 20

32. [单选题] 某220kV/121kV降压变压器额定容量为120MVA，其短路电压百分数为10%，该变压器归算到高压侧的电抗值为（　　）Ω。

A. 40.3　　　B. 12.2　　　C. 0.403　　　D. 0.183

【参考答案与解析】

1. A。[解析] ①交流电流有趋肤效应；②采用绞线，实际长度大于导线长度；③计算中标称截面积大于实际截面积。

2. A。[解析] 使各相参数平衡。

3. D　4. ABCD　5. C　6. D　7. A　8. D

9. A。[解析] 长电力线路应考虑分布参数特性。

10. B。[解析] 输电线路波阻抗只与线路几何尺寸有关，与线路长度无关。

11. A

12. B。[解析] 当线路输送功率小于自然功率时，电感吸收的无功功率小于电容产生的无功功率，电压由首端至末端不断上升，尤其是线路空载时，末端电压上升更多，必须通过并联电抗器进行补偿，以防止工频电压升高。

13. C　14. A　15. C　16. D　17. C　18. B　19. A　20. ABC　21. B

22. B　23. B　24. A　25. C　26. D　27. A　28. A　29. A

30. A。[解析] 已知以发电机额定容量（600MW/0.85 = 705.88MVA）和额定电压（11kV）为基准值的次暂态电抗标幺值为0.112。当$S_B = 100$MVA、$U_B = 11$kV时，发电机次暂态电抗标幺值为 $0.112 \times 100/705.88 = 0.01587$。

31. A　32. A

第三单元　电力系统潮流分析与计算

一、主要知识点

（一）电力网功率损耗、电压降落、电能损耗

电网中主要是电力线路和变压器产生功率损耗和电压降落。

1. 电力线路的功率损耗

电力线路的功率损耗包括阻抗支路的功率损耗和导纳支路的功率损耗。由于一般$G=0$，所以导纳支路的功率损耗为电容功率，且线路始末端各一半。

$$\left.\begin{array}{l}\Delta P_z = \dfrac{P^2 + Q^2}{U^2}R \\ \Delta Q_z = \dfrac{P^2 + Q^2}{U^2}X\end{array}\right\}$$

$$\left.\begin{array}{l}\Delta Q_{y1} = \dfrac{1}{2}BU_1^2 \\ \Delta Q_{y2} = \dfrac{1}{2}BU_2^2\end{array}\right\} \quad (2\text{-}10)$$

注意：①式中功率和电压应是同一端的；②一相损耗与三相损耗形式是一样的，若功率是三相功率，电压为线电压，则损耗就是三相损耗。

2. 电力线路的电压降落

线路上电压降落分为纵分量 ΔU 和横分量 δU，如图 2-7 所示，计算式如下（注意式中功率和电压应是同一端的）：

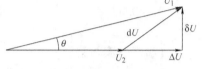

$$\Delta U = \dfrac{PR + QX}{U};\ \delta U = \dfrac{PX - QR}{U} \quad (2\text{-}11)$$

图 2-7　电力线路的电压降落

电压损耗：始末端电压代数差。纵分量 ΔU 可近似代替电压损耗。

电压偏移：实际电压与额定电压的数值差，常用百分数表示。

输电效率：电力线路末端输出的有功功率与电力线路始端输入的有功功率之比。

3. 变压器的功率损耗和电压降落

变压器阻感支路的功率损耗和变压器电压降落的计算与电力线路一样。励磁支路功率损耗为

$$\Delta S_{yT} \approx P_0 + jI_0\%S_N \quad (2\text{-}12)$$

4. 电能损耗

（1）电力线路电能损耗。根据 $T_{\max}$ 和 $\cos\varphi$ 查最大负荷损耗时间 $\tau_{\max}$，全年电能损耗 $\Delta W_Z = \Delta P_{\max}\tau_{\max}$。

（2）变压器的电能损耗。变压器铜耗与线路计算方法完全一样。铁耗为 $P_0 \times$ 运行时间。

（二）开式网络的潮流计算

1. 电力系统接线方式

（1）开式网络：放射式、干线式、链式。

（2）环形网络。

（3）两端供电网络。

2. 运算负荷与运算功率

（1）运算负荷：流出电力线路阻抗中的功率，即负荷功率 + 变电站功率损耗 + 电力线路导纳支路功率损耗的一半。

（2）电源功率：发电机电压母线送至系统的功率。

（3）等值电源功率：发电机高压母线送至系统的功率。

（4）运算功率：送入电力线路阻抗中的功率，即等值电源功率 + 输电线路导纳支路功率损耗的一半。

3. 开式网络潮流计算的两种情形

（1）已知末端负荷和末端电压。由末端逐步向始端推算。

（2）已知末端负荷和始端电压。先假定全网电压为额定电压，由末端向始端推算功率分布，然后由始端开始推算各点电压。

(三) 输电线路的运行特性

1. 空载运行特性

输电线路空载时，线路呈容性，线路末端电压将高于首端电压。实际上，输电线路轻载时也会产生末端电压升高现象。通常在线路末端安装并联电抗器进行补偿。

2. 输电线路的传输功率极限

输电线路传输功率与线路两端电压的大小及其相位差 θ 之间的关系为

$$P = \frac{U_1 U_2}{X} \sin\theta \tag{2-13}$$

3. 输电线路功率与电压的定性关系

有功功率从电压超前的一端向电压滞后一端传送；无功功率从电压高的一端向电压低的一端传送。

(四) 简单闭式网络的潮流计算

1. 力矩法求环形网络的功率分布

对于图 2-8 所示的网络，电源输送至两条线路的功率为

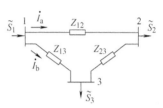

图 2-8 简单环形网络

$$\left. \begin{array}{l} \tilde{S}_a = \dfrac{(Z_{23}^* + Z_{13}^*)\tilde{S}_2 + Z_{13}^* \tilde{S}_3}{Z_{12}^* + Z_{23}^* + Z_{13}^*} \\[2mm] \tilde{S}_b = \dfrac{(Z_{23}^* + Z_{12}^*)\tilde{S}_3 + Z_{12}^* \tilde{S}_2}{Z_{12}^* + Z_{23}^* + Z_{13}^*} \end{array} \right\} \tag{2-14}$$

式 (2-14) 相当于在节点 1 把网络打开，成为两端供电网络，且两端电压相等。上述是假设全网电压为额定电压且无功率损耗。

2. 功率分点

两侧流入功率的节点为功率分点。有功分点和无功分点可能不在同一节点。

3. 两端供电网络的潮流计算

两端电压不相等的两端供电网络如图 2-9 所示，每个电源提供的功率由两部分组成，一部分是两端电压相等时分布的功率（与上述简单环形网计算方法完全一样）；另一部分是由于两端电压不相等而产生的环形功率 S_c。

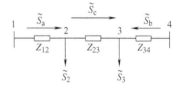

图 2-9 两端供电网络

$$\tilde{S}_c = \frac{U_N \mathrm{d}U^*}{Z_{12}^* + Z_{23}^* + Z_{13}^*} \tag{2-15}$$

4. 环形网络中的自然功率分布和经济功率分布

(1) 自然功率分布：环形网络中潮流按阻抗共轭值成反比分布。

(2) 经济功率分布：环形网络中潮流按有功功率损耗最小分布。

(3) 调整控制潮流的手段：串电容、串电抗、附加串联加压器。

(五) 电力系统潮流的计算机算法

运用计算机进行潮流计算的步骤：①建立电力网络的数学模型；②确定求解方法；③制定计算流程和编制计算程序。

1. 电力网络的数学模型

(1) 节点导纳矩阵。

对于图 2-10 所示的网络，可以列出其节点导纳矩阵

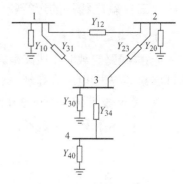

$$\begin{bmatrix} \dot{I}_1 \\ \dot{I}_2 \\ \cdots \\ \dot{I}_n \end{bmatrix} = \begin{bmatrix} Y_{11} & Y_{12} & \cdots & Y_{1n} \\ Y_{21} & Y_{22} & \cdots & Y_{2n} \\ \cdots & \cdots & \cdots & \cdots \\ Y_{n1} & Y_{n2} & \cdots & Y_{nn} \end{bmatrix} \begin{bmatrix} \dot{U}_1 \\ \dot{U}_2 \\ \cdots \\ \dot{U}_n \end{bmatrix} \quad (2\text{-}16)$$

图 2-10 电力网络等效电路

节点导纳矩阵具有以下特点：

① n 个节点的网络，其节点导纳矩阵为 $n \times n$ 阶。

② 节点导纳矩阵为稀疏矩阵。两个节点之间若不存在直接相连接的支路（线路或变压器），则这两个节点间的导纳为 0。

③ 节点导纳矩阵为对称矩阵，即 $Y_{ij} = Y_{ji}$。

(2) 节点功率方程。

在实际的潮流计算中，已知的运行参数往往是节点的负荷和发电机的功率，而不是注入节点的电流。因此，用节点注入功率（发电机发出功率为正，负荷吸收功率为负）代替注入电流，建立节点功率方程，再求出各节点的电压，进而求出整个潮流分布。

电压可用极坐标或直角坐标表示。电压用极坐标表示的节点功率方程为

$$\left. \begin{array}{l} P_{Gi} - P_{Li} = U_i \sum\limits_{j \in i} U_j (G_{ij}\cos\theta_{ij} + B_{ij}\sin\theta_{ij}) \\ Q_{Gi} - Q_{Li} = U_i \sum\limits_{j \in i} U_j (G_{ij}\sin\theta_{ij} - B_{ij}\cos\theta_{ij}) \end{array} \right\} \quad (2\text{-}17)$$

n 个节点网络共有 $2n$ 个实数功率方程。

(3) 潮流计算中节点的分类。

在潮流计算中，每个节点有 P、Q、V 及其相位 θ 共 4 个变量。按照给定量的不同，可以将节点分为以下 3 类：

PQ 节点：给定节点的注入有功功率和注入无功功率。变电站母线、发电厂母线作为 PQ 节点。

PV 节点：给定节点的注入有功功率和节点电压有效值。这类节点必须要有足够的可调无功容量，以保证电压幅值的稳定。一般选择具有无功储备的发电厂和具有可调无功电源设备的变电站作为 PV 节点。

平衡节点：电压幅值和相位角（通常设为 0，基准节点）给定，这个节点承担系统有功平衡。全系统只有一个平衡节点。一般选择主调频发电厂为平衡节点。

2. 潮流方程的求解方法

潮流计算需要求解一组非线性代数方程。目前，非线性代数方程的求解一般采用迭代方法。牛顿-拉夫逊法是求解非线性代数方程的一种有效且收敛速度快的迭代计算方法。

除牛顿-拉夫逊法外，潮流方程求解方法还有高斯-塞德尔法、$P-Q$ 分解法。

二、模拟测试题

1. [多选题] 网损主要是下列元件参数或部件（　　）产生的电能损耗总和。

A. 电力线路电阻　　B. 变压器绕组电阻　C. 变压器铁心　　　D. 电力线路对地电容

2. [单选题] 下列（　　）的功率损耗为容性。
A. 电力线路阻抗支路　　　　　　B. 电力线路导纳支路
C. 变压器阻抗支路　　　　　　　D. 变压器导纳支路

3. [单选题] 电力线路和变压器的阻抗支路功率损耗都与（　　）成正比。
A. 电压　　　　B. 电压的二次方　　C. 复功率　　　D. 复功率的二次方

4. [单选题] 电力线路和变压器电纳上的功率损耗与（　　）成正比。
A. 电压　　　　B. 电压的二次方　　C. 复功率　　　D. 复功率的二次方

5. [单选题] 电力线路两端的电压相量之差称为（　　）。
A. 电压波动　　B. 电压损耗　　　　C. 电压偏移　　D. 电压降落

6. [多选题] 下列关于变压器铁耗的描述正确的是（　　）。
A. 铁耗是指铁心上的有功损耗　　　B. 铁耗与变压器负荷大小无关
C. 铁耗与变压器的电压有关　　　　D. 铁耗包括涡流损耗和磁滞损耗

7. [单选题] 电力线路的电压损耗是指（　　）。
A. 线路始端电压和末端电压的相量差　　B. 线路始端电压和末端电压的数值差
C. 线路末端电压和额定电压的数值差　　D. 线路始端电压和额定电压的数值差

8. [多选题] 下列措施中（　　）可以减小电力线路的电压损耗。
A. 增大导线截面　　　　　　　　B. 改变无功功率分布
C. 串联电抗　　　　　　　　　　D. 串联电容

9. [判断题] 线路输电效率指线路有功损耗与线路首端输入的有功功率的比值。（　　）
A. 正确　　　　　B. 错误

10. [多选题] 下列电力网接线方式中属于有备用接线方式的是（　　）。
A. 单回路放射式　　B. 环式　　　　C. 双回路干线式　　D. 两端供电网络

11. [单选题] 简单闭式网络主要有环形网和（　　）。
A. 放射式网络　　B. 两端供电网络　　C. 干线式网络　　D. 链式网络

12. [判断题] 无功功率分点是环形网络中电压最低点。（　　）
A. 正确　　　　　B. 错误

13. [单选题] 放射式网络中（　　）。
A. 潮流分布可以调控　　　　　　B. 潮流分布不可以调控
C. 潮流分布由线路长度决定　　　D. 潮流分布由线路阻抗确定

14. [单选题] 环形网络中自然功率的分布规律是（　　）。
A. 与支路电阻成反比　　　　　　B. 与支路电导成反比
C. 与支路阻抗共轭值成反比　　　D. 与支路电纳成反比

15. [单选题] 如果高压输电线路首、末端电压大小及其相位之间的关系为 $U_1 < U_2$、$\theta_1 > \theta_2$，则线路功率的流向是（　　）。
A. 有功功率从首端流向末端，无功功率从末端流向首端
B. 有功功率和无功功率都是从首端流向末端
C. 无功功率从首端流向末端，有功功率从末端流向首端
D. 有功功率和无功功率都从末端流向首端

16. [单选题] 在多电压等级环形网络中，改变变压器的变比（　　）。
    A. 主要改变无功功率分布   B. 主要改变有功功率分布
    C. 改变有功功率分布和无功功率分布   D. 功率分布不变

17. [多选题] 降压变电所的运算负荷是下列（　　）之和。
    A. 低压侧负荷功率   B. 变压器阻抗支路功率损耗
    C. 变压器导纳支路功率损耗   D. 变电所高压线路导纳功率的一半

18. [判断题] 环形电网中使有功功率损耗最小的功率分布应按线段的阻抗分布。（　　）
    A. 正确   B. 错误

19. [单选题] 潮流计算中的运算功率是指（　　）。
    A. 发电机电压母线送至系统的功率   B. 发电机高压母线送至系统的功率
    C. 流入电力线路阻抗中的功率   D. 电力线路阻抗中流出的功率

20. [单选题] 开式网络潮流计算一般是已知（　　）。
    A. 首端电压和首端功率   B. 首端电压和末端功率
    C. 首端功率和末端电压   D. 末端电压和末端功率

21. [单选题] 当已知开式网络首端电压和末端功率时，需采取简化措施进行潮流计算，由首端向末端推算，设全网电压都为网络的额定电压，首先计算出（　　）。
    A. 各节点电压   B. 各元件功率损耗   C. 各支路功率分布   D. 各元件电压降落

22. [单选题] 电力系统潮流计算采用的数学模型是（　　）。
    A. 节点电压方程   B. 回路电流方程   C. 割集方程   D. 支路电流方程

23. [多选题] 下列关于节点导纳矩阵说法正确的是（　　）。
    A. 节点导纳矩阵是上三角矩阵
    B. n 个节点电力系统的节点导纳矩阵为 $n \times n$ 维方阵
    C. 如果两节点没有直接的电气连接，则导纳矩阵中的互导纳为零
    D. 节点导纳矩阵是稀疏对称矩阵

24. [单选题] n 个节点的电力系统潮流计算中有（　　）个功率方程，涉及（　　）个变量。
    A. n, n B. $2n, 2n$ C. $2n, 4n$ D. $4n, 4n$

25. [单选题] 潮流计算的3类节点中，只有1个且必须有1个的是（　　）。
    A. PQ 节点   B. PV 节点   C. 平衡节点   D. PQ 节点或 PV 节点

26. [单选题] n 个节点的电力系统有 m 个 PQ 节点，则有（　　）个 PV 节点。
    A. 1   B. $n-m$ C. $n-m-1$ D. $n-m-2$

27. [单选题] 电力系统潮流计算中，平衡节点的待求量是（　　）。
    A. 节点电压大小和节点电压相位   B. 节点电压大小和无功功率
    C. 有功功率和无功功率位   D. 节点电压相位和无功功率

28. [单选题] 电力系统潮流计算中，PV 节点的待求量是（　　）。
    A. 节点电压大小和节点电压相位   B. 节点电压大小和无功功率
    C. 有功功率和无功功率   D. 节点电压相位和无功功率

29. [单选题] 下列（　　）可作为电力系统平衡节点。
    A. 大型发电厂高压母线   B. 枢纽变电站中低压母线

C. 主调频发电厂母线 D. 有一定无功储备的发电厂

30. [单选题] 装有无功补偿装置，运行中可以维持电压恒定的变电所母线可作为（ ）。
A. PQ 节点 B. PV 节点 C. 平衡节点 D. 任意类型节点

31. [单选题] 牛顿-拉夫逊迭代法的主要优点是（ ）。
A. 简单 B. 收敛速度快 C. 计算精度高 D. 占用内存少

32. [判断题] PQ 分解法适用于低压配电网潮流计算。（ ）
A. 正确 B. 错误

33. [单选题] 当输电线路首端与末端电压间相位为（ ）度时，输送的有功功率达到极限。
A. 0 B. 45 C. 90 D. 180

34. [判断题] 电力系统运行时减少网络有功损耗的措施之一是减少电力系统元件的电阻。（ ）
A. 正确 B. 错误

35. [判断题] 有两台主变的变电站，当负荷较轻时，让一台主变退出运行能减少电能损耗。（ ）
A. 正确 B. 错误

【参考答案与解析】

1. ABC 2. B 3. D 4. B 5. D 6. ABCD 7. B 8. ABD 9. B 10. BCD 11. B 12. A

13. B。[解析] 开式网络潮流分布由负荷功率决定，不可以调控。

14. C 15. A 16. A 17. ABCD

18. B。[解析] 应按线段的电阻分布。

19. C 20. B 21. B 22. A 23. BCD 24. C 25. C 26. C 27. C 28. D 29. C 30. B 31. B

32. B。[解析] 在高压电网中，由于线路电抗比电阻大得多，有功功率的分布主要和电压相位有关，无功功率的分布主要和电压幅值有关，因此可简化为只考虑有功功率对相位的偏导、无功功率对幅值的偏导，简化后形成两组分开的方程。而低压电网电阻比较大，所以 PQ 分解法不适用。

33. C。[解析] 由式(2-13) 可知。

34. B 35. A

第四单元　电力系统有功功率和频率调整

一、主要知识点

（一）电力系统有功功率的平衡

1. 频率变化的影响

系统频率↓→电动机转速↓，有功功率↓；系统频率↓→异步电动机和变压器的励磁电流↑→电力系统无功功率需求↑→系统电压↓；系统频率↓→汽轮机叶片振动。

我国规定：电力系统正常运行条件下，频率偏差限值为±0.2Hz；系统容量较小时，可放宽至±0.5Hz。

2. 电力系统负荷的变动情况及其调整

(1) 负荷的3种变动情况：

第1种：变动幅度很小，变动周期很短。

第2种：变动幅度较大，变动周期较长。

第3种：变化缓慢的持续变动负荷。

(2) 频率调整的类型：

① 一次调频。发电机组原动机调速器对第1种负荷变动引起的频率偏移进行调整。

② 二次调频。发电机调频器对第2种负荷变动引起的频率偏移进行调整。

③ 三次调频。针对第3种负荷变动，协调各发电厂之间负荷的经济分配，实现电力系统经济、稳定运行。

3. 有功功率平衡和备用容量

在任何时刻，所有发电机发出的有功功率总和($\sum P_G$) = 系统总负荷($\sum P_L$) = 所有用户的有功负荷($\sum P_D$) + 所有发电厂厂用电有功负荷($\sum P_S$) + 网损($\sum P_C$)。

为保证可靠供电和良好的电能质量，电力系统必须在额定运行参数下达到有功功率平衡，并具有一定的备用容量。备用容量按其作用分：

(1) 负荷备用。为满足系统中短时的负荷波动和一天中计划外的负荷增加而设置的备用容量。一般为系统最大负荷的2%~5%。

(2) 事故备用。使电力用户在发电设备发生偶然性事故时不受严重影响，维持系统正常供电所需的备用容量。一般为系统最大负荷的5%~10%。

(3) 检修备用。使系统中的发电设备能定期检修而设置的备用容量。

(4) 国民经济备用：计及负荷的超计划增长而设置的备用容量。一般为系统最大负荷的3%~5%。

备用容量按存在形式分为热备用（旋转备用）和冷备用。

4. 各类发电厂的特点及合理组合

(1) 火电厂的特点：①不同参数的火力发电设备其效率不同，高温设备效率最高，中温设备效率较低，低温设备效率最低；②有功出力调整范围较小，调节速度慢。

(2) 水电厂的特点：有功出力调整范围较宽，调节速度快。

(3) 核电厂的特点：不适于调节。

(4) 风电、太阳能光伏发电的特点：随机性、间歇性、波动性。

各类发电厂合理组合的原则：①充分利用水力资源；②尽量降低单位煤耗。

5. 有功负荷的最优分配

(1) 耗量特性：发电设备单位时间内消耗的能源与发出有功功率的关系，如图2-11所示，其纵坐标为单位时间内消耗的燃料F（或水量W）。

比耗量μ：耗量特性曲线上某一点纵坐标和横坐标之比，即单位时间内输入能量与输出功率之比，$\mu = F/P$ 或 $\mu = W/P$。

发电设备效率 η：比耗量的倒数，即 $\eta = P/F$。

耗量微增率 λ：耗量特性曲线上某点切线的斜率，表示单位时间内输入能量微增量与输出功率微增量之比，即 $\lambda = \mathrm{d}F/\mathrm{d}P$ 或 $\lambda = \mathrm{d}W/\mathrm{d}P$。

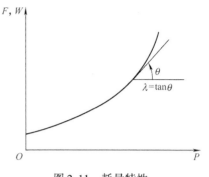

图 2-11　耗量特性

（2）目标函数和约束条件。

① 目标函数。以火电为例，其目标是在供应同样大小负荷有功功率的前提下，单位时间内能源消耗最少。其数学式为

$$F_\Sigma = F_1(P_{G1}) + F_2(P_{G2}) + \cdots + F_n(P_{Gn}) = \sum_{i=1}^{n} F_i(P_{Gi}) \tag{2-18}$$

式中，$F_i(P_{Gi})$ 表示某发电设备发出有功功率 P_{Gi} 时单位时间内所消耗的能源。

② 约束条件。包括等式约束（有功功率平衡）和不等式约束（发电设备有功功率、无功功率和电压的大小不能超出上、下限）。

（3）等耗量微增率准则。为使能源总耗量最小，应按等耗量微增率在发电设备或发电厂之间分配负荷。即

$$\lambda_1 = \lambda_2 = \cdots = \lambda_n \tag{2-19}$$

（二）电力系统的频率调整

1. 负荷的有功功率——频率静态特性

电力系统综合负荷的有功功率与频率的关系可表示为

$$\left.\begin{aligned}\text{有名值：}\quad & P_L = a_0 P_{LN} + a_1 P_{LN}(f/f_N) + a_2 P_{LN}(f/f_N)^2 + a_3 P_{LN}(f/f_N)^3 + \cdots \\ \text{标幺值：}\quad & P_{L*} = a_0 + a_1 f_* + a_2 f_*^2 + a_3 f_*^3 + \cdots\end{aligned}\right\} \tag{2-20}$$

式中，P_{LN} 为额定频率 f_N 时的有功负荷；a_0，a_1，a_2，$a_3 \cdots$ 为各有功负荷的占比。有功功率和频率的标幺值分别以 P_{LN}、f_N 为基准值。

在一定范围内，负荷的有功功率——频率静态特性曲线接近一条直线，如图 2-12 所示。有功负荷调节效应（单位：MW/Hz）为

$$\left.\begin{aligned}\text{有名值：}\quad & K_L = \frac{\Delta P_L}{\Delta f} \\ \text{标幺值：}\quad & K_{L*} = \frac{\Delta P_L / P_{LN}}{\Delta f / f_N} = \frac{\Delta P_{L*}}{\Delta f_*}\end{aligned}\right\} \tag{2-21}$$

一般电力系统 $K_{L*} = 1 \sim 3$，表示频率变化 1% 时，负荷有功功率变化 1% ~ 3%。

2. 发电机组的有功功率——频率静态特性

发电机组的有功功率——频率静态特性，如图 2-13 所示。发电机单位调节功率（单位：MW/Hz）为

$$\left.\begin{aligned}\text{有名值：}\quad & K_G = -\frac{\Delta P_G}{\Delta f} \\ \text{标幺值：}\quad & K_{G*} = -\frac{\Delta P_G / P_{GN}}{\Delta f / f_N} = -\frac{\Delta P_{G*}}{\Delta f_*} = K_G \frac{f_N}{P_{GN}}\end{aligned}\right\} \tag{2-22}$$

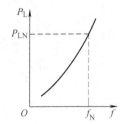
图 2-12　负荷的有功功率——频率静态特性

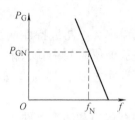
图 2-13　发电机的有功功率——频率静态特性

发电机组的调差系数 $\sigma\%$：以百分数表示机组负荷改变时相应的频率变化，其倒数为发电机组的单位调节功率标幺值，即

$$K_G = \frac{P_{GN}}{f_0 - f_N} = \frac{P_{GN}}{f_N \sigma\%} \times 100, \quad K_{G*} = \frac{1}{\sigma\%} \times 100 \quad (2-23)$$

3. 频率的一次调整

一方面通过原动机调速器的一次调频作用调节发电机组有功出力；另一方面因负荷调节效应而使负荷有功功率变化，从而达到一个新的平衡点。两者的调节效应之和称为电力系统单位调节功率（也叫功率频率特性系数），用公式表示为

$$K_S = K_G + K_L = \Delta P_{L0} / \Delta f \quad (2-24)$$

式中，ΔP_{L0} 为负荷初始变化量。

电力系统单位调节功率的标幺值为

$$K_{S*} = (\Delta P_{L0} / P_L) / (\Delta f / f_N) \quad (2-25)$$

式中，P_L 为原始运行状态下总有功负荷。

若 n 台机组的系统中有 m 台参与一次调频，则电力系统单位调节功率为

$$K_S = \sum_{i=1}^{m} K_{Gi} + K_L \quad (2-26)$$

4. 频率的二次调整

调频器的二次调频作用使发电机组的有功功率——频率特性平行移动而改变发电机组的出力，发电机增发或减发 ΔP_G。此时，一次调频、负荷调节效应、二次调频三者共同作用，使有功功率发生变化。其中前两项作用见式(2-24)，二次调频的作用是使发电机直接增发或减发 ΔP_G。

5. 调频厂的选择原则

系统中有水电厂时，选择水电厂做调频厂；当水电厂不能做调频厂时，选择中温中压火电厂做调频厂。

6. 互联系统的频率调整

互联系统可以看作是由若干个分区系统通过联络线连接而成，分区系统通过联络线交换功率，输出功率看作是分区系统的负荷，输入功率看作是分区系统的电源。计算方法见模拟测试题 32 题解析。

二、模拟测试题

1. ［单选题］电力系统频率是否变化取决于（　　）是否变化。

A. 有功功率　　　B. 无功功率　　　C. 视在功率　　　D. 复功率

2. [单选题] 频率越高，电力系统综合负荷有功功率（　　）。
A. 越小　　　　　B. 越大　　　　　C. 不变　　　　　D. 不能确定

3. [判断题] 当电力系统有功功率保持平衡时，系统的频率为额定值。（　　）
A. 正确　　　　　B. 错误

4. [判断题] 在任何时刻，电力系统有功功率总是平衡的。（　　）
A. 正确　　　　　B. 错误

5. [单选题] 频率下降，系统对无功功率需求（　　）。
A. 不变　　　　　B. 增大　　　　　C. 减少　　　　　D. 不能确定

6. [单选题] 系统频率下降，会使电动机拖动的机械运转速度（　　）。
A. 不变　　　　　B. 变快　　　　　C. 变慢　　　　　D. 停转

7. [单选题] 电源频率越高，电动机消耗的有功功率（　　）。
A. 不变　　　　　B. 越小　　　　　C. 越大　　　　　D. 不能确定

8. [多选题] 电力系统所有发电机的有功出力总是等于下列（　　）的总和。
A. 所有用户的有功负荷　　　　　　B. 所有发电厂厂用电有功负荷
C. 电网有功功率损耗　　　　　　　D. 系统热备用容量

9. [多选题] 下列说法正确的是（　　）。
A. 电力系统有功功率不变，频率也不会变
B. 电力系统在一定的频率下使得系统有功功率平衡
C. 若发电机发出的有功功率减小，而负荷不变，则系统频率会升高
D. 当负荷突增，而发电机组有功出力不变，系统频率会降低

10. [多选题] 关于电力系统的备用容量，下述说法正确的是（　　）。
A. 根据电力系统的实际情况，检修备用容量可能不需要设置
B. 事故备用必须全部为热备用
C. 负荷备用应为热备用
D. 国民经济备用为冷备用

11. [单选题] 电力系统有功负荷合理分配的目标是在满足约束条件下，达到（　　）。
A. 网损率最小　　　　　　　　　　B. 厂用电率最小
C. 发电设备利用率最高　　　　　　D. 能源消耗量最小

12. [单选题] 电力系统有功负荷发电机间最优分配准则是（　　）。
A. 等耗量准则　　　　　　　　　　B. 等网损微增率准则
C. 等耗量微增率准则　　　　　　　D. 最优网损微增率准则

13. [多选题] 电力系统有功负荷发电机间最优分配的约束条件包括（　　）。
A. 系统有功功率平衡　　　　　　　B. 发电设备有功出力的上、下限
C. 发电设备无功功率出力的上、下限　D. 电压值的上、下限

14. [判断题] 电力系统负荷有功功率的变化率一般小于频率的变化率。（　　）
A. 正确　　　　　B. 错误

15. [单选题] 电力系统频率升高，发电机输出的有功功率（　　）。
A. 增大　　　　　B. 减小　　　　　C. 不变　　　　　D. 不能确定

16. [单选题] 电力系统频率调整的基本原理是（　　）。
A. 根据负荷的变化，调整电力系统中无功电源的出力，将系统频率限制在允许范围
B. 根据负荷的变化，调整发电机的有功出力，将系统频率限制在允许范围
C. 根据系统频率的变化，切除或投入负荷，将电力系统频率限制在允许范围
D. 根据负荷的变化调整系统中变压器的分接头，将电力系统频率限制在允许范围

17. [单选题] 频率的一次调整是（　　）实现的。
A. 调速器　　　B. 调频器　　　C. 调频机组　　　D. 调频电厂

18. [单选题] 当系统频率升高时，一次调频会使发电机的有功功率出力（　　）。
A. 保持不变　　　B. 增大　　　C. 减小　　　D. 剧烈波动

19. [单选题] 电力系统有功功率不足会造成（　　）。
A. 频率上升　　　B. 频率下降　　　C. 电压上升　　　D. 电压下降

20. [单选题] 若发电机单位调节功率标幺值 $K_{G*}=25$，则频率降低1%时，有功出力（　　）。
A. 增大25%　　　B. 减小25%　　　C. 增大4%　　　D. 减少4%

21. [多选题] 下列说法正确的是（　　）。
A. 发电机单位调节功率值越小，频率变化引起的有功出力变化就越小
B. 发电机单位调节功率值越小，频率变化引起的有功出力变化就越大
C. 发电机调差系数越大，频率变化引起的有功出力变化就越小
D. 发电机调差系数越大，频率变化引起的有功出力变化就越大

22. [判断题] 对变化幅度小、变化周期短的负荷，由发电机组调速器进行频率调整。（　　）
A. 正确　　　B. 错误

23. [单选题]（　　）是指由发电机的调频器对变化幅度较大、变化周期较长的负荷引起的频率偏移进行调整。
A. 一次调频　　　B. 二次调频　　　C. 三次调频　　　D. 低周减载

24. [判断题] 一次调频使发电机输出的有功功率发生变化，而负荷有功功率不变。（　　）
A. 正确　　　B. 错误

25. [单选题] 下列适于作为调频电厂的是（　　）。
A. 具有调整库容的大型水电厂　　　B. 径流式大型水力发电厂
C. 火力发电厂　　　D. 核电厂

26. [单选题] 在具有以下类型发电厂的电力系统中，洪水季节应选择（　　）作为调频电厂。
A. 大型水电厂　　　B. 中温中压火力发电厂
C. 核电厂　　　D. 高温高压火力发电厂

27. [单选题] 电力系统调频任务中，在枯水期往往由系统中的（　　）承担调频任务。
A. 水电厂　　　B. 高温高压火电厂　　　C. 核电厂　　　D. 中温中压火电厂

28. [单选题] 电力系统综合负荷中各类负荷所占的比重 a_0、a_1、a_2、a_3 均为 0.25，系统频率由 50Hz 降到 49Hz 时，负荷有功功率的变化约为（　　）。

A. 3% B. 2% C. 3.5% D. 2.5%

29. [单选题] 某电力系统有 20 台单机容量为 300MW、调差系数 σ% =5.0 的汽轮机组和 10 台单机容量为 200MW、调差系数 σ% =2.5 的水轮机组，则系统全部发电机组的单位调节功率标幺值为（ ）。

A. 20 B. 25 C. 40 D. 60

30. [单选题] 某发电厂有 4 台机组的耗量微增率 $\lambda_1 > \lambda_2 > \lambda_3 > \lambda_4$，4 台机组都没有达到额定出力，当系统有功负荷增大时，应首先增加出力的发电机组是（ ）。

A. 1 号机组 B. 2 号机组 C. 3 号机组 D. 4 号机组

31. [单选题] 为减小系统负荷变化所引起的频率波动，应采取的措施是（ ）。

A. 设置足够的热备用容量，并使尽可能多的机组参与一次调频
B. 设置足够的冷备用容量，并装设自动按频率减负荷装置
C. 设置足够的热备用容量，并尽量减少参与一次调频的机组数量
D. 设置足够的无功电源

32. [单选题] A 系统和 B 系统由联络线连接为一个联合电力系统。A 系统的容量为 1500MW，单位调节功率 K_{GA} =750MW/Hz，有功负荷频率调节效应系数 K_{LA} =45MW/Hz；B 系统的容量为 1000MW，单位调节功率 K_{GB} =400MW/Hz，有功负荷频率调节效应系数 K_{LB} = 26MW/Hz。若 A 系统负荷增加 100MW，两系统都参加一次调频，则两系统联络线功率交换情况为（ ）。

A. A 系统向 B 系统输送 34.9MW B. B 系统向 A 系统输送 34.9MW
C. A 系统向 B 系统输送 36.6MW D. B 系统向 A 系统输送 36.6MW

【参考答案与解析】

1. A 2. B 3. B 4. A 5. B 6. C 7. C 8. ABC 9. ABD

10. ACD。[解析] ①通常机组的检修安排在系统负荷较低的季节和节假日进行，如果这些时间不够安排，才设置专门的检修备用容量。②事故备用一部分应为热备用，一部分可以冷备用存在于系统之中。③冷备用可作为检修备用和国民经济备用。

11. D 12. C 13. ABCD

14. B。[解析] 一般电力系统有功负荷的频率调节效应系数为 1~3。

15. B 16. B 17. A 18. C 19. B 20. A 21. AC 22. A 23. B

24. B 25. A 26. B

27. A。[解析] 枯水季节由有调节库容的水电厂担任调频任务。

28. A 29. B 30. D 31. A

32. B。[解析] 两系统都参加一次调时，系统单位调节功率为 $K_A = K_{GA} + K_{LA} = 750 + 45 = 795$MW/Hz，$K_B = K_{GB} + K_{LB} = 400 + 26 = 426$MW/Hz，系统负荷变化情况 $\Delta P_A = 100$MW，$\Delta P_B = 0$，则有 $\Delta f = \dfrac{\Delta P_A + \Delta P_B}{K_A + K_B} = \dfrac{100}{795 + 426} = 0.082$Hz

$$\Delta P_{AB} = \dfrac{K_A \Delta P_B - K_B \Delta P_A}{K_A + K_B} = \dfrac{-426 \times 100}{795 + 426} = -34.9\text{MW}$$

第五单元　电力系统无功功率和电压调整

一、主要知识点

（一）电力系统中无功功率的平衡

1. 无功负荷和无功损耗

（1）无功负荷。以异步电动机为主，电力系统综合负荷的功率因数为 0.6~0.9。

（2）变压器的无功损耗。包括励磁损耗和绕组中的无功损耗，其大小为

$$\Delta Q_\mathrm{T} = \frac{I_0\%}{100}S_\mathrm{N} + \frac{U_\mathrm{k}\% S_\mathrm{N}}{100}\left(\frac{S_\mathrm{L}}{S_\mathrm{N}}\right)^2 \tag{2-27}$$

式中，S_N 为变压器额定容量；S_L 为变压器负荷容量；$I_0\%$ 为空载电流百分数；$U_\mathrm{k}\%$ 为短路电压百分数。

（3）电力线路的无功损耗。电力线路的无功损耗包括并联电纳的无功损耗（又称充电功率）和串联电抗中的无功损耗两部分，其大小为

$$\Delta Q_\mathrm{L} = \frac{P^2 + Q^2}{U^2}X - BU^2 \tag{2-28}$$

式中，U 为电力线路电压；P、Q 分别为线路传输的有功和无功功率。

对 220kV 电力线路，长度不超过 100km，线路呈感性；长度 300km 左右，线路上感性和容性无功功率损耗基本抵消，线路呈电阻性；长度 300km 以上，线路呈容性。

2. 无功电源

（1）同步发电机。发电机的运行点不能超出 $P-Q$ 极限曲线范围。

（2）同步调相机。它是空载运行的同步发电机，过励磁运行时输出感性无功功率，欠励磁运行时吸收感性无功功率。同步调相机一般安装在枢纽变电站。

（3）并联电容器。并联电容器安装在供电系统中，它供给的无功功率 $Q_\mathrm{C} = U^2/X_\mathrm{C}$。

（4）静止无功补偿装置（SVC）。利用电力电子器件对无功元件（电容器、电抗器）进行控制调节，可以对无功功率进行动态补偿。

3. 无功功率的平衡

无功功率平衡方程式为

$$\Sigma Q_\mathrm{G} = \Sigma Q_\mathrm{L} + \Delta Q_\mathrm{L} \tag{2-29}$$

（1）我国规程规定：由 35kV 及以上电压直接供电的工业用户，功率因数不能低于 0.9；其他用户不能低于 0.85。

（2）无功功率平衡的前提是电力系统的电压要维持在额定电压水平上。电力系统中也应该保持一定的无功功率备用（一般可取最大无功负荷的 7%~8%）。

（二）电力系统的电压管理

1. 中枢点电压管理

（1）电压中枢点的选择。电压中枢点是指某些可以反映系统电压水平的主要发电厂或枢纽变电站母线。具体为：①区域性水、火电厂的高压母线；②枢纽变电站二次母线；③有

大量地方负荷的发电机电压母线；④城市直降变电所的二次母线。

（2）中枢点的调压方式。

① 逆调压。最大负荷时升高电压（升高至 105% U_N），最小负荷时降低电压（降至 U_N）。适于电力线路较长，负荷变化较大但变化规律大致相同的系统中。

② 顺调压。在最大负荷时允许中枢点电压低一些（但不得低于 102.5% U_N），最小负荷时允许中枢点电压高一些（但不得高于 107.5% U_N）。适于负荷变化较小或允许电压偏移较大的农网。

③ 恒调压（常调压）。中枢点电压恒定在（102%～105%）U_N 的范围内。

2. 电压调整的基本原理

根据图 2-14 可以写出负荷节点 b 的电压为

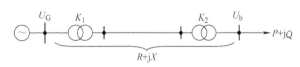

图 2-14 电力系统

$$U_b = (U_G - \Delta U)/K_2 = \left(U_G K_1 - \frac{PR + QX}{K_1 U_G}\right)/K_2 \tag{2-30}$$

调压手段有：①调节发电机励磁电流以改变其端电压 U_G；②适当选择变压器的变比；③改善网络参数 R 和 X，改变无功功率 Q 的分布，以减少网络的电压损耗。

（三）主要调压措施

1. 改变发电机端电压调压

发电机端电压偏离额定值不得超过 ±5%。这种调压措施适用于由发电机不经升压直接供电的小型电力系统，供电线路不长，采用逆调压方式。对由发电机经多级变压向负荷供电的大中型电力系统，发电机调压只能满足近处地方负荷的要求。

2. 改变变压器变比调压

（1）调压变压器。变压器分为无载调压变压器（普通变压器）和有载调压变压器两种类型。无载调压变压器只能在停电情况下改变分接头，调压范围为（1±5%）U_N，适用于季节性负荷变化的调压。有载调压变压器能带负荷切换分接头，调节范围较大。我国 110kV 级有载调压变压器有 7 个分接头，即（1±3×2.5%）U_N；220kV 级有载调压变压器有 9 个分接头，即（1±4×2.5%）U_N。双绕组变压器分接头在高压绕组上，三绕组变压器的高、中绕组都有分接头。

（2）降压变压器分接头的选择。根据低压母线要求的电压来选择高压绕组分接头电压。在最大负荷时若要求低压母线电压为 $U_{2.\max}$，则高压绕组分接头电压 $U_{1t.\max}$ 应为

$$U_{1t.\max} = \frac{U_{1.\max} - \Delta U_{1.\max}}{U_{2.\max}} U_{2N} \tag{2-31}$$

式中，$U_{1.\max}$ 为最大负荷时高压侧电压；$\Delta U_{1.\max}$ 为归算到高压侧的变压器电压损耗；U_{2N} 为变压器低压绕组的额定电压。

在最小负荷时若要求低压母线电压为 $U_{2.\min}$，则高压绕组分接头电压 $U_{1t.\min}$ 应为

$$U_{1t.\min} = \frac{U_{1.\min} - \Delta U_{1.\min}}{U_{2.\min}} U_{2N} \tag{2-32}$$

对于无载调压变压器，分接头电压应取最大负荷时和最小负荷时高压绕组分接头电压的

平均值，然后选最接近的分接头。

（3）升压变压器分接头的选择。计算方法与降压变压器类似，只是公式中的电压损耗与高压侧电压相加。

（4）三绕组变压器分接头的选择。对三绕组降压变压器，先根据低压母线对调压的要求选择高压绕组的分接头，然后再根据中压侧所要求的电压和已选定的高压绕组的分接头电压来确定中压绕组的分接头。对三绕组升压变压器，高、中压绕组分接头选择互不影响。

3. 改变网络中无功功率分布调压

当系统中无功电源不足时，就不能单靠改变变压器的变比来调压，而需要在负荷点进行无功补偿，改变电网中无功功率分布，减少电力线路上的功率损耗和电压损耗，从而提高负荷点的电压。

无功补偿装置包括并联电容器、静止无功补偿装置（SVC）、同步调相机等。

4. 串联电容器调压

电力线路上串联电容器，可以抵消线路感抗，从而减小线路上电压损耗，提高线路末端电压。

二、模拟测试题

1. [单选题] 只有电力系统（　　）保持平衡时，才能维持电网电压水平。
A. 有功功率　　　B. 无功功率　　　C. 视在功率　　　D. 无功负荷

2. [单选题] 系统中无功电源不足时，会造成（　　）。
A. 电压下降　　　B. 频率下降　　　C. 频率上升　　　D. 电压上升

3. [单选题] 电力线路的充电功率是指（　　）上产生的无功功率损耗。
A. 电感　　　　　B. 阻抗　　　　　C. 导纳　　　　　D. 电纳

4. [单选题] 长度大于300km的220kV架空输电线路一般呈（　　）。
A. 电阻性　　　　B. 电感性　　　　C. 电容性　　　　D. 阻抗性

5. [单选题] 变压器的励磁损耗（　　）。
A. 与变压器负荷功率的二次方成正比　　B. 等于空载电流百分值乘以变压器额定容量
C. 等于空载损耗　　　　　　　　　　　D. 等于短路电压百分值乘以变压器额定容量

6. [单选题] 安装在枢纽变电站的无功补偿装置是（　　）。
A. 同步发电机　　B. 同步调相机　　C. 并联电容器　　D. 静止补偿器

7. [单选题] 电力系统无功备用容量一般为最大无功功率负荷的（　　）。
A. 20%　　　　　 B. 15%　　　　　 C. 10%　　　　　 D. 7%~8%

8. [单选题] 在最大负荷时使中枢点电压比线路额定电压高5%，在最小负荷时使中枢点保持为线路额定电压，这种调压方式是（　　）。
A. 逆调压　　　　B. 顺调压　　　　C. 恒调压　　　　D. 常调压

9. [单选题] 最大负荷时允许电压中枢点的电压适当下降，最小负荷时允许电压适当升高，这种调压方式是（　　）。
A. 逆调压　　　　B. 顺调压　　　　C. 恒调压　　　　D. 常调压

10. [单选题] 对于有功功率充足而无功电源不足引起电压水平偏低的电力系统，应优先采用的调压措施是（　　）。
A. 改变无载调压器变比　　　　　　　　B. 改变有载调压器变比

C. 改变发电机的无功出力　　　　　　D. 增加无功补偿装置

11. [单选题] 同步调相机在（　　）时发出感性无功功率。
A. 空载运行　　　B. 满载运行　　　C. 欠励磁运行　　　D. 过励磁运行

12. [单选题] 并联电容器补偿容量与（　　）成正比。
A. 容抗　　　B. 电流　　　C. 电压　　　D. 电压的二次方

13. [单选题] 改变发电机端电压调压适用于（　　）。
A. 小型电力系统　　　B. 中型电力系统　　　C. 大型电力系统　　　D. 各种电力系统

14. [单选题] 电力线路较长，各负荷变化较大但变化规律大致相同的系统宜采用（　　）。
A. 顺调压　　　B. 逆调压　　　C. 恒调压　　　D. 常调压

15. [单选题] 三绕组变压器的分接头一般（　　）。
A. 只装高压绕组
B. 高压和中压绕组都装
C. 只装中压绕组
D. 三个绕组都装

16. [多选题] 下列（　　）是无功电源。
A. 同步发电机　　　B. 同步调相机　　　C. 并联电容器　　　D. 静止无功补偿器

17. [多选题] 下述说法正确的是（　　）。
A. 变压器绕组的无功损耗与负荷大小有关
B. 变压器励磁支路无功损耗与负荷大小无关
C. 变压器励磁损耗用于建立磁场
D. 变压器满载运行时，绕组漏抗中无功损耗等于短路电压百分值乘以变压器额定容量

18. [多选题] 下列（　　）可作为电力系统电压中枢点。
A. 区域性发电厂高压母线
B. 枢纽变电所二次母线
C. 有大量地方负荷的发电机电压母线
D. 城市直降变电所二次母线

19. [多选题] 下列措施中（　　）可以调节电力系统电压。
A. 调节发电机励磁电流
B. 改变变压器变比
C. 无功补偿
D. 电力线路串联电容

20. [多选题] 供电系统中无功补偿装置有（　　）。
A. 同步调相机　　　B. 并联电容器　　　C. 并联电抗器　　　D. 静止无功补偿器

21. [多选题] 变压器调压改变了（　　）。
A. 变压器变比
B. 变压器高压绕组匝数
C. 变压器低压绕组匝数
D. 变压器输出的无功功率

22. [多选题] 关于改变变压器变比调压，下列说法不正确的是（　　）。
A. 所有变压器只能在停电的情况下才能调节其电压分接头
B. 对降压变压器，若需调高低压母线电压，则需减小其变比
C. 对降压变压器，若需调高低压母线电压，则需减小其高压绕组的匝数
D. 110kV级有载调压变压器一般有9个电压分接头

23. [多选题] 增加供电系统并联电容器的容量，可以（　　）。
A. 提高功率因数
B. 减小电网传输的无功功率
C. 减小电网电压损耗
D. 提高供电系统电压

24. [多选题] 下列（　　）不仅能发出感性无功功率，也能吸收感性无功功率。

A. 并联电容器 B. 同步调相机
C. 静止无功补偿装置（SVC） D. 并联电抗器

25. [单选题] 电力系统无功电源最优分配的目标是（   ）。
A. 使电力系统总的能源消耗最少 B. 使电力网的有功损耗最小
C. 使电力系统的电能质量最好 D. 使电力网的无功损耗最小

26. [多选题] 下列关于顺调压的描述，正确的是（   ）。
A. 高峰负荷时允许中枢点电压略低 B. 低谷负荷时允许中枢点电压高一些
C. 适用于用户对电压要求不高的场合 D. 适用于供电线路不长的场合

27. [单选题] 静止无功补偿器（SVC）是在机械投切式电容器和电抗器的基础上，采用大容量晶闸管代替机械开关而发展起来的，它可以快速地改变其发出的无功功率，具有较强的（   ）调节能力。
A. 无功 B. 有功 C. 频率 D. 功率

28. [单选题] 可以实现对感性或容性无功进行连续平滑调节的设备是（   ）。
A. 电容器 B. 电抗器
C. 静止同步补偿器 D. 静止无功补偿器（SVC）

29. [单选题] 下列关于功率因数说法，错误的是（   ）。
A. 提高功率因数可以降低电压损耗 B. 并联电容器容量越大，功率因数越高
C. 提高功率因数可以提高线路输送容量 D. 提高功率因数可以减少有功损耗

30. [判断题] 对于无功功率不足引起电压水平偏低的电力系统，可以通过调整系统内变压器的变比使系统电压水平恢复正常。（   ）
A. 正确 B. 错误

31. [判断题] 当系统无功功率不足，而有功备用容量较充裕时，可利用靠近负荷中心的发电机降低功率因数运行。（   ）
A. 正确 B. 错误

【参考答案与解析】

1. B 2. A 3. D 4. C 5. B 6. B 7. D 8. A 9. B 10. C 11. D 12. D
13. A 14. B 15. B 16. ABCD 17. ABCD 18. ABCD 19. ABCD 20. BD 21. AB
22. AD 23. ABCD 24. BC

25. B。[解析] 这是个电力系统最优潮流问题。无功优化潮流通常以有功网损最小为目标函数。

26. ABCD 27. A

28. C。[解析] 静止无功补偿器（SVC）的控制器件为晶闸管，改变电抗器的电抗值或电容器的容量，但对电容器的控制是有级的，不能对容性无功功率进行平滑调节。静止同步补偿器也叫静止无功发生器（STATCOM），它采用全控型电力电子器件和三相全桥逆变器，能对感性或容性无功进行连续平滑调节。

29. B。[解析] 根据 $P = \sqrt{3}UI\cos\varphi$，提高功率因数就能提高线路输送的有功功率。并联电容器的容量需根据无功负荷的大小来定，并联电容器容量补偿过大会造成倒送无功功率。

30. B 31. A

第六单元　电力系统故障的基本概念

一、主要知识点

1. 电力系统故障的类型

电力系统故障可分为简单故障和复杂故障（复合故障）。简单故障主要有短路、断线（断相）。复杂故障是指两个及以上简单故障的组合。

短路是相与相之间或相与地之间短接，属于横向故障。短路包括三相短路、单相接地短路、两相短路、两相接地短路。三相短路是对称短路，后3种属于不对称短路。

在以上4种短路类型中，单相接地短路发生的概率最高，约占65%；两相短路约占10%；两相接地短路约占20%；三相短路约占5%，但三相短路的影响最严重。

断线（断相）属于纵向故障，包括一相断线、两相断线，也是不对称故障。

顺便说一下，电力系统还有不正常运行状态。它是指电气设备或系统运行参数偏离规定允许值，如过负荷、频率降低、电力系统振荡等。

2. 短路故障发生的原因

发生短路故障的最主要原因是电气设备绝缘损坏（绝缘老化、机械损伤、过电压）。此外，还有自然灾害引起线路杆塔倒塌、鸟兽跨接导线引起短路，误操作等原因。

3. 短路故障的危害

（1）产生很大的短路电流。短路电流可达到正常工作电流的十几倍、几十倍，短路电流的热效应和电动力效应可能会损坏电气设备。

（2）引起电网电压降低。越靠近短路点，电压越低，可能造成大面积停电。

（3）短路故障可能会使系统失去稳定。

（4）不对称短路对通信系统产生干扰。

4. 减小短路故障危害的措施

（1）采用合理的防雷设施，加强运行维护管理等，降低短路发生的概率。

（2）通过继电保护装置迅速切除故障部分。

（3）架空线路采用自动重合闸装置，迅速恢复供电。

（4）装设限流电抗器。

（5）选择有足够动稳定和热稳定的电气设备。

二、模拟测试题

1．［单选题］关于电力系统短路故障，下列说法中错误的是（　　）。

A．短路故障是指相与相或相与地之间的不正常连接

B．短路故障属于纵向故障

C．除三相短路外，其他短路故障都属于不对称故障

D．中性点直接接地系统中，单相接地短路发生的概率最高

2．［单选题］下列属于纵向故障的是（　　）。

A. 三相短路 B. 两相断线 C. 单相接地短路 D. 两相短路接地

3. [单选题] 电力系统中发生概率最大的短路故障是（　　）。

A. 三相短路 B. 两相短路 C. 两相短路接地 D. 单相接地短路

4. [多选题] 下列属于短路应对措施的是（　　）。

A. 快速切除故障 B. 快速恢复线路供电
C. 降低短路发生概率 D. 电力线路上串联电抗器

5. [多选题] 下列属于不正常运行状态的是（　　）。

A. 一相断线
B. 中性点不接地系统中的单相接地
C. 过负荷
D. 中性点直接接地系统中的单相接地短路

6. [多选题] 电力系统发生短路故障时，可能会产生以下危害（　　）。

A. 过电压 B. 损坏电气设备的绝缘
C. 载流导体变形甚至损坏 D. 部分用户停电

7. [判断题] 所有的短路故障都会对通信系统产生干扰。（　　）

A. 正确 B. 错误

8. [判断题] 越靠近电源发生短路，短路电流就越大。（　　）

A. 正确 B. 错误

9. [多选题] 单相接地短路具有以下属性（　　）。

A. 不对称故障 B. 复杂故障
C. 横向故障 D. 发生概率最高的短路类型

10. [多选题] 下列属于降低短路危害的主动措施是（　　）。

A. 降低短路发生的概率 B. 减少短路电流的作用时间
C. 限制短路电流值 D. 选用高动、热稳定性的电气设备

【参考答案与解析】

1. B 2. B 3. D 4. ABCD 5. BC
6. BCD。[解析] 短路电流的热效应可能损坏电气设备的绝缘。
7. B 8. A 9. ACD 10. ABC

第七单元　电力系统简单故障分析与计算

一、主要知识点

（一）无限大容量电源供电系统三相短路电流分析计算

1. 无限大容量电源

无限大容量电源是指电力系统的电源距短路点较远时，由短路引起的电源送出功率的变化量远小于电源的容量。

实际上，当供电电源的内阻抗（电抗）小于短路回路总阻抗（电抗）的10%时，可认为供电电源（系统）为无限大容量电源。

无限大容量电源供电系统在发生短路时，电源的端电压和频率保持不变。

2. 三相短路暂态过程

当无限大容量电源供电系统发生三相短路时，短路电流为

$$i_k = I_{\omega m}\sin(\omega t + \theta_0 - \varphi_k) + [I_m\sin(\theta_0 - \varphi) - I_{\omega m}\sin(\theta_0 - \varphi_k)]e^{-\frac{t}{T_a}} \tag{2-33}$$

式中，I_m、φ 分别为短路前负荷电流幅值和功率因数角；θ_0 为短路瞬间电源电压的相位角（又称合闸相角）；φ_k 为短路回路阻抗角；T_a 为短路回路时间常数，$T_a = L/R$；$I_{\omega m}$ 为短路电流周期分量幅值，$I_{\omega m} = U_m/Z$（U_m 为电源电压幅值，Z 为短路回路阻抗）。

短路电流由周期分量（强制分量）和非周期分量（自由分量）组成，又称短路全电流。周期分量有效值在短路过程中不变。非周期分量按指数规律衰减，在无限大容量电源供电系统中一般经过10个周期衰减至0，系统由暂态过程进入短路稳态过程。短路电流波形图如图2-15所示。

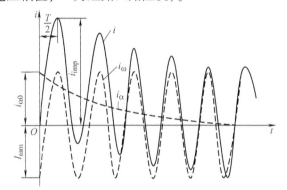

图2-15 短路电流波形图

3. 三相短路物理量

（1）短路冲击电流 i_{imp}。短路后半个周期（0.01s）出现最大的短路电流。这一电流叫作短路冲击电流，用于校验电气设备的动稳定性。其值为

$$i_{imp} = (1 + e^{-\frac{t}{T_a}})I_{\omega m} = K_{imp}I_{\omega m} = 1.8\sqrt{2}I_{\omega} = 2.55I_{\omega} \tag{2-34}$$

式中，K_{imp} 为冲击系数；I_{ω} 为短路电流周期分量有效值。

（2）短路（全）电流的最大有效值 I_{imp}。在暂态过程中，短路（全）电流有效值为周期分量有效值与非周期分量瞬时值的方均根值，其值随着非周期分量的衰减而衰减。其最大值为短路冲击电流的有效值，$I_{imp} = 1.52I_{\omega}$。当非周期分量衰减至0后，短路电流有效值就是短路电流周期分量的有效值 I_{ω}，叫作短路的稳态电流 I_{∞}，它用来校验电气设备热稳定性。

（3）短路功率（短路容量）S_k。$S_k = \sqrt{3}U_{av}I_{\omega}$（$U_{av}$ 为电网平均额定电压，为额定电压的1.05倍），短路功率用于校验断路器的断流能力。

（4）三相短路电流周期分量有效值 I_{ω} 的计算。不计短路回路电阻时（高压电网的电阻比电抗小得多），三相短路电流周期分量有效值 I_{ω} 按下式计算

$$I_{\omega} = \frac{U_{av}}{\sqrt{3}X_{\Sigma}} \tag{2-35}$$

式中，X_{Σ} 为短路回路总电抗。若采用标幺值，则三相短路电流周期分量有效值的标幺值等于短路回路总电抗标幺值的倒数。

（二）非无限大容量电源供电系统三相短路电流分析计算的特点

非无限大容量电源供电系统譬如同步发电机机端发生短路时，同步发电机内部存在复杂

的暂态过程，其端电压和频率发生变化，定子电流中包含基频交流分量、直流分量（非周期分量）和倍频交流分量，三相短路电流周期分量有效值是衰减的。

非无限大容量电源供电系统三相短路电流计算包括两个方面：①计算短路瞬间三相短路电流周期分量的有效值，该电流称为起始次暂态电流 I''；②采用运算曲线法计算三相短路暂态过程中不同时刻短路电流周期分量有效值。

（三）对称分量法

不对称三相电流 $\dot{I}_a$、$\dot{I}_b$、$\dot{I}_c$ 可以分解为各自对称的三相正序电流、负序电流和零序电流，即

$$\left.\begin{array}{l}\dot{I}_a = \dot{I}_{a1} + \dot{I}_{a2} + \dot{I}_{a0} \\ \dot{I}_b = \dot{I}_{b1} + \dot{I}_{b2} + \dot{I}_{b0} = a^2\dot{I}_{a1} + a\dot{I}_{a2} + \dot{I}_{a0} \\ \dot{I}_c = \dot{I}_{c1} + \dot{I}_{c2} + \dot{I}_{c0} = a\dot{I}_{a1} + a^2\dot{I}_{a1} + \dot{I}_{a0}\end{array}\right\} \quad (2-36)$$

解式 (2-36) 可得

$$\left.\begin{array}{l}\dot{I}_{a1} = \frac{1}{3}(\dot{I}_a + a\dot{I}_b + a^2\dot{I}_c) \\ \dot{I}_{a2} = \frac{1}{3}(\dot{I}_a + a^2\dot{I}_b + a\dot{I}_c) \\ \dot{I}_{a0} = \frac{1}{3}(\dot{I}_a + \dot{I}_b + \dot{I}_c)\end{array}\right\} \quad (2-37)$$

（四）电力系统各元件的序参数

1. 同步发电机

（1）负序电抗。同步发电机的负序电抗与发电机机端短路种类有关。在近似计算中，对于汽轮发电机和有阻尼绕组的水轮发电机，$X_2 = 1.22 X''_d$；对于无阻尼绕组的水轮发电机，$X_2 = 1.45 X''_d$。

（2）零序电抗。同步发电机的零序电抗与绕组的结构型式有关，其变化的大致范围是 $X_0 = (0.15 \sim 0.6) X''_d$。

2. 异步电动机

（1）次暂态电抗 X''。异步电动机三相短路时，定子电流将包含直流分量和基频交流分量，但不包括倍频交流分量。这些电流分量将迅速衰减为 0，相当于同步电动机次暂态电流的衰减，其参数称为次暂态参数。异步电动机次暂态电抗是转子绕组短接，并略去所有绕组电阻时，由定子侧观察到的等值电抗，其值为

$$X'' = X_{s\sigma} + X_{r\sigma} \quad (2-38)$$

式中，$X_{s\sigma}$、$X_{r\sigma}$ 分别为定子电抗和归算到定子侧的转子电抗。

异步电动机次暂态电抗 X'' 近似等于起动电抗 X_{st}，其标幺值为起动电流 I_{st} 的倒数。

（2）负序电抗。异步电动机负序参数可按转差率 $(2-s)$ 来确定。负序电压产生制动转矩，使电动机转速下降，甚至失速、停转。负序电抗为

$$X_2 = X_{s\sigma} + X_{r\sigma} = X'' \quad (2-39)$$

(3) 零序电抗。异步电动机定子三相绕组通常接成三角形或不接地星形，$X_0 = \infty$。

3. 变压器

变压器是静止元件，其负序电抗等于正序电抗。

零序电压加在变压器绕组接成三角形或中性点不接地的星形一侧时，无论另一组绕组的接线方式如何，变压器都不能通过零序电流，$X_0 = \infty$。

零序电压加在变压器绕组接成中性点接地的星形一侧时，随着另一组绕组的接线方式不同，变压器零序电抗也不同。

(1) 双绕组变压器。

① YN,d 接线变压器。当零序电压加在 YN 侧时，d 侧绕组三个端点等电位，零序电流在三角形接法绕组中形成环流，不会流到外电路，相当于 d 侧绕组三个端点短路接地。变压器零序电抗等于正序电抗（参照图 2-16）。

若变压器 YN 侧中性点经电抗 X_n 接地，如图 2-16 所示，则变压器零序电抗为

$$X_0 = X_{\mathrm{I}} + \frac{X_{\mathrm{II}} X_{m0}}{X_{\mathrm{II}} + X_{m0}} + 3X_n \approx X_{\mathrm{I}} + 3X_n \tag{2-40}$$

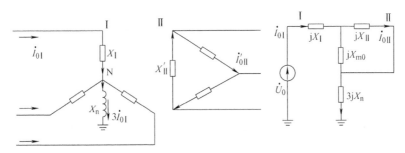

图 2-16　中性点经电抗接地的 YN,d 接地变压器的零序电流回路及等效电路

② YN,y 接线变压器。当 YN 侧流过零序电流时，y 侧三相绕组中感应出零序电压，但无零序电流，相当于变压器空载（二次侧开路）。变压器零序电抗为

$$X_0 = X_{\mathrm{I}} + X_{m0} \tag{2-41}$$

③ YN,yn 接线变压器。一种情况是 yn 侧外电路无接地中性点，则 yn 侧无零序电流，变压器零序电抗与 YN,y 接线变压器相同。另一种情况是 yn 侧外电路有接地中性点，则 yn 侧有零序电流流通，变压器零序电抗为

$$X_0 = X_{\mathrm{I}} + X \tag{2-42}$$

式中，X 为外电路电抗。

(2) 三绕组变压器。

① YN,d,d 接线变压器。三绕组变压器一般都有三角形（D）接线绕组，以提供三次谐波电流，使磁通和感应电动势为正弦形。此时，可认为零序励磁电抗 X_{m0} 为 ∞。

YN,d,d 接线变压器的零序电流回路和零序等效电路如图 2-17 所示。零序电抗为

$$X_0 = X_{\mathrm{I}} + \frac{X_{\mathrm{II}} X_{\mathrm{III}}}{X_{\mathrm{II}} + X_{\mathrm{III}}} \tag{2-43}$$

② YN,d,y 接线变压器。零序电流回路和零序等效电路如图 2-18 所示。零序电抗为

$$X_0 = X_{\mathrm{I}} + X_{\mathrm{II}} \tag{2-44}$$

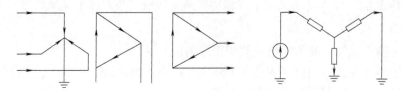

图 2-17　YN,d,d 接线变压器的零序电流回路和零序等效电路

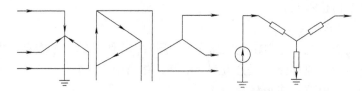

图 2-18　YN,d,y 接线变压器的零序电流回路和零序等效电路

③ YN,d,yn 接线变压器。零序电流回路和零序等效电路如图 2-19 所示。零序电抗为

$$X_0 = X_\mathrm{I} + \frac{(X_\mathrm{III} + X)X_\mathrm{II}}{X_\mathrm{III} + X + X_\mathrm{II}} \tag{2-45}$$

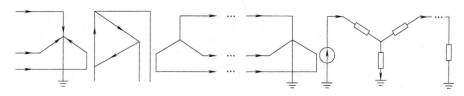

图 2-19　YN,d,yn 接线变压器的零序电流回路和零序等效电路

（3）自耦变压器。自耦变压器一般用于联系两个中性点直接接地的电力系统。为了避免当高压侧发生单相接地短路时自耦变压器中性点电位升高，而引起中压侧和低压侧过电压，通常将自耦变压器中性点直接接地，或经电抗接地，且均认为 $X_\mathrm{m0} \approx \infty$。

① 双绕组 YN,yn 自耦变压器。零序电流回路和零序等效电路如图 2-20 所示。零序电抗为

$$X_0 + X_\mathrm{I} + X \tag{2-46}$$

入地零序电流等于 Ⅰ、Ⅱ 侧零序电流实际有名值（未归算）之差的 3 倍（下同）。

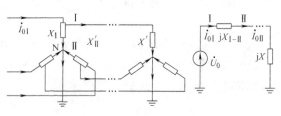

图 2-20　YN,yn 自耦变压器零序电流回路和零序等效电路

② 三绕组 YN,yn,d 接线自耦变压器。零序电流回路和零序等效电路如图 2-21 所示。零序电抗为

$$X_0 = X_\mathrm{I} + \frac{(X_\mathrm{II} + X)X_\mathrm{II}}{X_\mathrm{II} + X + X_\mathrm{III}} \tag{2-47}$$

③ 中性点经电抗接地的 YN,yn 自耦变压器。零序电流回路和零序等效电路如图 2-22 所示。

④ 中性点经电抗接地的 YN,yn,d 自耦变压器。零序电流回路和零序等效电路如图 2-23 所示。

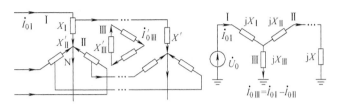

图 2-21　YN,yn,d 自耦变压器零序电流回路和零序等效电路

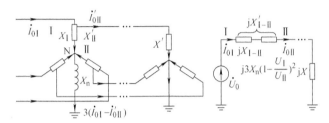

图 2-22　中性点经电抗接地的 YN,yn 自耦变压器零序电流回路和零序等效电路

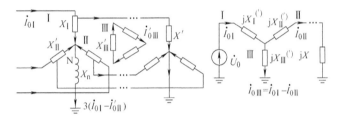

图 2-23　中性点经电抗接地的 YN,yn,d 自耦变压器的零序电流回路和零序等效电路

4. 电力线路

电力线路是静止元件，其负序阻抗等于正序阻抗。

三相架空线路的零序电流必须通过大地形成回路。"导线-大地"回路阻抗包括自阻抗和互阻抗，大地可用一根虚拟的导线来代替。电力线路零序阻抗分为以下几种情况：

（1）单回路无避雷线三相架空线路的零序阻抗。可以看作是三个平行的"导线–大地"回路。由于三相电流同相位，每相导线中零序电流产生的自感磁通与另两相零序电流产生的互感磁通方向是相同的，互感产生了助磁作用，因此这种线路的零序阻抗大于正序阻抗。

（2）双回路无避雷线三相架空线路的零序阻抗。由于两个回路之间互感助磁作用，这种线路的零序阻抗进一步增大。

（3）单回路有避雷线三相架空线路的零序阻抗。每相导线的零序电流一部分经避雷线返回，另一部分经大地返回。避雷线中零序电流产生去磁作用，使线路零序阻抗减小。避雷线距导线越近，这种去磁作用越大。

（4）双回路有避雷线三相架空线路的零序阻抗。由于避雷线的去磁作用，双回线路每一回路的零序阻抗减小。

（五）不对称短路的分析计算

1. 不对称短路的等效网络

运用对称分量法，将不对称短路网络分解为正序网络、负序网络和零序网络，如

图 2-24 所示。设电源电压为 $\dot{U}_{k(0)}$（电源电压只有正序分量，没有负序和零序分量），各序电压方程为

$$\left.\begin{array}{l}\dot{U}_{k1} = \dot{U}_{k(0)} - Z_{1\Sigma}\dot{I}_{k1}\\ \dot{U}_{k2} = 0 - Z_{2\Sigma}\dot{I}_{k2}\\ \dot{U}_{k0} = 0 - Z_{0\Sigma}\dot{I}_{k0}\end{array}\right\} \quad (2\text{-}48)$$

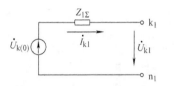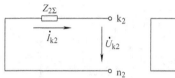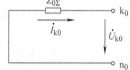

图 2-24 不对称短路的各序等效网络

2. 单相接地短路

假定 a 相金属性接地短路。

边界条件：$\dot{U}_a = 0$，$\dot{I}_b = \dot{I}_c = 0$。

短路电流各序分量相等，都等于故障电流的 1/3，即

$$\dot{I}_{a1} = \dot{I}_{a2} = \dot{I}_{a0} = \frac{1}{3}\dot{I}_a \quad (2\text{-}49)$$

短路电流正序分量为

$$\dot{I}_{a1} = \frac{\dot{U}_{k(0)}}{Z_{1\Sigma} + Z_{2\Sigma} + Z_{0\Sigma}} \quad (2\text{-}50)$$

复合序网：3 个序网串联，如图 2-25 所示。

3. 两相短路

假定 b、c 两相金属性短路。

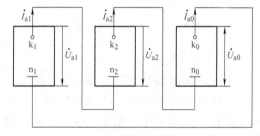

图 2-25 单相接地短路复合序网

边界条件：$\dot{I}_a = 0$，$\dot{I}_b = -\dot{I}_c$，$\dot{U}_b = \dot{U}_c$。

短路电流无零序分量，正序、负序分量大小相等、方向相反，即

$$\dot{I}_{a0} = 0,\ \dot{I}_{a1} = -\dot{I}_{a2} = \frac{j\dot{I}}{\sqrt{3}} \quad (2\text{-}51)$$

短路电流正序分量为

$$\dot{I}_{a1} = \frac{\dot{U}_{k(0)}}{Z_{1\Sigma} + Z_{2\Sigma}} \quad (2\text{-}52)$$

复合序网如图 2-26 所示。

4. 两相接地短路

假定 b、c 两相金属性接地短路。

边界条件：$\dot{I}_a = 0$，$\dot{U}_b = \dot{U}_c = 0$。

短路电流三序分量相量和为0，即

$$\dot{I}_{a1} + \dot{I}_{a2} + \dot{I}_{a0} = 0 \quad (2\text{-}53)$$

短路电流正序分量为

$$\dot{I}_{a1} = \frac{\dot{U}_{k(0)}}{Z_{1\Sigma} + \dfrac{Z_{2\Sigma} Z_{0\Sigma}}{Z_{2\Sigma} + Z_{0\Sigma}}} \quad (2\text{-}54)$$

复合序网：3个序网并联，如图2-27所示。

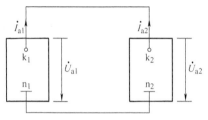

图2-26 两相短路复合序网

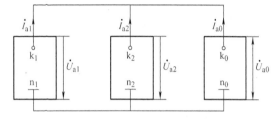

图2-27 两相接地短路复合序网

5. 正序等效定则

以上3种简单不对称短路类型的短路电流正序分量的通式为

$$\dot{I}_{a1} = \frac{\dot{U}_{k(0)}}{Z_{1\Sigma} + Z_{\Delta}^{(n)}} \quad (2\text{-}55)$$

式中，$Z_{\Delta}^{(n)}$ 为不同短路类型（用 n 表示）的附加阻抗，具体为

① 单相接地短路：$Z_{\Delta} = Z_{2\Sigma} + Z_{0\Sigma}$。

② 两相短路：$Z_{\Delta} = Z_{2\Sigma} = Z_{2\Sigma}$。

③ 两相接地短路：$Z_{\Delta} = \dfrac{Z_{2\Sigma} Z_{0\Sigma}}{Z_{2\Sigma} + Z_{0\Sigma}}$。

6. 不对称短路网络中各序电压的分布

电源处正序电压最高，越靠近短路点正序电压越低，短路点正序电压为 U_{k1}；短路点负序、零序电压最高，分别为 U_{k2}、U_{k0}，越靠近电源负序、零序电压越低。

（六）电力系统断线故障的分析

1. 一相断线

假定 a 相断线。

边界条件：$\dot{I}_a = 0$，$\dot{U}_b = \dot{U}_c = 0$。

一相断线的边界条件和复合序网与两相接地短路完全相同。

2. 两相断线

假定 b、c 两相断线。

边界条件：$\dot{U}_a = 0$，$\dot{I}_b = \dot{I}_c = 0$。

两相断线的边界条件和复合序网与单相接地短路完全相同。

二、模拟测试题

1. [判断题] 无限大容量电源供电系统三相短路时，电网各点的电压不变。（ ）
   A. 正确　　　　　　　　　　　　B. 错误

2. [判断题] 当电源内阻抗小于电源与短路点之间的短路阻抗的10%时，可以视为无限大容量电源。（ ）
   A. 正确　　　　　　　　　　　　B. 错误

3. [判断题] 三相短路电流周期分量有效值在短路过程中是不变的。（ ）
   A. 正确　　　　　　　　　　　　B. 错误

4. [多选题] 下列关于无限大容量电源供电系统三相短路的描述（ ）是正确的。
   A. 电源端电压和系统频率不变
   B. 在短路暂态过程中，三相短路电流有效值是衰减的
   C. 短路电流非周期分量大约经过10个工频周期衰减到接近为0
   D. 短路回路电阻越大，短路电流非周期分量衰减速度越快

5. [单选题] 短路冲击电流在短路发生经过（ ）后出现。
   A. 0秒　　　B. 半个周期　　　C. 一个周期　　　D. 两个周期

6. [单选题] 电气设备的动稳定用（ ）校验。
   A. 三相短路电流周期分量有效值
   B. 三相短路电流非周期分量起始值
   C. 三相短路电流稳态值
   D. 三相短路冲击电流

7. [单选题] 在高压系统中，最恶劣的短路情况是（ ）。
   A. 短路前空载，短路发生在电源电动势瞬时值过零时
   B. 短路前空载，短路发生在电源电动势瞬时值最大时
   C. 短路前负荷电流最大，短路发生在电源电动势瞬时值过零时
   D. 短路前负荷电流最大，短路发生在电源电动势瞬时值最大时

8. [判断题] 短路电流非周期分量是为了维持短路瞬间电流不发生突变而出现的自由分量。（ ）
   A. 正确　　　　　　　　　　　　B. 错误

9. [多选题] 关于无限大容量供电系统短路电流的说法正确的是（ ）。
   A. 短路电流非周期分量又称强制分量
   B. 短路电流非周期分量是衰减的直流分量
   C. 短路电流有效值是周期分量有效值和非周期分量瞬时值的方均根值
   D. 短路电流有效值经过短路暂态过程后衰减到周期分量有效值

10. [单选题] 短路冲击电流峰值是其有效值的（ ）倍。
    A. 1.732　　　B. 1.414　　　C. 2.55　　　D. 1.51

11. [单选题] 无限大容量供电系统三相短路稳态电流等于（ ）。
    A. 短路电流周期分量有效值　　　　B. 短路电流非周期分量有效值
    C. 短路全电流有效值　　　　　　　D. 短路冲击电流有效值

12. [单选题] 无限大容量供电系统短路暂态过程持续时间大约为（　　）。
   A. 0.01s　　　　B. 0.02s　　　　C. 0.2s　　　　D. 1s 以上

13. [单选题] 10kV 电网短路计算时取基准容量为 $S_B = 100$MVA，基准电压为平均额定电压，已知短路回路电抗标幺值为 10，则三相短路电流周期分量有效值为（　　）kA。
   A. 5.5　　　　B. 0.1　　　　C. 10　　　　D. 0.55

14. [多选题] 同步发电机机端三相短路时，定子电流中包括以下分量（　　）。
   A. 直流分量　　B. 基频交流分量　　C. 倍频交流分量　　D. 分数次频率交流分量

15. [单选题] 非无限大容量供电系统三相短路起始次暂态电流是指（　　）。
   A. 短路发生瞬间周期分量瞬时值
   B. 短路发生瞬间非周期分量瞬时值
   C. 短路发生后第 1 个周期的周期分量有效值
   D. 短路发生后第 1 个周期的短路全电流有效值

16. [单选题] 非无限大容量电源供电系统采用（　　）得到三相短路暂态过程中不同时刻短路电流周期分量有效值。
   A. 运算曲线法　　B. 计算机算法　　C. 标幺值法　　D. 有名值法

17. [判断题] 应用运算曲线法计算短路电流时，可以不考虑负荷的影响（短路点附近的大容量电动机除外）。（　　）
   A. 正确　　　　　　　　　　　　B. 错误

18. [判断题] 同步发电机与无限大容量电源供电系统短路时都有衰减的直流分量。（　　）
   A. 正确　　　　　　　　　　　　B. 错误

19. [判断题] 当三相电流对称时，低压三相四线制线路的中性线无电流通过。（　　）
   A. 正确　　　　　　　　　　　　B. 错误

20. [单选题] 若异步电动机正常运行情况下转差率为 s，则异步电动机机端不对称短路时其负序磁场转差率为（　　）。
   A. s　　　　B. $-s$　　　　C. $1-s$　　　　D. $2-s$

21. [多选题] 异步电动机机端三相短路时，定子电流中包括（　　）。
   A. 直流分量　　　　　　　B. 基频交流分量
   C. 倍频交流分量　　　　　D. 3 倍及以上频率交流分量

22. [判断题] 异步电动机零序电抗为 0。（　　）
   A. 正确　　　　　　　　　　　　B. 错误

23. [判断题] 当在 YN,y 接线变压器的 YN 侧流过零序电流时，y 侧三相绕组中既无零序电压又无零序电流。（　　）
   A. 正确　　　　　　　　　　　　B. 错误

24. [判断题] 电力线路负序阻抗等于正序阻抗。（　　）
   A. 正确　　　　　　　　　　　　B. 错误

25. [判断题] 电力线路的双回路对零序阻抗产生"助磁"作用，而避雷线则产生"去磁"作用。（　　）
   A. 正确　　　　　　　　　　　　B. 错误

26. [单选题] 三相导线结构相同的下列线路（　　）零序阻抗最大。
A. 单回路无避雷线三相架空线路
B. 双回路无避雷线三相架空线路
C. 单回路有避雷线三相架空线路
D. 双回路有避雷线三相架空线路

27. [判断题] 工程上，架空电力线路的正、负序电抗通常取为 $0.4\Omega/km$。（　　）
A. 正确　　　　　　　　　　B. 错误

28. [判断题] 架空电力线路的零序电抗值比正序电抗值大得多。（　　）
A. 正确　　　　　　　　　　B. 错误

29. [单选题] YN,d 变压器的正序电抗为 X_1，零序电感值为（　　）。
A. 0　　　　B. ∞　　　　C. X_1　　　　D. $0.5X_1$

30. [多选题] 不对称短路时，下列接线的变压器二次绕组有零序电流的是（　　）。
A. YN,y
B. YN,yn，且 yn 侧外电路无接地中性点
C. YN,d
D. YN,yn，且 yn 侧外电路有接地中性点

31. [多选题] 电力系统中 a 相发生金属性接地短路，则边界条件为（　　）。
A. b 相和 c 相电流为 0
B. a 相电压为零
C. b 相和 c 相电压为 0
D. b、c 相间电压为 0

32. [多选题] 单相接地短路时，下列说法正确的是（　　）。
A. 故障相短路电流存在正序、负序和零序分量
B. 故障相短路电流的正序、负序和零序分量大小相等、方向相同
C. 单相接地短路电流为正序电流的 3 倍
D. 故障相对地电压一定为 0

33. [多选题] 电力系统 b、c 两相金属性短路时，边界条件为（　　）。
A. a 相电流为 0
B. b、c 两相电流相等
C. b、c 两相电流大小相等、方向相反
D. b、c 相间电压为 0

34. [多选题] 电力系统 a 相断线，边界条件为（　　）。
A. a 相电流为 0
B. a 相断口电压为 0
C. 断口处 b 相、c 相电压为 0
D. b 相、c 相电流为 0

35. [单选题] 短路电流中一定存在零序分量的短路类型是（　　）。
A. 接地短路　　B. 相间短路　　C. 不对称短路　　D. 三相短路

36. [单选题] 关于不对称短路，下列说法中错误的是（　　）。
A. 对称分量法用于把不对称电路分解为各自对称的序分量电路
B. 任何不对称短路的短路电流中都含有负序分量
C. 相间短路的短路电流中不存在零序分量
D. 不对称短路时短路电流中的负序和零序分量将逐渐衰减到零

37. [单选题] 关于两相短路，下列说法中错误的是（　　）。
A. 短路电流中不存在零序分量

B. 短路电流正序分量与负序分量大小相等、方向相反

C. 如果两相金属性短路，则正序电压与负序电压相等

D. 短路电流等于正序电流的 2 倍

38. [单选题] 关于短路故障时序电压的分布，下述说法正确的是（   ）。
   A. 短路点正、负、零序电压均最高
   B. 发电机端正、负、零序电压均最高
   C. 发电机端正序电压最高，短路点负、零序电压最高
   D. 发电机端负序和零序电压均最高，短路点正序电压最高

39. [单选题] 正、负、零序电压相等的金属性短路类型是（   ）。
   A. 三相短路   B. 两相短路   C. 单相接地短路   D. 两相接地短路

40. [多选题] 正、负序电压相等的金属性短路类型是（   ）。
   A. 三相短路   B. 两相短路   C. 单相接地短路   D. 两相接地短路

41. [单选题] 两相接地短路的复合序网连接方式为（   ）。
   A. 正序、负序、零序三序网络并联
   B. 正序、负序网络并联，零序网络开路
   C. 正序、零序网络并联，负序网络开路
   D. 零序、负序网络并联，正序网络开路

42. [单选题] 两相短路的复合序网连接方式为（   ）。
   A. 正序、负序、零序网络并联
   B. 正序、负序网络并联，零序网络开路
   C. 正序、零序网络并联，负序网络开路
   D. 零序、负序网络并联，正序网络开路

43. [单选题] 系统发生单相接地短路故障时，复合序网的连接方式为（   ）。
   A. 正序、负序、零序网络串联
   B. 正序、负序网络并联，零序网络开路
   C. 正序、零序网络并联，负序网络开路
   D. 零序、负序网络并联，正序网络开路

44. [单选题] 两相断线与（   ）的复合序网形式相同。
   A. 三相短路   B. 两相短路   C. 单相接地短路   D. 两相接地短路

45. [单选题] 一相断线与（   ）的复合序网形式相同。
   A. 三相短路   B. 两相短路   C. 单相接地短路   D. 两相接地短路

46. [多选题] 关于不对称短路，下列说法正确的是（   ）。
   A. 短路点零序电压最高   B. 短路点负序电压最高
   C. 短路点正序电压最高   D. 不对称短路都会出现负序分量

47. [单选题] 使用正序等效定则计算短路电流时，两相短路的附加阻抗为（   ）。
   A. 0   B. $Z_2 + Z_0$ C. Z_2 D. $Z_2 Z_0 / (Z_2 + Z_0)$

48. [单选题] 使用正序等效定则计算短路电流时，单相接地短路的附加阻抗为（   ）。
   A. 0   B. $Z_2 + Z_0$ C. Z_2 D. $Z_2 Z_0 / (Z_2 + Z_0)$

49. [单选题] 使用正序等效定则计算短路电流时，两相接地短路的附加阻抗为（ ）。
A. 0　　　　　B. $Z_2 + Z_0$　　　　　C. Z_2　　　　　D. $Z_2 Z_0 / (Z_2 + Z_0)$

【参考答案与解析】

1. B。[解析] 电源的端电压不变，越靠近短路点电压越低，短路点电压为 0。

2. A

3. B。[解析] 非无限大容量电源供电系统发生三相短路时，周期分量有效值是衰减的。

4. ABCD　5. B　6. D

7. A。[解析] 由式(2-33)可知，短路前为空载（负荷电流为 0），短路后阻抗角 $\varphi_k \approx 90°$（高压系统电抗比电阻大得多，可看作是纯电感电路），当短路瞬间电源电压的相位角（合闸相角）$\theta_0 = 0$ 时，短路电流周期分量和非周期分量瞬时值都达到最大。

8. A

9. BCD。[解析] 选项 A 短路电流非周期分量是自由分量，而周期分量才是强制分量。选项 C 方均根值也叫均方根值。

10. B　11. A　12. C

13. D。[解析] $S_B = 100\text{MVA}$，$U_B = 10.5\text{kV}$，$I_B = 5.5\text{kA}$，$I_\omega = I_{*\omega} I_B = I_B / X_{*\Sigma} = 0.55\text{kA}$。

14. ABC

15. C。[解析] 非无限大容量供电系统三相短路后第 1 个周期内认为短路电流周期分量是不衰减的，求得的短路电流周期分量的有效值即为起始次暂态电流，也称 0 秒时短路电流周期分量有效值。

16. A　17. A　18. A　19. A　20. D　21. AB　22. B　23. B　24. A　25. A　26. B　27. A

28. A。[解析] 零序电流三相同相位，相间互感使每相等效电感增大。

29. C　30. CD　31. AB

32. ABC。[解析] 若是金属性接地短路，故障相对地电压为零；若是经过阻抗接地短路，则故障相对地电压不为零。

33. ACD　34. AC　35. A　36. D　37. D　38. C　39. D　40. BD　41. A　42. B　43. A　44. C　45. D　46. ABD　47. C　48. B　49. D

第八单元　同步发电机数学模型

一、主要知识点

（一）同步发电机的转子运动方程

同步发电机的转子运动方程用于反映暂态过程中发电机的转子机械运动过程，它是作用在发电机转子轴上的转矩与转速变化之间的关系。

1. 同步发电机的转子运动方程式

同步发电机的转子运动方程为

$$\Delta M = J\alpha = J\frac{\mathrm{d}\Omega}{\mathrm{d}t} = J\frac{\mathrm{d}^2\Theta}{\mathrm{d}t^2} \tag{2-56}$$

式中，ΔM 为作用在转子轴上的不平衡转矩或称合成转矩、净加速转矩（N·m），当忽略转子转动时的风阻和摩擦阻力时，ΔM 就是原动机的机械转矩 M_m 和发电机的电磁转矩 M_e 之差；α 为转子的机械角加速度（rad/s²）；Ω 为转子的机械角速度（rad/s）；Θ 为转子的机械角位移（rad）；J 为转子的转动惯量（kg·m²）。

若同步发电机磁极对数为 p，则电角度 $\theta = p\Theta$，电角速度 $\omega = p\Omega$。以电角度表示的同步发电机转子运动方程为

$$\Delta M = J\frac{\mathrm{d}^2\Theta}{\mathrm{d}t^2} = J\frac{\mathrm{d}^2(\theta/p)}{\mathrm{d}t^2} = \frac{J}{p}\times\frac{\mathrm{d}^2\theta}{\mathrm{d}t^2} = \frac{J}{p}\times\frac{\mathrm{d}^2\delta}{\mathrm{d}t^2} = J\frac{\Omega_\mathrm{N}}{\omega_\mathrm{N}}\times\frac{\mathrm{d}^2\delta}{\mathrm{d}t^2} \tag{2-57}$$

式中，δ 为转子磁轴（如直轴）与在空间以同步转速旋转的坐标轴之间的相对电角度。

取转矩的基准值 $M_\mathrm{B} = S_\mathrm{B}/\Omega_\mathrm{N}$，则转子运动方程的标幺值形式为

$$\Delta M_* = \frac{T_\mathrm{J}}{\omega_\mathrm{N}}\times\frac{\mathrm{d}^2\delta}{\mathrm{d}t^2} \tag{2-58}$$

其中，T_J 为归算到功率基准值 S_B 的发电机组惯性时间常数（s），其值为

$$T_\mathrm{J} = J\Omega_\mathrm{N}^2/S_\mathrm{B} = 2\frac{\frac{1}{2}J\Omega_\mathrm{N}^2}{S_\mathrm{N}} = 2\frac{W_\mathrm{K}}{S_\mathrm{N}} = 2H \tag{2-59}$$

式中，W_K 为同步发电机转子在额定转速时所具有的动能；$H = W_\mathrm{K}/S_\mathrm{N}$ 为额定转速时机组单位容量所具有的动能。

如果发电机组的转速偏离同步转速不大，则不平衡转矩的标幺值近似等于不平衡功率的标幺值，即

$$\Delta P_* \approx \frac{T_\mathrm{J}}{\omega_\mathrm{N}}\times\frac{\mathrm{d}^2\delta}{\mathrm{d}t^2} \tag{2-60}$$

2. 发电机组惯性时间常数的物理意义

发电机组惯性时间常数的物理意义包括两个方面，一是在额定转速时机组单位容量所具有动能的 2 倍；二是当转子轴上施加的净加速转矩为额定转矩时，机组从静止到额定转速所需要的时间。

一般汽轮发电机组的惯性时间常数为 8~16s，水轮发电机组的惯性时间常数为 4~8s，同步调相机的惯性时间常数为 2~4s。

（二）abc 坐标系统下的同步电机方程

1. 理想化假设条件

在建立同步电机基本方程的过程中，通常采用以下理想化假设条件：

（1）铁心的磁导系数为常数，即忽略磁路饱和。

（2）定子三相绕组结构对称，各相绕组的磁轴在空间互差 120°电角度。

（3）转子对直轴和交轴结构对称。

（4）定子电流产生的磁动势以及转子绕组和定子绕组间的互感磁通在气隙中按正弦分布，即气隙中磁动势和磁通中的谐波分量完全消除。

（5）定子和转子具有光滑的表面，即定子和转子的结构不影响电感系数。

2. 转子的阻尼绕组及各绕组磁轴、电流和电压的参考正方向

（1）阻尼绕组。同步发电机转子上阻尼绕组的作用是抑制发电机转速振荡，调节动态稳定性。阻尼绕组是一种等效绕组，对凸极机来说，阻尼绕组用于模拟分布在转子上的阻尼条所产生的阻尼作用；对于隐极机来说，阻尼绕组用于模拟整块转子铁心中由涡流产生的阻尼作用。一般地，对于凸极机，在转子的直轴和交轴上各设置一个阻尼绕组，记为 D 绕组和 Q 绕组；对于隐极机，除了 D 绕组和 Q 绕组外，在交轴上再增加一个等效阻尼绕组，记为 g 绕组，交轴上的 g 绕组和 Q 绕组分别用于反映阻尼作用较强和较弱的涡流效应。

（2）各绕组磁轴、电流和电压的参考正方向。定子三相绕组（a、b、c）、转子励磁绕组（f）、阻尼绕组（D、Q、g）的电流、电压、磁轴参考正方向规定为：

① 电压和电流的正方向。三相电流从定子绕组端点流向系统方向正方向；三相电压取相对于中性点的方向为正方向；励磁绕组电流取从励磁电源流出为正方向。

② 磁轴正方向。定子三相绕组磁轴正方向分别与各绕组的正方向电流所产生的磁通方向相反；转子各绕组磁轴的正方向与其正方向电流所产生的磁通方向相同。

③ 磁链和感应电动势的正方向。定子和转子各绕组磁链的正方向与磁轴的正方向相同；各绕组由磁链变化所产生的感应电动势服从楞次定律。

④ 转子 d 轴的正方向规定为转子的 N 极，转子 q 轴的正方向是沿转子旋转方向超前 d 轴 $90°$。

3. 绕组的电压和磁链方程

同步发电机等效电路如图 2-28 所示。以 a 相绕组为例，其电压方程为

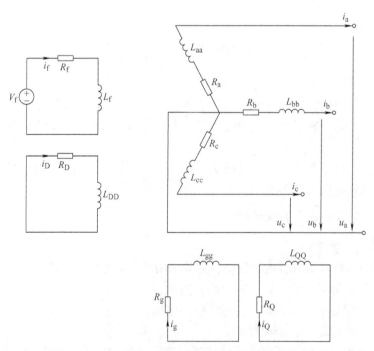

图 2-28 同步发电机等效电路

$$u_a = -i_a R_a + \frac{d\psi_a}{dt} \tag{2-61}$$

a 相绕组的磁链方程为

$$\psi_a = -L_{aa}i_a - M_{ab}i_b - M_{ac}i_c + M_{af}i_f + M_{aD}i_D + M_{ag}i_g + M_{aQ}i_Q \tag{2-62}$$

式中，L 为绕组自感系数；M 为 a 相绕组与其他 6 个绕组的互感系数。

由于转子的转动使得一些绕组间的相对位置和气隙中各点的磁阻随时间变化，从而使一些绕组间的互感以及绕组本身的自感也随时间变化。其变化规律如下：

（1）定子绕组的自感和定子绕组之间的互感。对于凸极机，定子绕组的自感和定子绕组间的互感随时间呈周期性变化（周期为半转）；对于隐极机，定子绕组的自感和定子绕组间的互感均为常数。

（2）定子绕组和转子绕组之间的互感。随时间呈周期性变化（周期为一转）。

（3）转子各绕组的自感和转子绕组之间的互感。由于各转子绕组都随转子一起旋转，自感和互感路径磁阻不变，转子各绕组的自感和转子绕组之间的互感均为常数，且因直轴上的 f 绕组、Q 绕组和交轴上的 g、Q 绕组正交，它们之间的互感为零。

（三）派克变换及 dq0 坐标下的同步电机方程

派克（Park）变换将 abc 坐标下的定子三相电流、电压和磁链变换到转子 dq0 坐标下的分量，在形式上相当于定子三相绕组变换成随转子一起旋转的 d、q、0 三个绕组（其中 0 绕组用于反映定子三相电流的零序分量），因而所有的自感和互感系数都变成了常数。

派克变换关系式可以统一写成

$$\begin{bmatrix} A_d \\ A_q \\ A_0 \end{bmatrix} = \frac{2}{3} \begin{bmatrix} \cos\theta & \cos(\theta - 2\pi/3) & \cos(\theta + 2\pi/3) \\ -\sin\theta & -\sin(\theta - 2\pi/3) & -\sin(\theta + 2\pi/3) \\ 1/2 & 1/2 & 1/2 \end{bmatrix} \begin{bmatrix} A_a \\ A_b \\ A_c \end{bmatrix} \tag{2-63}$$

式中，θ 是转子 d 轴与定子 a 相磁轴之间的夹角；A 可以是电流、电压或磁链。

在 dq0 坐标下，同步发电机定子绕组电压平衡方程为

$$\left. \begin{aligned} u_d &= -i_d R_a + \frac{d\psi_d}{dt} - \omega\psi_q \\ u_q &= -i_q R_a + \frac{d\psi_q}{dt} + \omega\psi_d \end{aligned} \right\} \tag{2-64}$$

同步发电机输出功率为

$$P = \frac{3}{2}(u_d i_d + u_q i_q + 2u_0 i_0) \tag{2-65}$$

进一步分析可知：

（1）定子三相电流 i_a、i_b、i_c 在气隙中所产生的合成磁动势分布可用等效绕组 d、q 中流过的电流 i_d、i_q 所产生的合成磁动势分布来代替。d 绕组和 q 绕组的磁轴分别为转子 d 轴和 q 轴，其匝数为每相定子绕组的 3/2。

（2）三相系统中的正序基波电流经过派克变换后所得到的 d 轴和 q 轴绕组电流为直流电流。

（3）0 绕组在气隙中不产生合成磁动势。

(四) 用电机参数表示的同步电机方程

在电力系统分析中，通常采用由同步电机实验得出的参数，称为电机参数，共 12 个。它们是定子绕组的电阻 (R_a)、直轴和交轴同步电抗 (X_d、X_q)、零序电抗 (X_0)、直轴和交轴暂态电抗 (X'_d、X'_q)、直轴和交轴次暂态电抗 (X''_d、X''_q)、d 轴和 q 轴开路暂态时间常数 (T'_{d0}、T'_{q0})、d 轴和 q 轴开路次暂态时间常数 (T''_{d0}、T''_{q0})。

同步电机的参数之间存在以下关系

$$X_d \geq X_q > X'_q \geq X'_d > X''_q \geq X''_d$$
$$T'_{d0} > T''_{d0}, T'_{q0} > T''_{q0}$$

在分析电力系统暂态过程时，通常并不直接关心阻尼绕组的电流和各绕组的磁链，而是引入与各转子电流成正比的各个空载电动势以及与转子各绕组磁链成正比的暂态和次暂态电动势来代替电机方程中的转子电流和磁链。

(五) 同步电机的简化数学模型

在电力系统暂态分析中，可以对同步电机的数学模型进行适当简化。主要是从定子电压方程和转子电压方程两个方面进行简化。

1. 定子绕组电压平衡方程的简化

(1) 忽略定子回路的电磁暂态过程。式(2-64) 忽略因 d 轴磁链和 q 轴磁链随时间变化而产生的电动势。

(2) 忽略转速变化对定子电压和电磁转矩的影响。式(2-64) 中 ω 为同步转速。

2. 转子电压方程的简化

对转子电压方程的简化主要是减少转子绕组的个数。简化模型主要有三绕组（f、D、Q）转子模型、两绕组（f、g）转子模型、不计阻尼绕组的模型、q 轴暂态电动势 (e'_q) 恒定模型和经典模型。其中经典模型是将同步发电机看成是一个带内阻抗的简单电源。

(六) 同步电机的稳态方程和相量图

在稳态运行时，同步电机三相完全对称且以同步转速运行，各阻尼绕组的电流和相应的空载电动势都等于零，而其他绕组的电流和对应于励磁电流的空载电动势以及各绕组的磁链都保持恒定。

同步电机稳态方程和相量图可以用同步电抗、暂态电抗和暂态电动势、次暂态电抗和次暂态电动势 3 种参数表示。

二、模拟测试题

1. [单选题] 同步发电机的（ ）用于反映暂态过程中发电机的转子机械运动过程。
A. 转子运动方程　　B. 电压方程　　　C. 电磁方程　　　D. 功率方程

2. [判断题] 同步发电机转子相对电角度是指转子轴线与固定参考轴之间的夹角。（　　）
A. 正确　　　　　　　　　　　　　　B. 错误

3. [单选题] ①汽轮发电机组、②水轮发电机组、③同步调相机空载起动，从静止到额定转速所需时间从短到长的顺序是（　　）。
A. ①②③　　　B. ②①③　　　C. ③①②　　　D. ③②①

4. ［单选题］作用在同步发电机组转子轴上的不平衡转矩（合成转矩）与转子的（　　）成正比。
　　A. 机械角加速度　　B. 机械角速度　　C. 机械角位移　　D. 转速

5. ［单选题］额定频率为 50Hz、磁极数为 4 的同步发电机组机械角速度为（　　）rad/s。
　　A. 314　　　　　B. 78.5　　　　　C. 157　　　　　D. 628

6. ［判断题］一般规定，同步发电机定子三相绕组磁轴正方向分别与各绕组的正向电流所产生的磁通方向相反；转子各绕组磁轴的正方向与其正方向电流所产生的磁通方向相同。（　　）
　　A. 正确　　　　　　　　　　　　　B. 错误

7. ［单选题］abc 坐标下同步发电机的电压方程是（　　）。
　　A. 线性代数方程　　　　　　　　　B. 偏微分方程
　　C. 常系数常微分方程　　　　　　　D. 变系数常微分方程

8. ［单选题］同步发电机转子上的阻尼绕组的作用是（　　）。
　　A. 励磁　　　　　B. 限流　　　　　C. 起动　　　　　D. 抑制转速振荡

9. ［判断题］同步发电机转子上的阻尼绕组并非真实存在的绕组，而是一种等效绕组。（　　）
　　A. 正确　　　　　　　　　　　　　B. 错误

10. ［判断题］同步发电机并入电网运行时，若转子转速有微小振荡，阻尼绕组中感应电流所产生的电磁转矩会起到抑制转速振荡的作用。（　　）
　　A. 正确　　　　　　　　　　　　　B. 错误

11. ［判断题］当同步发电机在不对称负载下运行时，阻尼绕组会起到抑制气隙中的负序磁场的作用。（　　）
　　A. 正确　　　　　　　　　　　　　B. 错误

12. ［单选题］水轮发电机的转子采用（　　）结构。
　　A. 隐极式　　　　B. 凸极式　　　　C. 笼式　　　　　D. 绕线式

13. ［单选题］隐极同步发电机一般共有（　　）个绕组。
　　A. 4　　　　　　　B. 5　　　　　　C. 6　　　　　　D. 7

14. ［多选题］下列（　　）是常数。
　　A. 凸极同步发电机定子绕组的自感系数和定子绕组之间的互感系数
　　B. 隐极同步发电机定子绕组的自感系数和定子绕组之间的互感系数
　　C. 同步发电机定子绕组和转子绕组之间的互感系数
　　D. 同步发电机转子各绕组的自感系数和转子绕组之间的互感系数

15. ［判断题］同步发电机转子直轴上的 f 绕组、D 绕组和交轴上的 g、Q 绕组之间的互感系数为零。（　　）
　　A. 正确　　　　　　　　　　　　　B. 错误

16. ［判断题］凸极同步发电机定子绕组的自感和定子绕组间的互感随时间呈周期性变化，转子每旋转一转变化一次。（　　）
　　A. 正确　　　　　　　　　　　　　B. 错误

17. [判断题] 当同步发电机a相绕组磁轴与转子d轴重合时，a相绕组自感系数最大。（　　）
   A. 正确　　　　　　　　　　　　　B. 错误
18. [单选题] 理想的凸极同步发电机在abc坐标系下定子绕组间互感系数的变化周期为（　　）。
   A. π/2　　　B. π　　　C. 2π　　　D. 3π
19. [单选题] 理想的凸极同步发电机在abc坐标系下，定、转子绕组间的互感系数的变化周期为（　　）。
   A. π/2　　　B. π　　　C. 2π　　　D. 3π
20. [多选题] 有关派克（Park）变换描述正确的是（　　）。
   A. 派克变换将定子abc坐标系上的量变换为转子dq0坐标系上的量
   B. 派克变换后，同步电机所有的自感、互感系数都变成了常数
   C. 派克变换在形式上相当于定子三相绕组变换成随转子一起旋转的d、q、0三个绕组
   D. 派克变换后定子和转子间的互感系数不对称
21. [单选题] 在dq0坐标系中，同步电机定子绕组的电压由3部分组成，其中由定子绕组的磁链随时间变化而感生的电动势通常称为（　　）。
   A. 变压器电动势　　B. 发电机电动势　　C. 旋转电动势　　D. 同步电动势
22. [判断题] 定子三相稳态电流经派克变换后变成了d轴和q轴上的直流电流。（　　）
   A. 正确　　　　　　　　　　　　　B. 错误
23. [判断题] 同步发电机的电机参数是由实验得出的。（　　）
   A. 正确　　　　　　　　　　　　　B. 错误
24. [多选题] 下列属于同步发电机的电机参数的是（　　）。
   A. 额定电压　　B. 额定频率　　C. 定子绕组电阻　　D. 同步电抗
25. [单选题] 对于凸极同步发电机，其直轴同步电抗X_d（　　）交轴同步电抗X_q。
   A. 等于　　　B. 大于　　　C. 小于　　　D. 不能确定
26. [单选题] 同步发电机的①同步电抗、②暂态电抗、③次暂态电抗的值从大到小的顺序是（　　）。
   A. ①②③　　B. ③②①　　C. ②③①　　D. ③①②
27. [多选题] 电力系统暂态分析中主要从（　　）等方面对同步电机模型进行简化。
   A. 忽略定子回路的电磁暂态过程
   B. 忽略转速变化对定子电压和电磁转矩的影响
   C. 减少转子绕组的个数
   D. 忽略定子绕组电阻
28. [单选题] 同步电机简化模型的（　　）是将同步发电机看成是一个带内阻抗的简单电源。
   A. 三绕组转子模型　　　　　　　B. 两绕组转子模型
   C. 不计阻尼绕组的模型　　　　　D. 经典模型
29. [单选题] 同步电机三绕组转子模型是指（　　）3个转子绕组。

A. f、D、Q B. f、D、g C. f、g、Q D. g、D、Q

30. [多选题] 稳态运行时，同步电机有关运行参数的特征是（　　）。
A. 转子以同步转速运转
B. 阻尼绕组的电流和相应的空载电动势都等于零
C. d 轴和 q 轴电流以及励磁电流保持恒定
D. 各绕组的磁链保持恒定

31. [判断题] 同步电机稳态方程和相量图只能用稳态电抗表示。（　　）
A. 正确 B. 错误

32. [单选题] 已知电网频率为 $f = 50Hz$，发电机主磁极数为 4，则发电机转速为（　　）r/min。
A. 1500 B. 1800 C. 2000 D. 2200

【参考答案与解析】

1. A
2. B。[解析] 同步发电机转子相对电角度是指转子磁轴（如直轴）与在空间以同步转速旋转的坐标轴之间的相对电角度。
3. D 4. A 5. C 6. A 7. D 8. D 9. A 10. A 11. A 12. B 13. D 14. BD
15. A 16. B 17. A 18. B 19. C 20. ABCD
21. A。[解析] 由式(2-64)可知，第一项是定子绕组上的压降；第二项是由于定子绕组的磁链随时间变化而感生的电动势，通常称为同步电机的变压器电动势；第三项是与电角速度成正比，即由于发电机转子旋转而产生的电动势，通常称为同步电动机的旋转电动势或发电机电动势。
22. A 23. A 24. CD 25. B
26. A。[解析] 同步电抗为发电机稳态运行时的电抗，由绕组漏抗和电枢反应组成，一般用于潮流计算。暂态电抗是发电机因突然短路所形成的电抗，由于磁通不能突变，故由短路电流产生的电枢反应最初不存在，所以暂态电抗小于同步电抗（稳态电抗）。次暂态电抗是有阻尼绕组或有阻尼效应的发电机的暂态电抗，其值比暂态电抗更小。
27. ABC 28. D 29. A 30. ABCD 31. B 32. A

第九单元　电力系统稳定的基本概念

一、主要知识点

（一）电力系统稳定性的分类与定义

电力系统稳定性是指在给定运行条件下的电力系统受到扰动后重新恢复到运行平衡状态的能力。

电力系统稳定性可分为功角稳定、电压稳定和频率稳定三类。

功角稳定性又叫角度稳定性，它是研究电力系统发电机并列运行的稳定性问题，是指电力系统受到扰动后电力系统中互联的发电机间维持同步的能力。国际上将角度稳定性分为小扰动稳定性和暂态稳定性。

小扰动稳定性是指系统遭受小扰动后，系统会达到一个与发生扰动前相同或接近的运行状态。小扰动稳定性也称为静态稳定性。

所谓小扰动，从物理现象角度而言，是指扰动充分小，如负荷的随机变化及随后的发电机组调节等。从数学分析角度而言，是指在进行系统分析时，可以将描述电力系统动态过程加以线性化的扰动。

暂态稳定性是指电力系统受到大的扰动后，各同步电机保存同步运行并过渡到新的或恢复到原来稳定运行状态的能力。暂态稳定性也可以称为大扰动稳定性。

大扰动包括负荷的突然变化、短路、大容量发电机和重要输电设备的投入或切除等。

我国《电力系统安全稳定导则》将角度稳定性分为静态稳定性、暂态稳定性和动态稳定性三类。动态稳定性是指电力系统受到小的或大的扰动后，在自动调节和控制装置的作用下，保持长过程的运行稳定性的能力。

电压稳定性是指电力系统在受到小的或大的扰动后系统维持电压水平的能力。

频率稳定性是指电力系统在受到小的或大的扰动后系统维持频率的能力。

（二）同步发电机的功角特性

1. 隐极式发电机的功角特性方程式

以空载电动势 E_q 和同步电抗 X_d 表示的隐极式发电机有功功率的功角特性方程式为

$$P_e = \frac{E_q U}{X_d} \sin\delta \tag{2-66}$$

式中，δ 为空载电动势 E_q 和发电机端电压 U 之间的夹角，即功率角，简称功角。

发电机输出的无功功率为

$$Q_e = -\frac{U^2}{X_d} + \frac{E_q U}{X_d} \cos\delta \tag{2-67}$$

若发电机与无限大容量电力系统母线相连，即 U 为定值，同时，设发电机没有自动励磁调节装置，并保持 E_q 为定值，则当 $\delta = 90°$ 时，达到功率极限 $P_{e.max}$。其功角特性曲线如图2-29所示。

2. 凸极式发电机的功角特性方程式

以空载电动势 E_q 和同步电抗 X_d、X_q 表示的凸极式发电机的功角特性方程式为

$$P_e = \frac{E_q U}{X_d} \sin\delta + \frac{U^2}{2} \times \frac{X_d - X_q}{X_d X_q} \sin 2\delta \tag{2-68}$$

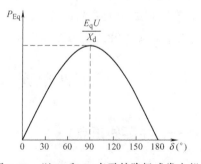

图2-29 以 E_q 和 X_d 表示的隐极式发电机有功功率的功角特性曲线

上式中，后一项称为磁阻功率分量。由于磁阻功率的存在，使功率极限有所增加，但功率极限出现在 $\delta < 90°$ 处。

3. 网络接线及参数对功角特性的影响

（1）串联电抗的影响。发电机端串联电抗与无限大容量电力系统母线相连时，功率极

限下降。

（2）串联电阻的影响。这时有功功率的功角特性曲线有两条，一条是发电机输出的有功功率的功角特性曲线；另一条是送向母线的有功功率的功角特性曲线。在同一 δ 值下两者的差值为串联电阻的功率损耗。发电机输出的有功功率的功率极限出现在 $90°+\alpha$ 处，送向母线的有功功率的功率极限出现在 $90°-\alpha$ 处。

（3）并联电阻的影响。这时有功功率的功角特性曲线有两条，一条是发电机输出的有功功率的功角特性曲线；另一条是送向母线的有功功率的功角特性曲线。在同一 δ 值下两者的差值为并联电阻的功率损耗。

（4）并联电抗的影响。这时的功率特性曲线与图 2-29 类似，只是并联电抗后功率极限下降了。

二、模拟测试题

1. ［多选题］下列扰动属于小扰动的是（　　）。
 A. 负荷变化　　　　　　　　　　B. 变压器电压分接头切换
 C. 一组并联电容器投入　　　　　D. 输电线路一相断线
2. ［多选题］下列扰动属于大扰动的是（　　）。
 A. 输电线路单相接地短路　　　　B. 输电线路雷击跳闸
 C. 自动重合闸于永久故障　　　　D. 线路过负荷
3. ［多选题］电力系统大扰动包括（　　）。
 A. 投入或切除大容量负荷　　　　B. 切除或投入发电机、变压器等
 C. 短路故障　　　　　　　　　　D. 短时碰线
4. ［判断题］电力系统稳定性是系统受到扰动后重新回到扰动前运行点的能力。（　　）
 A. 正确　　　　　　　　　　　　B. 错误
5. ［多选题］我国《电力系统安全稳定导则》将角度稳定性分为（　　）三类。
 A. 静态稳定性　　B. 暂态稳定性　　C. 动态稳定性　　D. 电压稳定性
6. ［单选题］电力系统稳定性主要包括（　　）、频率稳定性、电压稳定性三个方面。
 A. 静态稳定性　　B. 暂态稳定性　　C. 小扰动稳定性　D. 功角稳定性
7. ［单选题］角度稳定性是指（　　）。
 A. 小扰动稳定性　　　　　　　　B. 大扰动稳定性
 C. 暂态稳定性　　　　　　　　　D. 发电机并列运行稳定性
8. ［判断题］功角稳定性包括小扰动稳定性和大扰动稳定性两个方面。（　　）
 A. 正确　　　　　　　　　　　　B. 错误
9. ［判断题］电力系统暂态稳定性是指系统受到大的扰动后恢复到原来稳定运行状态的能力。（　　）
 A. 正确　　　　　　　　　　　　B. 错误
10. ［单选题］同步发电机的功角是指（　　）。
 A. 功率因数角　　　　　　　　　B. 有功功率和无功功率的夹角
 C. 发电机定子电流与端电压的夹角　D. 空载电动势与端电压的夹角
11. ［单选题］当功角为（　　）时，隐极式同步发电机达到功率极限。

A. 0°　　　　　B. 45°　　　　　C. 90°　　　　　D. 180°

12. [判断题] 当功角为90°时，凸极式同步发电机达到功率极限。（　　）

A. 正确　　　　　　　　　　　　B. 错误

13. [多选题] 同步发电机有功功率的功角特性曲线是在（　　）条件下绘制的。

A. 发电机与无限大容量电力系统母线相连

B. 发电机输出的无功功率不变

C. 没有自动励磁调节装置

D. 有自动励磁调节装置

14. [单选题] 隐极式同步发电机端串联电抗与无限大容量电力系统母线相连时，其功率极限（　　）。

A. 下降　　　　B. 上升　　　　C. 不变　　　　D. 不能确定

15. [单选题] 隐极式同步发电机端串联电阻与无限大容量电力系统母线相连时，发电机输出的有功功率的功率极限出现在功角（　　）。

A. 等于90°　　　B. 大于90°　　　C. 小于90°　　　D. 不能确定

16. [判断题] 隐极式发电机输出的有功功率达到功率极限时，发电机吸收无功功率。（　　）

A. 正确　　　　　　　　　　　　B. 错误

17. [判断题] 电力系统若发生三相短路，一定会失去稳定性。（　　）

A. 正确　　　　　　　　　　　　B. 错误

【参考答案与解析】

1. ABC　2. ABC　3. ABCD　4. B　5. ABC　6. D　7. D　8. A　9. B　10. D　11. C　12. B　13. AC　14. A　15. B　16. A　17. B

第十单元　电力系统静态稳定分析

一、主要知识点

（一）简单电力系统静态稳定的定性分析

1. 电力系统静态稳定的实用判据

对如图 2-30 所示的简单电力系统（单机无穷大系统），其功角特性方程为

$$P_e = \frac{E_q U}{X_{d\Sigma}} \sin\delta \quad (2-69)$$

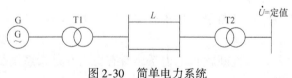

图 2-30　简单电力系统

式中，$X_{d\Sigma}$ 为系统总电抗。

当功角 δ 为 0°~90°时，系统可以保持静态稳定运行；而 $\delta > 90°$ 时，系统不可以保持静态稳定运行。其静态稳定的实用判据为

$$S_E = \frac{dP_e}{d\delta} > 0 \quad (2-70)$$

式中，S_E 称为整步功率系数。

2. 静态稳定的储备

电力系统不应经常在接近静态稳定极限的情况下运行，而应当保持一定的储备。静态稳定储备系数定义为

$$K_P\% = \frac{P_{e.\max} - P_{e(0)}}{P_{e(0)}} \times 100\% \tag{2-71}$$

式中，$P_{e(0)}$ 为起始运行点发电机输出的有功功率。

我国《电力系统安全稳定导则》规定：在正常运行时，$K_P\%$ 为 15%～20%；事故后不应小于 10%。

（二）用小扰动法分析简单电力系统的静态稳定性

小扰动法的基本原理是李雅普诺夫对于一般运动系统稳定性的理论：当因某种微小的扰动使系统参数发生变化时，若所有参数的微小增量都能趋近于零，则认为系统是稳定的。

用小扰动法分析简单电力系统的静态稳定性是根据受扰运动的线性化微分方程组的特征方程的根来判断系统是否稳定。

简单电力系统受小扰动（$\Delta\delta$）后，同步发电机转子运动线性微分方程式（又称微振荡方程式）为

$$T_J \frac{d^2 \Delta\delta}{dt^2} + S_E \Delta\delta = 0 \tag{2-72}$$

微振荡方程式的特征方程式为

$$T_J p^2 + S_E = 0 \tag{2-73}$$

式中，$p = \frac{d}{dt}$ 为微分算子。

特征方程式的解为

$$p_{1,2} = \pm \sqrt{-S_E/T_J} \tag{2-74}$$

与之对应的同步发电机组线性微分方程式的解为

$$\Delta\delta = C_1 e^{p_1 t} + C_2 e^{p_2 t} \tag{2-75}$$

式中，C_1、C_2 为积分常数。

根据特征方程式的根可判断简单电力系统的静态稳定性：

（1）正、负实根时，系统为非周期性失去静态稳定性。

（2）共轭虚根时，系统为周期性等幅振荡，处于静态稳定的临界状态。

（3）当发电机具有负阻尼时，特征方程式的根是实部为正值的共轭虚数，系统周期性地失去静态稳定性。

（4）当发电机具有正阻尼时，特征方程式的根是实部为负值的共轭虚数，系统周期性地保持静态稳定性。

可见，在小扰动下，特征方程式的解皆为负实根或实部为负的复根，即只有正阻尼（$D > 0$）系统且整步功率系数 $S_E > 0$，才能保持系统的静态稳定性。

（三）保证和提高电力系统静态稳定性的措施

保证和提高电力系统静态稳定性的根本措施是缩短"电气距离"，即减小各电气元件的

电抗。具体措施有：

(1) 采用自动调节励磁装置。自动调节励磁可使发电机次暂态电势为常数，相当于发电机呈现的电抗由同步电抗减小为次暂态电抗，缩短了发电机和系统间的电气距离。

由于采用自动调节励磁装置的投资远小于其他措施所需的投资，因此应优先采用自动调节励磁装置来保证和提高电力系统静态稳定性。

(2) 减小线路电抗。采用分裂导线可减小架空线路的电抗。

(3) 提高电力线路的额定电压。在电力线路始末端电压间相位角保持不变的情况下，线路传输的有功功率近似地与线路额定电压的二次方成正比，见式(2-13)。因此，在传输有功功率一定的条件下，提高电压相当于大大减小了线路电抗，从而提高电力系统的静态稳定性。

(4) 采用串联电容器补偿。串联电容器减小了线路电抗，一方面减小线路的电压降落；另一方面可提高电力系统的静态稳定性。但补偿度（K = 容抗/感抗）不能太大，对后者，补偿度小于 0.5 为宜。对于两侧有电源的电力线路，串联电容器设置在线路中间；对于单侧电源的电力线路，串联电容器设置在线路末端。

(5) 改善电力线路的结构。包括：①增加电力线路的回路数，以减小线路电抗并加强和系统的联系；②加强电力线路两端系统各自内部的联系；③在电力线路中间接入中间调相机或接入中间电力系统，利用调相机和发电机的自动调节励磁装置维持电压的稳定。

（四） 电力系统电压、频率及负荷的静态稳定性

电力系统静态稳定性除上述的同步发电机并列运行的静态稳定性之外，还有电力系统电压静态稳定性、频率静态稳定性和负荷（异步电动机）静态稳定性问题。

1. 电力系统电压的静态稳定性

(1) 同步发电机的静态电压特性。当输入的机械功率不变时，发电机端电压的下降只是使功率角 δ 增大，而发电机输出的有功功率不随电压变化。隐极式同步发电机输出的无功功率由式(2-67)确定，即

$$Q_e = -\frac{U^2}{X_d} + \frac{E_q U}{X_d} \cos\delta$$

上式中第一部分因 U 下降而按平方增大，第二部分因 U 下降以及由此引起的 δ 增大而减小。一般来说，U 下降时，同步电抗大的发电机输出的无功功率将减小；同步电抗小的发电机输出的无功功率将增大。

(2) 负荷的静态电压特性。电力系统综合负荷消耗的无功功率随 U 下降而减小。

(3) 电力系统电压的静态稳定性。电力系统电压静态稳定判据为

$$\frac{d\Delta Q}{dU} = \frac{d\Delta(Q_G - Q_L)}{dU} < 0 \quad (2-76)$$

式中，Q_G 为无功电源；Q_L 为无功负荷。

电压静态稳定的储备系数为

$$K_U\% = \frac{U_{(0)} - U_{cr}}{U_{(0)}} \times 100\% \quad (2-77)$$

式中，U_{cr} 为电压静态稳定极限，又称临界电压。

$K_U\%$ 正常时不应小于 10%~15%；故障后，应不小于 8%。

系统运行中，若电压低于临界电压，则可能出现"电压崩溃"。

2. 电力系统频率的静态稳定性

电力系统频率静态稳定的判据为

$$\frac{\mathrm{d}\Delta P}{\mathrm{d}f} = \frac{\mathrm{d}\Delta(P_G - P_L)}{\mathrm{d}f} < 0 \tag{2-78}$$

系统运行中，若频率低于频率静态稳定的极限（临界频率），则可能出现"频率崩溃"。

3. 电力系统负荷的静态稳定性

电力系统负荷的稳定性主要是指异步电动机的稳定性，其静态稳定运行的转矩-转差率的判据为

$$\frac{\mathrm{d}M_e}{\mathrm{d}s} > 0 \tag{2-79}$$

二、模拟测试题

1. [单选题] 电力系统的静态稳定性是指（　　）。
A. 正常运行的电力系统受到微小扰动后，不发生自发振荡或失步，自动恢复到初始运行状态的能力
B. 正常运行的电力系统受到微小扰动后，保持同步运行的能力
C. 正常运行的电力系统受到大扰动后，保持同步运行的能力
D. 正常运行的电力系统受到大扰动后，不发生自发振荡或失步，自动恢复到初始运行状态的能力

2. [单选题] 当运行点功率角在（　　）时，电力系统可以保持静态稳定性。
A. 0°~90°　　　B. 90°~180°　　　C. 0°~180°　　　D. ≠90°

3. [单选题] 在电力系统静态稳定性区域内，系统瞬时出现一个微小扰动使功率角微量增大，扰动消失后，发电机的转速（　　）。
A. 不变　　　B. 升高　　　C. 降低　　　D. 振荡

4. [单选题] 电力系统静态稳定的实用判据是整步功率系数 S_E（　　）。
A. ≥0　　　B. >0　　　C. <0　　　D. ≤0

5. [单选题] 分析简单电力系统的静态稳定主要应用（　　）。
A. 对称分量法　　B. 等面积定则　　C. 改进欧拉法　　D. 小扰动法

6. [多选题] 在静态稳定区域内，系统瞬时出现一个微小扰动使发电机功率角增加一个微量。在这个扰动消失后，会出现（　　）。
A. 机组将减速　　　　　　　B. 功率角减小
C. 系统回到初始运行点　　　D. 发电机失去同步

7. [多选题] 电力系统的静态稳定性包括（　　）。
A. 同步发电机组并列运行的静态稳定性
B. 电力系统电压的静态稳定性
C. 电力系统频率的稳定性
D. 负荷的静态稳定性

8. [判断题] 电力系统受到微小的且立即消失的扰动后，总能回到原来运行点。（　　）
   A. 正确　　　　　　　　　　　　　　　B. 错误

9. [多选题] 下列措施（　　）可以保证和提高电力系统的稳定性。
   A. 同步发动机采用励磁自动调节装置
   B. 电力线路采用分裂导线
   C. 电力线路采用串联电容器补偿
   D. 采用双回线路

10. [单选题] 电力系统正常运行方式时，静态稳定储备系数不得小于（　　）。
    A. 15%~20%　　　B. 12%~15%　　　C. 10%~15%　　　D. 5%~10%

11. [多选题] 下列说法正确的是（　　）。
    A. 当运行点位于功角特性曲线的上升部分时，该运行点是静态稳定的
    B. 当运行点位于功角特性曲线的下降部分时，该运行点是静态稳定的
    C. 静态稳定极限点对应的功率是发电机在给定参数下可能输出的最大功率
    D. 电力系统要保持一定的抗干扰能力，不应该在接近稳定极限的情况下运行

12. [判断题] 降低电力线路额定电压等级能提高电力系统的静态稳定性。（　　）
    A. 正确　　　　　　　　　　　　　　　B. 错误

13. [单选题] 下列（　　）能够提高发电机并列运行静态稳定性。
    A. 线路串联电抗器　　　　　　　　　　B. 线路串联电容器
    C. 电力系统中性点直接接地　　　　　　D. 输电线路架设避雷线

14. [单选题] 具有阻尼（D）的电力系统在小扰动下，阻尼（D）和整步功率系数（S_E）为（　　）才能保持系统的静态稳定性。
    A. $D<0, S_E>0$　　　　　　　　　　　B. $D<0, S_E<0$
    C. $D>0, S_E<0$　　　　　　　　　　　D. $D>0, S_E>0$

15. [单选题] 500kV电力线路串联电容器的主要作用是（　　）。
    A. 提高静态稳定性　　　　　　　　　　B. 电压调整
    C. 频率调整　　　　　　　　　　　　　D. 经济运行

16. [单选题] 对于单侧电源的电力线路，为提高电力系统静态稳定性的串联电容器一般设置在电力线路的（　　）。
    A. 首端　　　　B. 中间　　　　C. 末端　　　　D. 任意位置

17. [单选题] 小扰动法分析电力系统稳定性的原理是将描述电力系统受扰运动的（　　）在原运行点按泰勒级数展开，并略去微量 $\Delta\delta$ 的高次方项。
    A. 网络方程　　B. 非线性微分方程　　C. 线性微分方程　　D. 代数方程

18. [判断题] 用小扰动法分析电力系统静态稳定性时，对系统功角特性方程式在原运行点附近进行线性化。（　　）
    A. 正确　　　　　　　　　　　　　　　B. 错误

19. [判断题] 同步发电机转子运动线性微分方程式的特征方程式的解皆为负实根或实部为负的复根，才能保持系统的静态稳定性。（　　）
    A. 正确　　　　　　　　　　　　　　　B. 错误

20. [单选题] 同步发电机转子运动线性微分方程式的特征方程式的解为共轭虚根时，

电力系统静态稳定性的情况是（　　）。
   A. 周期性等幅振荡　　　　　　　　B. 非周期性失去静态稳定性
   C. 周期性地失去静态稳定性　　　　D. 周期性地保持静态稳定性

21. [判断题] 保证和提高电力系统静态稳定性的根本措施是缩短"电气距离"。（　　）
   A. 正确　　　　　　　　　　　　　B. 错误

22. [判断题] 提高原动机的输入功率可提高电力系统的静态稳定性。（　　）
   A. 正确　　　　　　　　　　　　　B. 错误

23. [单选题] 下列说法错误的是（　　）。
   A. 由负荷的静态稳定性可知，异步电动机起动需要一定的转速，否则就可能停转
   B. 电力系统电压稳定性是指电力系统受到干扰引起电压变化时，负荷的无功功率与电源的无功功率能否保持平衡或恢复平衡的问题
   C. 提高电力线路的额定电压，可等值减小线路电抗，从而提高电力系统稳定性
   D. 通过线路串联电容器提高静态稳定性，补偿度应尽可能大些

24. [多选题] 能够提高静态稳定性的措施是（　　）。
   A. 增强局部无功支撑
   B. 增强发电机的励磁系统
   C. 适当调节负载的有载调压变压器的分接头
   D. 电力线路串联电抗

25. [单选题] 同步发电机原动机输入的机械功率和励磁电流都不变，当发电机端电压下降时，功率角将（　　）。
   A. 增大　　　B. 减小　　　C. 不变　　　D. 不能确定

26. [单选题] 电力系统的静态电压特性是电压与（　　）的关系曲线。
   A. 频率　　　B. 有功功率　　C. 无功功率　　D. 功率角

27. [单选题] 若同步发电机端电压升高，则发电机输出的无功功率（　　）。
   A. 不变　　　B. 增大　　　C. 减小　　　D. 不能确定

28. [多选题] 下列说法正确的是（　　）。
   A. 电压崩溃就是电压出现大幅度振荡
   B. 电网频率升高时，有功负荷增大
   C. 负荷的静态稳定性主要是指异步电动机运行的稳定性
   D. 电力系统运行中，如果系统频率高于频率静态稳定的极限（临界频率），将会出现"频率崩溃"现象

29. [单选题] 异步电动机静态稳定运行的判据是（　　）。
   A. $dP_e/d\delta > 0$　　　　　　　　B. $dM_e/ds > 0$
   C. $dP_e/d\delta < 0$　　　　　　　　D. $dM_e/ds < 0$

30. [判断题] 当系统出现一个微小扰动使电压上升一个微增量，而此时系统无功功率过剩，会失去电压静态稳定。（　　）
   A. 正确　　　　　　　　　　　　　B. 错误

31. [判断题] 当系统出现一个微小扰动使频率上升一个微增量，而此时系统有功功率过剩，则会失去频率静态稳定。（　　）

A. 正确 B. 错误

32. [判断题] 如果电网电压高于电压静态稳定的极限（临界电压），将会出现"电压崩溃"。（ ）

A. 正确 B. 错误

【参考答案与解析】

1. A 2. A

3. C。[解析] 当功率角δ微量增大时，发电机输出的电磁功率将大于原动机输入的机械功率。扰动消失后，在制动功率作用下机组将减速。

4. B 5. D 6. ABC 7. ABCD 8. B 9. ABCD 10. A 11. ACD 12. B 13. B 14. D 15. A 16. C 17. B 18. B 19. A 20. A 21. A 22. B 23. D

24. ABC。[解析] A选项增强局部无功支撑就是无功补偿，主要目的是提高电压的运行水平。B选项是增强发电机的励磁电流主要是提高空载电动势。C选项适当调节负载的有载调压变压器的分接头也是提高电压。

25. A 26. C 27. D 28. ABC 29. B 30. A 31. A 32. B

第十一单元　电力系统暂态稳定分析

一、主要知识点

（一）电力系统暂态稳定性概述

电力系统暂态稳定性是指系统受到大扰动后，能否不失步地过渡到新的稳定运行状态或恢复到原来稳态运行状态的能力。

电力系统如能经受住三相短路的扰动，则暂态稳定性不成问题，但以三相短路作为暂态稳定的条件是很不经济的，因此我国电力系统目前是以不对称短路作为暂态稳定研究的基础，逐步把暂态稳定的水平提高到三相短路上来。

电力系统受到大扰动的暂态过程是一个电磁暂态过程和发电机转子机械运动过程交织在一起的机电暂态过程。不仅电磁量发生急剧变化，作用在发电机转子上的不平衡转矩将改变发电机转速，使发电机功率角改变，从而使各发电机组转子间产生相对运动，即发电机组间产生摇摆或振荡。发电机组转子相对角度的变化反过来又将影响电力系统的电流、电压及发电机输出功率的变化。

（二）暂态稳定计算的基本假设

（1）忽略发电机定子电流的非周期分量。其理由一是定子电流非周期分量衰减非常快，只需要百分之几秒就能衰减到零；二是定子电流非周期分量产生磁场在空间是静止不动的，它与转子绕组的直流电流产生的转矩以同步频率作周期性变化，其平均值接近零。

（2）忽略暂态过程发电机的附加损耗。

（3）不计不对称短路产生的负序和零序分量电流对机组转子运动的影响。

（4）不考虑频率变化对电力系统参数的影响。

(5) 发电机采用简化的数学模型，即不计次暂态分量电流的影响，意味着发电机阻尼绕组是开路的。

(6) 不考虑原动机自动调速系统的作用。

(三) 简单电力系统暂态稳定性的定性分析

根据功角特性曲线，分析电力系统受大扰动后功率角 δ 的变化。若 δ 经过振荡后能稳定在某一个数值，则表明发电机之间重新恢复了同步运行，系统具有暂态稳定性；若 δ 不断增大，则表明发电机之间已不再同步，系统失去了暂态稳定。

(四) 简单电力系统暂态稳定性的定量分析

1. 等面积定则

如图 2-31 所示的简单电力系统功角特性曲线，$P_Ⅰ$、$P_Ⅱ$、$P_Ⅲ$ 和 δ_0、δ_k、δ_c 分别是正常运行时、短路故障时、短路故障切除后的功角特性曲线和对应的功率角。在功率角由 δ_0 变到 δ_c 的过程中，原动机输入的机械功率 P_m 大于发电机输出的电磁功率 P_e，即原动机输入的能量大于发电机输出的能量，多余的能量使发电机转速上升，转化为转子的动能储存在转子中。在功率角由 δ_c 变到最大功率角 δ_{max} 的过程中，$P_m < P_e$，原动机输入的能量小于发电机输出的能量，缺少的电磁能量使发电机转速降低，由转子中储存的动能转化为电磁能来补充。

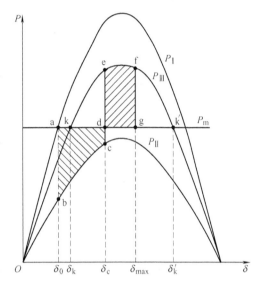

图 2-31 简单电力系统功角特性曲线

等面积定则就是加速面积 abcd 与减速面积 defg 相等，转子在加速期间积蓄的动能增量在减速过程中全部耗尽，当功率角达到最大值时，转子转速重新恢复同步。

2. 极限切除角

如果在某一切除角时，最大可能的减速面积与加速面积大小相等，则系统将处于稳定的极限情况，大于这个角度切除故障，系统将失去稳定。这个角度称为极限切除角。

(五) 发电机转子运动方程式的数值解法

发电机组转子运动方程式是非线性常微分方程，只能用数值方法求近似解。

1. 分段计算法

分段计算法的基本思想是将转子运动过程分成一系列很小的时间段（0.05~0.1s），求得功率角 δ 随时间变化的曲线 $\delta(t)$。这一曲线称为发电机组转子的摇摆曲线。在摇摆曲线中，按等面积定则所确定的极限切除角，求出极限切除角所对应的极限切除时间，从而对继电保护和断路器提出要求，或与现用的继电保护的整定值和断路器的断路时间比较来判断暂态稳定性。

2. 改进欧拉法

用改进欧拉法计算暂态稳定的过程实际上是把时间分成一个个小段，按匀速运动和匀加速运动进行转子运动状态微分方程式和网络方程式交替求解,从而求得发电机组转子摇摆曲线。

(六) 提高电力系统暂态稳定性的措施

1. 快速切除故障和自动重合闸

(1) 快速切除故障。它在提高暂态稳定性方面起着首要的、决定性的作用。快速切除故障减小了加速面积,增大了减速面积,提高了发电厂之间并列运行的稳定性。目前已能做到短路发生后 0.06s 切除故障。

(2) 自动重合闸。自动重合闸不仅可以提高供电的可靠性,而且可大大提高暂态稳定性。自动重合闸包括双回线路的三相重合闸和单回线路的单相重合闸。重合闸时间不能太早,过早重合将会造成电弧重燃而使重合闸失败。

2. 强行励磁和快速汽门控制

(1) 强行励磁。发电机都配有强行励磁装置,以保证当系统发生故障使发电机端电压低于 85%~90% 额定电压时,迅速大幅度增加发电机励磁电流,从而使发电机空载电动势和端电压升高,增加发电机输出的电磁功率。

(2) 快速汽门控制。快速汽门控制是用于火力发电机组的一种控制措施,它包括快速关闭和打开汽门,从而调节原动机的机械功率,减小发电机组的不平衡功率。

3. 电气制动和变压器中性点经小电阻接地

(1) 电气制动。当电力系统短路时,发电机输出的有功功率急剧减少,发电机组因有功功率过剩而加速,如能迅速投入制动电阻,消耗发电机有功功率以制动发电机,使发电机仍能同步运行,从而提高了电力系统的暂态稳定性。制动电阻的大小和投切时间要恰当,制动作用过小(欠制动),发电机仍会失步;制动过大(过制动),发电机虽在第一次振荡中没有失步,却可能在切除故障和切除制动电阻后的第二次或更后的振荡中失步。

(2) 变压器中性点经小电阻接地。在输电线路送端的变压器中性点经小电阻接地,当线路送端发生不对称接地时,零序电流通过该电阻将消耗部分有功功率,起到了电气制动作用,因而能提高系统的暂态稳定性。

4. 采用单元接线

采用发电机—变压器组单元接线时,能将扰动范围限制在某一单元。

5. 切机和切负荷

在暂态过程中,可以有选择地切除一些发电机组,或者切除一部分负荷以减少一些关键线路上传送的功率,从而提高系统的暂态稳定性。

6. 系统解列

系统解列就是在失去稳定性后将联合运行的大规模电力系统人为地分割为若干个独立的子系统,以确保一些子系统继续稳定运行。

7. 异步运行和再同步

如果系统稳定的破坏不是发电机本身的故障引起的,可以考虑已异步运行的发电机继续留在系统中工作,并且采取措施使发电机恢复同步运行。

二、模拟测试题

1. ［判断题］电力系统暂态稳定性是指系统受到大扰动后,能否不失步地恢复到原来稳态运行状态的能力。(　　)
   A. 正确　　　　　　　　　　　　B. 错误

2. ［判断题］小扰动法不能用于分析电力系统的暂态稳定性。(　　)
   A. 正确　　　　　　　　　　　　B. 错误

3. ［判断题］电力系统应以三相短路作为校验暂态稳定的条件。(　　)
   A. 正确　　　　　　　　　　　　B. 错误

4. ［判断题］短路是电力系统的大扰动,因此电力系统受到大扰动的暂态过程就是电磁暂态过程。(　　)
   A. 正确　　　　　　　　　　　　B. 错误

5. ［多选题］电力系统受到大扰动时,会出现下列哪些现象(　　)。
   A. 电磁量发生急剧变化
   B. 发电机转速发生变化
   C. 各发电机组转子间产生相对运动
   D. 发电机功率角发生变化

6. ［多选题］在分析电力系统暂态稳定性时,不计(　　)的影响。
   A. 负序分量　　B. 零序分量　　C. 正序分量　　D. 非周期分量

7. ［判断题］分析电力系统暂态稳定性时,可不考虑次暂态电流的影响。(　　)
   A. 正确　　　　　　　　　　　　B. 错误

8. ［判断题］分析电力系统暂态稳定性时,可不考虑频率变化的影响。(　　)
   A. 正确　　　　　　　　　　　　B. 错误

9. ［单选题］电力系统暂态稳定计算采用分时间段数值计算,一般取时间段(　　)。
   A. 1s　　　　B. 0.05~0.1s　　　　C. 0.5s　　　　D. 0.01s

10. ［单选题］电力系统从短路发生到短路切除过程中,功率角δ和发电机转速n的变化情况是(　　)。
    A. δ增大,n降低　　　　　　B. δ减小,n升高
    C. δ增大,n升高　　　　　　D. δ减小,n降低

11. ［判断题］电力系统在大扰动作用下,若功率角δ经过振荡后能稳定在某一个数值,则表明系统具有暂态稳定性。(　　)
    A. 正确　　　　　　　　　　　　B. 错误

12. ［判断题］电力系统短路时,原动机输入的机械功率大于发电机输出的电磁功率。(　　)
    A. 正确　　　　　　　　　　　　B. 错误

13. ［单选题］具有暂态稳定性的电力系统在短路故障切除后,功率角的变化情况是(　　)。
    A. 不变　　　　　　　　　　　　B. 减小到原运行点
    C. 增大到某一数值　　　　　　　D. 不断增大

14. [判断题] 电力系统发生短路时,若短路故障切除后能把积蓄在转子上的动能全部耗尽,则系统能暂态稳定。( )
    A. 正确　　　　　　　　　　　　　B. 错误

15. [判断题] 电力系统暂态稳定的临界条件是短路过程的加速面积等于短路切除后的减速面积。( )
    A. 正确　　　　　　　　　　　　　B. 错误

16. [多选题] 电力系统从短路故障切除到最大功率角 δ_{max} 的过程中,会出现下列哪些现象( )。
    A. 功率角增大
    B. 原动机输入的机械功率小于发电机输出的电磁功率
    C. 发电机组转速降低
    D. 转子上动能减少

17. [判断题] 电力系统发生短路故障时,如果切除故障的功率角大于极限切除角,系统将失去稳定。( )
    A. 正确　　　　　　　　　　　　　B. 错误

18. [单选题] 电力系统静态稳定和暂态稳定分析都基于( )。
    A. 短路运算曲线　　　　　　　　　B. 同步发电机转子运动方程线性化
    C. 同步发电机转子摇摆曲线　　　　D. 功角特性曲线

19. [单选题] 电力系统暂态稳定分析中,功率角 δ 随时间变化的曲线称为( )。
    A. 功角特性曲线　　　　　　　　　B. 转子摇摆曲线
    C. 转子加速曲线　　　　　　　　　D. 转子减速曲线

20. [单选题] 电力系统暂态稳定性分析计算中求解发电机转子摇摆曲线的方法是( )。
    A. 小扰动法　　B. 对称分量法　　C. 数值解法　　D. 牛顿—拉夫逊法

21. [判断题] 电力系统暂态稳定的数值解法就是对发电机组转子运动方程式进行线性化处理。( )
    A. 正确　　　　　　　　　　　　　B. 错误

22. [单选题] 变压器中性点经小电阻接地能提高( )情况下的电力系统稳定性。
    A. 小扰动　　B. 各种短路　　C. 不对称短路　　D. 接地短路

23. [单选题] 快速切除故障可以提高电力系统暂态稳定性,其原理是( )。
    A. 增大减速面积,减小加速面积
    B. 减小减速面积,增大加速面积
    C. 使减速面积等于加速面积
    D. 使减速面积小于加速面积

24. [多选题] 下列各措施中,( )可以提高电力系统暂态稳定性。
    A. 线路采用重合闸　　　　　　　　B. 快速切除故障
    C. 改变变压器变比　　　　　　　　D. 在发电机机端并联制动电阻

25. [单选题] 对电力系统并列运行的暂态稳定性而言,最不利的短路故障是( )。
    A. 三相短路　　　　　　　　　　　B. 单相接地短路
    C. 两相短路接地　　　　　　　　　D. 两相短路

26. ［判断题］无论是从提高供电可靠性还是提高系统暂态稳定性考虑，输电线路自动重合闸的时间越早越好。（　　）

　　A. 正确　　　　　　　　　　　　B. 错误

27. ［判断题］在发电机机端并联制动电阻的阻值越大越有利于提高电力系统暂态稳定性。（　　）

　　A. 正确　　　　　　　　　　　　B. 错误

28. ［单选题］超高压输电线路采用单相重合闸的主要目的是提高（　　）情况下系统的暂态稳定性。

　　A. 三相短路　　B. 两相短路　　C. 单相接地短路　　D. 两相接地短路

29. ［单选题］下列能够提高三相短路情况下电力系统暂态稳定性的一组措施是（　　）。

　　A. 快速切除故障、快速关闭汽轮发电机汽门、变压器中性点经小电阻接地

　　B. 快速切除故障、线路装设自动重合闸、变压器中性点经小电阻接地

　　C. 快速切除故障、快速关闭汽轮发电机汽门、线路装设三相重合闸

　　D. 快速切除故障、变压器中性点经小电阻接地、发电机装设强励磁装置

30. ［多选题］下列关于采用制动电阻提高电力系统暂态稳定性说法中正确的是（　　）。

　　A. 采用制动电阻提高电力系统暂态稳定性的原理是消耗发电机的有功功率，减小发电机的过剩功率

　　B. 制动电阻一般并联在发电机机端

　　C. 若制动电阻过小，发电机仍会失步

　　D. 为提高制动效果，应采用过制动方式

31. ［判断题］重要输电线路装设全线速断保护，目的是为了提高电力系统并列运行的暂态稳定性。（　　）

　　A. 正确　　　　　　　　　　　　B. 错误

32. ［判断题］汽轮发电机组可以采用快速关闭汽门的方法提高发电机并列运行的暂态稳定性，水轮发电机组同样可以采用快速关闭进水阀门的方法提高其并列运行的暂态稳定性。（　　）

　　A. 正确　　　　　　　　　　　　B. 错误

【参考答案与解析】

1. B。［解析］不失步地过渡到新的稳定运行状态或恢复到原来稳态运行状态的能力。

2. A。［解析］对于大扰动，略去增量高次项将造成很大的计算误差，甚至得出错误的结果。

　　3. B　4. B　5. ABCD　6. ABD　7. A　8. A　9. B　10. C　11. A　12. A　13. C

14. B。［解析］是动能增量。

　　15. A　16. ABCD　17. A　18. D　19. B　20. C　21. B　22. D　23. A　24. ABD　25. A　26. B　27. B　28. C　29. C　30. ABC　31. A

　　32. B。［解析］水轮机油动机时间常数不能过小，以及在迅速关闭导水叶片时，导水管中水压迅速上升而产生的水锤效应影响突出，因而采用快速关闭进水阀门的方法提高其并列运行的暂态稳定性不太可能。

第三部分

电力系统继电保护

第一单元 电力系统继电保护的基本概念和要求

一、主要知识点

(一) 电力系统运行状态与继电保护的作用

1. 电力系统的故障及不正常运行状态

电力系统运行中可能出现各种故障和不正常运行状态。

(1) 故障。电力系统故障主要有短路和输电线路断线两种基本类型。短路又包括相间短路、接地短路以及旋转电机和变压器的同一相绕组的匝间短路。

(2) 不正常运行状态。它是指电气设备或系统运行参数偏离规定允许值,如过负荷、频率降低、发电机突然甩负荷而产生的过电压、电力系统振荡。

2. 继电保护的作用

继电保护装置是能够反应被保护元件(输电线路、发电机、变压器等)故障或不正常运行状态并作用于断路器跳闸或发出信号的一种自动装置。其作用是:

(1) 反应故障,自动、迅速和有选择地切除故障元件。

(2) 反应不正常运行情况,发出信号。

(3) 与其他自动装置(如自动重合闸装置)配合,缩短事故停电时间,尽快恢复供电,提高电力系统运行的可靠性。

(二) 继电保护的基本原理与构成

1. 继电保护的基本原理

电力系统发生故障后,工频电气量变化的主要特征如下:

(1) 电流增大。短路电流会达到正常工作电流的几倍、十几倍,甚至几十倍。

(2) 电压降低。电力系统短路时,系统电压会下降。越靠近短路点,电压越低。

(3) 电压与电流之间的相位角发生改变。正常运行时,同相电压与电流之间的相位角为负荷的功率因数角,一般为20°左右;三相金属性短路时,负荷阻抗被短接,此时电压与电流之间的相位角为线路阻抗角,对架空线路,一般为60°~85°。

(4) 测量阻抗发生变化。测量阻抗为保护安装处电压与电流相量之比值。正常运行时,测量阻抗为负荷阻抗;短路时,测量阻抗为线路阻抗。故障后,测量阻抗模值显著减小,而阻抗角增大。

(5) 出现负序和零序分量。不对称故障时,将出现负序和零序分量。

(6) 电气元件流入和流出电流的关系发生变化。电气元件内部发生故障时,流入电流不等于流出电流。

利用故障时电气量的变化特征,就可构成各种作用原理的继电保护,如过电流保护、低电压保护、功率方向保护、距离保护等。

此外,还有反应非电气量的保护,如变压器的气体保护(俗称瓦斯保护)。

2. 继电保护的分类

(1) 按反应的物理量分,有电流保护、电压保护、气体保护等。

(2) 按构成保护的继电器类型分,有电磁型、整流型、晶体管型、微机型。现在在各个电压等级的系统中已广泛应用微机保护。

(3) 按保护的对象分,可分为元件保护和线路保护两类。前者是发电厂和变电所电气设备(发电机、变压器、母线、电动机等)的保护;后者是输电线路的保护。

(4) 按继电保护所起的作用分,可分为主保护、后备保护和为改善某些保护性能而设置的辅助保护(如断路器失灵保护)。主保护是满足系统稳定和设备安全要求,能以最快速度有选择地切除被保护设备和线路故障的保护。后备保护是指主保护或断路器拒动时起后备作用的保护,它又分为远后备和近后备两种实施方式。近后备是在主保护安装处实现的;远后备是指在主保护远处实现的。

3. 继电保护装置的构成

继电保护装置原理框图如图 3-1 所示。

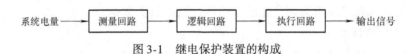

图 3-1 继电保护装置的构成

测量回路:测量被保护元件的物理量。

逻辑回路:根据测量回路的输出信号进行逻辑判断,以确定保护装置是否应该动作,并向执行元件发出相应信号。

执行回路:根据逻辑回路的判断结果,发出切除故障的跳闸脉冲或发出不正常运行情况的信号。

(三) 继电保护的基本要求

1. 选择性

选择性是指在电力系统发生故障时,继电保护仅将故障元件切除,而使非故障元件仍能正常运行,以尽量缩小停电范围。

选择性的实现取决于继电保护动作值的正确整定。

2. 速动性

速动性是指在电力系统发生故障时,继电保护应迅速切除故障。

对继电保护速动性的具体要求应该根据电力系统的接线以及被保护元件的具体情况确定。

(1) 在一些情况下,要求继电保护延时动作。例如,对线路保护,并非动作越快越好,而要与选择性要求综合考虑。

(2) 有一些故障则必须快速切除,主要有:

① 根据维护系统稳定性的要求,必须快速切除高压输电线路的故障。

② 导致发电厂或重要用户的母线电压低于允许值(一般为额定电压的70%)的故障。

③ 大容量发电机、变压器、电动机内部故障。

④ 1~10kV 线路导线截面过小,为避免过热不允许延时切除的故障。

故障切除的总时间等于保护装置和断路器动作时间之和。一般快速保护的动作时间为 0.06~0.12s,最快的可达 0.01~0.04s;一般的断路器动作时间为 0.06~0.15s,最快的可达 0.02~0.06s。

3. 灵敏性

灵敏性是指保护装置对于保护范围发生故障或不正常运行状态的反应能力,通常用灵敏系数来衡量。

4. 可靠性

可靠性是指在规定的保护范围内发生故障时,保护装置应能可靠地动作。它包括可靠不拒动和可靠不误动两个方面。

保护装置的可靠性取决于动作值的正确整定和保护装置、断路器的可靠性。为了保证继电保护的可靠性,除主保护外,还需要安装后备保护和辅助保护。

二、模拟测试题

1. [多选题] 下列（　　）属于电力系统不正常运行状态。
   A. 电力线路过负荷　　　　　　　　B. 系统频率降低
   C. 电力线路断线　　　　　　　　　D. 电力系统低频振荡

2. [判断题] 电力系统不正常运行状态不会引起事故。（　　）
   A. 正确　　　　　　　　　　　　　B. 错误

3. [判断题] 继电保护动作后都发出切除故障的跳闸脉冲。（　　）
   A. 正确　　　　　　　　　　　　　B. 错误

4. [多选题] 电力线路短路时,电气量出现下列变化（　　）。
   A. 电流增大　　B. 电压降低　　C. 频率减小　　D. 系统阻抗变小

5. [单选题] 电力线路短路时,同相电压与电流之间的相位角（　　）。
   A. 不变　　　　B. 增大　　　　C. 减小　　　　D. 不能确定

6. [单选题] 能快速有选择地切除被保护设备和线路故障的保护装置是（　　）。
   A. 主保护　　　B. 后备保护　　C. 辅助保护　　D. 微机保护

7. [单选题] 后备保护的动作时间比同一元件的主保护动作时间（　　）。
   A. 相同　　　　B. 长　　　　　C. 短　　　　　D. 不能确定

8. [判断题] 所有的后备保护都设置在对应的主保护安装处。（　　）
   A. 正确　　　　　　　　　　　　　B. 错误

9. [多选题] 继电保护装置组成元件包括（　　）。
   A. 测量元件　　B. 逻辑元件　　C. 执行元件　　D. 整定元件

10. [单选题] 继电保护不应出现拒动或误动,这一性能称为（　　）。
    A. 选择性　　　B. 快速性　　　C. 灵敏性　　　D. 可靠性

11. [单选题] 保护装置对故障或不正常运行状态反应能力的性能称为（　　）。
    A. 选择性　　　B. 快速性　　　C. 灵敏性　　　D. 可靠性

12. [单选题] 保护装置动作时,在尽可能小的区间内将故障断开,最大限度地保证系统中无故障部分仍能继续安全运行,这一性能称为继电保护的（　　）。
    A. 选择性　　　B. 快速性　　　C. 灵敏性　　　D. 可靠性

13. [多选题] 下列故障（　　）必须快速切除。
    A. 高压配电线路短路　　　　　　　B. 超高压输电线路短路

C. 发电机绕组相间短路　　　　　　D. 大型变压器内部故障

14. ［判断题］当电力系统发生短路故障时，切除故障的时间越快越好。（　　）

A. 正确　　　　　　　　　　　　B. 错误

15. ［多选题］短路故障保护的灵敏度会受到下列因素（　　）影响。

A. 保护定值　　　　　　　　　　B. 短路点位置

C. 短路类型　　　　　　　　　　D. 短路是否存在过渡电阻

16. ［判断题］提高保护的灵敏度可能会降低其可靠性。（　　）

A. 正确　　　　　　　　　　　　B. 错误

17. ［判断题］增加闭锁装置可提高电力系统继电保护的可靠性。（　　）

A. 正确　　　　　　　　　　　　B. 错误

【参考答案与解析】

1. ABD

2. B。［解析］电力系统发生不正常运行状态和故障时，都可能引起事故。例如，线路过负荷会造成载流导体和绝缘装置温度升高而过热，引起事故。

3. B　4. ABD　5. B　6. A　7. B　8. B　9. ABC　10. D　11. C　12. A　13. BCD　14. B

15. ABCD。［解析］保护定值即动作值，或叫整定值。短路存在过渡电阻时，其短路电流小于金属性短路电流。

16. A。［解析］提高灵敏度可能会造成保护误动作。

17. B。［解析］增加闭锁装置可能造成保护拒动。

第二单元　阶段式电流保护配合原理、构成和整定计算

一、主要知识点

（一）单侧电源网络相间短路的电流保护

1. 继电器与继电特性

（1）继电器的类型。

① 按照动作原理分：电磁型、感应型、整流型、电子型、数字型等。

② 按照反应的物理量分：电流继电器、电压继电器、功率方向继电器、阻抗继电器、频率继电器、气体（瓦斯）继电器等。

③ 按照继电器在保护回路中所起的作用分：起动继电器、测量继电器、时间继电器、中间继电器、信号继电器、出口继电器等。

测量继电器是实现保护的关键元件，它分为过量继电器（如过电流继电器、过电压继电器）和欠量继电器（如低电压继电器、距离继电器）。

（2）继电器的继电特性。

继电器的动作明确干脆，不可能停留在某一中间位置，这种特性称为"继电特性"。

对于过电流继电器，其主要特性参数如下：
① 动作电流（起动电流，I_{act}）：使继电器动作的最小电流。
② 返回电流（I_{re}）：使继电器返回的最大电流。
③ 返回系数（K_{re}）：$K_{re} = I_{re}/I_{act}$，一般为 0.85~0.9。

2. 系统最大与最小运行方式

35kV 及以下单侧电源辐射型电网如图 3-2 所示。

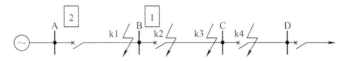

图 3-2 单侧电源辐射型电网

当供电网发生短路时，其三相短路工频周期分量近似计算式为

$$I_k^{(3)} = \frac{E_{ph}}{Z_s + Z_k} \tag{3-1}$$

式中，E_{ph} 为系统等效电源的相电动势；Z_k 为短路点至保护装置安装处之间的阻抗；Z_s 为保护装置安装处至系统等效电源之间的阻抗。

同一点的两相短路电流为三相短路电流的 $\sqrt{3}/2$ 倍。

影响电网短路电流大小的因素包括：电力系统运行方式的变化、电力系统正常运行状态的变化、不同的短路类型、短路点位置的变化。对继电保护而言，关注以下两种运行方式：

(1) 系统最大运行方式：系统等效阻抗最小，流过保护安装处的短路电流最大。
(2) 系统最小运行方式：系统等效阻抗最大，流过保护安装处的短路电流最小。

3. 阶段式电流保护的定义

阶段式电流保护包括：

Ⅰ段：电流速断保护；Ⅱ段：限时电流速断保护；Ⅲ段：过电流保护。

阶段式电流保护广泛应用于 35kV 及以下单侧电源辐射型电网的相间短路保护。

4. 电流速断保护

对于仅反应于电流增大而瞬时动作的电流保护，称为电流速断保护。

(1) 保护装置的构成。电流速断保护单相原理接线如图 3-3 所示。它由电流继电器（KA）、中间继电器（KM）、信号继电器（KS）构成。保护装置动作后接通断路器（QF）的跳闸线圈（YR），断路器瞬时跳闸，切除故障线路。

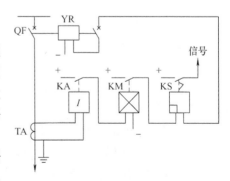

图 3-3 电流速断保护单相原理接线

(2) 动作电流的整定。按躲过本线路末端短路时的最大短路电流整定。其动作电流（起动电流）为

$$I_{act}^{I} = K_{rel}I_{k.max} \tag{3-2}$$

式中，K_{rel} 为可靠系数，$K_{rel} = 1.2~1.3$；$I_{k.max}$ 为最大运行方式下所保护线路末端三相短路

电流。

二次动作电流（继电器动作电流）为

$$I_{\text{act}(2)}^{\text{I}} = K_{\text{com}} I_{\text{act}}^{\text{I}} / n_{\text{TA}} \tag{3-3}$$

式中，n_{TA} 为电流互感器电流比；K_{com} 为保护装置接线系数，三相星形联结和两相星形联结的接线系数均为 1。

（3）最小保护范围。电流速断保护的灵敏度用最小保护范围来表示。最小保护范围为被保护线路在系统最小运行方式下两相短路时所保护的线路全长百分数。要求最小保护范围大于被保护线路全长的 15%～20%。

（4）优缺点。

优点：简单可靠，动作迅速。

缺点：不能保护本线路全长，且受系统运行方式变化的影响大。运行方式变化很大或短线路，可能没有保护范围，这种情况下就不能采用电流速断保护。

特殊情况：当电网终端线路采用线路—变压器组接线时，可以保护线路的全长，并能够保护变压器的一部分。

5. 限时电流速断保护

限时电流速断保护用来切除本线路上电流速断保护范围以外的故障，同时也能作为电流速断保护的后备。它是三段式电流保护的第Ⅱ段，在电流速断保护接线的基础上增加时间继电器就构成了限时电流速断保护。

（1）动作电流的整定。限时电流速断保护必须保护线路的全长，且具有足够的灵敏度，其动作电流按与下级线路电流速断保护配合的原则整定。

$$I_{\text{act.1}}^{\text{II}} = K_{\text{rel}} I_{\text{act.2}}^{\text{I}} \tag{3-4}$$

式中，K_{rel} 为可靠系数，一般为 1.1～1.2；$I_{\text{act.2}}^{\text{I}}$ 为下级线路电流速断保护动作电流。

（2）动作时限的整定。限时电流速断保护动作时限一般整定为 0.5s。

（3）灵敏度校验。限时电流速断保护的灵敏度系数 K_{sen} 为系统最小运行方式下线路末端两相短路电流与动作电流之比，要求 $K_{\text{sen}} \geq 1.3～1.5$。

（4）优缺点。

优点：可保护本线路全长；可作为Ⅰ段的近后备保护。

缺点：速动性差（有延时）。

6. 定时限过电流保护

定时限过电流保护是三段式电流保护的第Ⅲ段，它的构成与限时电流速断保护相同。它不仅能保护本线路全长，且能保护下一级线路（相邻线路）的全长，可作为本线路主保护的近后备保护以及下一线路的远后备保护。

（1）动作电流的整定。定时限过电流保护动作电流的整定原则是：

① 动作电流应躲开（大于）线路上最大负荷电流 $I_{\text{L.max}}$。

② 返回电流应大于外部故障切除后线路上的电动机自起动电流。

$$I_{\text{act}}^{\text{III}} = \frac{K_{\text{rel}} K_{\text{ss}}}{K_{\text{re}}} I_{\text{L.max}} \tag{3-5}$$

式中，K_{rel} 为可靠系数，取 1.15～1.25；K_{re} 为电流继电器返回系数，取 0.85～0.95；K_{ss} 为电动机自起动系数，由具体的网络接线和负荷性质确定。

(2) 动作时限的整定。按阶梯原则整定，即前一级定时限过电流保护动作时限比后一级线路定时限过电流保护动作时限长 Δt（通常取为 0.5s）。

(3) 灵敏度校验。定时限过电流保护的灵敏系数 K_{sen} 为系统最小运行方式下线路末端两相短路电流与动作电流之比，要求 $K_{sen} \geq 1.3 \sim 1.5$。当作为下一级线路后备保护时，则应采用最小运行方式下一级线路末端两相短路电流进行校验，此时要求 $K_{sen} \geq 1.2$。

(4) 优缺点。

优点：动作电流小，灵敏度高（比第Ⅰ、Ⅱ段更高）；可保护本线路和下一级线路全长。

缺点：越接近电源，动作时限越长。

7. 阶段式电流保护的配合及应用

阶段式电流保护简单可靠，并且在一般情况下也能够满足快速切除故障的要求，因此在 35kV 及以下电网中得到广泛应用。阶段式电流保护的配合方案主要有：

(1) Ⅲ段单独使用。

① 电网最末端线路的电动机或其他用电设备保护，采用瞬时动作的过电流保护，其动作电流按躲开电动机自起动时的线路最大电流整定。

② 如果电网倒数第二级没有瞬时切除故障的要求，则可采用 0.5s 动作的过电流保护。

(2) Ⅰ+Ⅲ段结合使用。

① 如果电网倒数第二级有瞬时切除故障的要求，则可采用 0.5s 动作的过电流保护 + 电流速断保护。

② 电网倒数第三级可采用Ⅰ+Ⅲ段这种配合，此时过电流保护动作时限达到 1s 以上。

(3) Ⅰ+Ⅱ+Ⅲ段结合使用。从电网倒数第三级开始，最好是采用Ⅰ+Ⅱ+Ⅲ的三段式电流保护，这样全系统任意点发生短路都能在 0.5s 内切除故障。

8. 电流保护的接线方式

电流保护的接线方式是指保护中电流互感器与电流继电器之间的连接方式。广泛采用的接线方式有三相星形联结和两相星形联结（严格地说是两相不完全星形联结），如图 3-4 所示。

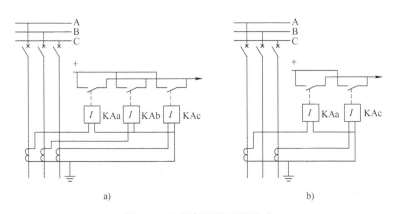

图 3-4　电流保护的接线方式

a) 三相星形联结　b) 两相星形联结

(1) 中性点非直接接地系统中的不同相两点接地的故障切除。在中性点非直接接地系统中，如果发生不同相两点接地短路，只需要切除一个故障点，一点接地（单相接地）允许继续运行一段时间。

① 对于串联的两条线路上发生不同相两点接地时，三相星形联结的电流保护能够100%有选择地切除后一条线路；而两相星形联结的电流保护只有2/3机会有选择地切除后一条线路。

② 对于并联的两条线路上发生不同相两点接地时，三相星形联结的电流保护将100%同时切除两条线路；两相星形联结的电流保护有2/3机会仅切除一条线路。

（2）Yd11联结变压器低压侧两相短路对高压侧继电保护灵敏度的影响。Yd11联结变压器低压侧（△）AB两相短路时，高压侧（Y）A、C两相电流相等，B相电流为A、C相电流的2倍。这样，作为低压侧线路故障后备保护的装于高压侧的过电流保护，若采用三相星形联结，B相继电器灵敏度是其他两相保护的2倍；如果采用两相星形联结，则保护的灵敏度比三相星形联结时降低一半。可采用两相三继电器的接线方式来提高灵敏度。

（3）两种接线方式的应用。
① 三相星形联结广泛应用于发电机、变压器的后备保护中。
② 两相星形联结广泛应用于中性点非直接接地系统中，作为相间短路电流保护的接线方式。

（二）电网相间短路的方向性电流保护

1. 方向性电流保护的基本原理

对于如图3-5所示的两侧电源网络，如当k1点发生短路时，就要考虑短路电流方向也就是功率方向问题。规定功率由母线流向线路的方向为正方向，功率由线路流向母线的方向为反方向，正方向的保护（如保护3、保护4）动作，而反方向的保护（如保护2、保护5）不动作。方向性电流保护就是在电流保护的基础上增加功率方向判断元件而构成的保护。正方向的各级电流保护仍遵循选择性动作原则。

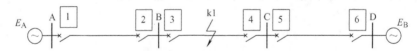

图3-5 两侧电源网络及其保护

2. 功率方向继电器及其"电压死区"问题

功率方向继电器测量电压与电流间的相位角，以判别功率方向。当电压电流的相位关系满足下式时，功率方向为正。

$$-90° \leq \varphi_k = \arg \frac{\dot{U}_k}{\dot{I}_k} \leq 90° \tag{3-6}$$

习惯上把 $\alpha = 90° - \varphi_k$ 称为方向继电器的内角。

当在保护的正方向出口附近发生短路时，故障相对地电压很低，功率方向元件不能动作，称为"电压死区"。为了减小和消除死区，在实际应用中广泛采用非故障的相间电压作为接入功率方向元件的电压参考相量。为了减小和消除三相短路时的电压死区，可采用电压记忆回路。

3. 相间短路电流保护的功率方向继电器接线方式

功率方向继电器广泛采用90°接线方式。它是指在三相对称情况下，当 $\cos\varphi = 1$ 时，加入继电器的电流和电压的相位差为90°。

采用90°接线方式时，每一相的方向继电器都是接入本相的电流和另两相的线电压。这种接线方式具有以下优点：

(1) 对各种两相短路都没有死区，因为继电器加入的是非故障相间电压，其值很高。

(2) 选择继电器的内角 $\alpha = 90° - \varphi_k$ 后，对线路上发生的各种故障，都能保证动作的方向性，可获得最大的灵敏角。

4. 双侧电源网络中方向性电流保护的整定

方向性电流保护解决了双侧电源网络相间短路电流保护的选择性问题，但也存在明显缺点：保护的接线复杂，投资增加；方向性电流保护安装处附近正方向发生三相短路时，由于母线电压降低至零，方向元件失去判别依据，从而导致保护拒动，即方向保护存在动作"死区"。因此，方向性电流保护应用时，如果能用电流整定值来保证选择性，就不加方向元件。

这里仅以如图 3-6 所示的双侧电源线路上电流速断保护的整定予以说明。

当任一侧区外相邻线路出口处短路（如图中 k1、k2）时，短路电流要流过两侧的保护 1、保护 2，此时有两种整定方法：一种是不加方向元件；另一种是在弱电源侧加装方向元件。

图 3-6 双侧电源线路上电流速断保护的整定

(1) 不加方向元件。按照选择性要求，保护 1、保护 2 均不应该动作，因而它们的动作电流都应该按躲开较大的短路电流进行整定。这样整定虽然保证了选择性，但使弱电源侧保护的范围缩小。

(2) 弱电源侧加装方向元件。为了增大弱电源侧保护的范围，需要在弱电源侧保护装置（也就是动作电流小的保护装置）加装方向元件，这样电流速断保护的动作电流就可按躲开正方向短路电流来整定。

(三) 中性点直接接地电网的零序电流保护

110kV 及以上电网采用中性点直接接地，当发生单相或两相接地时将产生零序分量。

1. 零序电压、电流滤过器

零序电压滤过器由 3 台单相三绕组电压互感器或 1 台三相三绕组五铁心柱电压互感器构成，电压互感器的 3 个反映相电压的二次绕组串联接成开口三角形，开口三角形两端为 3 个相电压的矢量和，即零序电压，其值为每相零序电压的 3 倍（参考第四部分第一单元）。

零序电流滤过器由 3 台星形联结的电流互感器构成，二次绕组星形联结的中性线电流即为零序电流，其值为每相零序电流的 3 倍。在实际应用中，零序电流滤过器并不需要专门的 1 组电流互感器，使用相间短路保护用的电流互感器即可。对于电缆线路，则采用零序电流互感器。

2. 阶段式零序电流保护

110kV 及以上输电线路接地短路故障采用阶段式零序电流保护。

(1) 零序电流 I 段（速断）保护。零序电流速断保护的整定原则是：

① 动作电流（起动电流）躲开下级线路出口处单相或两相接地短路时可能出现的最大零序电流 $3I_{0.\max}$，即

$$I_{\text{set.}0}^{\text{I}} = K_{\text{rel}} \times 3I_{0.\max} \tag{3-7}$$

式中，K_{rel} 为可靠系数，一般取为 1.2 ~ 1.3。

② 躲开断路器三相触头不同期合闸时出现的最大零序电流 $3I_{0.\text{btq}}$，即

$$I_{\text{set.}0}^{\text{I}} = K_{\text{rel}} \times 3I_{0.\text{btq}} \tag{3-8}$$

如果保护装置动作时间大于断路器三相不同期合闸时间，则可不考虑这一条件。

③ 当线路上采用单相自动重合闸时，按能躲开在非全相运行状态下又发生系统振荡时所出现的最大零序电流整定。

按③整定，其定值较高，正常情况下发生接地故障时保护范围要缩小，不能充分发挥零序 I 段的作用。为解决这一问题，通常是设置两个零序电流 I 段保护：灵敏 I 段和不灵敏 I 段。灵敏 I 段按①、②整定，定值较小，保护范围较大，主要对全相运行状态下的接地故障起保护作用，当单相自动重合闸起动时将其自动闭锁。不灵敏 I 段按③整定，定值较大，保护范围较小，主要在单相重合闸过程中，其他两相又发生接地故障时尽快切除故障。

(2) 零序电流 II 段（限时速断）保护。与相邻线路零序电流 I 段配合，并考虑变电所母线上接有中性点接地变压器的分支电流影响，如图 3-7 所示。引入接地变压器零序电流分支系数 $K_{\text{bra.}0}$ 后，零序电流 II 段的动作电流（起动电流）整定为

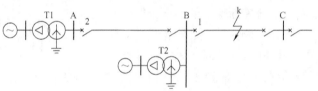

图 3-7 有接地变压器的中性点直接接地电网

$$I_{\text{set.}0}^{\text{II}} = \frac{K_{\text{rel}}}{K_{\text{bra.}0}} I_{\text{set.}0}^{\text{I}} \tag{3-9}$$

零序电流 II 段保护的灵敏度按本线路末端发生接地故障时最小零序电流校验，并应满足 $K_{\text{sen}} \geq 1.5$。

零序电流 II 段保护的动作时限通常整定为 0.5s。

(3) 零序电流 III 段（过电流）保护。零序电流 III 段（过电流）保护动作电流按躲过下级线路出口处相间短路时所出现的最大不平衡电流 $I_{\text{unb.}\max}$ 来整定，即

$$I_{\text{set.}0}^{\text{III}} = K_{\text{rel}} I_{\text{unb.}\max} \tag{3-10}$$

式中，K_{rel} 为可靠系数，一般取为 1.1 ~ 1.2。

动作时限按阶梯原则整定，前级线路保护动作时限比后级线路保护动作时限长 Δt（一般取 0.5s）。

当保护作为下级线路的远后备保护时，灵敏度应按下一级线路末端接地短路时，流过本保护的最小零序电流来校验。当保护作为本线路的近后备保护时，灵敏度应按线路末端接地短路时的最小零序电流来校验。

3. 方向性零序电流保护

在双侧电源和变压器接地数目比较多的网络中，需要考虑零序电流方向性保护的问题。方向性零序电流保护的原理与相间短路方向性电流保护相同。零序功率方向元件接入零序电

压和零序电流,判别零序功率方向。由于越靠近故障点的零序电压越高,因此零序方向元件没有电压死区。

4. 对零序电流保护的评价

与相间短路电流保护相比,零序电流保护具有以下优点:

(1) 零序过电流保护的灵敏度高。
(2) 受系统运行方式的影响小。
(3) 不受系统振荡和过负荷的影响。
(4) 方向性零序电流保护没有电压死区。
(5) 简单、可靠。

零序电流保护的不足之处在于:

(1) 对于运行方式变化很大或接地点变化很大的电网,保护往往不能满足要求。
(2) 在单相重合闸的过程中可能误动。
(3) 当采用自耦变压器联系两个不同电压等级的电网时,将使保护的整定配合复杂化,且将增大第Ⅲ段保护的动作时间。

(四) 中性点非直接接地电网的单相接地保护

我国 3～60kV 电网采用中性点非直接接地,包括不接地和经过消弧线圈接地两种方式,相关内容参见第二部分第一单元。这里只介绍一下中性点非直接接地电网的单相接地保护。

1. 零序电压保护

在发电厂、变电所中性点非直接接地系统的母线上安装由电压互感器构成的绝缘监视装置(就是上述的零序电压过滤器),当系统发生单相接地时,产生零序电压,发出信号,但它不能确定是哪条线路发生了单相接地故障。

2. 零序电流保护

它是反应中性点非直接接地系统单相接地时产生的零序电流的保护装置,一般只安装在电缆线路上,通过零序电流互感器取得零序电流。其动作电流按躲过其他线路发生单相接地时本线路的电容电流来整定。

3. 零序功率方向保护

它是利用故障线路与非故障线路零序功率方向不同的特点来实现有选择性的保护,动作于信号和跳闸。这种保护只能用于中性点不接地系统中。

二、模拟测试题

1. [判断题] 低电压继电器的返回系数小于1。(　　)
   A. 正确　　　　　　　　　　　　　　B. 错误
2. [多选题] 电流速断保护由(　　)构成。
   A. 中间继电器　　B. 信号继电器　　C. 电流继电器　　D. 时间继电器
3. [单选题] 电流速断保护在下列(　　)情况下保护范围最小。
   A. 最大运行方式下三相短路　　　　　B. 最小运行方式下三相短路
   C. 最大运行方式下两相短路　　　　　D. 最小运行方式下两相短路
4. [判断题] 所有的电流速断保护都不能保护线路的全长。(　　)

A. 正确　　　　　　　　　　　　B. 错误

5. [多选题] 关于电流速断保护的说法正确的是（　　）。
A. 切除故障的时间为继电器和断路器的固有动作时间
B. 保护范围受系统运行方式变化的影响大
C. 对于短线路，采用电流速断保护可能没有保护范围
D. 电流速断保护不能单独使用

6. [单选题] 在限时电流速断保护的工作回路中，属于执行输出元件的是（　　）。
A. 中间继电器　　B. 信号继电器　　C. 电流继电器　　D. 时间继电器

7. [单选题] 在相间短路电流保护装置中，测量继电器是（　　）。
A. 中间继电器　　B. 信号继电器　　C. 电流继电器　　D. 时间继电器

8. [多选题] 下列关于限时电流速断保护的说法正确的是（　　）。
A. 限时电流速断保护只是本线路电流速断保护的后备保护
B. 限时电流速断保护可作为本线路电流速断保护的后备保护
C. 限时电流速断保护不能保护线路的全长
D. 限时电流速断保护可与电流速断保护共同构成线路的主保护

9. [单选题] 如果短路故障存在过渡电阻，限时电流速断保护的灵敏度会（　　）。
A. 不变　　　　B. 提高　　　　C. 降低　　　　D. 不能确定

10. [单选题] 限时电流速断保护用（　　）来校验灵敏度。
A. 系统最小运行方式下线路末端两相短路电流
B. 系统最小运行方式下线路末端三相短路电流
C. 系统最大运行方式下线路末端两相短路电流
D. 系统最大运行方式下线路末端三相短路电流

11. [判断题] 定时限过电流保护中电流继电器返回系数越低，保护的灵敏性越差。（　　）
A. 正确　　　　　　　　　　　　B. 错误

12. [判断题] 定时限过电流保护动作电流按躲过线路最大负荷电流整定即可。（　　）
A. 正确　　　　　　　　　　　　B. 错误

13. [单选题] 某10kV供电线路最大负荷电流为1200A，可靠系数为1.3，自起动系数为1.5，返回系数为0.8，其定时限电流保护的动作电流为（　　）A。
A. 2925　　　　B. 3125　　　　C. 3250　　　　D. 2645

14. [单选题] 定时限过电流保护采用两相三继电器式接线，电流互感器电流比为1200/5，继电器动作电流整定为10A，若线路AC两相短路，流过保护安装处A相、C相一次电流均为1500A，如A相电流互感器极性反接，则保护装置（　　）。
A. 拒动　　　　B. 误动　　　　C. 返回　　　　D. 正确动作

15. [单选题] 三段式电流保护中，灵敏度最高的是（　　）。
A. Ⅲ段　　　　B. Ⅱ段　　　　C. Ⅰ段　　　　D. 都一样

16. [单选题] 三段式电流保护中，保护范围最大的是（　　）。
A. Ⅲ段　　　　B. Ⅱ段　　　　C. Ⅰ段　　　　D. 都一样

17. [单选题] 电网最末端线路接有大型电动机和其他负荷，宜采用的保护方案是（　　）。

A. 瞬时动作的过电流保护　　　　　　B. 动作时间为 0.5s 的过电流保护
C. 电流速断保护 + 过电流保护　　　　D. 三段式电流保护

18. [判断题] Ⅲ段过电流保护不能作为线路的主保护。(　　)
A. 正确　　　　　　　　　　　　　　B. 错误

19. [单选题] 中性点非直接接地系统发生不同相的两点接地，正确的处理方式是(　　)。
A. 切除两个故障点　　　　　　　　　B. 切除一个故障点
C. 两个故障点都不切除　　　　　　　D. 人工处理，视情况而定

20. [单选题] 中性点非直接接地系统中发生两点接地时，对于串联的两条线路，当电流保护采用两相星形联结，有(　　)的机会只切除距电源较远的这条线路。
A. 1/3　　　　B. 2/3　　　　C. 100%　　　　D. 0%

21. [单选题] 中性点非直接接地系统中发生两点接地时，对于并联的两条线路，当电流保护采用两相星形联结时，有(　　)的机会只切除一条线路。
A. 1/3　　　　B. 2/3　　　　C. 100%　　　　D. 0%

22. [单选题] Yd11 联结变压器低压侧 A、B 两相短路时，高压侧三相电流大小的情况是(　　)。
A. $I_A = I_B = I_C$　　B. $I_A = I_C = 2I_B$　　C. $I_A = I_C = 0.5I_B$　　D. $I_B = 3I_A = 3I_C$

23. [单选题] 安装在 Yd11 联结变压器高压侧作为低压侧线路故障后备保护的过电流保护采用两相三继电器接线的目的是提高保护的(　　)。
A. 选择性　　　B. 快速性　　　C. 灵敏性　　　D. 可靠性

24. [单选题] 方向性电流保护解决了两侧电源线路电流保护的(　　)问题。
A. 选择性　　　B. 快速性　　　C. 灵敏性　　　D. 可靠性

25. [单选题] 方向性电流保护存在的一个最大问题是降低了电流保护的(　　)。
A. 选择性　　　B. 快速性　　　C. 灵敏性　　　D. 可靠性

26. [单选题] 功率方向继电器采用 90°接线方式时，A 相功率方向继电器接入(　　)。
A. A 相电流和 A 相相电压　　　　　　B. A 相电流和 B 相或 C 相相电压
C. A 相电流和 BC 相线电压　　　　　　D. A 相电流和 AB 相或 AC 相线电压

27. [判断题] 两侧电源线路相间短路保护必须采用方向性电流保护。(　　)
A. 正确　　　　　　　　　　　　　　B. 错误

28. [单选题] 为提高两侧电源线路电流速断保护的灵敏性，应在(　　)加装方向元件。
A. 动作电流大的一侧　　　　　　　　B. 动作电流小的一侧
C. 两侧　　　　　　　　　　　　　　D. 任一侧

29. [多选题] 单侧电源网络相间短路故障采用的保护有(　　)。
A. 瞬时电流速断保护　　　　　　　　B. 限时电流速断保护
C. 过电流保护　　　　　　　　　　　D. 方向性电流保护

30. [单选题] 110kV 及以上输电线路发生单相接地时，三相电流的矢量和等于(　　)。
A. 0　　　　B. 相电流的 3 倍　　　　C. 零序电流　　　　D. 零序电流的 3 倍

31. [单选题] 110kV 及以上输电线路零序电流保护用于(　　)保护。

A. 相间短路　　　　B. 不对称短路　　　　C. 接地短路　　　　D. 三相短路

32. [判断题] 输电线路方向性零序电流保护存在电压死区。（　　）
    A. 正确　　　　　　　　　　　　　　B. 错误

33. [判断题] 输电线路零序电流保护不受系统振荡的影响。（　　）
    A. 正确　　　　　　　　　　　　　　B. 错误

34. [判断题] 输电线路零序电流保护在单相重合闸过程中可能误动。（　　）
    A. 正确　　　　　　　　　　　　　　B. 错误

35. [判断题] 输电线路零序过电流保护的灵敏度较高。（　　）
    A. 正确　　　　　　　　　　　　　　B. 错误

36. [多选题] 中性点非直接接地系统发生单相接地故障时，常用的保护有（　　）。
    A. 零序功率方向保护　　　　　　　　B. 负序电压保护
    C. 零序电压保护　　　　　　　　　　D. 零序电流保护

37. [多选题] 35kV 及以下供电线路常用的保护有（　　）。
    A. 阶段式电流保护　　　　　　　　　B. 阶段式零电流保护
    C. 方向性零序电流保护　　　　　　　D. 零序电压保护

38. [多选题] 电流Ⅰ段保护整定值为5.5A，误输入为2.5A，可能出现的情况是（　　）。
    A. 本线路发生短路，电流保护Ⅰ段拒动
    B. 本线路末端短路，电流保护Ⅰ段误动
    C. 下级线路短路，本线路Ⅰ段误动
    D. 下级线路短路，本线路Ⅰ段一定可靠不动作

39. [单选题] 双侧电源网络中，电流速断保护定值不能保证（　　）时，需要加装方向元件。
    A. 速动性　　　　B. 选择性　　　　C. 灵敏性　　　　D. 可靠性

40. [单选题] 限时电流速断保护与相邻线路电流速断保护在定值上和时限上均要配合，若（　　）不满足要求，则要与相邻线路限时电流速断保护配合。
    A. 速动性　　　　B. 选择性　　　　C. 灵敏性　　　　D. 可靠性

41. [单选题] 采用90°接线的方向过电流保护，若有一相的电流互感器接线端子接反了，保护的动作情况是（　　）。
    A. 不受影响
    B. 正方向短路时拒动、反方向短路时误动
    C. 正、反方向短路时都不动作
    D. 正、反方向短路时都动作

42. [多选题] 在中性点直接接地电网中，与相间短路电流保护相比，零序电流保护的优点有（　　）。
    A. 灵敏度更高　　　　　　　　　　　B. 受系统运行方式的影响小得多
    C. 不受系统振荡的影响　　　　　　　D. 方向性零序电流保护没有电压死区

43. [判断题] 采用90°接线的方向性电流保护没有"电压死区"。（　　）
    A. 正确　　　　　　　　　　　　　　B. 错误

【参考答案与解析】

1. B 2. ABC 3. D

4. B。[解析] 线路—变压器组接线时，电流速断保护可以按躲过变压器低压侧线路出口处的三相短路电流来整定，它能保护线路全长和变压器的一部分。

5. ABCD。[解析] 电流速断保护不能保护线路的全长，必须与其他保护配合使用。

6. A 7. C 8. BD

9. C。[解析] 过渡电阻的存在使短路电流减小，因而降低了保护的灵敏度。

10. A 11. A 12. B 13. A

14. B。[解析] 由于A相电流互感器极性反接，此时接在B相的继电器流过的电流为 $1.732 \times 1500/240 \approx 10.8A$，保护动作，属于误动作。

15. A 16. A 17. A 18. D 19. B 20. B 21. B 22. C 23. C 24. A

25. D。[解析] 方向性电流保护安装处附近正方向发生三相短路时，由于母线电压降低至零，方向元件失去判别依据，从而导致保护拒动，方向保护存在动作"死区"。

26. C

27. B。[解析] 双侧电源线路相间短路的电流保护如果能用电流整定值来保证选择性，就不必加方向元件。

28. B 29. ABC 30. D 31. C 32. B

33. A。[解析] 系统振荡是三相对称的，零序电流保护不受影响。

34. A。[解析] 在单相重合闸过程中将出现非全相运行状态而产生较大的零序电流，可能使零序电流保护误动。

35. A。[解析] 输电线路零序过电流保护是按躲过不平衡电流整定的，定值较小，同时，单相接地故障时，流入保护的故障电流为零序电流的3倍，因而灵敏度系数较高。

36. ACD 37. AD 38. BC 39. B 40. C

41. B。[解析] 90°接线是每一相的方向继电器接入本相的电流和另两相的线电压，如果有一相的电流互感器接线端子接反了，则功率方向反了，会造成正方向短路时拒动、反方向短路时误动。

42. ABCD。[解析] ①单相接地短路时，故障相电流为零序电流3倍，因此保护的灵敏度高。②系统振荡是三相对称的，对零序电流保护没有影响。③越靠近故障点的零序电压越高，因此零序方向元件没有电压死区。

43. B。[解析] 对于任何两相短路，因为继电器加入的是非故障的相间电压，其值很高，因而没有电压死区。但对于三相短路，则会出现电压死区。

第三单元　距离保护的工作原理、动作特性和整定计算

一、主要知识点

（一）距离保护的基本原理与构成

1. 距离保护的基本概念

距离保护是反应故障点至保护装置安装处之间的距离（或阻抗），并根据距离的远近而

确定动作时间的一种保护装置。该保护装置的主要元件为距离（阻抗）继电器，它可根据其端子上所加电压和电流测得保护装置安装处至短路点之间的阻抗值，此阻抗称为继电器的测量阻抗。如图 3-8 所示，当短路点距离保护装置近时，测量阻抗小，动作时间短；当短路点距离保护装置远时，测量阻抗大，动作时间长。

2. 测量阻抗

测量阻抗（Z_m）定义为保护安装处流入继电器的电压和电流的比值。正常运行时，电压 U_m 近似为线路额定电压，电流 I_m 为线路负荷电流，此时测量阻抗为负荷阻抗（Z_L），即

$$Z_m = \frac{\dot{U}_m}{\dot{I}_m} = \frac{\dot{U}_e}{\dot{I}_L} = Z_L \tag{3-11}$$

负荷阻抗量值比较大，其阻抗角为功率因数角，一般≤25.8°，如图 3-9 所示。

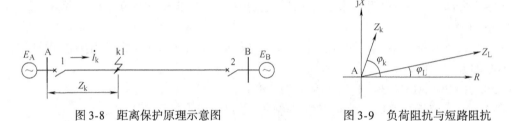

图 3-8　距离保护原理示意图　　　图 3-9　负荷阻抗与短路阻抗

输电线路短路时，U_m 降低，I_m 增大，Z_m 变为短路点与保护安装处之间的线路阻抗 Z_k，其阻抗角等于输电线路的阻抗角（一般≥75°）。此时，测量阻抗为线路阻抗，即

$$Z_m = \frac{\dot{U}_k}{\dot{I}_k} = z_1 l_k = Z_k \tag{3-12}$$

式中，z_1 为输电线路单位长度的正序阻抗；l_k 为短路点至保护装置安装处的线路长度。

（二）阻抗继电器及其动作特性

阻抗继电器是距离保护的核心元件，其主要作用是测量短路点到保护安装处之间的阻抗，并与整定阻抗值进行比较，以确定保护是否应该动作。

根据构成方式，阻抗继电器可分为单相式和多相式两种。前者加入继电器的只有一个电压（可以是相电压或线电压）和一个电流（可以是相电流或两相电流之差）；后者是多相补偿式的，加入继电器的是几个相的补偿后电压，它可以反应不同相别组合的相间或接地短路。

根据阻抗平面上的图形构成情况，阻抗继电器可分为圆特性的阻抗继电器和具有直线特性的阻抗继电器。前者结构简单，容易实现；后者可以灵活组合，进而可以构成各种形状的阻抗继电器。这里，只介绍一下为圆特性的阻抗继电器。

1. 全阻抗继电器

其动作特性如图 3-10 所示，它是以保护安装处为圆心（坐标原点），以整定阻抗 Z_{set} 为半径的圆，圆内为动作区，圆外为不动作区。当测量阻抗正好位于圆周上时，继电器刚好动作，此时对应的阻抗就是继电器的起动阻抗（动作阻抗）。由于这种特性是以原点为圆心而

作的圆，因此不论加入继电器的电压与电流之间的角度为多大，继电器的起动阻抗在数值上都等于整定阻抗。具有这种动作特性的继电器称为全阻抗继电器，它没有方向性。

（1）比幅式动作方程

$$|Z_m| \leqslant |Z_{set}| \tag{3-13}$$

（2）比相式动作方程

$$90° \leqslant \arg \frac{Z_m + Z_{set}}{Z_m - Z_{set}} \leqslant 270° \tag{3-14}$$

2. 方向阻抗继电器

其动作特性如图 3-11 所示。它是以整定阻抗 Z_{set} 为直径，且通过坐标原点的一个圆，圆内为动作区，圆外为不动作区。

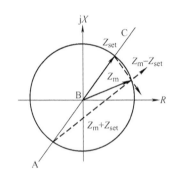

图 3-10　全阻抗继电器的动作特性

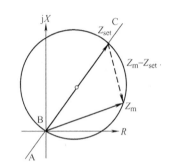

图 3-11　方向阻抗继电器的动作特性

当加入继电器的电压和电流之间的相位差 φ_m 为不同数值时，其起动阻抗也随之改变。当 φ_m 等于 Z_{set} 的阻抗角时，继电器的起动阻抗达到最大，等于圆的直径。此时，保护范围最大、工作最灵敏。这个角度称为继电器的最大灵敏角。

当反方向发生短路时，测量阻抗位于第三象限，继电器不动作，它本身具有方向性。

（1）比幅式动作方程

$$\left| Z_m - \frac{1}{2} Z_{set} \right| \leqslant \left| \frac{1}{2} Z_{set} \right| \tag{3-15}$$

（2）比相式动作方程

$$90° \leqslant \arg \frac{Z_m}{Z_m - Z_{set}} \leqslant 270° \tag{3-16}$$

3. 偏移特性阻抗继电器

其动作特性如图 3-12 所示。它是过坐标原点，以 Z_{set} 为直径的圆，当正方向的整定阻抗为 Z_{set} 时，同时反方向偏移一个 αZ_{set}（$0 < \alpha < 1$）。圆内为动作区，圆外为不动作区。反方向故障时不会误动，本身具有方向性。

这种继电器的动作特性介于方向继电器和全阻抗继电器之间。

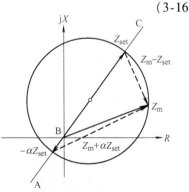

图 3-12　偏移特性阻抗继电器的动作特性

(1) 比幅式动作方程

$$\left|Z_m - \frac{1}{2}(1-\alpha)Z_{set}\right| \leq \left|\frac{1}{2}(1+\alpha)Z_{set}\right| \tag{3-17}$$

(2) 比相式动作方程

$$90° \leq \arg\frac{Z_m + \alpha Z_{set}}{Z_m - Z_{set}} \leq 270° \tag{3-18}$$

(三) 阻抗继电器的接线方式

1. 阻抗继电器接线的基本要求

(1) 测量阻抗正比于保护安装处到短路点之间的距离。

(2) 测量阻抗与故障类型无关。

2. 阻抗继电器的常用接线方式

阻抗继电器常用的接线方式有以下 3 种：

(1) 0°接线。阻抗继电器加入的电压和电流为 $\dot{U}_{AB}$ 和 $\dot{I}_A - \dot{I}_B$，一般应用于输电线路的相间短路保护。

(2) 30°接线。阻抗继电器加入的电压和电流为 $\dot{U}_{AB}$ 和 $\dot{I}_A$。

(3) 带零序电流补偿的接线。阻抗继电器加入的电压和电流为 $\dot{U}_A$ 和 $\dot{I}_A + K \times 3\dot{I}_0$，一般应用于输电线路的接地短路保护。

阻抗继电器的具体接线方式见表 3-1。

接地短路距离保护的零序电流补偿系数 K 为

$$K = \frac{z_0 - z_1}{3z_1} \tag{3-19}$$

式中，z_0、z_1 分别为输电线路单位长度的零序阻抗和正序阻抗。

表 3-1 阻抗继电器的接线方式

接线方式	1		2		3	
	$\dot{U}_m$	$\dot{I}_m$	$\dot{U}_m$	$\dot{I}_m$	$\dot{U}_m$	$\dot{I}_m$
0°接线	$\dot{U}_{AB}$	$\dot{I}_A - \dot{I}_B$	$\dot{U}_{BC}$	$\dot{I}_B - \dot{I}_C$	$\dot{U}_{CA}$	$\dot{I}_C - \dot{I}_A$
30°接线	$\dot{U}_{AB}$	$\dot{I}_A$	$\dot{U}_{BC}$	$\dot{I}_B$	$\dot{U}_{CA}$	$\dot{I}_C$
带零序电流补偿的接线	$\dot{U}_A$	$\dot{I}_A + K \times 3\dot{I}_0$	$\dot{U}_B$	$\dot{I}_B + K \times 3\dot{I}_0$	$\dot{U}_C$	$\dot{I}_C + K \times 3\dot{I}_0$

3. 距离保护在不同类型短路时的动作情况

在实际三相系统中，可能发生多种不同类型的短路故障，而在各种不对称短路时，各相电压、电流都不再简单地满足式(3-12)，需要寻找电压、电流量接入后满足式(3-12) 的保护装置，以构成在三相系统中可以使用的距离保护。

(1) 接地短路距离保护：取接地短路的故障环路为相－地故障环路，测量电压为保护安装处故障相对地电压，测量电流为带有零序电流补偿的故障相电流。它能够准确反应单相接地短路、两相接地短路和三相接地短路情况下的故障距离。

（2）相间短路距离保护：故障环路为相-相故障环路，取测量电压为保护安装处两故障相的电压差，测量电流为两故障相的电流差。由此计算出的测量阻抗能够准确反应两相短路、三相短路和两相接地短路情况下的故障距离，具体见表3-2。

表3-2 不同类型短路时的动作情况

接线方式		接地短路距离保护接线方式			相间短路距离保护接地方式		
		A 相	B 相	C 相	AB 相	BC 相	CA 相
故障类型		$\dfrac{\dot{U}_A}{\dot{I}_A + K \times 3\dot{I}_0}$	$\dfrac{\dot{U}_B}{\dot{I}_B + K \times 3\dot{I}_0}$	$\dfrac{\dot{U}_C}{\dot{I}_C + K \times 3\dot{I}_0}$	$\dfrac{\dot{U}_A - \dot{U}_B}{\dot{I}_A - \dot{I}_B}$	$\dfrac{\dot{U}_B - \dot{U}_C}{\dot{I}_B - \dot{I}_C}$	$\dfrac{\dot{U}_C - \dot{U}_A}{\dot{I}_C - \dot{I}_A}$
单相接地	A	＋	－	－	－	－	－
	B	－	＋	－	－	－	－
	C	－	－	＋	－	－	－
两相接地	AB	＋	＋	－	＋	－	－
	BC	－	＋	＋	－	＋	－
	CA	＋	－	＋	－	－	＋
两相相间	AB	－	－	－	＋	－	－
	BC	－	－	－	－	＋	－
	CA	－	－	－	－	－	＋
三相短路	ABC	＋	＋	＋	＋	＋	＋

注："＋"表示能正确反应故障距离；"－"表示不能正确反应故障距离。

4. 方向性阻抗继电器的死区及其消除方法

当在保护安装地点正方向出口处发生相间短路时，故障环路的残余电压将降到0。此时，任何具有方向性的继电器将因加入的电压为0而不能动作，从而出现保护装置的"死区"。

为了减小和消除"死区"，可采用以下方法：

（1）引入非故障相电压。对于两相短路，在继电器的接线上可以直接利用或部分利用非故障相的电压来消除死区。如功率方向继电器所广泛采用的"90°接线"和在方向阻抗继电器的极化回路中附加引入第三相电压。

（2）记忆法。为了解决三相短路时的死区，对于瞬时动作的距离保护 I 段方向阻抗继电器，可采用记忆故障前电压的方法。

（四）距离保护的整定计算

1. 距离保护 I 段

如图3-13所示，距离保护 I 段为无延时的速动段，它只反映本线路的故障，其测量元件的整定阻抗按躲过本线路末端短路时的测量阻抗来整定，即

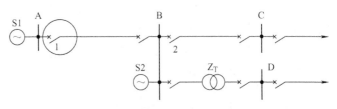

图3-13 线路距离保护示意图

$$Z_{\text{set.1}}^{\text{I}} = K_{\text{rel}}^{\text{I}} Z_{\text{AB}} = K_{\text{rel}}^{\text{I}} L_{\text{AB}} z_1 \tag{3-20}$$

式中，L_{AB} 为被保护线路长度；z_1 为被保护线路单位长度的正序阻抗；$K_{\text{rel}}^{\text{I}}$ 为可靠系数，一般取 0.8~0.85。

2. 距离保护Ⅱ段

距离Ⅰ段只能保护线路全长的 80%~85%，为了保护线路全长，需要设置距离保护Ⅱ段。

（1）分支电路对测量阻抗的影响。距离保护Ⅱ段整定时要考虑分支电路对测量阻抗的影响。如图 3-13 所示，当 BC 线路短路时，分支电源（S2）将使 BC 线路上的短路电流增大，这叫助增电流。如果 BC 线路有并联分支线路，BC 线路短路时，故障线路中电流会减小，这叫外汲电流。可以引入分支系数，定义为

$$K_{\text{b}} = \frac{\text{故障线路流过的短路电流}}{\text{前一级保护所在线路上流过的短路电流}} \tag{3-21}$$

① 助增电流，分支系数大于 1，使测量阻抗增大，保护范围减小。
② 外汲电流，分支系数小于 1，使测量阻抗减小，保护范围增大。

（2）距离保护Ⅱ段的整定原则。

① 与相邻线路距离保护Ⅰ段相配合，本线路Ⅱ段保护范围不应超过下级Ⅰ段的保护范围。

$$Z_{\text{set.1}}^{\text{II}} = K_{\text{rel}}^{\text{II}} (Z_{\text{AB}} + K_{\text{b.min}} Z_{\text{set.2}}^{\text{I}}) \tag{3-22}$$

式中，$K_{\text{rel}}^{\text{II}}$ 为可靠系数，取 0.8。分支系数取各种情况下的最小值。

② 与相邻变压器的快速保护相配合，动作范围不应超过变压器快速保护的范围。

$$Z_{\text{set.1}}^{\text{II}} = K_{\text{rel}}^{\text{II}} (Z_{\text{AB}} + K_{\text{b.min}} Z_{\text{T}}) \tag{3-23}$$

式中，$K_{\text{rel}}^{\text{II}}$ 为可靠系数，取 0.7~0.75。Z_{T} 为相邻变压器的阻抗。

最终，取①、②两项中数值小者作为距离保护Ⅱ段保护的定值。

其动作时限一般为 0.5s。

（3）灵敏性校验

$$K_{\text{sen}} = \frac{Z_{\text{set.1}}^{\text{II}}}{Z_{\text{AB}}} \geq 1.25 \tag{3-24}$$

若灵敏度不满足要求，则与相邻线路距离保护Ⅱ段配合。

3. 距离保护Ⅲ段

距离保护Ⅲ段的动作值应按以下原则整定：

（1）按躲过最小负荷阻抗整定。
① 对于全阻抗继电器

$$Z_{\text{set.1}}^{\text{III}} = \frac{1}{K_{\text{rel}}^{\text{III}} K_{\text{ss}} K_{\text{re}}} Z_{\text{L.min}} \tag{3-25}$$

式中，$K_{\text{rel}}^{\text{III}}$ 为可靠系数，取 1.2~1.25；K_{ss} 为自起动系数，根据网络接线和负荷性质，取 1.5~2.5；K_{re} 为继电器返回系数，取 1.15~1.25。

② 对于方向阻抗继电器

$$Z_{\text{set.1}}^{\text{III}} = \frac{Z_{\text{L.min}}}{K_{\text{rel}}^{\text{III}} K_{\text{ss}} K_{\text{re}} \cos(\varphi_{\text{k}} - \varphi_{\text{L}})} \tag{3-26}$$

(2) 与相邻下级线路距离Ⅱ段相配合整定。

$$Z_{\text{set.1}}^{\text{Ⅲ}} = K_{\text{rel}}^{\text{Ⅲ}}(Z_{\text{AB}} + K_{\text{b.min}}Z_{\text{set.2}}^{\text{Ⅲ}}) \tag{3-27}$$

(3) 按与相邻下级变压器的电流、电压保护配合整定。

$$Z_{\text{set.1}}^{\text{Ⅲ}} = K_{\text{rel}}^{\text{Ⅲ}}(Z_{\text{AB}} + K_{\text{b.min}}Z_{\text{min}}) \tag{3-28}$$

(4) 动作时间按阶梯原则整定。前一级保护动作时间比后一级保护长 Δt（一般取 0.5s）。

(5) 灵敏性校验。

① 对于近后备。

$$K_{\text{sen}} = \frac{Z_{\text{set.1}}^{\text{Ⅲ}}}{Z_{\text{AB}}} \geqslant 1.5 \tag{3-29}$$

② 对于远后备

$$K_{\text{sen}} = \frac{Z_{\text{set.1}}^{\text{Ⅲ}}}{Z_{\text{AB}} + K_{\text{b.max}}Z_{\text{BC}}} \geqslant 1.2 \tag{3-30}$$

（五）影响距离保护正确工作的因素及其对策

影响因素包括过渡电阻、电力系统振荡、保护安装处与故障点的分支电路、互感器误差、电压互感器二次回路断线、串联补偿电容等。

1. 短路点过渡电阻对距离保护的影响

(1) 单侧电源线路上短路点过渡电阻的影响。

① 短路点过渡电阻（R_{g}）的存在总是使继电器的测量阻抗增大，保护范围缩短，如图3-14所示。

② 保护装置距离短路点越近，受过渡电阻影响越大，有可能导致保护无选择性动作。

③ 整定值越小，受过渡电阻的影响越大。

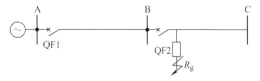

图3-14 单电源线路的过渡电阻

(2) 双侧电源线路上短路点过渡电阻的影响。

① 短路点过渡电阻对测量阻抗的影响，取决于两侧电源提供的短路电流的大小以及它们的相位关系。

② 两侧电源线路，过渡电阻可能使测量阻抗增大，也可能使测量阻抗减小。

③ 送电端感受电阻偏容性，测量阻抗减小，容易发生超范围（保护范围之外）误动。

④ 受电端感受电阻偏感性，测量阻抗增大，容易发生欠范围（保护范围之内）拒动。

(3) 对不同圆特性阻抗继电器的影响。

① 全阻抗继电器受过渡电阻的影响最小。

② 方向阻抗继电器受过渡电阻的影响最大。

短路点过渡电阻对距离保护的影响，与短路点的位置、继电器的特性等有密切的关系。

在整定值相同的情况下，动作特性在 $+R$ 轴方向所占的面积越小，受过渡电阻的影响越大。因此，为了克服过渡电阻的影响，在保护范围不变的前提下，采用动作特性 $+R$ 轴方向上有较大面积的阻抗继电器。

2. 电力系统振荡对距离保护的影响

电力系统振荡是发电机与系统之间或两系统之间功角 δ 的周期性摆动现象，其测量阻抗变化规律是当功角改变时，测量阻抗的轨迹是总阻抗 Z 的垂直平分线，如图 3-15 所示。

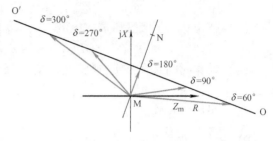

图 3-15 系统振荡时测量阻抗的变化轨迹图

（1）电力系统振荡的特征。

① 振荡中心在保护范围内时，则距离保护会误动。

② 当保护安装点越靠近振荡中心时，受到的影响越大。

③ 振荡中心在保护范围以外或位于保护的反方向时，则距离保护不会误动。

（2）系统振荡对不同特性的阻抗继电器的影响。

① 继电器的动作特性在阻抗平面方向上所占面积越大，受振荡的影响就越大。

② 在距离保护整定值相同的情况下，全阻抗继电器所受振荡影响最大，方向阻抗继电器受影响最小。

③ 原理上，差动保护基本不受振荡影响，对距离保护 Ⅰ、Ⅱ 段受影响可能会误动；对距离保护 Ⅲ 段可躲过振荡的影响。

（3）振荡和短路的区别。电力系统振荡和短路有明显的区别，见表 3-3。

表 3-3 振荡和短路的区别

系统振荡	短路故障
三相对称，无负序分量	有负序分量
电压、电流周期性缓慢变化	电压、电流快速变化
测量阻抗随功角变化	测量阻抗不变

（4）振荡闭锁基本要求。

① 当系统只发生振荡而无故障时，应可靠闭锁保护。

② 区外故障引起系统振荡时，应可靠闭锁保护。

③ 区内故障，不论系统是否振荡，都不应闭锁保护。

（5）振荡闭锁措施。

① 利用短路时出现负序分量，而振荡时无负序分量。

② 利用振荡和短路时电气量变化速度不同。

③ 利用动作的延时实现振荡闭锁。

二、模拟测试题

1. ［判断题］当距离保护测量阻抗位于圆内时，阻抗继电器应动作。（　　）
   A. 正确　　　　　　　　　　　　B. 错误

2. ［多选题］距离保护可作为输电线路的（　　）保护。
   A. 零序电流　　B. 低电压　　C. 相间短路　　D. 接地短路

3. [判断题] 全阻抗继电器没有方向性，所以在保护安装处反方向发生故障时，继电器也动作。（ ）

    A. 正确　　　　　　　　　　　　　　B. 错误

4. [判断题] 距离保护阻抗继电器的起动阻抗在数值上都等于整定阻抗。（ ）

    A. 正确　　　　　　　　　　　　　　B. 错误

5. [多选题] 对于方向阻抗继电器，以下说法正确的是（ ）。

    A. 动作阻抗与测量阻抗角有关

    B. 动作带方向性

    C. 当测量阻抗角等于整定阻抗角时，工作最灵敏

    D. 当测量阻抗值小于整定阻抗值时，继电器一定能动作

6. [单选题] 输电线路距离保护零序电流补偿系数 K 为（ ），其中 z_1 和 z_0 是线路单位长度的正序阻抗和零序阻抗。

    A. $(z_0+z_1)/3z_1$　　　　　　　　　B. $(z_0+z_1)/3z_0$

    C. $(z_0-z_1)/3z_1$　　　　　　　　　D. $(z_0-z_1)/3z_0$

7. [单选题] 为了使方向阻抗继电器工作在（ ）状态下，要求继电器的最灵敏角等于被保护线路的阻抗角。

    A. 最有选择性　　B. 最灵敏　　　C. 最快速　　　D. 最可靠

8. [判断题] 方向阻抗继电器的动作阻抗与测量阻抗的阻抗角无关。（ ）

    A. 正确　　　　　　　　　　　　　　B. 错误

9. [多选题] 下列关于距离保护测量阻抗描述正确的是（ ）。

    A. 继电器的测量阻抗正比于短路点到保护安装处的距离

    B. 继电器的测量阻抗应不随故障类型而改变

    C. 继电器的测量阻抗应尽量小

    D. 阻抗继电器动作区域是能够使继电器动作的所有测量阻抗值在阻抗复平面上形成的点集

10. [多选题] 下列关于阻抗继电器的说法正确的是（ ）。

    A. 阻抗继电器的主要作用是测量短路点到保护装置安装地点之间的阻抗

    B. 测量阻抗只与电压、电流的大小有关，而与它们的相位无关

    C. 阻抗继电器可以分为圆特性和直线特性两种基本类型

    D. 直线特性阻抗继电器比圆特性阻抗继电器更易于实现

11. [单选题] 方向阻抗继电器的动作特性是以（ ），且通过坐标原点的一个圆。

    A. 测量阻抗为直径　　　　　　　　　B. 整定阻抗为直径

    C. 测量阻抗为半径　　　　　　　　　D. 整定阻抗为半径

12. [判断题] 偏移特性阻抗继电器没有电压死区。（ ）

    A. 正确　　　　　　　　　　　　　　B. 错误

13. [判断题] 如果阻抗继电器电压回路断线，距离保护可能误动作。（ ）

    A. 正确　　　　　　　　　　　　　　B. 错误

14. [单选题] 反应相间短路故障的阻抗继电器应采用的接线方式是（ ）。

    A. 0°接线　　　　　　　　　　　　　B. 90°接线

C. $3U_0$，$3I_0$ 接线 D. 带零序电流补偿的接线

15. [单选题] 反应接地短路故障的阻抗继电器应采用的接线方式是（   ）。
A. 0°接线 B. 90°接线
C. $3U$，$3I_0$ 接线 D. $\dot{U}_P$，$\dot{I}_P + K \times 3\dot{I}_0$（P 为 ABC 相）

16. [多选题] 阻抗继电器采用带零序电流补偿接线方式能反应下列（   ）故障。
A. 两相接地短路 B. 三相短路 C. 单相接地短路 D. 两相短路

17. [单选题] 分支电路的助增电流将使距离保护Ⅱ段测量阻抗（   ），保护范围（   ）。
A. 增大，增大 B. 增大，减小 C. 减小，增大 D. 减小，减小

18. [单选题] 分支电路的外汲电流将使距离保护Ⅱ段测量阻抗（   ），保护范围（   ）。
A. 增大，增大 B. 增大，减小 C. 减小，增大 D. 减小，减小

19. [单选题] 在计算距离Ⅱ段保护定值时，分支系数 K_b 应取（   ）。
A. 最大值 B. 最小值 C. 1 D. 0

20. [判断题] 在距离保护中，当短路点距保护安装处近时，测量阻抗小，动作时间短。（   ）
A. 正确 B. 错误

21. [判断题] 距离保护Ⅰ段能够保护线路的全长。（   ）
A. 正确 B. 错误

22. [单选题] 单侧电源线路上短路点过渡电阻的存在将使阻抗继电器的测量阻抗（   ），保护范围（   ）。
A. 增大，增大 B. 增大，减小 C. 减小，增大 D. 减小，减小

23. [判断题] 过渡电阻对接地短路距离保护的影响要大于对相间短路距离保护的影响。（   ）
A. 正确 B. 错误

24. [多选题] 下列关于过渡电阻对距离保护的影响说法正确的是（   ）。
A. 过渡电阻对阻抗继电器的影响与短路点位置、继电器特性有密切的关系
B. 保护装置距短路点越近时，受过渡电阻的影响越大
C. 保护装置的整定值越小，受过渡电阻的影响越大
D. 双侧电源线路上过渡电阻的存在也可能使阻抗继电器测量阻抗变小

25. [多选题]（   ）可能引起电力系统振荡。
A. 线路输送功率超过功率极限
B. 无功功率不足引起系统电压降低
C. 短路故障切除缓慢
D. 非同期自动重合闸不成功

26. [单选题] 电力系统发生振荡时，各点电压、电流、功率的幅值（   ）。
A. 发生周期性变化 B. 发生突变 C. 出现跌落 D. 维持不变

27. [单选题] 距离保护Ⅲ段不采用振荡闭锁的原因是（   ）。
A. 一般情况下，在距离Ⅲ段动作之前，距离Ⅰ段和距离Ⅱ段已经动作跳闸，轮不到距

离Ⅲ段动作

B. 距离Ⅲ段动作特性不受系统振荡影响

C. 振荡中心所在线路的距离Ⅲ段动作时间一般较长，可以躲过振荡影响

D. 距离Ⅲ段通常采用故障分量距离保护，不受系统振荡影响

28. [判断题] 接地短路距离保护只有发生单相接地短路或两相接地短路故障时才动作。（ ）

　　A. 正确　　　　　　　　　　　　　　B. 错误

29. [单选题] 有一整定阻抗为 $Z = 6\angle 65°\Omega$ 的方向阻抗继电器，当测量阻抗 $Z_m = 5\angle 20°\Omega$ 时，该继电器处于（　　）状态。

　　A. 临界状态　　　B. 不动作　　　C. 动作　　　D. 无法判断

30. [单选题] 有一整定阻抗为 $Z = 8\angle 75°\Omega$ 的方向阻抗继电器，当测量阻抗为 $Z_m = 5\angle 30°\Omega$ 时，该继电器处于（　　）状态。

　　A. 临界状态　　　B. 不动作　　　C. 动作　　　D. 无法判断

31. [单选题] 实现振荡闭锁的方法包括（　　）。

　　A. 电流变化率　　　　　　　　　　B. 负序、零序分量是否出现

　　C. 负序、零序分量的增量　　　　　D. 阻抗大小的变化

32. [多选题] 电力系统发生振荡时，（　　）可能会发生误动。

　　A. 电流差动保护　　　　　　　　　B. 零序电流速断保护

　　C. 电流速断保护　　　　　　　　　D. 距离保护

33. [单选题] 起动阻抗与阻抗角无关的是（　　）。

　　A. 全阻抗继电器　　　　　　　　　B. 方向阻抗继电器

　　C. 偏移阻抗继电器　　　　　　　　D. 圆特性阻抗继电器

34. [多选题] 以下关于距离保护接线方式说法正确的是（　　）。

A. 接地短路距离保护接线方式测量电压为保护安装处故障相对地电压，测量电流为故障相电流

B. 接地短路距离保护接线方式测量阻抗能够准确反映单相接地故障和两相短路接地故障

C. 相间短路距离保护接线方式测量电压为保护安装处两故障相的电压差，测量电流为两故障相的电流差

D. 相间短路距离保护接线方式测量阻抗能够准确反映单相接地故障和两相短路接地故障

35. [多选题] 距离保护的主要组成元件包括（　　）。

　　A. 起动元件　　　　　　　　　　　B. 阻抗测量元件

　　C. 振荡闭锁元件　　　　　　　　　D. 电压回路断线检测元件

36. [判断题] 单侧电源线路距离保护不用配置振荡闭锁元件。（　　）

　　A. 正确　　　　　　　　　　　　　B. 错误

37. [单选题] 方向阻抗继电器中，记忆回路的作用是（　　）。

　　A. 提高灵敏性　　　　　　　　　　B. 消除正向出口三相短路死区

　　C. 消除反向出口三相短路死区　　　D. 提高选择性

38. [单选题] 保护范围相同的方向阻抗继电器、偏移特性阻抗继电器、全阻抗继电器，受系统振荡影响最大的是（　　）。

　　A. 全阻抗继电器　　　　　　　　B. 偏移特性阻抗继电器

　　C. 方向阻抗继电器　　　　　　　　D. 不能确定

39. [单选题] 下列不属于距离保护优点的是（　　）。

　　A. 接线简单

　　B. 能保证故障线路在比较短的时间内有选择地切除故障

　　C. 灵敏度高

　　D. 不受系统运行方式和故障形式的影响

40. [单选题] 双侧电源线路中配置三段式距离保护，当距离Ⅰ段整定的保护范围是85%时，全线路范围内短路故障时能够瞬时动作的范围为（　　）。

　　A. 60%　　　　B. 70%　　　　C. 40%　　　　D. 50%

41. [单选题] 某110kV线路的接地距离保护的零序补偿系数由0.667被误整为2，将使保护范围（　　）。

　　A. 增大　　　　B. 减小　　　　C. 不变　　　　D. 不能确定

42. [单选题] 某线路距离保护Ⅰ段二次定值整定为1Ω，由于该线路所用电流互感器电流比由原来的400/5改为600/5，其距离保护Ⅰ段定值应整定为（　　）Ω。

　　A. 2/3　　　　B. 1.5　　　　C. 1.2　　　　D. 1.4

43. [多选题] 影响距离保护正常工作的因素有（　　）。

　　A. 短路点过渡电阻　　　　　　　　B. 电力系统振荡

　　C. 电压互感器二次回路断线　　　　D. 分支电路

44. [多选题] 电压回路断线时，下列（　　）需要闭锁。

　　A. 距离保护　　　　　　　　　　　B. 方向性电流保护

　　C. 零序电流方向保护　　　　　　　D. 单侧电源线路电流保护

45. [单选题] 双侧电源线路距离保护Ⅰ段不能两端瞬时切除的范围是线路长度的（　　）。

　　A. 15%~20%　　B. 30%~40%　　C. 50%~60%　　D. 60%~80%

46. [单选题] 距离保护Ⅱ段的保护范围一般为（　　）。

　　A. 线路全长的85%

　　B. 线路全长

　　C. 线路全长及下一线路的30%~40%

　　D. 线路全长及下一线路全长

47. [多选题] 下列保护中（　　）存在电压死区。

　　A. 单侧电源线路电流保护　　　　　B. 方向性电流保护

　　C. 方向性零序电流保护　　　　　　D. 距离保护

48. [多选题] 与电流保护相比，距离保护具有以下（　　）优点。

　　A. 与系统运行方式和短路类型无关　　B. 灵敏度高

　　C. 接线简单　　　　　　　　　　　D. 保护区稳定

49. [判断题] 在反应接地短路的阻抗继电器接线方式中引入零序补偿系数的目的是消

除线路零序阻抗与正、负序阻抗不相等对于距离保护测量阻抗的影响。

A. 正确　　　　　　　　　　　　　　B. 错误

50. [判断题] 距离保护一般不能作为220kV及以上输电线路的主保护。(　　)

A. 正确　　　　　　　　　　　　　　B. 错误

51. [判断题] 引入第三相电压可以消除方向阻抗继电器电压死区。(　　)

A. 正确　　　　　　　　　　　　　　B. 错误

【参考答案与解析】

1. A　2. CD　3. A

4. B。[解析] 要注意测量阻抗、整定阻抗和起动阻抗的含义与区别。测量阻抗 Z_m 是加入继电器中的电压 $\dot{U}_m$ 与电流 $\dot{I}_m$ 的比值，其阻抗角就是 $\dot{U}_m$ 与 $\dot{I}_m$ 之间的相位差 φ_m。整定阻抗 Z_{set} 一般取继电器安装点到保护范围末端的线路阻抗。对全阻抗继电器，Z_{set} 就是圆的半径；对方向阻抗继电器，Z_{set} 就是最大灵敏角方向上圆的直径；对于偏移特性阻抗继电器，Z_{set} 就是最大灵敏角方向上由原点到圆周上的长度。起动阻抗 Z_{act} 表示继电器刚好动作时，加入继电器中的电压 $\dot{U}_m$ 与电流 $\dot{I}_m$ 的比值。除全阻抗继电器以外，所有阻抗继电器的起动阻抗 Z_{act} 是随着 $\dot{I}_m$ 的不同而改变的，当测量阻抗角 φ_m 等于最大灵敏角时，起动阻抗 Z_{act} 的数值最大，等于整定阻抗 Z_{set}。

5. ABC　6. C　7. B　8. B　9. ABD　10. AC　11. B　12. A　13. A　14. A　15. D　16. ABC　17. B　18. C　19. B　20. A　21. B　22. B

23. A。[解析] 这是由于接地短路时的过渡电阻远大于相间短路时的过渡电阻。

24. ABCD　25. ABCD　26. A　27. C　28. B

29. B。[解析] 在20°方向起动阻抗（动作阻抗）为 $6\cos(65°-20°) = 6\cos45° = 4.24\Omega <$ 测量阻抗（5Ω），所以不动作。

30. C。[解析] 在30°方向起动阻抗（动作阻抗）为 $8\cos(75°-30°) = 8\cos45° = 5.66\Omega >$ 测量阻抗（5Ω），所以继电器动作。

31. C。[解析] 实现振荡闭锁的方法包括：①利用系统短路时的负序、零序分量或突变量，短时开放保护，实现振荡闭锁。②利用阻抗变化率的不同来构成振荡闭锁。③利用动作的延时实现振荡闭锁。由于负序加零序电流增量起动的振荡闭锁装置能较好地区别振荡和短路，能防止系统振荡时由于负序电流滤过器的不平衡输出的增大而引起保护误动作，还能防止线路不换位、三相不平衡、有谐波分量、非全相运行等稳态不平衡时滤过器的不平衡输出。

32. CD　33. A　34. BC　35. ABCD

36. A。[解析] 振荡发生在双电源系统，单侧电源线路不会发生振荡。

37. B　38. A　39. A

40. B。[解析] 以图3-8为例来解析这一问题。安装在A侧的保护1瞬时动作的部分为AB线路全长的85%，安装在B侧的保护2瞬时动作的部分为BA线路全长的85%，所以要从两侧同时瞬时切除故障，只能是两侧保护区域的重叠部分，占线路全长的70%。

41. A。[解析] 零序补偿系数增大时，测量阻抗减小。由于接地短路时越靠近短路点电压越低,故测量阻抗越小。因此测量阻抗减小相当于保护范围增大。

42. B。[解析] 电流互感器电流比由原来的 400/5 改为 600/5,则二次电流变为原来的 2/3,而阻抗与电流成反比,因此二次定值变为原来的 3/2,即 1.5Ω。

43. ABCD 44. ABC

45. B。[解析] 距离保护 I 段的保护范围是线路全长的 80%~85%,两端合起来就有 30%~40% 的线路长度不能从两端瞬时切除。

46. C 47. BD 48. AD 49. A

50. A。[解析] 虽然距离保护 I 段是瞬时动作的,但它不能保护线路的全长,距离保护 I 段不能动作的线路长度只能由距离保护 II 段经 0.5s 延时动作,这可能满足不了电力系统稳定运行的要求。因此,它一般不能作为 220kV 及以上输电线路的主保护。

51. B。[解析] 引入第三相电压只能消除两相短路时方向阻抗继电器的死区。

第四单元 输电线路纵联保护原理

一、主要知识点

(一) 输电线路纵联保护概述

利用通信通道将线路两端的保护装置纵向联结起来,将各端的电气量(电流、功率方向等)传送到对端,将两端的电气量进行比较,判断故障在区内还是在区外,从而决定是否切除被保护线路。

1. 纵联保护的通道种类、优缺点及使用范围

输电线路的保护目前常用的通信方式有:

(1) 导引线通道——导引线纵联差动保护。

优点:不受电力系统振荡的影响,不受非全相运行的影响,单侧电源运行时仍能正确工作。

缺点:保护装置的性能受导引线参数和使用长度影响,且导引线造价高。

适用范围:只适用小于 15~20km 的短线路,在发电机、变压器、母线保护中应用得更广泛。

(2) 电力线载波通道——载波(高频)保护。

优点:无中继通信距离长,经济,使用方便,工程施工比较简单。

缺点:高压输电线路会对载波通信造成干扰。

适用范围:适用于传输方向或相位信息。

(3) 微波通道——微波保护。

优点:输电线路对通信没有干扰,通道检修也不影响输电线路运行,频带宽,需采用脉冲编码调制,适合于数字式保护。

缺点:衰减受气候影响较大,传输距离受限制,通道价格较贵。

适用范围:适用于数字式保护。

(4) 光纤通道——光纤保护。

优点:通信容量大,节约金属材料,光信号不受外界电磁干扰。

缺点：通信距离不够长，长距离通信时要用中继器及其附加设备。

适用范围：适用于传输较多的数字信息。

2. 纵联保护的类型

按照保护动作原理，输电线路纵联保护可分为如下两类：

（1）方向比较式纵联保护。这类保护的保护继电器仅反应本侧的电气量，利用通道将故障方向判别结果传送到对侧，每侧保护根据两侧保护继电器的动作经过逻辑判断区分是区内故障还是区外故障。按照保护判别方向所用的继电器又可分为方向纵联保护与距离纵联保护。

（2）纵联差动保护。它是利用通道将本侧电流的波形或代表电流的信号传送到对侧，每侧保护根据对两侧电流的幅值和相位比较的结果区分是区内故障还是区外故障。这类保护在每侧都直接比较两侧的电气量，类似于差动保护，因此称为纵联差动保护。从原理上讲，输电线路的差动纵联保护又分为以下两种：

① 纵联电流差动保护。这种保护利用正常运行和区外短路时 $\sum \dot{I} = 0$，区内短路时 $\sum \dot{I} = \dot{I}_k$ 的原理构成。

② 纵联电流相位差动保护。这种保护比较被保护线路两侧电流的相位。

（二）高频通道的构成和工作方式

1. 电力线载波（高频）通道的构成

高频保护由继电保护、高频收发信机和高频通道组成，如图 3-16 所示。

图 3-16 高频保护原理构成图

利用"导线—大地"（即载波通道采用"相—地"制）作为高频通道是最经济的方案，它只需要在一根线路上装设构成通道的设备，在我国已得到广泛应用。它的缺点是高频信号的衰减和受到的干扰都比较大。其结构如图 3-17 所示。

各组件的功能如下：

（1）阻波器。它是由电感线圈与可变电容器并联组成的并联谐振回路，其谐振频率为载波频率。对载波电流（高频电流），阻波器呈现高阻抗（>1000Ω），将高频电流限制在被保护线路以内；对工频电流，阻波器呈现低阻抗（约为0.04Ω），工频电流可畅流无阻。

（2）结合电容器。结合电容器的电容量很小，对工频电流具有很大的阻抗。对高频电流则阻抗很小，高频电流可顺利通过。结合电容器与连接滤波器共同组成带通滤波器，只允许通带内的高频电流通过。

（3）连接滤波器。连接滤波器是一个可调空心变压器，在其连接至高频电缆一侧的线圈中串接有电容器。连接滤波器与结合电容器共同组成带通滤波器，使所需频带的高频电流能够通过。

（4）高频电缆。它将位于主控室的高频收、发信机与户外变电站的带通滤波器连接起来。

（5）保护间隙。保护间隙是高频通道的辅助设备，用它保护高频收、发信机和高频电

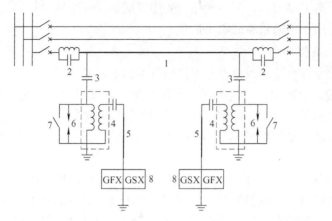

图 3-17 "相-地"制高频通道示意图
1—输电线 2—阻波器 3—结合电容器 4—连接滤波器 5—高频电缆
6—保护间隙 7—接地开关 8—高频收、发信机

缆免受过电压的袭击。

(6) 接地开关。它是高频通道的辅助设备,在调整或维修高频收、发信机和连接滤波器时,将连接滤波器接地,以保证人身安全。

(7) 高频收、发信机。用来发出和接收高频信号。

2. 高频通道工作方式

(1) 正常无高频电流方式(短期发信方式)。短期发信是指在正常运行情况下,发信机不发信,高频通道中没有高频电流通过。只有在系统中发生故障时,发信机才由起动元件起动,高频通道中才有高频电流通过,如图 3-18 所示。

(2) 正常有高频电流方式(长期发信方式)。长期发信方式是指在正常运行情况下,收、发信机一直处于发信和收信工作状态,高频通道中始终有高频电流通过,如图 3-19 所示。

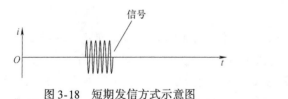

图 3-18 短期发信方式示意图　　　图 3-19 长期发信方式示意图

(3) 移频方式。移频方式是指在正常运行情况下,发信机长期发送一个频率为 f_1 的高频信号,其作用是闭锁保护和对通道进行连续检查。在被保护线路发生故障时,保护控制发信机移频,改为发送频率为 f_2 的高频信号,如图 3-20 所示。

(4) 高频信号的应用。分为跳闸信号、允许信号和闭锁信号。

① 跳闸信号:它是直接引起跳闸的信号,收到这种信号是跳闸的充要条件。此时与保护元件是否动作无关,只要收到跳闸信号,保护就作用于跳闸。

② 允许信号:是允许保护动作于跳闸的信号,即有允许信号是保护动作于跳闸的必要条件。只有同时满足本端保护元件动作和有允许信号两个条件时,保护才动作于跳闸。

③ 闭锁信号：是阻止保护动作于跳闸的信号，即无闭锁信号时保护作用于跳闸的必要条件。只有同时满足本端保护元件动作和无闭锁信号两个条件时，保护才作用于跳闸。

（三）电流纵联差动保护

1. 纵联差动保护原理

输电线路正常运行和外部（线路两端电流互感器外侧）短路时，$\sum \dot{i} = 0$；内部（两端电流互感器之间）短路时 $\sum \dot{i} = I_k$，如图 3-21 所示。

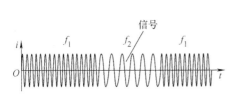

图 3-20　移频发信方式示意图

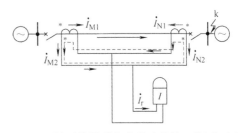

图 3-21　导引线纵联电流差动保护工作原理图

2. 纵联差动保护的影响因素

（1）电流互感器的误差和不平衡电流。

（2）输电线路的分布电容电流。

（3）通道传输电流数据的误差。

（4）通道的工作方式和可靠性能。

3. 不平衡电流分析

在纵差保护中，在正常运行和外部故障时，由于线路两端的电流互感器的励磁特性不完全相同，产生不平衡电流。外部故障时，由于电流互感器的传变误差，也会产生不平衡电流。

不平衡电流过大会使保护装置的灵敏性降低。为减小不平衡电流，对于纵联差动保护应采用型号相同、磁化特性一致、剩磁小的高精度的电流互感器。

为了保证纵联差动保护的选择性，其整定值必须躲过最大不平衡电流整定。

（四）电流相位比较式纵联保护（相差高频保护）

1. 工作原理

电流相位比较式纵联保护的原理是比较被保护线路两侧短路电流的相位而动作的，具体见表 3-4。

表 3-4　电流相位比较式纵联保护正常和故障的差别

	正常运行或区外故障	区内故障
两侧电流相位差	两侧电流相位相差 180°	两侧电流相位相同
信号	连续信号	间断信号

利用高频电流信号体现相位特征，规定每侧当电流为正时发出高频电流，电流为负时不

发高频电流。

通过高频电流是否连续来判断故障位置，如图 3-22 所示。

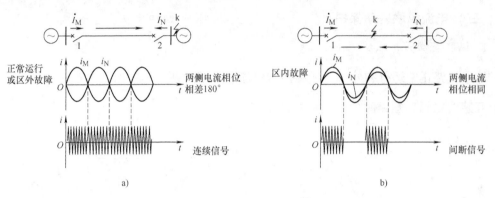

图 3-22　电流相位比较式纵联保护区内、外短路示意图
a）正常运行或区外故障　b）区内故障

2. 闭锁角及相继动作

（1）闭锁角的意义。为了保证外部故障时保护不误动，应找出外部故障可能出现的最大间隙角 $\gamma_{W.max}$，并按此进行闭锁，如图 3-23 所示。这个角度就叫作闭锁角 φ_b。当高频信号间断对应时间小于闭锁角时，认定为外部故障；当间断角度大于闭锁角时认定为内部故障，保护跳闸。闭锁角按躲过区外故障可能出现最大间断角整定。

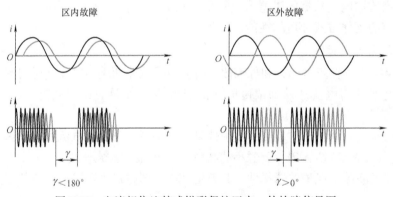

图 3-23　电流相位比较式纵联保护区内、外故障信号图

（2）闭锁角角度的确定。闭锁角角度由以下几部分构成：
① 电流互感器的角度误差：$\varphi_{TA} = 7°$。
② 保护装置操作元件复合滤过器的误差角：$\varphi_{BH} = 15°$。
③ 高频信号传输带来的角误差为

$$\varphi_L = \omega t = 360° \times 50 \times \frac{l}{v} = \frac{l}{100} \times 6° \tag{3-31}$$

式中，电磁波传播速度 $v = 3 \times 10^5 \text{km/s}$。
④ 裕度角：$\varphi_y = 15°$。

因此，闭锁角 $\varphi_b = \varphi_{TA} + \varphi_{BH} + \varphi_L + \varphi_y = 37° + \frac{l}{100} \times 6°$。

(3) 相继动作。在继电保护中，一侧保护动作跳闸后，另一侧保护才动作的现象，称为相继动作。随着被保护线路的不连续间隔缩短，可能进入保护的不动作区。对于滞后的 N 侧，超前的 M 侧的高频信号经过延迟后间断角增大，可以动作；对于超前的 M 侧，N 侧的信号间断角变得更小，可能小于闭锁角导致拒动。为解决 M 侧不能跳闸问题，使 N 侧停止发高频信号，M 侧只能收到自己发出的高频信号，其间断角接近 180°，满足跳闸条件而随之跳闸。

（五）方向比较式纵联保护

1. 工作原理

方向比较式纵联保护采用正常时无高频电流、区外故障时发出闭锁信号的方式构成。此闭锁信号由功率方向为负的一侧发出，这个信号被两端的收信机所接收，闭锁两端保护。对于区内故障，两侧保护的功率方向均为正，不发闭锁信号，故两侧保护都收不到闭锁信号而动作于跳闸，如图 3-24 所示。

由于区内故障线路跳闸不需要闭锁信号，所以在区内故障伴随通道破坏时，保护仍能可靠跳闸。通道破坏，收、发信机故障对区内故障没有影响，只对区外故障有影响。

2. 保护的构成

方向比较式纵联保护构成如图 3-25 所示。各组件的功能是：

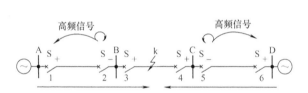
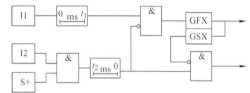

图 3-24 方向比较式纵联保护原理图　　　图 3-25 方向比较式纵联保护动作逻辑图

① I_1：低定值起动元件，灵敏度较高，起动发信机发信。
② I_2：高定值起动元件，灵敏度较低，起动保护的跳闸回路。
③ S_+：功率方向元件，判断短路功率的方向。
④ t_1：延时返回元件，外部故障切除后，保证近故障点侧继续发信 t_1 时间，避免高频闭锁信号过早解除而造成远离故障点侧保护误动。
⑤ t_2：延时动作元件，防止外部故障时，远离故障侧的保护在未收到近故障点侧发送的高频闭锁信号而误动，要求延时 t_2 大于高频信号在保护线路上的传输时间。

采用两个灵敏度不同的起动元件，灵敏度高的起动发信机发闭锁信号，灵敏度低的起动跳闸回路，以保证在外部故障和远离故障点侧起动元件开放跳闸时，近故障点侧起动元件肯定能起动发信机发闭锁信号。

（六）纵联电流差动保护

纵联电流差动保护原理如图 3-26 所示，它直接比较输电线路两侧的电流。其整定原则是：

（1）躲过外部短路时的最大不平衡电流。

$$I_{\text{set}} = K_{\text{rel}} K_{\text{np}} K_{\text{er}} K_{\text{st}} I_{\text{k.max}} \tag{3-32}$$

式中，K_{rel} 为可靠系数，取 1.3~1.5；K_{np} 为短路电流非周期分量系数，主要考虑暂态过程中的非周期分量的影响，当差动回路中采用速饱和中间变流器时，取 1，当差动回路中采用串联电阻降低

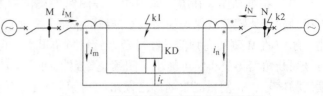

图 3-26 纵联电流差动保护动作原理图

不平衡电流时，取 1.5~2；K_{st} 为同型号系数，当两侧互感器的型号、容量相同时，取 0.5，不同时，取 1；K_{er} 为电流互感器容许的最大相对误差，取 0.1；$I_{k.max}$ 为最大短路电流。

(2) 躲过最大负荷电流。

$$I_{set} = K_{rel} I_{L.max} \tag{3-33}$$

式中，K_{rel} 为可靠系数，取 1.5~1.8；$I_{L.max}$ 为线路正常运行时最大负荷电流。

定值取 (1)、(2) 中较大的数值。

纵联电流差动保护灵敏度按下式计算：

$$K_{sen} = \frac{I_r}{I_{set}} = \frac{I_{k.min}}{I_{set}} \geq 2 \tag{3-34}$$

式中，$I_{k.min}$ 为单侧电源作用且在最小运行方式下线路末端短路时的最小短路电流。

二、模拟测试题

1. [单选题] 高频保护采用相-地制高频通道是因为（　　）。
   A. 所需设备少，比较经济　　　　　　B. 信号衰减小
   C. 通信干扰小　　　　　　　　　　　D. 灵敏性高
2. [单选题] 纵联差动保护的通道最好选择（　　）通道。
   A. 导引线　　　B. 光纤　　　C. 微波　　　D. 电力线载波
3. [单选题] 高频保护的通信通道为（　　）。
   A. 导引线　　　B. 微波通道　　　C. 光纤通道　　　D. 输电线载波通道
4. [单选题] 纵联保护可以作 220kV 线路全长的（　　）。
   A. 主保护　　　B. 近后备保护　　　C. 远后备保护　　　D. 辅助保护
5. [判断题] 高频保护就是以输电线载波通道作为通信通道的纵联保护。（　　）
   A. 正确　　　　　　　　　　　　　　B. 错误
6. [多选题] 利用微波通道作为继电保护的通道的优点有（　　）。
   A. 不需要装设与输电线路直接相连的高频加工设备，在检修微波通道时不影响输电线路的正常运行
   B. 微波通道具有较宽的频带，可以传送多路信号
   C. 微波通道的频率较高，与输电线路没有联系，受到的干扰小，可靠性高
   D. 由于内部故障时无须通过故障线路传送两端的信号，因此可以附加在现有的保护装置上来提高保护的速动性和灵敏性
7. [多选题] 光纤通信的优点有（　　）。
   A. 通信量大　　　B. 不受电磁干扰　　　C. 传输损耗小　　　D. 保密性好
8. [单选题] 220kV 纵联保护电力载波高频通道采用相-地制，（　　）与结合滤波器

共同组成带通滤波器，只允许此通带频率内的高频电流通过。

A. 高频阻波器　　B. 耦合电容器　　C. 接地开关　　D. 高频发信机

9．［单选题］高频阻波器的作用是（　　）。

A. 限制短路电流　　　　　　　　　　B. 防止工频信号进入通信设备
C. 防止高频电流向变电站母线分流　　D. 增加通道衰耗

10．［单选题］高频通道广泛采用"导线—大地"接线方式的原因是（　　）。

A. 经济性好　　B. 灵敏性高　　C. 信号衰减小　　D. 快速性好

11．［单选题］阻波器用于限制（　　）通过。

A. 高频电流　　B. 低频电流　　C. 短路电流　　D. 工频电流

12．［多选题］高频通道的工作方式有（　　）。

A. 人工发信方式　　B. 短期发信方式　　C. 长期发信方式　　D. 移频方式

13．［判断题］高频阻波器的作用是将高频信号限制在被保护的输电线路以内，而不致穿越到相邻线路上去。（　　）

A. 正确　　　　　　　　　　　　　　B. 错误

14．［判断题］高频收发信机可以收到对端发出的信号和自己发出的信号。（　　）

A. 正确　　　　　　　　　　　　　　B. 错误

15．［判断题］高频信号和高频电流是一个概念。（　　）

A. 正确　　　　　　　　　　　　　　B. 错误

16．［单选题］纵联电流差动保护的依据是（　　）。

A. 基尔霍夫第一定律　　　　　　　　B. 基尔霍夫第二定律
C. 叠加原理　　　　　　　　　　　　D. 戴维南定理

17．［多选题］纵联电流差动保护应用的通道形式有（　　）。

A. 光纤通道　　B. 微波通道　　C. 载波通道　　D. 导引线

18．［单选题］相差高频保护是比较线路两侧（　　）。

A. 短路电流相位　　B. 高频电流相位　　C. 负荷电流相位　　D. 短路电流大小

19．［判断题］线路纵联差动保护也可以作为相邻线路的后备保护。（　　）

A. 正确　　　　　　　　　　　　　　B. 错误

20．［多选题］在相差高频保护中，内部故障时两端收信机收到的两个高频信号不完全重叠，主要原因有（　　）。

A. 线路两侧的电动势有相位差　　　　B. 系统的阻抗角不同
C. 电流互感器有误差　　　　　　　　D. 高频信号的传输有延时

21．［单选题］闭锁式纵联保护跳闸的必要条件是（　　）。

A. 正方向元件动作，反方向元件不动作，没有收到闭锁信号
B. 正方向元件动作，反方向元件不动作，收到闭锁信号后信号又消失
C. 正反方向元件均动作，没有收到闭锁信号
D. 正方向元件不动作，收到闭锁信号后信号又消失

22．［单选题］高压输电线路MN配置故障起动发信闭锁模式纵联方向保护，若N侧反向出口发生故障，且N侧的发信机故障不能发信，则线路MN两侧保护的动作情况是（　　）。

A. M侧保护误动，N侧保护正确不动

B. 由于通信机制破坏，MN 两侧保护均误动作
C. 由于是区外故障，MN 两侧保护均正确不动作
D. N 侧保护误动，M 侧保护正确不动

23. [单选题] 在纵联保护中，电流的正方向规定为（   ）。
   A. 从线路流向母线   B. 从母线流向线路   C. 任意方向   D. 实际电流流向

24. [多选题] 影响纵联保护正确工作的因素有（   ）。
   A. 电流互感器的误差和不平衡电流   B. 输电线路的分布电容电流
   C. 通道传输电流数据的误差   D. 通道的工作方式和可靠性能

25. [判断题] 高频闭锁方向保护中有两套灵敏度不同的起动元件，灵敏度高的用于发出信号，灵敏度低的用于跳闸。（   ）
   A. 正确   B. 错误

26. [多选题] 我国广泛采用的高频保护有（   ）。
   A. 高频闭锁距离保护   B. 高频闭锁方向保护
   C. 高频闭锁零序电流保护   D. 相差高频保护

27. [单选题] 为了避免在不平衡电流的作用下差动保护误动作，需要（   ）差动保护的整定值，以躲过区外故障时的最大不平衡电流。
   A. 降低   B. 提高   C. 维持   D. 改变

28. [单选题] 220kV 输电线路装设高频保护，其保护范围在（   ）之间。
   A. 两侧独立电流互感器   B. 线路的首端到末端
   C. 线路长度的 80%   D. 线路的全长再加上后面线路的一部分

29. [多选题] 线路纵差保护中不平衡电流产生的原因有（   ）。
   A. 电流互感器存在励磁电流   B. 电流互感器的特性不完全一致
   C. 互感器铁心的饱和   D. 外界信号干扰

30. [判断题] 纵联差动保护要求两侧电流互感器的型号相同，以减少不平衡电流的影响。（   ）
   A. 正确   B. 错误

31. [单选题] 闭锁式方向纵联保护在判别故障方向时，通常采用（   ）。
   A. 工频故障分量闭锁元件   B. 高频故障分量闭锁元件
   C. 工频故障分量方向元件   D. 高频故障分量方向元件

32. [多选题] 间接比较输电线路两侧的电气量构成的纵联保护有（   ）。
   A. 距离纵联保护   B. 电流相位比较式纵联保护
   C. 纵联差动保护   D. 方向纵联保护

33. [多选题] 不受电力系统振荡影响的继电保护有（   ）。
   A. 电流相位比较式纵联保护   B. 纵联电流差动保护
   C. 距离保护   D. 零序电流保护

34. [判断题] 在我国电网中，输电线路纵联保护的主要通信方式是光纤通信。（   ）
   A. 正确   B. 错误

35. [单选题] 以下保护中（   ）具有绝对选择性。
   A. 纵联保护   B. 阶段式电流保护   C. 距离保护   D. 零序电流保护

36. [多选题] 相差高频保护闭锁角角度由（　　）构成。
    A. 电流互感器的角度误差　　　　　　B. 保护装置操作元件复合滤过器的误差角
    C. 高频信号传输带来的角误差　　　　D. 裕度角

37. [单选题] 闭锁式纵联保护跳闸条件是（　　）。
    A. 收到闭锁信号　　　　　　　　　　B. 没有收到闭锁信号
    C. 收到跳闸信号　　　　　　　　　　D. 没有收到跳闸信号

38. [多选题] 输电线路纵联保护具有以下特点（　　）。
    A. 绝对的选择性　　　　　　　　　　B. 极高的灵敏度
    C. 全线速动性　　　　　　　　　　　D. 绝对的可靠性

39. [多选题] 反应单端电气量的保护存在的缺陷有（　　）。
    A. 不能实现双侧电源线路保护
    B. 无法区分本线路末端和相邻线路出口短路
    C. 无法实现全线速动
    D. 不能满足系统暂态稳定性的要求

40. [多选题] 高频保护按其工作原理的不同可以分为（　　）两大类。
    A. 方向高频保护　　　　　　　　　　B. 高频闭锁负序方向保护
    C. 相差高频保护　　　　　　　　　　D. 高频闭锁距离保护

41. [多选题] 高频保护的信号有（　　）。
    A. 闭锁信号　　　B. 允许信号　　　C. 跳闸信号　　　D. 报警信号

42. [多选题] 影响纵联电流差动保护正确动作的因素有（　　）。
    A. 电流互感器的误差和不平衡电流
    B. 输电线路的分布电容电流
    C. 负荷电流
    D. 电力系统振荡

43. [多选题] 输电线路纵联保护按其动作原理分为（　　）。
    A. 方向比较式纵联保护　　　　　　　B. 纵联电流差动保护
    C. 导引线纵联保护　　　　　　　　　D. 光纤纵联保护

44. [多选题] 输电线路纵联保护由（　　）构成。
    A. 两端保护装置　　B. 通信设备　　C. 通信通道　　D. 导引线

45. [判断题] 相差高频保护在系统振荡时不会误动作。（　　）
    A. 正确　　　　　　　　　　　　　　B. 错误

46. [单选题] 对于间接比较的高频保护，要求保护区内故障时保护动作行为不受通道破坏的影响，应该选择的间接比较信号是（　　）。
    A. 允许信号　　　B. 跳闸信号　　　C. 闭锁信号　　　D. 任意信号

47. [单选题] 下列（　　）可作为220kV及以上输电线路的主保护。
    A. 电流保护　　　B. 距离保护　　　C. 高频保护　　　D. 方向性电流保护

48. [单选题] 允许式方向高频保护每端的保护在方向元件动作且（　　），才能动作于跳闸。
    A. 收到对端的允许信号　　　　　　　B. 收到对端的闭锁信号

C. 收到对端的跳闸信号　　　　　　　D. 收到本端的允许信号

【参考答案与解析】

1. A　2. B　3. D

4. A。[解析] 纵联保护可作为 220kV 及以上线路的主保护。35kV 及以下单电源线路主保护是电流 I 段和 II 段，35kV 以上到 110kV 输电线路采用距离 I 段和 II 段作为主保护。

5. A　6. ABCD　7. AB　8. B　9. C　10. A　11. A　12. BCD　13. A　14. A　15. B　16. A　17. ABCD　18. A

19. B。[解析] 线路纵联保护只能保护本线路，不能作为后备保护。

20. BCD

21. B。[解析] 闭锁式纵联保护跳闸的必要条件是正方向时动作，反方向时元件不动作，反方向时应该收到闭锁信号后信号又消失，因为故障元件切除之后就不用闭锁了。

22. B　23. B　24. ABCD　25. A　26. ABD　27. B　28. A　29. ABC　30. A

31. C。[解析] 用来判别方向的元件肯定是需要方向元件的，电力系统故障主要监测的是工频故障分量，故答案选 C。

32. AD。[解析] 纵联保护是比较被保护线路两端的电气量，需要有通道将两侧保护联系起来，如果联络通道中通过的是逻辑信号，那就属于间接比较，选项 A、D 都是通过收发闭锁信号实现的。

33. ABD。[解析] 系统振荡时，两侧电流大小相等，相位相反，所以相位比较式不受振荡影响。纵联差动反映的是两侧电流相量和，也不受振荡影响。系统振荡时，依然保持对称，故没有零序分量，所以零序保护也不受振荡影响。系统振荡时，电压、电流、阻抗都随着功角周期性变化，所以距离保护受振荡影响，故答案选 ABD。

34. A

35. A。[解析] 按照保护动作原理，纵联保护具有绝对的选择性。

36. ABCD

37. B。[解析] 闭锁式保护传递的是闭锁信号，闭锁式纵联保护的跳闸条件是没有收到闭锁信号；允许式保护传递的是允许信号，允许式纵联保护的跳闸条件是收到允许信号。

38. AC

39. BCD。[解析] 对选项 C，电流 I 段和距离 I 段都不能保护线路的全长；对选项 D，不能满足系统稳定对保护切除故障时间的严格要求。

40. AC　41. ABC　42. ABC　43. AB　44. ABC　45. A　46. C　47. C　48. A

第五单元　输电线路自动重合闸的作用和要求

一、主要知识点

（一）自动重合闸的作用及基本要求

1. 自动重合闸的作用

自动重合闸装置是将因故障跳开后的断路器按需要自动投入的一种自动装置。其作用是：

(1) 对于瞬时性故障，可迅速恢复供电，从而能提高供电的可靠性。
(2) 对双侧电源的线路，可提高系统并列运行的稳定性，从而提高线路的输送容量。
(3) 可以纠正由于断路器或继电保护误动作引起的误跳闸。

但是，当重合于永久性故障时，会带来不利影响。它会使电力系统又一次受到故障的冲击，使断路器的工作条件恶化（因为在短时间内连续两次切断短路电流）。

2. 自动重合闸的基本要求

(1) 故障发生后才允许重合闸。
(2) 重合闸应动作迅速。
(3) 不允许任意多次重合闸，动作次数应符合预先规定。
(4) 应能和继电保护配合，在重合闸前后应能加速保护动作。
(5) 双侧电源重合闸应考虑电源同步问题。
(6) 动作后应能自动复归，准备好再次动作。
(7) 手动跳闸时不应重合闸。
(8) 断路器不正常状态时不重合。

3. 自动重合闸的起动方式

(1) 不对应起动方式：断路器控制开关的位置与断路器实际位置不对应起动方式，即当控制开关在合闸位置而断路器实际上在断开位置的情况下使重合闸起动；而当运行人员手动操作使断路器跳闸后，控制开关与断路器的位置是对应的，则重合闸不起动。
(2) 保护起动方式。

4. 自动重合闸的分类

(1) 按接通和断开的电力元件分：线路重合闸、变压器重合闸和母线重合闸。
(2) 根据重合闸控制断路器连续跳闸次数不同分：多次重合闸和一次重合闸。
(3) 按重合闸控制断路器的相数不同分：

① 三相重合闸（一般用于110kV及以下架空线路）。

各种故障时保护跳开三相，然后进行三相重合，若为永久性故障保护再跳三相。

② 单相重合闸（用于220kV及以上架空线路）。

单相接地故障时：保护首次只跳开故障相，然后重合该相，若为永久性故障保护再跳三相。

相间故障时：保护跳开三相并不进行重合。

③ 综合重合闸（用于220kV及以上架空线路）。

单相故障时：采用单相重合闸方式。

相间故障时：采用三相重合闸方式。

工作方式：综合重合闸方式、单相重合闸方式、三相重合闸方式、停用重合闸。

（二）双侧电源线路重合闸的同期问题

在双侧电源的输电线路上实现重合闸时，除前述的基本要求外，还必须考虑两侧保护装置的时间配合问题和两侧电源的同期问题。我国双侧电源输电线路重合闸方式有以下3种。

1. 检无压与检同期

如图 3-27 所示，在双侧电源线路上，一侧 1QF 设为检无压重合方式（即检测到线路侧无电压则重合该侧断路器）；另一侧 2QF 设为检同期重合方式（检测到母线侧与线路侧皆有电压且满足同期条件则重合该侧断路器），无压检定绝对不允许同时投入。

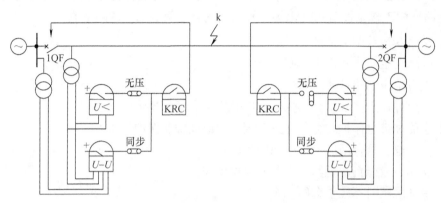

图 3-27 同步检定和无压检定的重合闸构成图

线路上短路两端保护跳闸后，检无压侧先满足条件而重合，若该侧重合成功，则检同期侧再在满足同期条件下重合。

几点说明：

① 检无压方式投入后，一般检同期方式同时投入。

② 由于检无压重合侧在线路永久性故障时其断路器要连续切断两次短路电流，为了防止长期工作导致断路器损坏，一般两侧的检无压与检同期重合方式应定期调换。

③ 对于发电厂侧一般不采用检无压方式，以避免发电机在短时间内遭受两次短路电流冲击。

2. 快速重合闸

当线路两侧采用全线速动的快速保护且采用快速断路器时，若线路故障，保护快速断开断路器后，重合闸不检查同期而快速重合。由于从断开到重合的时间很短（0.5～0.6s），两侧电源电势之间的夹角不大，重合时遭受的冲击不大，系统会很快拉入同步。

3. 非同期重合闸

在满足以下条件且认为有必要时，可采用非同期重合闸。

（1）两侧电源电势之间的夹角 δ 摆开最大时，重合造成的冲击电流不超过允许值。

（2）非同期重合闸产生的振荡过程中对重要负荷的影响小。

（3）重合后系统可较快地恢复同步运行。

（4）在非同步运行过程中对可能误动的保护已采取了相应措施。

（三）重合闸与保护的配合

1. 前加速

如图 3-28 所示，线路 1、2、3 上均只配置动作时限按阶梯原则配合的定时限过电流保护，且只在靠电源的线路 1 上配置自动重合闸并设置重合闸前加速保护。

当任一级线路发生故障时,最靠近电源的保护无选择地瞬时跳闸;然后重合闸进行重合。如果是瞬时性故障,则恢复正常供电;若故障仍存在,各级保护再选择性动作跳闸。

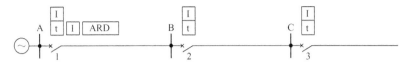

图 3-28 重合闸前加速保护的网络接线图

特点:
① 能快速切除线路上的瞬时性故障,迅速恢复正常供电;同时由于速度快,使瞬时性故障来不及发展成永久性故障,从而提高了重合闸的成功率。
② 靠近电源的出口线路上重合闸拒动时,将扩大停电范围。
③ 装设有重合闸且靠近电源的出口线路上的断路器工作条件恶劣。
④ 用于 35kV 及以下由发电厂或变电站引出的直配线路上,能保证发电厂和重要变电站的母线电压在 0.6~0.7 倍额定电压以上,从而保证厂用电和重要用户的电能质量。

2. 后加速

如图 3-29 所示,每条线路上均装有具有选择性的保护和重合闸,当某线路上发生故障时,保护第一次动作按相应动作时限有选择性地动作于故障线路跳闸,相应保护处的重合闸重合后,若故障仍存在,相应保护加速动作,瞬时切除故障。

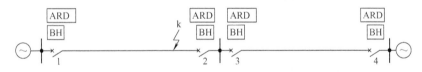

图 3-29 重合闸后加速保护的网络接线图

特点:
① 保护首次动作就保证了选择性,不会扩大停电范围。
② 保护第一次切除故障可能带有延时。
③ 用于 110kV 及以上电网或重要负荷的输电线路。

(四) 重合闸动作时间的整定

双侧电源线路重合闸动作时限配合如图 3-30 所示。重合闸动作时限的整定要考虑以下问题:

(1) 考虑躲过故障熄弧及周围介质的去游离时间。

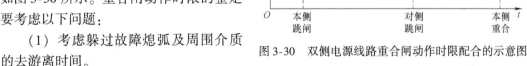

图 3-30 双侧电源线路重合闸动作时限配合的示意图

(2) 断路器及操作机构已准备再次动作。

(3) 确保保护已返回。

(4) 双侧电源的线路上,要考虑两端主保护动作时限不同,只有在两端保护都已跳闸后才开始熄弧和去游离,即重合闸动作时限还需要增加两端主保护的动作时限差及两端断路器的跳闸时限差。

(5) 采用单相重合闸功能时，一相故障而跳开该相后，由于相间耦合电容及互感的影响，使断开相的故障点弧光通道中仍有潜供电流，潜供电流将延缓熄弧及去游离的时间，故重合闸动作时限应适当延长。

(6) 考虑到一相故障而跳开该相后，在重合闸重合之前，健全相又发生相继故障而跳三相，为确保故障点充分去游离，综合重合闸的动作时限应从相继故障跳闸后算起。

先跳闸一侧重合闸的动作时限为

$$t_{ARD} = t_{pr2} + t_{QF2} - t_{pr1} - t_{QF1} + t_u \tag{3-35}$$

（五）潜供电流的影响

当线路故障相自两侧断开后，由于非故障相与断开相之间存在着静电（通过电容）和电磁（通过互感）的联系，虽然短路电流已被切断，但故障点弧光通道中仍有一定数值的电流流过，此电流称为潜供电流，如图 3-31 所示。

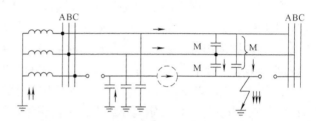

图 3-31 C 相单相接地时潜供电流的示意图

潜供电流的存在会使熄弧时间变长。因此单相重合闸的动作时间必须考虑它的影响。

单相重合闸的动作时间都是由实测试验确定的，一般应比三相重合闸的动作时间长。

（六）非全相运行状态的影响

采用单相自动重合闸后，系统会出现非全相运行状态，产生负序和零序电流、电压，这将给电力系统本身和继电保护带来不利影响，主要表现在以下几个方面：

1. 负序电流对发电机的影响

在转子中产生倍频交流分量，引起发电机转子附加发热。转子中的偶次谐波也将在定子绕组中感应出偶次电动势，与基波叠加，有可能产生危险的高电压。因此，对于允许长期非全相运行的系统应考虑其影响。

2. 零序电流对通信的影响

它会对邻近的通信线路直接产生干扰，可能造成通信设备的过电压。

3. 非全相运行状态对继电保护的影响

保护性能变坏，甚至不能正确动作。对可能误动的保护应采取闭锁措施。

二、模拟测试题

1. ［判断题］电缆线路不采用自动重合闸。（　　）
   A. 正确　　　　　　　　　　　　B. 错误

2. ［单选题］手动合闸于故障线路，继电保护动作把断路器跳开时，自动重合闸装置应该（　　）。
   A. 不动作　　　B. 动作一次　　　C. 视情况而定　　　D. 动作多次

3. ［单选题］自动重合闸的动作次数应为（　　）。
   A. 一次　　　　　　　　　　　　B. 两次

C. 三次 　　　　　　　　　　　　　　D. 符合预先规定的次数

4. [判断题] 电力系统的运行经验表明，架空线路应装设重合闸装置。（　　）
   A. 正确　　　　　　　　　　　　　B. 错误

5. [判断题] 当重合闸重合于永久性故障时，将使电力系统又一次受到故障的冲击。（　　）
   A. 正确　　　　　　　　　　　　　B. 错误

6. [多选题] 综合重合闸工作方式有（　　）。
   A. 单相重合闸　　B. 三相重合闸　　C. 多次重合闸　　D. 停用重合闸

7. [多选题] 在电力系统中采用重合闸的技术经济效果是（　　）。
   A. 提高系统并列运行的稳定性
   B. 纠正由于保护误动作引起的误跳闸
   C. 提高供电可靠性
   D. 纠正由于断路器机构不良引起的误跳闸

8. [多选题] 在下列（　　）情况下，自动重合闸装置不应动作。
   A. 手动跳闸　　　　　　　　　　　B. 手动合闸于故障线路
   C. 变压器差动保护动作　　　　　　D. 断路器处于不正常状态

9. [单选题] 220kV以上的大接地电流系统中，广泛采用（　　）。
   A. 单相重合闸　　B. 三相重合闸　　C. 两相重合闸　　D. 综合重合闸

10. [多选题] 关于自动重合闸，以下说法正确的是（　　）。
    A. 不允许任意多次重合闸，动作次数应符合预先规定
    B. 双侧电源重合闸应考虑电源同步问题
    C. 断路器处于不正常状态时，不能重合闸
    D. 自动重合闸应和继电保护配合，在重合闸前或后，应能加速保护动作

11. [判断题] 对于220kV输电线路，采用单相重合闸比三相重合闸更有利于提高电力系统并列运行的稳定性。（　　）
    A. 正确　　　　　　　　　　　　　B. 错误

12. [多选题] 下列属于单相重合闸特点的是（　　）。
    A. 能在绝大多数的故障情况下保证对用户的连续供电
    B. 需要专门的选相元件与继电保护相配合
    C. 在110kV线路上得到了广泛应用
    D. 在双侧电源的联络线上采用单相重合闸，就可以在故障时加强两个系统之间的联系

13. [多选题] 下列关于潜供电流的说法正确的是（　　）。
    A. 存在于故障点弧光通道中
    B. 产生原因是由于断开相与非故障相之间存在电容与互感
    C. 潜供电流的存在会使熄弧时间变长
    D. 潜供电流越大，单相重合闸动作时间就越长

14. [多选题] 重合闸与继电保护的配合包括（　　）。
    A. 前加速　　　　B. 中加速　　　　C. 后加速　　　　D. 全加速

15. [多选题] 重合闸后加速保护的特点是（   ）。

A. 保护首次动作就保证了选择性，不会扩大停电范围

B. 保护第一次切除故障可能带有延时

C. 用于110kV及以上电网或重要负荷的输电线路

D. 使用设备简单经济

16. [单选题] 重合闸前加速保护的适用范围是（   ）。

A. 35kV及以下的发电厂或变电所的直配线路

B. 110kV线路

C. 任何电压等级的输电线路

D. 220kV及以上的超高压线路

17. [单选题] 采用单相重合闸的输电线路若单相重合闸不成功，则（   ）。

A. 二次自动重合　　B. 手动重合闸　　C. 非全相运行　　D. 跳开三相

18. [判断题] 当采用单相重合闸的输电线路发生相间短路时，动作顺序是：跳三相、重合三相、跳三相不重合。（   ）

A. 正确　　　　　　　　　　　　　　B. 错误

19. [判断题] 在双侧电源的线路上实现重合闸时，要考虑重合闸时两侧电源的同步问题。（   ）

A. 正确　　　　　　　　　　　　　　B. 错误

20. [判断题] 单相重合闸的动作时间一般应比三相重合闸的动作时间短。（   ）

A. 正确　　　　　　　　　　　　　　B. 错误

21. [单选题] 在（   ）情况下，220kV输电线路上的重合闸不应该动作。

A. 断路器跳闸后出现操动机构中使用的气压降低

B. 输电线路距离保护误动作发生跳闸

C. 输电线路发生瞬时单相接地故障

D. 输电线路发生永久两相接地故障

22. [判断题] 在10～35kV的中性点不直接接地的配电网中，发生单相接地故障后，可以带故障运行一段时间，因此输电线路不需要安装三相自动重合闸。（   ）

A. 正确　　　　　　　　　　　　　　B. 错误

23. [单选题] 单相重合闸应用于（   ）。

A. 35kV线路　　　　　　　　　　　　B. 110kV线路

C. 220kV及以上线路　　　　　　　　D. 35kV及以上线路

24. [判断题] 与三相重合闸相比，单相重合闸对使用的设备要求更高。（   ）

A. 正确　　　　　　　　　　　　　　B. 错误

25. [判断题] 采用单相重合闸的输电线路发生三相短路时单相重合闸不会动作。（   ）

A. 正确　　　　　　　　　　　　　　B. 错误

26. [单选题] 采用单相重合闸的线路，当发生永久性单相接地故障时，保护及重合闸的动作情况是（   ）。

A. 三相跳闸不重合

B. 选跳故障相，延时重合单相，后加速跳三相

C. 选跳故障相，瞬时重合单相，后加速跳三相

D. 跳三相，延时重合三相，后加速跳三相

27. [单选题] 超高压线路单相接地故障时，潜供电流产生的原因是（　　）。
   A. 线路上残存电荷   B. 线路上残存电压
   C. 线路上电容和电感耦合 D. 开关断口电容

28. [单选题] 重合闸后加速就是当线路第一次故障时，保护（　　）动作，然后进行重合闸；如果重合于永久性故障，则在断路器重合闸后，再加速保护（　　）动作，瞬时切除故障。
   A. 有选择性，有选择性   B. 有选择性，无选择性
   C. 无选择性，有选择性   D. 无选择性，无选择性

29. [单选题] 重合闸前加速是当线路第一次故障时，靠近电源端保护（　　）动作，然后进行重合；如果重合于永久性故障上，则在断路器合闸后，再（　　）切除故障。
   A. 无选择性，有选择性   B. 有选择性，无选择性
   C. 无选择性，无选择性   D. 有选择性，有选择性

30. [单选题] 重合闸（　　）保护要求每台断路器上都需要安装一套重合闸装置。
   A. 前加速   B. 后加速   C. 两者都需要   D. 两者都不需要

31. [多选题] 输电线路自动重合闸的作用是（　　）。
   A. 提高供电可靠性
   B. 提高系统并列运行稳定性
   C. 纠正断路器误跳闸
   D. 避免电力系统再次受到故障的冲击

32. [多选题] 与重合闸后加速相比，前加速保护的优点有（　　）。
   A. 能够快速地切除瞬时性故障
   B. 使瞬时性故障来不及发展成永久性故障，从而提高重合闸的成功率
   C. 能保证发电厂和重要变电所母线电压不会下降得太低
   D. 使用设备少，简单，经济

【参考答案与解析】

1. A 2. A 3. D 4. A 5. A 6. ABD 7. ABCD 8. ABCD
9. A 10. ABCD 11. A 12. ABD 13. ABCD 14. AC 15. ABC 16. A
17. D 18. B 19. A 20. B

21. [答案] A。[解析] 自动重合闸不应该动作的情况有：①手动或者遥控装置使断路器跳闸不应该重合；②手动合闸于故障线路，保护跳闸后不重合；③断路器操动机构有问题不重合。

22. [答案] B。[解析] 小电流系统发生单相接地故障时，保护装置不跳闸，不需要装单相重合闸，但是相间故障保护必须动作跳闸，所以需要装设三相重合闸。

23. C 24. A 25. A 26. B 27. C 28. B 29. A 30. B 31. ABC 32. ABCD

第六单元 变压器、母线的主要故障类型、保护配置和特殊问题

一、主要知识点

（一）变压器的故障类型、不正常运行状态与保护的配置

1. 变压器的故障类型

变压器的故障是指油箱内和油箱外的各种短路故障。

油箱内的短路故障包括相间短路、接地短路以及绕组匝间短路。油箱外的短路故障包括套管和引出线的相间短路和接地短路。

2. 变压器的不正常运行状态

包括外部短路引起的过电流、中性点过电压、过负荷、过励磁、油面下降等。

3. 变压器的保护配置

（1）气体保护。气体保护俗称瓦斯保护，它是反应变压器油箱内各种短路故障和油面下降的保护，对容量在 800kVA 及以上的室外油浸式变压器、400kVA 及以上的室内油浸式变压器都应该安装瓦斯保护。

瓦斯保护有重瓦斯和轻瓦斯之分，重瓦斯保护在油箱内发生严重短路故障及产生大量气体时，动作于断路器跳闸。轻瓦斯保护在油面下降、因轻微故障（如绕组匝间短路）或过负荷引起少量气体时动作于信号。

（2）电流速断保护。电流速断保护可作为终端变压器内部和引出线相间短路的主保护。其构成原理与整定计算方法与线路电流速断保护类似。

（3）纵联差动保护。简称纵差保护，以下情况的变压器应装设纵联差动保护：

① 电压 10kV 以上，容量在 10000kVA 及以上的单独运行的变压器和 6300kVA 及以上的并列运行的变压器。

② 容量小于 10000kVA 的重要变压器。

③ 电压为 10kV 的重要变压器或容量在 2000kVA 及以上的变压器，当电流速断保护不符合要求时。

（4）过电流保护。作为外部相间短路的后备保护。

（5）接地短路保护。

（6）过负荷保护。

（7）过励磁保护。

（二）变压器的纵联差动保护

1. 变压器纵差保护基本原理

双绕组变压器纵差保护单相原理接线如图 3-32 所示。差动继电器反应变压器两侧电流之差。当变压器正常运行或外部故障时，保护装置不动作；只有当变压器内部及引出线发生故障时，保护装置才动作。

2. 变压器差动保护的不平衡电流

（1）变压器励磁涌流产生的不平衡电流。正常情况下，变压器励磁电流很小，通常为额定电流的2%～10%。空载投入变压器或外部故障切除后电压恢复时，则可能产生很大的励磁电流，这种暂态过程中出现的励磁电流称为励磁涌流，其数值最大可达额定电流的6～8倍。

① 励磁涌流的特点：有很大成分的非周期分量；有大量的高次谐波，尤以二次谐波为主；波形出现间断。

② 影响励磁涌流特征主要因素：合闸时电压的初相位；铁心中剩磁的大小和方向；变压器铁心的饱和磁通。

③ 防止励磁涌流影响的方法：采用具有速饱和铁心的差动继电器；采用间断角原理的差动保护；利用二次谐波制动；利用波形对称原理的差动保护。

（2）三相变压器接线产生的不平衡电流。Y，d11 接线变压器，如图3-33所示，一、二次侧线电流存在30°的相位差，为消除两侧电流相位差引起的不平衡电流，应将变压器Y接线侧的电流互感器接成△，变压器△接线侧的电流互感器接成Y。

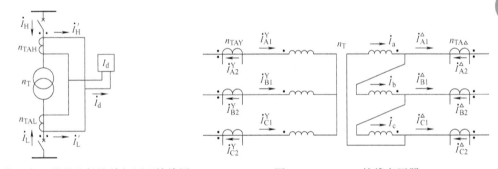

图 3-32 双绕组变压器纵差保护单相原理接线图　　图 3-33　Y，d11 接线变压器

对于微机变压器差动保护，可将YNd11联结变压器的两侧TA均采用星形联结，由软件实现TA变比和相位的调整。

$$\begin{cases} \dot{I}_{dA} = \dot{I}_{A2}^{\triangle} + \dfrac{(\dot{I}_{A2}^{Y} - \dot{I}_{B2}^{Y})}{\sqrt{3}} \\ \dot{I}_{dB} = \dot{I}_{B2}^{\triangle} + \dfrac{(\dot{I}_{B2}^{Y} - \dot{I}_{C2}^{Y})}{\sqrt{3}} \\ \dot{I}_{dC} = \dot{I}_{C2}^{\triangle} + \dfrac{(\dot{I}_{C2}^{Y} - \dot{I}_{A2}^{Y})}{\sqrt{3}} \end{cases} \quad (3-36)$$

（3）计算变比与实际变比不同产生的不平衡电流。在变压器纵联差动保护中，高、低压两侧电流互感器电流比的比值应等于变压器的变比，但实际上由于电流互感器电流比在制造上的标准化，不容易满足这个条件，因而就会产生不平衡电流。故利用差动继电器的平衡线圈进行磁补偿，但是由于平衡线圈匝数的选择必须取整数，所以采用平衡线圈后仍要考虑剩余的不平衡电流。

(4) 电流互感器变换误差产生的不平衡电流。

(5) 变压器带负荷调整分接头产生的不平衡电流。

3. 变压器纵差保护的整定原则

变压器纵差保护动作电流（起动电流）按躲开外部短路时的最大不平衡电流整定，即

$$I_{act} = K_{rel} I_{unb.\,max} \quad (3-37)$$

式中，K_{rel} 为可靠系数，可取 1.3。

灵敏度按下式校验：

$$K_{sen} = \frac{I_{k.\,min}}{I_{op}} \geq 2 \quad (3-38)$$

式中，$I_{k.\,min}$ 为保护范围内部故障时流过继电器的最小短路电流。

4. 比率制动特性的变压器差动保护

（1）比率制动特性，如图 3-34 所示。

$$\begin{cases} I_{act.\,r} \geq I_{act.\,min}, & I_{res} \leq I_{res.\,g} \\ I_{act.\,r} \geq I_{act.\,min} + K(I_{res} - I_{res.\,g}), & I_{res} \geq I_{res.\,g} \end{cases} \quad (3-39)$$

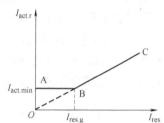

图 3-34　差动继电器制动特性图

（2）比率制动特性的变压器差动保护的整定。

① 最小动作电流按躲过变压器在正常运行条件下产生的不平衡电流整定。

$$I_{act.\,min} = K_{rel}(K_{st}\Delta f_{TA} + \Delta U + \Delta f_{za})I_{T.\,N}/n_{TA} \quad (3-40)$$

其中，$K_{rel} = 1.5 \sim 2$。

② 动作电流一般整定为 0.3~0.4 倍变压器额定电流，即 $I_{act.\,min} = (0.3 \sim 0.4) I_N$。

③ 制动电流一般整定为 0.6~1.0 倍变压器额定电流，即 $I_{res.\,g} = (0.6 \sim 1.0) I_N$。

④ 制动特性的斜率，按下式计算

$$K = \frac{I_{act.\,r.\,max} - I_{act.\,min}}{I^{(3)}_{k.\,max}/n_{TA} - I_{res.\,g}} \quad (3-41)$$

（3）变压器差动电流速断保护。在变压器差动保护中，配有二次谐波制动元件防止励磁涌流引起保护误动。但当纵差保护区内发生严重短路故障时，TA 可能出现饱和使二次电流波形发生畸变，则二次电流中含有大量谐波分量，从而误判为励磁涌流，导致差动保护拒动或延迟动作。

因此，为了保证与加快大型变压器内部故障时动作的可靠性，需设置差动电流速断保护。差动速断保护的定值应按躲过变压器最大励磁涌流或外部短路最大不平衡电流整定。

（三）变压器相间短路的后备保护

1. 过电流保护

过电流保护主要应用于降压变压器，装设在主电源侧，可以设定两个时限，短时限切除分段开关，长时限切除变压器两侧开关。

其动作电流按躲过变压器的最大负荷电流整定。

2. 低电压起动的过电流保护

主要应用于升压变压器、系统联络变压器以及大容量的降压变压器。

动作电流按大于变压器的额定电流整定；动作电压按躲开正常运行时母线上可能出现的最低工作电压，且考虑外部故障切除后电动机自起动的过程中应能返回来整定。根据运行经验，动作电压通常整定为额定电流的 0.7 倍。

3. 复合电压起动的过电流保护

（1）保护构成。

① 负序过电压继电器和过电流继电器配合作为各种不对称短路的保护。

② 低压继电器和过电流继电器配合作为三相对称短路的保护。

（2）整定计算。负序电压继电器的动作电压可按躲开正常运行时的最大不平衡电压整定。

（3）优缺点。

① 由于负序电压继电器的整定值小，在不对称短路时灵敏度系数高。

② 对于大容量变压器，额定电流很大，当在相邻元件末端两相短路时短路电流小，灵敏度可能不满足要求。

4. 负序过电流保护

（1）应用范围。提高不对称短路时的灵敏度，一般用于 63MVA 及以上的升压变压器。

（2）整定计算。

① 躲过变压器正常运行时负序电流滤过器的最大不平衡电流，一般为 $(0.1 \sim 0.2) I_{\text{T.N}}$。

② 躲过线路一相断线时引起的负序电流。

③ 与相邻元件上的负序电流保护在灵敏度上配合。

5. 变压器相间短路后备保护的配置原则

（1）对于单侧电源的变压器，后备保护装设在电源侧，作为纵差保护、气体保护或相邻元件的后备。

（2）对于多侧电源的变压器，主电源侧后备保护应作为纵差保护和气体保护的后备，且能对变压器各侧的故障满足灵敏度要求；其他各侧后备保护只作为各侧母线和线路的后备保护，动作后跳开本侧断路器。

（四）变压器接地短路保护

1. 中性点直接接地变压器的零序电流保护

（1）通常采用两段式，Ⅰ段和相邻零序Ⅰ段配合，Ⅱ段和相邻零序后备段配合。每段设两个时限，短时限动作缩小故障范围，长时限动作断开变压器各侧断路器。

（2）对于高、中压侧中性点均直接接地的自耦变压器和三绕组变压器，应在高、中压侧均装设两段式零序电流保护的基础上分别增设零序功率方向元件，方向指向本侧母线，分别作为变压器高、中压侧绕组和相邻元件接地故障的后备保护。

2. 部分变压器中性点接地的零序电流电压保护

当变电站有两台及以上的变压器并列运行时，为了尽量保持零序网络的阻抗和零序电流的分布不变，从而保证零序电流保护的灵敏度不变且限制短路电流水平，通常将一部分变压器中性点接地运行，而另一部分不接地运行。

这种情况下应配置两种接地保护，其中一种用于中性点接地运行的变压器，采用两段式零序电流保护；另一种用于中性点不接地运行的变压器，保护的配置与变压器的中性点绝缘水平等有关。

3. 中性点经放电间隙接地变压器的零序电流电压保护

(1) 中性点经隔离刀开关直接接地时，配置两段式零序电流保护。

(2) 中性点经放电间隙接地时，配置间隙电流保护和零序电压保护。当放电间隙击穿时有零序电流，当放电间隙绝缘恢复后有零序电压，所以间隙零序电流与零序电压保护按或门构成，保护经短延时跳闸。

(五) 母线保护

1. 母线故障

(1) 引起母线故障的原因。

① 断路器套管及母线绝缘子的闪络。

② 母线电压互感器的故障。

③ 运行人员的误碰和误操作。

(2) 母线故障的危害。

① 母线故障时，连接在故障母线上的所有支路停电。

② 若枢纽变电站母线故障，可能引起系统稳定性破坏，造成大面积停电事故。

2. 母线故障的保护方法

(1) 利用相邻元件的保护切除母线故障。

① 利用发电机的过电流保护切除母线故障。

② 利用变压器的过电流保护切除低压母线故障。

其缺点是延时较长，当双母线或单母线分段时，无选择性。

(2) 装设专门的母线保护。

① 110kV 及以上的双母线和分段单母线。

② 110kV 及以上的单母线，重要发电厂的 35kV 母线或高压侧为 110kV 及以上的重要降压变电所的 35kV 母线。

3. 母线故障的基本特征

(1) 电流幅值。

① 正常运行和区外故障时：$\sum i = 0$，流入差动继电器的只是不平衡电流。

② 母线故障时：$\sum i = i_k$，流入差动继电器的是全部短路电流。

(2) 电流相位。

① 正常运行和区外故障时，流入、流出电流反相位。

② 母线故障时，流入电流同相位。

4. 母线的完全电流差动保护

母线的完全电流差动保护原理简单，适用于单母线或双母线经常只有一组母线运行的情况。整定计算原则是：

(1) 躲过外部短路可能产生的不平衡电流。

$$I_{act} = K_{rel} I_{bp.max} = 0.1 K_{rel} I_{k.max} \tag{3-42}$$

式中，K_{rel} 为可靠系数，一般取 1.3。

（2）电流互感器二次回路断线时不误动。

$$I_{act} = K_{rel}I_{L.max} \tag{3-43}$$

取（1）、（2）中较大者为定值。

灵敏度按下式校验

$$K_{sen} = \frac{I_{k.min}}{I_{act}} \geq 2 \tag{3-44}$$

5. 电流相位比较式母线保护

根据母线在内部故障和外部故障时各连接元件电流相位的变化来实现的，如图 3-35 所示。

特点：不考虑电流互感器饱和引起的电流幅值误差，提高了保护的灵敏性；母线连接支路的 TA 型号不同或变比不同时仍然可以使用。

缺点：当固定连接方式破坏时，任一母线的故障都将导致切除两组母线，保护失去选择性。

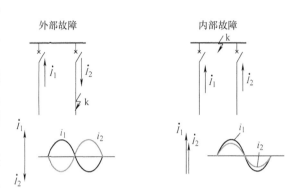

图 3-35　电流相位比较式母线保护故障示意图

6. 母线电流相位比较式差动保护

比较母联电流与总差电流的相位，选择出故障母线。

特点：母联相位差动保护要求正常运行时母联断路器必须投入运行。

缺点：当单母线运行时，母线失去保护，必须配置另一套单母线运行的保护。

7. 断路器失灵保护

断路器失灵保护指当故障线路的继电器动作发出跳闸指令后，断路器拒动时，能够以比较短的时限切除同一母线上其他所有支路的断路器，将故障部分隔离，并使停电范围限制为最小的一种近后备保护。

（1）断路器失灵保护的装设。

① 110kV 及以上的双母线和分段单母线。

② 110kV 及以上的单母线，重要发电厂的 35kV 母线或高压侧为 110kV 及以上的重要降压变电所的 35kV 母线。

（2）装设断路器失灵保护的条件。

① 相邻元件保护的远后备保护灵敏度不够时应装设断路器失灵保护。

② 根据变电所的重要性和装设失灵保护作用大小来决定是否装设断路器失灵保护。

二、模拟测试题

1.［单选题］Υd 联结的变压器，为了避免因联结组标号不同而产生不平衡电流，应采取的措施是（　　）。

A. 电压互感器采用相位补偿法接线　　B. 电流互感器采用相位补偿法接线

C. 采用差动速断保护　　D. 采用比率差动保护

2. [判断题] 变压器主保护的保护范围为油箱内故障。（　）
   A. 正确　　　　　　　　　　　　　B. 错误
3. [判断题] 气体保护能单独作为变压器的主保护。（　）
   A. 正确　　　　　　　　　　　　　B. 错误
4. [判断题] 变压器纵差保护是油箱内、外故障的一种有效保护方式。（　）
   A. 正确　　　　　　　　　　　　　B. 错误
5. [判断题] 变压器纵差保护不能反映变压器绕组的匝间短路故障。（　）
   A. 正确　　　　　　　　　　　　　B. 错误
6. [判断题] 变压器绕组匝间短路属于纵向故障。（　）
   A. 正确　　　　　　　　　　　　　B. 错误
7. [多选题] 变压器油箱内的故障包括（　）。
   A. 绕组相间短路　　B. 绕组匝间短路　　C. 绕组接地短路　　D. 铁心烧损
8. [单选题] 能够反映变压器油箱漏油、铁心烧损故障的保护是（　）。
   A. 过励磁保护　　B. 过电流保护　　C. 变压器纵差保护　　D. 气体保护
9. [多选题] 变压器的不正常运行状态有（　）。
   A. 变压器外部相间短路引起过电流
   B. 过负荷
   C. 外部接地故障引起的过电流和中性点过电压
   D. 油面降低
10. [判断题] 变压器引出线故障不属于变压器内部故障。（　）
    A. 正确　　　　　　　　　　　　　B. 错误
11. [多选题] 下列可作为变压器主保护的是（　）。
    A. 气体保护　　　　　　　　　　　B. 纵联差动保护
    C. 电流速断保护　　　　　　　　　D. 定时限过电流保护
12. [多选题] 下列关于变压器气体保护的叙述正确的是（　）。
    A. 气体保护用来反应变压器油箱内各种短路故障和油面降低
    B. 气体保护是反应变压器内部气体的流量和流动的速度而动作的保护
    C. 气体保护反应油箱内部所有故障，有较高灵敏性
    D. 气体保护能反应引出线相间短路和接地短路
13. [多选题] 变压器相间短路后备保护可采用（　）。
    A. 气体保护　　　　　　　　　　　B. 复合电压起动的过电流保护
    C. 普通过电流保护　　　　　　　　D. 低电压起动的过电流保护
14. [多选题] 变压器纵差保护不平衡电流产生的原因包括（　）。
    A. 两侧绕组接线方式不同
    B. 电流互感器传变误差
    C. 励磁涌流
    D. 变压器、电流互感器的计算变比与实际变比不同
15. [单选题] 变压器励磁涌流中含有大量的高次谐波分量，其中以（　）次谐波所占的比例最大。

A. 5 B. 3 C. 4 D. 2

16. ［单选题］变压器采用复合电压起动的过电流保护,是为了提高（　　）短路的灵敏度。
A. 三相　　B. 两相　　C. 单相接地　　D. 匝间短路

17. ［单选题］中性点经放电间隙接地的变压器,应装设（　　）接地保护。
A. 零序电流
B. 零序电压
C. 零序电流和零序电压
D. 阶段式零序电流保护

18. ［判断题］气体保护应反应变压器油箱内的各种故障以及油面的降低,其中轻瓦斯动作于信号,重瓦斯动作于断路器跳闸。（　　）
A. 正确　　B. 错误

19. ［单选题］变压器差动保护设置比率制动的主要作用是（　　）。
A. 躲过励磁涌流
B. 提高内部故障时保护动作的可靠性
C. 外部故障时,使差动保护动作电流随外部故障不平衡电流的增加而自动增大
D. 内部故障时,加大制动作用

20. ［单选题］变压器过电流保护采用低电压起动时,低电压继电器的起动电压应小于（　　）。
A. 正常运行时的最低电压
B. 正常工作电压
C. 正常工作最高电压
D. 正常工作电压的50%

21. ［多选题］变压器励磁涌流的特征是（　　）。
A. 含有非周期分量
B. 波形不连续
C. 含有高次谐波
D. 二次谐波含量最大

22. ［判断题］具有制动特性的差动继电器可以提高内部轻微故障时保护的灵敏性。（　　）
A. 正确　　B. 错误

23. ［单选题］电网短路电流与变压器励磁涌流的根本区别是（　　）。
A. 短路电流的数值大得多
B. 短路电流含有很大的非周期分量
C. 短路电流波形是连续的
D. 短路电流含有周期分量

24. ［多选题］在变压器差动保护中,防止励磁涌流影响的方法有（　　）。
A. 采用具有速饱和铁心的差继电器
B. 鉴别短路电流和励磁涌流的区别
C. 利用二次谐波制动
D. 利用五次谐波制动

25. ［多选题］根据不同情况,变压器可采用的电流保护包括（　　）。
A. 普通过电流保护
B. 低电压起动的过电流保护
C. 复合电压起动的过电流保护
D. 负序过电流保护

26. ［单选题］母线电流差动保护采用电压闭锁元件,主要是为了防止（　　）。
A. 系统发生振荡时母线电流差动保护误动
B. 区外发生故障时母线电流差动保护误动
C. 由于误碰出口继电器而造成母线电流差动保护误动
D. 变压器的励磁涌流引起的母线电流差动保护误动

27. [单选题] 母线差动保护的依据是（　　）。
   A. 基尔霍夫电流定律　　　　　　　　B. 基尔霍夫电压定律
   C. 叠加原理　　　　　　　　　　　　D. 戴维南定理

28. [单选题] 断路器失灵保护动作时间应（　　）。
   A. 大于故障元件的保护动作时间和断路器跳闸时间之和
   B. 大于故障元件的断路器跳闸时间和保护返回时间之和
   C. 大于故障元件的保护动作时间和保护返回时间之和
   D. 等于故障元件的断路器跳闸时间和保护返回时间之和

29. [单选题] 断路器失灵保护是（　　）。
   A. 一种近后备保护，当故障元件的保护拒动时可依靠该保护切除故障
   B. 一种远后备保护，当故障元件的断路器拒动时，必须依靠故障元件本身保护的动作信号起动失灵保护以切除故障元件
   C. 一种近后备保护，当故障元件的断路器拒动时，可依靠该保护隔离故障点
   D. 一种远后备保护，当故障元件的断路器拒动时，依靠相邻元件保护切除故障元件

30. [判断题] 电流比相式母线保护只与电流的相位有关，而与电流的幅值无关。（　　）
   A. 正确　　　　　　　　　　　　　　B. 错误

31. [判断题] 母线不需装设专门的保护，利用相邻元件的保护切除母线故障即可。（　　）
   A. 正确　　　　　　　　　　　　　　B. 错误

32. [判断题] 双母线电流差动保护采用"大差动判别故障母线，小差动判别母线故障"。（　　）
   A. 正确　　　　　　　　　　　　　　B. 错误

33. [多选题] 下列母线（　　）需要装设专门的母线保护。
   A. 110kV 及以上的双母线
   B. 110kV 及以上的分段单母线
   C. 重要发电厂的 35kV 母线
   D. 高压侧为 110kV 及以上的重要降压变电所的 35kV 母线

34. [多选题] 关于母线差动保护的说法正确的是（　　）。
   A. 在正常运行及外部故障时，在母线上所有连接元件中，流入的电流与流出的电流相等
   B. 当母线上发生故障时，所有与电源连接的元件都向故障点供给短路电流
   C. 当母线故障时，各元件流过的电流是同相位的
   D. 当母线故障时，流入电流的相位相反

35. [多选题] 电流比相式母线保护的特点是（　　）。
   A. 保护装置的工作原理是基于相位比较，而与幅值无关，因此无须考虑不平衡电流的影响，提高了保护的灵敏性
   B. 当母线连接元件的电流互感器型号不同或变比不一致时，仍然可以使用
   C. 适用于母线运行方式的改变
   D. 保护的灵敏度低

36. [单选题] 当变压器外部故障时，有较大的穿越性短路电流流过变压器，这时变压器的差动保护（　　）。
   A. 立即动作　　　　　　　　　　　　B. 延时动作
   C. 不应动作　　　　　　　　　　　　D. 视短路时间长短而定

37. [多选题] 变压器纵联差动保护不能反映的变压器故障包括（　　）。
   A. 绕组匝数很少的匝间短路　　　　　B. 变压器漏油造成的油面降低
   C. 变压器绝缘套管相间短路　　　　　D. 变压器绕组相间短路

38. [判断题] 220kV 变电站的 220kV 母线为双母线分段，该变电站应装设专门的母线保护。（　　）
   A. 正确　　　　　　　　　　　　　　B. 错误

39. [单选题] 母线上连接元件较多时，发生近端区外故障时，故障支路电流很大，由于（　　），母线差动保护的差动继电器中将流过很大的不平衡电流，可能导致母线差动保护误动作。
   A. 非故障支路的电流互感器严重饱和
   B. 变压器支路的电流互感器严重饱和
   C. 母联断路器支路的电流互感器严重饱和
   D. 故障支路电流互感器严重饱和

40. [单选题] 下列保护中，属于后备保护的是（　　）。
   A. 变压器差动保护　　　　　　　　　B. 气体保护
   C. 高频保护　　　　　　　　　　　　D. 断路器失灵保护

41. [单选题] 过电流保护加装复合电压闭锁可以（　　）。
   A. 加快保护动作时间　　　　　　　　B. 提高保护可靠性
   C. 提高保护的灵敏度　　　　　　　　D. 扩大保护范围

42. [多选题] 母线的主保护类型有（　　）。
   A. 电流差动保护　　B. 电流比相式保护　　C. 纵联差动保护　　D. 距离保护

43. [多选题] 关于母线保护的描述正确的是（　　）。
   A. 母线短路时，各有源支路的电流相位几乎是一致的
   B. 外部短路时，非故障有源支路的电流流入母线，故障支路电流则流出母线，两者相位相反
   C. 电流比相式母线保护无须考虑不平衡电流的影响
   D. 母线保护动作时只使母线联络断路器跳闸

44. [判断题] 母线差动保护一个突出问题是可能出现很大的不平衡电流而造成保护误动作。（　　）
   A. 正确　　　　　　　　　　　　　　B. 错误

45. [判断题] 母线差动保护的范围是固定不变的。（　　）
   A. 正确　　　　　　　　　　　　　　B. 错误

46. [判断题] 变电站相邻元件保护的远后备保护灵敏度不够时应装设断路器失灵保护。（　　）
   A. 正确　　　　　　　　　　　　　　B. 错误

47. [判断题] 大型变压器需要设置双重化纵差保护。（　　）
A. 正确　　　　　　　　　　　B. 错误

【参考答案与解析】

1. B　2. B

3. B。[解析] 气体保护不能反映变压器油箱外引出线的故障。

4. A

5. B。[解析] 变压器绕组匝间短路时，该绕组的匝间短路部分可视为出现了一个新的短路绕组，使差动电流变大，当达到整定值时，差动保护就会动作，所以变压器纵联差动保护能反映绕组匝间短路。

6. A　7. ABCD　8. D　9. ABCD　10. B

11. ABC。[解析] 变压器内部故障时应由瞬时动作的保护切除故障。

12. ABC　13. BCD　14. ABCD　15. D　16. B　17. C　18. A　19. C　20. A　21. ABCD　22. A　23. C　24. ABC　25. ABCD　26. C　27. A　28. B　29. C　30. A　31. B

32. B。[解析] 大差动判别母线故障，小差动判别故障母线。

33. ABCD　34. ABC　35. AB　36. C

37. AB。[解析] 变压器不能反映非电气量和轻微匝间短路。

38. A。[解析] 需要设置母线专用保护的情况：①对于220kV及以上的母线，应装设快速有选择性地切除故障的母线保护；②对于110kV的双母线、单母线分段接线，必须装设母线专用保护；③35～66kV电网中，主要变电站的35～66kV双母线或分段单母线需快速而有选择性地切除一段或一组母线上的故障，以保证系统安全稳定运行和可靠供电。

39. D。[解析] 对于母线差动保护来说，流入继电器的电流是母线上所连接全部支路的电流的相量和。对于区外故障，流入继电器的只有不平衡电流，但是故障支路的短路电流是母线上全部电源回路的短路电流之和，所以对于故障支路来说，其一次电流很大，互感器会严重饱和，使不平衡电流增大，可能导致保护误动作。

40. D　41. C　42. AB　43. ABC

44. A。[解析] 外部故障时，故障支路的电流特别大，相应的电流互感器严重饱和，而非故障支路的电流互感器饱和较轻，从而可能出现很大的不平衡电流而造成保护误动作。

45. B。[解析] 母线差动保护的范围会随母线倒闸操作、母线运行方式的改变而改变。

46. A　47. A

第四部分

电气设备及主系统

第一单元 电气设备的类型及原理

一、主要知识点

（一）发电厂和变电所的类型及电气系统

1. 发电厂的类型

（1）火力发电厂。包括凝汽式火力发电厂、热电厂、燃气轮机发电厂。

（2）水力发电厂。包括坝后式水电站、引水式水电站、抽水蓄能电站。

（3）核电厂。核电厂核反应堆分为轻水堆、重水堆等。

（4）新能源发电。包括风力发电、太阳能发电（有光伏发电和光热发电两种）、生物质能发电、地热发电、海洋能发电等。

2. 变电所的类型

（1）枢纽变电所。它位于电力系统的枢纽点，连接电力系统高、中压的几个部分，汇集多个电源和多回大容量联络线，变电容量大，电压等级（高压侧，下同）为330kV及以上。

（2）中间变电所。它一般位于电力系统的主要环路线路中或主要干线接口处，汇集2～3个电源，高压侧以交换功率为主，同时又降压给当地用户，主要起中间环节作用，电压等级为220～330kV。

（3）地区变电所。它向地区用户供电，电压等级一般为110～220kV。

（4）终端变电所。它位于输电线路终端，接近负荷点，降压后直接向用户供电，电压等级在110kV及以下。

3. 发电厂和变电所的电气系统

发电厂和变电所的电气部分即电气系统，分为一次系统和二次系统。一次系统又称主系统或主电路，它是产生、变换、输送和分配电能的所有电路。一次系统中的电气设备称为一次设备。二次系统又称为二次电路，它是对一次设备进行控制、保护、测量和指示的电路。

（二）一次设备分类

一次设备包括以下类型：

（1）生产和变换电能的电气设备。包括同步发电机、变压器、电动机。

（2）开关电器。用于接通和断开电路。

（3）限流电器。用于限制短路电流，包括普通电抗器和分裂电抗器。

（4）载流导体。包括架空线、电缆线、母线（又称母排，用于汇集和分配电能或将发电机、变压器与配电装置连接起来）。

（5）补偿设备。包括以下几种：

① 调相机。它是空载运行的同步发电机，过励磁时发出感性无功功率，欠励磁时吸收感性无功功率。

② 电力电容器。用于无功补偿的电力电容器有并联补偿和串联补偿两类。前者并联在

电网上，发出感性无功功率；后者串联在电力线路上，减小线路电抗，降低电压降落。

③ 消弧线圈。用于补偿小接地电流系统的单相接地电容电流。参见第二部分第一单元。

④ 并联电抗器。一般装设在330kV及以上超高压输电线路末端，用于吸收电力线路轻载或空载时过剩的无功功率，抑制输电线路工频电压升高。

（6）互感器。包括电流互感器和电压互感器，用于将电力系统的电压降低和电流减小，供二次系统使用。它是联络一、二次系统的桥梁。

（7）过电压保护设备。包括避雷线、避雷器和避雷针。

（8）绝缘子。它用于支持和固定载流导体，并使载流导体对地或相间绝缘。

（9）接地装置。包括工作接地装置和保护接地装置。

（三）开关电器

1. 开关电器的功能

开关电器应具有以下作用：

（1）负荷通断：即停电、送电操作或带负荷操作。在正常负荷电流条件下，接通或断开电路。

（2）保护：即短路通断。当电力线路或电气设备发生短路故障时，在继电保护装置的作用下，将故障部分快速切除。这要求开关电器具有很高的分断能力（额定开断电流）。此外，开关电器在自动重合闸、存在预伏故障时送电等情况下可能会关合（接通）短路电流，因此要求开关电器具有一定的短路关合能力（额定关合电流）。

（3）隔离：隔离电源（电压），保证安全检修。

（4）接地：电力线路和电力设备在检修之前，除断开和隔离电源外，还要把三相短路接地。可采用挂接临时接地线的方法，但固定场所则采用接地开关。

在一个电路中往往需要两种或两种以上的电器配合使用，才能实现这些功能。

2. 开关电器的类型

（1）断路器。高压断路器按灭弧介质分，包括油断路器、空气断路器、真空断路器、SF_6断路器等。前两类现已淘汰。现在110kV及以上系统中，SF_6断路器"一统天下"；在中压（3~66kV）系统中，则用真空断路器或SF_6断路器。

SF_6断路器采用SF_6气体作为绝缘和灭弧介质，具有断口耐压高、开断容量大、电寿命长、开断性能优异的特点。

真空断路器采用真空绝缘和灭弧，具有体积小（因触头开距小）、灭弧速度快（电流第一次过零即可熄灭电弧）、能频繁操作、检修和维护工作量小等优点。

低压断路器也叫（自动）空气开关，除负荷通断外，还具有短路、过载、欠电压和失电压等保护功能。

（2）隔离开关。隔离开关专门用来隔离电源，同时可用来操作小电流电路（如电压互感器、小容量空载变压器、短距离空载线路），与断路器配合可进行倒闸操作。

（3）负荷开关。负荷开关主要用于配电网中通断正常负荷电流，并具有过负荷保护和隔离电源的作用。其灭弧能力不强，不能分断短路电流，因此它通常与熔断器配合使用。负荷开关按灭弧介质分有真空负荷开关、SF_6负荷开关、产气式负荷开关、压气式负荷开关等。

(4) 接地开关。接地开关既有独立结构型式的，也有与隔离开关合二为一的结构型式，称之为隔离接地开关（如旋转式隔离开关），还有一类是三工位（接通、隔离、接地）负荷开关。

(5) 熔断器。高压熔断器在配电网中作为短路保护电器，有限流式和非限流式两类。限流式熔断器在短路冲击电流到来之前就能熄灭电弧、断开电路。

(6) 重合器。重合器用于高压配电线路上，它由断路器与控制器组成，具有故障检测、故障跳闸、多次重合功能。它与分段器配合使用。

(7) 分段器。分段器与重合器在高压配电线路上配合使用，它由负荷开关与控制器组成，具有记忆和识别功能，能在重合器开断的情况下，隔离永久性故障线段，恢复其他线路供电。

（四）互感器

1. 互感器的作用与类型

互感器包括电流互感器和电压互感器，前者将电网的大电流变为小电流，后者将电网高电压降为低电压，供二次系统测量仪表、继电保护和控制装置使用。

电流互感器有电磁式和电子式两类，电压互感器有电磁式、电容分压式和电子式3类。

2. 电磁式电流互感器

电磁式电流互感器由一次绕组、二次绕组和铁心构成。一次绕组串联在电网上，二次绕组与二次设备的电流线圈串联。电磁式电流互感器工作时接近于短路状态，二次侧不允许开路，否则会在二次侧感应出危险的电压，并会因磁路严重饱和而使铁心严重发热。二次侧额定电流一般为5A，二次负荷较大的场合（如发电厂）为1A。

电磁式电流互感器存在电流误差和相位误差。测量用电流互感器的准确度等级有0.1、0.2、0.5、1、3、5级，铁心容易饱和。保护用电流互感器按用途分为稳态保护用和暂态保护用两类，后者能满足短路电流具有非周期分量的暂态过程性能要求。保护用电流互感器准确度较低，但铁心不易饱和，采用10%误差曲线对一次电流倍数与二次负荷进行约束。

电磁式电流互感器按绝缘方式分为干式（低压电流互感器）、环氧树脂浇注式（35kV及以下）、油浸式（35kV以上，户外用）。按电流比分单电流比和多电流比。10kV及以上电流互感器一般有多个无磁联系的铁心和二次绕组，供不同的用途。

电磁式电流互感器常用的接线有单相接线（用于对称三相负荷电流测量和过负荷保护）、三相星形联结和两相不完全星形（也叫V形）联结。注意二次绕组必须有一个端子接地，同时注意其端子的极性。

3. 电磁式和电容分压式电压互感器

110kV以下系统采用电磁式电压互感器，110kV及以上中性点直接接地系统采用电容分压式电压互感器。

(1) 电磁式电压互感器。有单相式和三相式两类。前者一次绕组额定电压为线电压，二次绕组额定电压为100V；后者一次绕组额定电压为相电压，二次绕组额定电压为$100/\sqrt{3}$V。电磁式电压互感器工作时接近于空载状态。在一次侧和二次侧均需要安装熔断器作为短路保护。同样，二次绕组必须有一个端子接地，同时注意其端子的极性。

测量用电磁式电压互感器准确度等级有0.1、0.2、0.5、1、3级，保护用电磁式电压互感器准确度等级有 3P、6P 级。

电磁式电压互感器与电网中分散电容或杂散电容可能形成铁磁谐振,消除铁磁谐振的措施包括:①在电压互感器开口三角绕组或互感器中性点与地之间接入消谐器;②选用三相防谐振电压互感器;③增加对地电容破坏谐振条件。

(2) 电容分压式电压互感器 (CCVT)。它由电容分压器和电磁单元组成。为了补偿电容器的内阻抗以减小误差,在分压回路中串入补偿电抗器。为了减小分压器的电流达到减小误差的目的,将测量仪表经中间变压器(电磁式电压互感器)后与分压器连接。在中间变压器的二次侧单独设置的绕组接入阻尼电阻,以抑制铁磁谐振过电压。

(3) 电磁式和电容分压式电压互感器的接线方式。如图 4-1 所示,图 4-1a 为单相式接线,适用于只需要测量两相线电压;图 4-1b 为两只单相电压互感器接成不完全星形(V/V 形),可测量 3 个线电压;图 4-1c 为三只单相电压互感器接成 $Y_0/Y_0/L$(开口三角形),用于小接地电流系统,可以测量所有线电压和相电压,并监视电网对地绝缘(是否发生了单相接地);图 4-1d 为三相三柱式电压互感器接线,只能用来测量线电压;图 4-1e 为采用三相五柱式电压互感器,其接线与作用与图 4-1c 相同;图 4-1f 为电容分压式互感器的接线,主要适应于 110kV 及以上中性点直接接地系统。

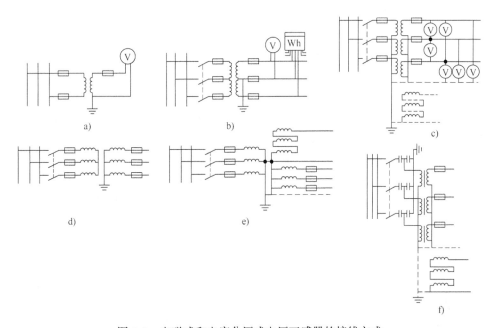

图 4-1 电磁式和电容分压式电压互感器的接线方式

4. 电子式互感器

电子式电流互感器包括光电电流互感器、空心线圈电流互感器等。电子式电压互感器包括光电电压互感器、阻容分压型电压互感器。

二、模拟测试题

1. [单选题] 下列 (　　) 不是可再生能源发电。
A. 水力发电　　　　B. 风力发电　　　　C. 原子能发电　　　　D. 太阳能光伏发电

2. [多选题] 风力发电和太阳能光伏发电的共同特点是（　　）。
A. 清洁能源　　　B. 波动性　　　C. 随机性　　　D. 间歇性

3. [单选题] 火电厂的发电机组是（　　）。
A. 汽轮机与同步发电机　　　B. 水轮机与同步发电机
C. 双馈异步发电机组　　　D. 永磁同步发电机组

4. [单选题] 到 2020 年底，我国并网风电和太阳能发电装机容量已达到全国发电设备总容量的约（　　）。
A. 10%　　　B. 15%　　　C. 20%　　　D. 24%

5. [单选题] 下列（　　）不是与主电路同等的概念。
A. 一次电路　　　B. 主接线　　　C. 一次接线　　　D. 变压器一次侧电路

6. [多选题] 下列（　　）属于电力系统二次电路。
A. 继电保护回路　　　B. 测量回路
C. 变压器二次侧电路　　　D. 控制电路

7. [多选题] 下列（　　）属于一次设备。
A. 互感器　　　B. 断路器　　　C. 继电器　　　D. 避雷器

8. [单选题] 下列设备（　　）连接电力系统的一次系统与二次系统。
A. 电力变压器　　　B. 断路器　　　C. 互感器　　　D. 电容器

9. [单选题] 同步调相机的作用是（　　）。
A. 调频　　　B. 调峰　　　C. 无功补偿　　　D. 限流

10. [单选题] 重合器不具有（　　）功能。
A. 故障切除　　　B. 故障隔离　　　C. 重合闸　　　D. 故障检测

11. [单选题] 高压负荷开关通常与（　　）配合使用。
A. 高压断路器　　　B. 高压熔断器　　　C. 高压隔离开关　　　D. 分段器

12. [多选题] 下列开关电器中可以开断短路电流的是（　　）。
A. 断路器　　　B. 熔断器　　　C. 负荷开关　　　D. 重合器

13. [多选题] 下列开关电器中可以通断正常负荷电流的是（　　）。
A. 断路器　　　B. 熔断器　　　C. 负荷开关　　　D. 隔离开关

14. [多选题] 下列开关电器中能隔离电源的是（　　）。
A. 断路器　　　B. 分段器　　　C. 负荷开关　　　D. 隔离开关

15. [单选题] 断路器不具有下列（　　）功能。
A. 通断负荷电流　　　B. 分断短路电流　　　C. 关合短路电流　　　D. 隔离电源

16. [单选题] 低压断路器可配置（　　），实现过负荷保护功能。
A. 长延时过电流脱扣器　　　B. 短延时过电流脱扣器
C. 瞬时过电流脱扣器　　　D. 失电压脱扣器

17. [单选题] 真空断路器型号为 ZN28－12－630/31.5，其额定电流为（　　）A。
A. 28　　　B. 12　　　C. 630　　　D. 31.5

18. [单选题] 真空断路器型号 ZN28－12－630/31.5 中的 31.5 是（　　）。
A. 额定电压　　　B. 额定电流　　　C. 额定分断电流　　　D. 额定峰值耐受电流

19. [单选题] 在 110kV 及以上电压等级电网中，目前大都使用（　　）断路器。

A. 真空　　　　　　B. SF_6　　　　　　C. 油　　　　　　D. 空气

20. ［多选题］高压负荷开关具有下列（　　）功能。
A. 通断负荷电流　　B. 过负荷保护　　C. 隔离电源　　D. 短路保护

21. ［单选题］110kV电网中使用的开关电器的额定电压为（　　）kV。
A. 110　　　　　　B. 121　　　　　　C. 126　　　　　　D. 115.5

22. ［单选题］在一个电路中，断路器通常与（　　）配合使用。
A. 负荷开关　　　　B. 熔断器　　　　C. 重合器　　　　D. 隔离开关

23. ［多选题］SF_6断路器采用SF_6气体作为绝缘和灭弧介质，具有（　　）等优点。
A. 环保　　　　　　B. 断口耐压高　　C. 开断容量大　　D. 电寿命长

24. ［单选题］SF_6是一种良好的绝缘和灭弧介质，被广泛应用于电力设备中，但是同质量的SF_6产生的温室效应是CO_2的（　　），因而研究其替代品是世界各国的研究热点问题。
A. 100倍左右　　　B. 10000倍左右　　C. 10倍左右　　　D. 1000倍左右

25. ［单选题］真空断路器用于高压电动机的开关电器时必须设置过电压保护，这是因为真空断路器的（　　）性能会产生过电压。
A. 触头开距小　　　B. 灭弧速度快　　C. 适于频繁操作　　D. 检修和维护工作量小

26. ［单选题］重合器通常与（　　）配合使用。
A. 断路器　　　　　B. 负荷开关　　　C. 分段器　　　　D. 隔离开关

27. ［单选题］电容式电压互感器的英文名称缩写为（　　）。
A. PT　　　　　　　B. GIS　　　　　　C. CCTV　　　　　D. CCVT

28. ［单选题］电流互感器二次绕组的额定电流一般为（　　）A。
A. 5　　　　　　　B. 100　　　　　　C. 10　　　　　　D. 50

29. ［多选题］下列关于电流互感器的说法中正确的是（　　）。
A. 正常运行时接近短路状态
B. 一、二次侧都要安装熔断器作为短路保护
C. 二次侧一个端子必须接地
D. 高压电流互感器一般都有多个铁心和二次绕组

30. ［单选题］电流互感器准确度等级为0.5的是指（　　）。
A. 相对误差为0.5%　　　　　　　　B. 绝对误差为0.5A
C. 相对误差为0.5A　　　　　　　　D. 绝对误差为0.5%

31. ［单选题］关于电压互感器，下列说法错误的是（　　）。
A. 并联在电网上　　　　　　　　　B. 运行时二次侧不能开路
C. 运行时接近于空载状态　　　　　D. 一、二次侧均安装熔断器作为短路保护

32. ［单选题］电容分压式电压互感器用于（　　）kV及以上的中性点直接接地系统中。
A. 10　　　　　　　B. 110　　　　　　C. 220　　　　　　D. 500

33. ［单选题］电压互感器下列接线方案（　　）可监视电网对地绝缘。
A. 两只单相电压互感器接成V/V形　　B. 三相五柱式三绕组电压互感器接线
C. 三相三柱式电压互感器接线　　　　D. 一只单相电压互感器接在一相线路

34. [单选题] 电流比为 100/5 的电流互感器, 当测出的二次电流为 4A 时, 一次电流为 (   ) A。
    A. 100　　　　　B. 5　　　　　C. 20　　　　　D. 80

35. [单选题] 在 110kV 及以上的配电装置中应尽可能选用 (   )。
    A. 电容式电压互感器　　　　　B. 电磁式电压互感器
    C. 油浸绝缘电磁式电压互感器　　　　　D. 树脂浇注绝缘电磁式电压互感器

36. [判断题] 电压互感器只需在二次侧装设熔断器作为短路保护。(   )
    A. 正确　　　　　B. 错误

37. [判断题] 互感器二次绕组的两个端子中必须有一个端子接地。(   )
    A. 正确　　　　　B. 错误

38. [判断题] 每只 10kV 电磁式电流互感器通常有两个铁心和两个二次绕组, 分别用于测量和保护, 测量用的铁心比保护用的铁心体积要大一些。(   )
    A. 正确　　　　　B. 错误

39. [判断题] 电磁式电压互感器与电网分散电容或杂散电容有可能构成铁磁谐振。(   )
    A. 正确　　　　　B. 错误

40. [判断题] 电流互感器一次电流随二次负荷的增大而增大。(   )
    A. 正确　　　　　B. 错误

41. [判断题] 为了保证保护用电流互感器的电流误差不超过 10%, 一次电流越大, 就要求二次负荷阻抗越小。(   )
    A. 正确　　　　　B. 错误

42. [判断题] 由于短路电流含有非周期分量, 所以短路保护必须使用暂态保护用电流互感器。(   )
    A. 正确　　　　　B. 错误

43. [单选题] 下列并联在电网上的设备是 (   )。
    A. 电压互感器　　　B. 开关电器　　　C. 限流电抗器　　　D. 电流互感器

【参考答案与解析】

1. C　2. ABCD　3. A　4. D　5. D　6. ABD　7. ABD　8. C　9. C　10. B　11. B　12. ABD　13. AC　14. BCD　15. D　16. A　17. C　18. C　19. B　20. ABC

21. C。[解析] 比电网额定电压高 15%。参考第二部分第一单元。

22. D　23. BCD　24. B

25. B。[解析] 真空断路器因为灭弧速度快, 开断电感电路时会产生过电压 Ldi/dt。

26. C　27. D　28. A　29. ACD　30. B　31. B　32. B　33. B　34. D　35. A　36. B　37. A

38. B。[解析] 为防止主电路短路时大电流冲击损坏电流互感器二次侧的仪表, 测量用的铁心做成易饱和, 而保护用电流互感器要很宽的测量范围, 铁心做成不易饱和。

39. A　40. B　41. A

42. B。[解析] 短路暂态过程中, 短路电流的非周期分量 (也叫直流分量) 会使电流互感器铁心迅速饱和，二次电流畸变，产生较大误差。高压、超高压系统继电保护和断路器动作速度快，在暂态过程中切除短路故障，暂态保护用电流互感器（TP 级）在暂态过程中电流误差在 10% 以内，并不受短路电流非周期分量的影响。而带时限的过电流保护动作时已经是短路的稳态，只要使用稳态保护用电流互感器（P 级）即可。

43．A

第二单元　电气主接线的形式、特点及倒闸操作

一、主要知识点

（一）对电气主接线的要求

电气主接线是由规定的各种电气设备的图形符号和连接线所构成的表示接收和分配电能的电路。

电气主接线图用单线图表示，只有三相设备不对称的部分（如互感器）才用三线图表示。

电气主接线应满足以下要求：

（1）保证必要的供电可靠性。衡量电气主接线可靠性的标志包括：①断路器检修时能否不影响供电；②断路器或母线故障及母线检修时，尽量减少停运的回路数和停运时间，并要保证对重要负荷的供电；③尽量避免发电厂、变电所全部停运；④大机组、超高压电气主接线应满足可靠性的特殊要求。

（2）保证电能质量。电压、频率和波形是电能质量的基本指标。

（3）具有一定的灵活性和方便性。能方便地改变运行方式和检修。

（4）具有一定的经济性。经济性指标主要是投资、占地面积、电能损耗。

（二）电气主接线的形式与特点

电气主接线的形式可分为有母线和无母线两大类。

1．单母线接线

（1）单母线不分段接线，如图 4-2 所示。只有一组母线，所有电源和出线都经过断路器和隔离开关连接到母线。其优点是接线简单，采用设备少，操作方便，便于扩建和采用成套配电装置。缺点是接线不够灵活可靠，当母线或母线侧隔离开关故障或检修时，将造成全部停电；当断路器检修时，该回路停电。适用于 6～220kV、出线回路数较少、供电可靠性要求不高的变电所或中小容量发电厂。

倒闸操作：电气设备分为运行、备用（冷备用和热备用）、检修 3 种状态。将设备由一种状态转变为另一种状态的过程叫倒闸，所进行的操作叫倒闸操作。倒闸操作必须执行操作票制和工作监护制。

线路停电操作程序：①断开出线断路器；②断开负荷侧隔离开关；③断开母线侧隔离开关。先断负荷侧隔离开关、后断母线侧隔离开关，是为了在断路器未断开的情况下，带负荷拉闸所引起的故障点在负荷侧，断路器跳闸切除故障，把事故限制在本线路。若先断母线侧隔离开关，带负荷拉闸将导致母线停电，扩大事故范围。

线路送电操作程序：①合母线侧隔离开关；②合负荷侧隔离开关；③合断路器。先合母线侧隔离开关、后合负荷侧隔离开关，是为了防止断路器没有断开而带负荷操作引起变电所母线停电。

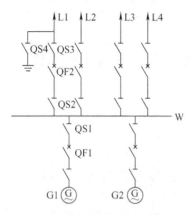

图 4-2　单母线不分段接线

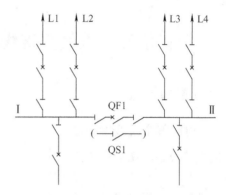

图 4-3　单母线分段接线

（2）单母线分段接线，如图 4-3 所示。当进出线回路数较多时，为了提高单母线接线的供电可靠性，把母线故障和检修造成的影响局限在一定的范围内，可采用隔离开关或断路器将母线进行分段。采用隔离开关分段时，停电检修一段母线或母线隔离开关，另一段母线可以不停电。采用断路器分段时，若分段断路器闭合，任一段母线发生故障时，可在继电保护作用下，断开故障段母线，非故障段母线不间断供电。这种接线可将双回线路分别接在两段母线上，对二级负荷供电。单母线分段的数目以 2~3 段为宜，连接的回路数可比单母线不分段接线增加 1 倍。适用于中小容量发电厂、各类发电厂的厂用电接线及出线回路数较多的 6~220kV 变电所。

（3）单母线分段带旁路母线接线，如图 4-4 所示。为了克服单母线接线在检修出线断路器时造成相应回路供电中断的缺点，可采用增设旁路母线的措施。单母线分段带旁路母线接线比单母线分段接线的供电可靠性有所提高，但所用断路器和隔离开关的数量增多，造成设备投资和占地面积增大。为了节省设备投资和减少占地面积，可以采用分段断路器兼作旁路断路器的接线方式，如图 4-5 所示。

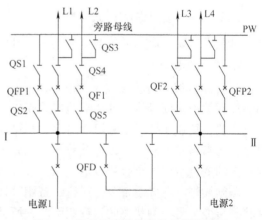

图 4-4　单母线分段带旁路母线接线图

倒闸操作：如图 4-4 所示，如要检修出线 L2 的断路器 QF1，合上 QS1、QS2 和旁路断器 QFP1，使旁路母线 PW 充电，然后合上出线 L2 的旁路母线侧隔离开关 QS3（注意此时隔离开关不是带负荷操作，而是等电位操作），再断开 QF1 及两侧隔离开关即可对 QF1 进行检修。检修完的倒闸操作类似。

2. 双母线接线

（1）单断路器的双母线接线，如图 4-6 所示。

设有两组母线，每个回路都通过一台断路器和两台隔离开关连接到两组母线上。其主要特点为：①可以轮流检修母线而不影响供电；②检修任一回路的母线隔离开关时，只停该回路；③一组母线故障后，能迅速恢复该母线所连回路的供电；④运行高度灵活；⑤扩建方便；⑥便于试验。

倒闸操作：当要检修工作母线 W1 时，通过倒闸操作将所有进、出线转移到备用母线 W2。首先利用母线联络断路器及其两侧的隔离开关将 W2 与 W1 连接（备用母线充电），然后利用等电位操作原理，将所有进出线连接到 W2 母线的隔离开关上，再断开所有进出线连接到 W1 母线的隔离开关，即可对 W1 进行检修。

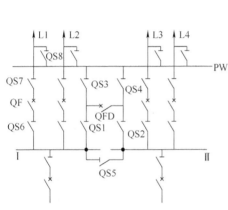

图 4-5　分段断路器兼作旁路断路器的单母线分段带旁路母线接线

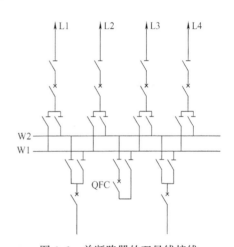

图 4-6　单断路器的双母线接线

为进一步提高供电可靠性，可采用增加旁路母线（如图 4-7 所示）、采用母线分段（如图 4-8 所示）、既带旁路母线又母线分段（如图 4-9 所示）。

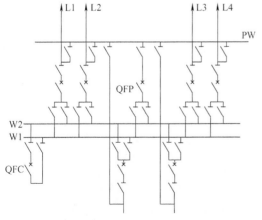

图 4-7　带旁路母线的单断路器的双母线接线

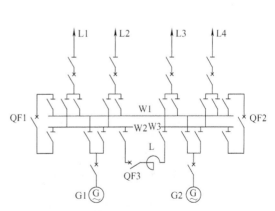

图 4-8　双母线三分段接线图

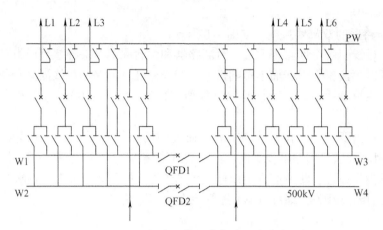

图 4-9　双母线四分段带旁路母线接线

（2）双断路器的双母线接线，如图 4-10 所示。

每个回路都通过两台断路器与两组母线相连，正常运行时，母线、断路器、隔离开关全部投入运行。其主要优点是：①任何一组母线、任何一台断路器或任何一台母线侧隔离开关检修时，都不会影响供电，且操作简单；②隔离开关不用来倒闸操作，避免了误操作；③运行灵活；④继电保护容易实现；⑤任何一台断路器拒动只影响本回路；⑥母线故障时，不影响任何回路供电。

（3）一台半断路器的双母线接线，如图 4-11 所示。

简称 3/2 接线，每"串"并联在双母线上，每"串"两个回路共用 3 台断路器，每个回路相当于占有一台半断路器，靠母线的断路器（如 QF1、QF3）称为母线断路器，中间的断路器（如 QF2）称为联络断路器。这种接线的突出优点是：①具有高度的供电可靠性，当任一母线短路时都不影响任何回路供电；②运行调度灵活；③操作检修方便。它是大机组、超高压电气主接线中广泛采用的一种典型接线形式。

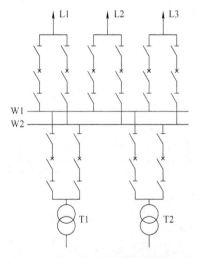

图 4-10　双断路器的双母线接线图

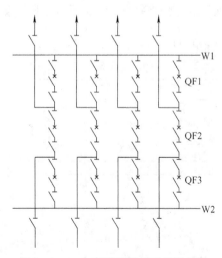

图 4-11　一台半断路器的双母线接线

如图4-12所示,为了进一步提高一台半断路器的双母线接线的供电可靠性,防止发生同名回路(L1与L1′、L3与L3′为同名回路)同时停电的事故,可将同名回路布置在不同"串"上,并交替布置。

(4) 变压器—母线组接线。为了保证超高压、长距离输电线路的输电可靠性,超高压变电所或升压站宜采用双断路器的双母线接线。但由于这种接线投资十分昂贵,可根据具体情况采用不同方案的变压器—母线组接线。例如,线路部分采用双断路器接线,如图4-13所示,以保证高度的可靠性。而当线路较多时,线路部分采用一台半断路器接线,如图4-14所示。对于主变压器回路,考虑主变压器运行可靠且平时切换次数较少,故不装设断路器,而直接通过隔离开关接到母线上。当有4台主变压器时,可利用断路器将双母线分成四段,在每段母线上连接1台主变压器,如图4-15所示。

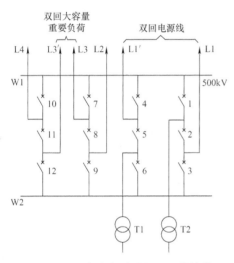

图4-12　一台半断路器的双母线接线
　　　　同名回路交替布置

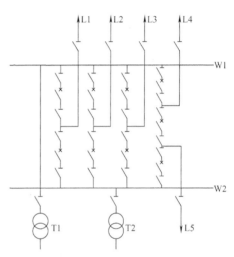

图4-13　线路部分采用双断路器的
　　　　变压器—母线组接线

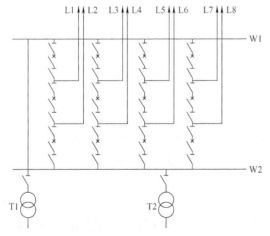

图4-14　线路部分采用一台半断路器的
　　　　变压器—母线组接线

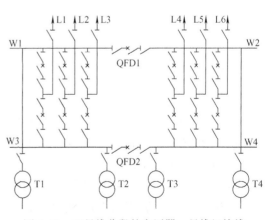

图4-15　双母线分段的变压器—母线组接线

3. 无母线的电气主接线

（1）多角形接线，如图 4-16 所示。它把各台断路器互相连接起来，形成闭合的单环形接线。每个回路都经过两台断路器接入电路中，从而达到了双重连接的目的。其优点是：①具有较高的可靠性；②断路器配置合理；③隔离开关不作为操作电器从而避免了误操作；④由于无母线，占地面积较小。多角形接线的优点只有在闭环运行及角数较少时才能体现出来，以采用三角形、四角形和五角形接线为宜。

（2）桥形接线，如图 4-17 所示。

当发电厂和变电所中只有两台变压器和两回线路时，可采用桥形接线。桥形接线有内桥和外桥两种接线方式。

① 内桥接线。其特点是：连接两个回路的桥断路器设在靠近变压器一侧，另外两台断路器连接在线路上。内桥接线适用于输电线路较长，故障概率较大，而负荷比较平稳，变压器不需要经常切换的中小容量发电厂和变电所。

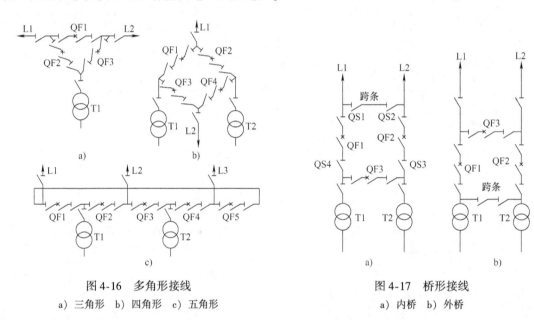

图 4-16　多角形接线
a）三角形　b）四角形　c）五角形

图 4-17　桥形接线
a）内桥　b）外桥

② 外桥接线。其特点与内桥接线相反，连接桥断路器在靠近线路一侧，另外两台断路器接在主变压器回路中。外桥接线适用于线路短，检修、操作及故障概率较小，而负荷变化较大，变压器需要经常切换的场合。此外，当电网中有穿越功率通过变电所时，为了减少由于断路器停运造成的对穿越功率的影响，采用外桥接线较为合适。

③ 跨条的作用。如图 4-17 所示，在内桥接线中，当线路断路器检修时，线路将较长时间停运；在外桥接线中，当变压器侧断路器检修时，同样会造成变压器较长时间停运。可设一个正常运行时断开的带隔离开关的跨条，这样在检修线路或变压器侧断路器时，用跨条连接线路或变压器，以保证线路或变压器连续运行。

（3）单元接线，如图 4-18 所示。单元接线是把发电机、变压器或线路直接串联连接，其间除厂用电分支外，不再设母线之类的横向连接。单元接线有以下 3 种形式。

① 发电机—变压器单元接线。如图 4-18a、图 4-18b 所示，将发电机和变压器直接连接

成一个单元组,再将断路器接至高压母线。图 4-18a 中,发电机出口和厂用电分支高压回路不设断路器,只有高压侧装设断路器,作为整个单元的控制和保护设备。而图 4-18b 中这两处都设有断路器,以便在发电机或厂用电分支停运时,不影响三绕组变压器高中压侧的运行。

② 扩大单元接线。如图 4-18c、图 4-18d 所示,两台发电机共用一台主变压器,发电机出口必须设断路器和隔离开关。这种接线的优点是减少主变压器和高压断路器的数量,减少高压配电装置的间隔,节省占地面积。缺点是运行灵活性较差,当主变压器故障或检修时,两台发电机停运;而检修一台发电机时,主变压器处于轻载运行。

③ 发电机—变压器—线路单元接线。如图 4-18e 所示,在大型发电厂中采用这种接线,不需要在发电厂设置高压配电装置,而直接送电至附近的枢纽变电所。

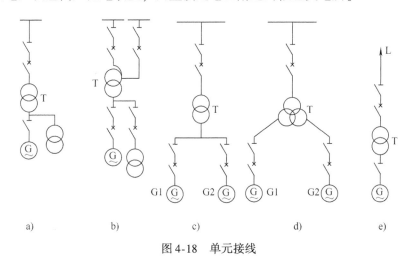

图 4-18　单元接线

二、模拟测试题

1. [多选题] 电气主接线的经济性包括以下(　　)等方面。
   A. 电气主接线力求简单　　　　　　　B. 采用限制短路电流的措施
   C. 合理优化配电装置的布置　　　　　D. 合理选择主变压器的型式、台数和容量
2. [多选题] 电气主接线的供电可靠性包括以下(　　)等方面。
   A. 断路器检修时该回路不停电　　　　B. 母线故障时尽量减少停运时间
   C. 母线检修时各回路不停电　　　　　D. 尽可能简化继电保护和二次回路
3. [单选题] 对一级负荷,要求由(　　)供电。
   A. 专线　　　　　B. 双电源　　　　　C. 双回线路　　　　　D. 两个独立电源
4. [单选题] 下列(　　)不属于母线(母排)的功能。
   A. 汇集电能　　　B. 分配电能　　　　C. 变换电能　　　　　D. 汇流
5. [单选题] 母线等导体通常用不同颜色标识,其中 C 相用(　　)色标识。
   A. 黄　　　　　　B. 绿　　　　　　　C. 红　　　　　　　　D. 黑
6. [单选题] 下列(　　)不是单母线不分段接线的优点。
   A. 供电可靠性高　B. 接线简单　　　　C. 使用设备少　　　　D. 操作方便

7. [单选题] 单母线不分段接线当检修母线侧隔离开关时，停电情况是（　　）。
   A. 所有回路不会停电　　　　　　　　B. 只有本回路停电
   C. 部分回路停电　　　　　　　　　　D. 所有回路停电

8. [单选题] 单母线不分段接线当检修出线断路器时，停电情况是（　　）。
   A. 所有出线不会停电　　　　　　　　B. 本出线停电
   C. 部分出线停电　　　　　　　　　　D. 所有出线停电

9. [单选题] 单母线不分段接线当线路侧隔离开关检修时，停电情况是（　　）。
   A. 所有出线不会停电　　　　　　　　B. 本出线停电
   C. 部分出线停电　　　　　　　　　　D. 所有出线停电

10. [判断题] 采用隔离开关分段的单母线分段接线，当停电检修一段母线时，由于分段隔离开关不能带负荷操作，另一段母线也需要短时间停电才能断开分段隔离开关。（　　）
    A. 正确　　　　　　　　　　　　　　B. 错误

11. [单选题] 运行转冷备用中的操作①断开断路器、②断开负荷侧隔离开关、③断开母线侧隔离开关的操作顺序是（　　）。
    A. ①②③　　B. ①③②　　C. ③②①　　D. ②③①

12. [单选题] 线路送电的操作中①合负荷侧隔离开关、②合母线侧隔离开关、③合断路器的操作顺序是（　　）。
    A. ①②③　　B. ②①③　　C. ③①②　　D. ③②①

13. [单选题] 与单母线不分段接线相比，单母线分段接线的特点是（　　）。
    A. 接线简单经济　　B. 供电可靠性高　　C. 检修操作方便　　D. 运行灵活性高

14. [单选题] 采用断路器分段的单母线分段接线，当一段母线发生短路故障时，停电情况是（　　）。
    A. 全部停电　　　　　　　　　　　　B. 全部不停电
    C. 只有故障段母线停电　　　　　　　D. 双回线路供电的用户停电

15. [单选题] 设置旁路母线的目的是为了检修（　　）而该出线不停电。
    A. 线路侧隔离开关　　B. 母线侧隔离开关　　C. 出线断路器　　D. 母线

16. [单选题] 旁路断路器的作用是（　　）。
    A. 当出线断路器检修时可代替该断路器工作　　B. 可代替母联断路器工作
    C. 保证母线检修时，线路不停电　　　　　　　D. 可代替分段断路器工作

17. [单选题] 单母线分段带旁路母线接线每回出线上有（　　）台隔离开关。
    A. 1　　B. 2　　C. 3　　D. 4

18. [多选题] 单母线接线增设旁路母线后，其变化情况是（　　）。
    A. 供电可靠性更高　　B. 操作更方便　　C. 使用的设备更多　　D. 运行更灵活

19. [多选题] 关于单断路器的双母线接线，下列说法正确的是（　　）。
    A. 检修母线时不会造成任何回路停电
    B. 检修任一回路的母线侧隔离开关时，该回路不需要停电
    C. 检修任一回路的断路器时，该回路需要停电
    D. 母线发生故障时，会造成部分回路短时间停电

20. [多选题] 与单母线接线相比，双母线接线的特点是（　　）。
    A. 供电可靠性更高　　B. 运行更灵活　　C. 操作更方便　　D. 便于试验
21. [判断题] 带旁路母线的单断路器双母线接线在检修任一母线、断路器和隔离开关时都不会造成停电。（　　）
    A. 正确　　　　　　　　　　　　　　B. 错误
22. [单选题] 下列电气主接线中，供电可靠性最高的是（　　）。
    A. 单母线分段接线　　　　　　　　　B. 单母线分段带旁路母线接线
    C. 单断路器的双母线接线　　　　　　D. 带旁路母线的单断路器的双母线接线
23. [判断题] 除电源外的任何故障，双母线接线的变电所不可能造成全部停电。（　　）
    A. 正确　　　　　　　　　　　　　　B. 错误
24. [判断题] 隔离开关在两侧有电的情况下不能进行分合闸操作。（　　）
    A. 正确　　　　　　　　　　　　　　B. 错误
25. [单选题] 在双母线或旁路母线倒闸操作中，在隔离开关两端都有电的情况下需要断开隔离开关，这种操作是（　　）。
    A. 违规操作　　B. 带负荷拉闸　　C. 等电位操作　　D. 无电操作
26. [判断题] 倒闸操作时，容易发生误操作。（　　）
    A. 正确　　　　　　　　　　　　　　B. 错误
27. [单选题] 带旁路母线的单断路器的双母线接线每路出线上有（　　）台隔离开关。
    A. 2　　　　　B. 3　　　　　C. 4　　　　　D. 5
28. [单选题] 为了减少母线故障的停电范围，应采取的措施是（　　）。
    A. 采用无母线接线　　　　　　　　　B. 增设旁路母线
    C. 母线分段　　　　　　　　　　　　D. 每个回路采用双断路器
29. [多选题] 双断路器的双母线接线在下列（　　）情况下不会有线路停电。
    A. 检修任何一组母线　　　　　　　　B. 检修任何一台断路器
    C. 一组母线发生故障　　　　　　　　D. 检修任何一台隔离开关
30. [多选题] 双断路器的双母线接线的下列优点（　　）是单断路器的双母线接线所不具有的。
    A. 隔离开关不作为倒闸操作开关　　　B. 母线故障时不会使任何回路停电
    C. 检修任何一台断路器都不会影响供电　D. 检修任何一组母线都不会影响供电
31. [单选题] 与双断路器的双母线接线相比，一台半断路器的双母线接线的最大区别是（　　）。
    A. 供电可靠性　　B. 运行灵活性　　C. 操作方便性　　D. 继电保护复杂性
32. [单选题] 8个回路的一台半断路器的双母线接线比8个回路的双断路器的双母线接线节省（　　）台断路器。
    A. 8　　　　　B. 6　　　　　C. 4　　　　　D. 2
33. [多选题] 下列关于3/2接线（一台半断路器的双母线接线）中隔离开关的说法错误的是（　　）。
    A. 隔离开关用于倒闸操作，容易误操作

B. 隔离开关仅起隔离电源作用，误操作的可能性小
C. 检修任何一台隔离开关，任何回路都不需要停电
D. 检修任何一台隔离开关，至少一个回路需要停电

34. [单选题] 若要求任一组母线发生短路都不会影响各出线供电，则应采用（　　）接线。
    A. 双母线
    B. 双母线带旁路母线
    C. 多角形接线
    D. 3/2 接线

35. [单选题] 将双母线接线的 W1 母线切换到 W2 母线，首先操作的是（　　）。
    A. 合母联断路器
    B. 合母联断路器两侧的隔离开关
    C. 将连接到 W2 母线的所有隔离开关合上
    D. 将连接到 W1 母线的所有隔离开关断开

36. [多选题] 关于变压器—母线组接线，下列说法正确的是（　　）。
    A. 这种接线适用于长距离输电线路的超高压变电所或升压站
    B. 采用这种接线的前提条件是选用质量可靠、故障率很低的主变压器
    C. 输电线路采用双断路器或一台半断路器的双母线接线
    D. 所有变压器回路都不用断路器，而是通过隔离开关直接接在母线上

37. [单选题] 当双母线接线的两组母线同时运行时，其特点是（　　）。
    A. 具有单母线分段接线的特点
    B. 具有单母线分段带旁路母线接线的特点
    C. 与单母线接线完全相同
    D. 等同于单母线分段带旁路母线接线

38. [判断题] 在变压器—母线组接线中，一台主变压器发生故障时不会影响输电线路和其他主变压器的供电。（　　）
    A. 正确
    B. 错误

39. [单选题] 下列（　　）电气主接线在出线断路器检修时，会中断该出线的供电。
    A. 单母线分段带旁路母线
    B. 双母线分段带旁路母线
    C. 3/2 接线
    D. 双母线分段接线

40. [单选题] 下列电气主接线中（　　）不需要母线联络断路器。
    A. 单母线分段接线
    B. 双母线接线
    C. 单元接线
    D. 带有旁路母线的接线

41. [单选题] 多角形接线适用于进出线回路数为（　　）的 110kV 及以上发电厂和变电所。
    A. 2~4
    B. 3~5
    C. 4~6
    D. 5~7

42. [单选题] 山区水电站因为安装场地狭小，可采用（　　）电气主接线。
    A. 双母线
    B. 单母线分段带旁路母线
    C. 桥形接线
    D. 多角形接线或单元接线

43. [单选题] 四角形电气主接线需装设（　　）台断路器。
    A. 2
    B. 4
    C. 6
    D. 8

44. [判断题] 多角形接线的较高供电可靠性的优点只有在开环运行时才能体现出来。（　　）

A. 正确 B. 错误

45．［单选题］桥形接线中有（　　）台断路器。
A. 2　　　　　　　B. 3　　　　　　　C. 4　　　　　　　D. 6

46．［单选题］平均每个回路（进线和出线）使用断路器最少的电气主接线是（　　）。
A. 不分段的单母线接线　　　　　　B. 多角形接线
C. 桥形接线　　　　　　　　　　　D. 变压器—母线组接线

47．［单选题］对于有两台主变压器和两路电源进线的下列情况（　　）的变电所适于采用内桥接线。
A. 电源进线较长、负荷变化较大　　B. 电源进线较长、负荷比较平稳
B. 电源进线较短、负荷变化较大　　D. 电源进线较短、负荷比较平稳

48．［单选题］内桥接线的下列情况中（　　）需要用隔离开关进行倒闸操作。
A. 切换变压器　　　　　　　　　　B. 切换电源进线
C. 切换变压器和电源进线　　　　　D. 都不需要

49．［单选题］外桥接线适用于（　　）。
A. 线路较短、变压器需要经常切换的场合
B. 线路较长、变压器不需要经常切换的场合
C. 线路较多、只有两台变压器的场合
D. 只有两条线路、变压器较多的场合

50．［多选题］下列主接线中需要用隔离开关进行倒闸操作的是（　　）。
A. 有旁路母线的主接线　　　　　　B. 单断路器的双母线接线
C. 双断路器的双母线接线　　　　　D. 桥形接线

51．［单选题］桥形接线中跨条的作用是（　　）。
A. 正常运行时将两回线路或两台变压器连接起来
B. 检修桥断路器时作为备用桥
C. 检修线路或变压器侧断路器时，保证线路或变压器连续运行
D. 检修线路或变压器侧隔离开关时，保证线路或变压器连续运行

52．［多选题］下列关于单元接线的正确说法是（　　）。
A. 单元接线只用于发电厂
B. 在所有的单元接线中，发电机出口均可不设断路器
C. 单元接线接线简单，设备投资少，但运行灵活性较差
D. 大机组单元接线不采用三绕组变压器

53．［单选题］单机容量为 200MW 及以上的大型火电厂中，发电机与变压器之间一般采用（　　）。
A. 不设发电机电压母线，机组单元接线
B. 设发电机电压母线，机组单母线分段接线
C. 不设发电机电压母线，机组扩大单元接线
D. 设发电机电压母线，机组单元接线

54．［单选题］如果要求在检修任一出线的母线侧隔离开关时，不影响出线供电，可采用（　　）。

A. 内桥接线 B. 单母线带旁路母线接线
C. 双母线接线 D. 单母线分段接线

55. [单选题] 下列电气主接线中有母线的是（   ）。
A. 桥形接线　　　　B. 多角形接线　　　C. 3/2接线　　　　D. 单元接线

56. [单选题] 母线上装设分段电抗器的作用是（   ）。
A. 限制母线回路的短路电流 B. 改善母线的电压质量
C. 吸收多余的无功功率 D. 防止过电压

57. [单选题] 根据电气主接线的基本要求，设计电气主接线时首先要考虑（   ）。
A. 采用有母线的接线形式 B. 采用无母线的接线形式
C. 尽量降低投资，减少占地面积 D. 保证必要的可靠性和电能质量要求

58. [单选题] 检修出线断路器不需要停电的接线方式是（   ）。
A. 单母线　　　B. 单母线分段　　　C. 双母线　　　　D. 3/2接线

【参考答案与解析】

1. ABCD　2. ABC　3. D　4. C　5. C　6. A　7. D　8. B　9. B

10. B。[解析] 可把要停电检修的这段母线上的进线和出线都断开后，再断开分段隔离开关，另一段母线的工作不受影响。

11. A。[解析] 题中"运行转冷备用"的意思就是线路停电。

12. B　13. B　14. C　15. C　16. A　17. C　18. AC　19. ACD　20. ABD

21. B。[解析] 如图4-7、图4-9所示，检修线路侧隔离开关时该回路需要停电。

22. D

23. B。[解析] 母联断路器闭合运行时，当任一组母线发生短路而母联断路器拒动时，整个变电所将停电。

24. B。[解析] 两端电位相等的情况下可以进行分合闸操作。

25. C　26. A　27. C　28. C

29. ABC。[解析] 选项D中检修母线侧隔离开关时不会停电，但检修线路侧隔离开关时本回路需要停电。

30. ABC。[解析] 选项D是单断路器的双母线接线也具有的优点。

31. D　32. C

33. ACD。[解析] 如图4-14所示，检修线路隔离开关和"串"中间靠出线的隔离开关，该出线需要停电，而检修母线侧隔离开关就不需要停电。

34. D　35. B　36. ABCD　37. A　38. A　39. D　40. C　41. B　42. D　43. B

44. B。[解析] 只有闭环运行时才有较高的运行可靠性。开环运行时，如图4-16c所示的五角形接线中，若QF1检修而成为开环运行状态，当线路L2故障时，QF2、QF3都会跳闸，从而导致变压器T1和线路L2都停电，导致故障范围扩大。

45. B　46. C　47. B　48. A　49. A　50. ABD　51. C　52. ACD　53. A　54. C
55. C　56. A　57. D　58. D

第三单元　限制短路电流的方法

一、主要知识点

（一）限制短路电流的必要性

由于以下原因，现代电力系统的短路电流（短路容量）增大：①发电厂单机容量及总装机容量增大；②电力系统总装机容量不断扩大；③在电网之间设置联络线以加强系统之间联系而导致系统阻抗减小；④自耦变压器的广泛使用增加了中性点直接接地的数目，引起系统零序电抗减小。

短路电流增大将造成电气设备动、热稳定性能满足不了要求，需要提高开关电器、变压器等电气设备的动、热稳定电流值和断路器的开断电流（开断容量），可能选不到符合要求的电器。因此，必须限制短路电流。

（二）限制短路电流的方法

1. 选择合理的电气主接线形式和运行方式

选择计算阻抗较大的接线形式或运行方式，减少并联支路。

（1）采用单元接线和一厂两站式接线。具有大容量机组的发电厂采用发电机—变压器单元接线相当于电抗增大，当发电机和主变压器低压侧短路时，由系统流到短路点的电流减小。对于大型电厂，为了限制短路电流，可采用一厂两站式接线，即建设无电气联系的两个升压站（可以是同一电压等级或两个电压等级），各自连接到枢纽变电所。

（2）城市电网分片运行。将110kV（60kV）城网分片运行，提高系统阻抗。

（3）环形电网开环运行。对环形网，正常运行时开环运行，故障时合上联络断路器。对于双电源供电的高、中压配电网，正常运行时双电源不并列，只有在一个电源故障或检修时才合上联络断路器。

（4）简化接线及母线分段运行。例如，对110kV变电所高压侧采用桥式接线或线路—变压器接线；对中压开关站（配电所）一般采用单母线分段接线；对配电所采用环网单元接线。母线分段是将某些大容量变电所低压侧母线分段（即两台变压器分开运行），两段母线间可不设分段开关，从而使一段母线短路时的电抗大为增大。

2. 选择合适的变压器参数和型式

（1）选用高阻抗变压器。随着电网联系的不断紧密和变压器容量的增大，变电所各侧短路电流都比较大，可以选用高阻抗变压器来限制短路电流，当然高阻抗变压器的功率损耗和电压降落都会比较高。

（2）采用分裂绕组变压器，如图4-19所示。分裂绕组变压器是一种将低压绕组分裂为两个绕组的变压器，它常用于发电机—变压器扩大单元接线，如图4-19a所示，限制发电机出口短路时的短路电流；或作为大容量机组的高压厂用变压器，限制厂用电系统的短路电流。

分裂绕组变压器高压绕组电抗值较小，两个低压绕组的电抗值较大且相等。若不计高压绕组电抗，分裂绕组变压器正常运行时高压绕组与低压绕组之间的总电抗（叫穿越电抗）

为低压绕组电抗值的 1/2（低压侧并列运行）。当一个低压绕组所连接的发电机出口短路时（即短路点为图 4-19d 中的低压分裂绕组端点 2′ 或 2″），电力系统电源到短路点要经过变压器正常运行时短路电抗约 2 倍的路径；另一台发电机到短路点的电抗为变压器正常运行时短路电抗的 4 倍，很好地限制了短路电流。

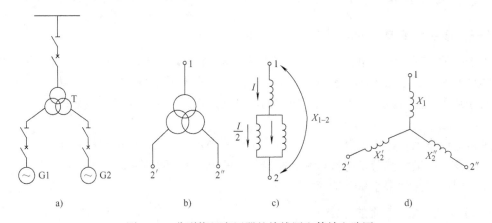

图 4-19 分裂绕组变压器的接线图和等效电路图
a) 发电机变压器扩大单元接线 b) 原理接线图
c) 低压侧并列运行等效电路 d) 低压侧分列运行等效电路

3. 装设电抗器

按安装位置不同，利用限流电抗器限制短路电流可分为变压器低压侧串联电抗器、母线分段装设电抗器及出线装设电抗器。在出线上装设电抗器对本线路的限流作用较母线分段装设电抗器要大得多，尤其以电缆为引出线的城市电网。

限流电抗器按结构可分为普通限流电抗器和分裂电抗器。普通限流电抗器一般装设在发电厂馈电线路或发电机电压母线的分段上。分裂电抗器通常装在负荷平衡的双回馈电线路、变压器低压侧以及发电机回路上。

二、模拟测试题

1. [多选题] 短路电流增大对断路器的（　　）性能参数提出更高要求。
   A. 额定电流　　　B. 额定开断电流　　　C. 动稳定电流　　　D. 热稳定电流

2. [单选题] 某些大容量变压所低压侧母线分段且不设分段开关的目的是（　　）。
   A. 提高供电可靠性　B. 提高运行灵活性　C. 减少设备投资　　D. 限制短路电流

3. [判断题] 减少并联支路有利于限制短路电流。（　　）
   A. 正确　　　　　　　　　　　　　　B. 错误

4. [多选题] 下列（　　）有利于限制短路电流。
   A. 大容量发电机组采用发电机—变压器单元接线
   B. 变压器并列运行
   C. 双电源供电系统两个电源分开运行
   D. 环形电网开环运行

5. [判断题] 限制短路电流能节约设备和导线的投资。（　　）

A. 正确 B. 错误

6. [判断题] 当发电机出口短路时，两台发电机并列在电压母线上的接线比发电机—变压器单元接线的短路电流大许多。（　　）

A. 正确 B. 错误

7. [单选题] 限制短路电流的分裂绕组变压器可应用于（　　）。
A. 有三个电压等级的变电所中　　　　B. 任何中性点小电流接地系统中
C. 发电机—变压器单元接线中　　　　D. 发电机—变压器扩大单元接线中

8. [单选题] 分裂绕组变压器一个低压分裂绕组所连接的发电机出口短路时，变压器高压绕组到短路点之间的短路电抗约为正常运行时分裂绕组变压器总电抗的（　　）倍。
A. 1/2　　B. 1　　C. 2　　D. 4

9. [单选题] 分裂绕组变压器一个低压分裂绕组所连接的发电机出口短路时，另一台发电机对短路点的转移电抗约为正常运行时分裂绕组变压器总电抗的（　　）倍。
A. 1/2　　B. 1　　C. 2　　D. 4

10. [单选题] 变电所出线上串联电抗器的作用是（　　）。
A. 无功补偿　　B. 提高电压水平　　C. 限制负荷电流　　D. 限制短路电流

11. [单选题] 母线上装设分段电抗器的作用是（　　）。
A. 限制母线回路的短路电流　　　　B. 改善母线的电压质量
C. 吸收多余的无功功率　　　　　　D. 防止过电压

12. [单选题] 下列关于限制短路电流的说法中，错误的是（　　）。
A. 限流电抗器有母线分段电抗器、线路电抗器和分裂电抗器
B. 低压分裂绕组变压器是一种将低压绕组分裂成为两个绕组的变压器，它常用于发电机—变压器扩大单元接线，限制发电机出口短路时的短路电流
C. 500kV变电所广泛采用自耦变压器，其中性点经小电抗接地可同时限制500kV和220kV电网的单相接地短路电流
D. 增加并联支路可以限制短路电流

13. [判断题] 电缆线路串联电抗器可以限制馈线短路电流。（　　）
A. 正确 B. 错误

14. [多选题] 在10kV降压变电所，可采用下列措施（　　）限制短路电流。
A. 变压器低压侧分列运行　　　　B. 在低压母线上装设分段电抗器
C. 在出线上装设电抗器　　　　　D. 采用分裂绕组变压器

15. [判断题] 在一些短路电流较大的场合，若不采用限制短路电流的措施，可能选不到技术参数符合要求的电器。（　　）
A. 正确 B. 错误

16. [多选题] 下列设备（　　）可用来限制短路电流。
A. 电容器　　B. 电抗器　　C. 分裂绕组变压器　　D. 自耦变压器

【参考答案与解析】

1. CD　2. D　3. A　4. ACD
5. A。[解析] 限制短路电流可以选用轻型电器和截面积较小的电缆（电缆也要满足短

路热稳定条件)。

6. A 7. D 8. C

9. D。[解析] 在短路计算中转移电抗就是电源至短路点的总电抗。

10. D 11. A 12. D 13. A

14. ABCD。[解析] 分裂绕组变压器多用于企业变电所。

15. A 16. BC

第四单元　电气设备的选择

一、主要知识点

(一) 电气设备选择的一般原则

在进行电气设备选择时,必须执行国家的有关技术经济政策,在保证安全、可靠的前提下,力争做到技术先进、经济合理、运行方便和留有适当的发展余地。

(二) 电气设备选择的一般条件

电气设备必须按正常工作条件进行选择,按短路条件校验动、热稳定性。

1. 按正常工作条件选择

正常工作条件包括额定电压、额定电流和自然环境条件3个方面。

(1) 额定电压。电气设备和载流导体的额定电压应不低于安装地点电网的额定电压。

(2) 额定电流。电气设备和载流导体的额定电流(对导体而言,一般称允许载流量或持续容许电流)应不低于流过设备和导体的最大持续工作电流。

(3) 自然环境条件。包括气温、风速、湿度、污秽等级、海拔高度、地震烈度、覆冰厚度等。我国生产的电气设备的规定使用条件是周围最高气温为+40℃,修正方法是:最高环境温度每增加1℃,额定电流减少1.8%;最高环境温度每降低1℃,额定电流增加0.5%,但最大不能超过额定电流的20%。海拔高度一般规定为1000m,在海拔高度超过1000m的地区,应选用高原型产品或外绝缘提高一级的产品。对于110kV及以下的大多数电气设备,因外绝缘具有一定裕度,故可使用在海拔2000m以下地区。

2. 按短路条件校验

(1) 动稳定性。动稳定是指导体和电气设备承受短路电流电动力(机械)效应的能力。满足的动稳定条件为

$$i_{sh} \leq i_{ds} \tag{4-1}$$

或

$$I_{sh} \leq I_{ds} \tag{4-2}$$

式中,i_{sh}、I_{sh}分别是短路冲击电流峰值及有效值;i_{ds}、I_{ds}分别是导体和电气设备动稳定电流峰值及有效值。对开关电器,动稳定电流又叫额定峰值耐受电流,按式(4-1)校验。

(2) 热稳定性。热稳定是指导体和电气设备承受短路电流热效应的能力。满足的热稳定条件为

$$Q_k \leq Q_r \tag{4-3}$$

或 $$Q_k \leqslant I_r^2 t_r \tag{4-4}$$

式中，Q_k 是短路电流热效应（$kA^2 \cdot s$）；Q_r 为导体和电气设备允许的短时热效应（$kA^2 \cdot s$）；I_r 为导体和电气设备热稳定电流（对开关电器又叫额定短时耐受电流）（kA）；t_r 为导体和电气设备热稳定时间（s）。

对开关电器，热稳定校验条件为
$$I_\infty^2 t_k \leqslant I_r^2 t_r \tag{4-5}$$

式中，I_∞ 为三相短路稳态电流，即三相短路电流周期分量有效值（kA）；t_k 为短路假想时间，在无限大容量电源供电系统中为实际短路时间（继电保护动作时间与断路器动作时间之和）+0.05s。

（三）开关电器的选择

1. 高压断路器的选择

选择和校验项目有：型式和种类；额定电压；额定电流；额定短路开断电流；额定短路关合电流；动稳定；热稳定。

（1）型式和种类。对于高压断路器的种类，早先使用的油断路器和压缩空气断路器早已淘汰。现在110kV及以上系统使用SF_6断路器，中压（3~66kV）系统使用真空断路器和SF_6断路器。

（2）额定短路开断电流。额定短路开断电流应不小于三相短路电流周期分量有效值。

（3）额定短路关合电流。断路器重合闸时若短路故障还存在，或线路存在短路故障送电时，断路器将关合短路电流。在合闸过程中，触头移动到一定位置就会发生预击穿，此时如果短路电流产生的电动力大于断路器操动机构的合闸力，断路器将合不上去，而发生触头熔焊甚至断路器爆炸。因此，断路器短路关合电流（I_{nbr}）应不小于三相短路冲击电流有效值（I_{sh}）。

其他项目同上述电气设备选择的一般条件。

2. 高压隔离开关的选择

选择和校验项目有：型式和种类；额定电压；额定电流；动稳定；热稳定。

3. 高压熔断器的选择

选择和校验项目有：型式和种类；额定电压；额定电流；额定短路开断电流；保护特性。

（1）额定电压。限流式熔断器只能用于等于其额定电压的电网中，而不能用在低于其额定电压的电网中，这是由于限流式熔断器灭弧速度很快，在短路电流第一次过零前（半个工频周期）就会断开电路，会产生过电压（Ldi/dt），过电压倍数可能达到3.5~4倍电网相电压。

（2）额定电流。熔断器额定电流包括熔管和熔体额定电流，同一电流等级的熔管可以安装不大于熔管额定电流的多个电流等级的熔体。熔体额定电流应不小于通过熔断器的最大持续工作电流。熔体额定电流还应躲过线路尖峰电流（如电动机起动电流、电容器合闸涌流、变压器励磁涌流）。

（3）额定短路开断电流。对非限流式熔断器，其额定短路开断电流应不小于三相短路冲击电流有效值；限流式熔断器能在短路冲击电流到来之前就断开故障电路，因此其额定短路开断电流应不小于三相短路次暂态电流有效值（它是指短路后第一个周期的短路电流周期分量有效值，在无限大容量供电系统中，该电流的值就是三相短路电流周期分量有效值）。

（四）限流电抗器的选择

选择和校验项目有：额定电压；额定电流；电抗百分数；动稳定；热稳定。

按电抗百分数选择限流电抗器，一是要按将短路电流限制到多大的值来选择；二是按限流电抗器工作时其电压损失不得超过线路额定电压的5%来校验。

（五）电流互感器的选择

选择和校验项目有：种类和型式；一次额定电压；一次额定电流；准确度级；二次负荷容量；热稳定；动稳定。

（1）种类和型式。6~20kV屋内配电装置可采用瓷绝缘或环氧树脂浇注绝缘的电流互感器，对于35kV及以上配电装置宜采用油绝缘的电流互感器。尽量采用套管式电流互感器。

（2）准确度级和二次负荷。用于电能计量的电流互感器，准确度级不能低于0.5级，500kV及以上电网宜采用0.2级；供运行监视仪表用的电流互感器，准确度级不应低于1级。电流互感器的二次负荷（阻抗）包括仪表串联线圈阻抗、连接导线阻抗和二次电路接触电阻（一般取$0.05 \sim 0.1 \Omega$）。为了保证电流互感器在标称的准确度级下工作，二次负荷应不大于该准确度级所规定的额定容量。

（3）动、热稳定性。电流互感器给出的参数是动稳定电流倍数和热稳定电流倍数（即是电流互感器一次额定电流的多少倍）。

（六）电压互感器的选择

选择和校验项目有：种类和型式；一次额定电压；二次绕组和二次额定电压；准确度级；二次负荷容量。

6~20kV屋内配电装置宜采用油浸绝缘或树脂浇注绝缘的电磁式电压互感器；35kV配电装置一般采用油浸绝缘的电磁式电压互感器；110kV及以上配电装置一般采用电容式电压互感器。中性点小电流接地系统中，需要监视单相接地（对地绝缘）时，应选用三相五柱式三绕组电压互感器或具有剩余绕组（即第三绕组）的电压互感器。

超高压输电线路和大型主设备，要求装设两套独立的主保护或继电保护按双重化配置，因而电压互感器应具有两个独立的二次绕组，分别对两套保护供电。

（七）电力线路导线截面积的选择

电力线路导线截面积的选择要考虑以下条件：

（1）经济电流密度条件：综合考虑线路年运行费用（包括电能损耗费、运行维护费和投资的折旧费）和有色金属消耗量，确定导线经济截面积。根据不同线路所对应的经济电流密度（查手册得到）和线路最大负荷电流，可计算出经济截面积。

（2）机械强度条件：线路导线截面积≥导线最小容许截面积（查手册得到）。

（3）发热条件：线路最大负荷电流≤导线持续容许电流（允许载流量，查手册得到）。

（4）电晕条件：线路导线截面积≥按照晴天不出现电晕所确定的导线最小容许截面积或最小容许直径（查手册得到）。

（5）电压损耗条件：线路电压损耗（百分数）≤线路容许电压损耗（百分数）。

二、模拟测试题

1. [单选题] 电气设备选择的一般原则是（　　）。
A. 在安全、可靠的前提下，力争技术先进、经济合理、运行方便和留有发展余地
B. 在安全、经济的前提下，力争技术先进、运行可靠、运行方便和留有发展余地
C. 在技术先进的前提下，力争安全、可靠、经济合理、运行方便和留有发展余地
D. 在运行方便的前提下，力争技术先进、安全、可靠、经济合理和留有发展余地

2. [判断题] 电气设备按严酷的短路条件进行选择，再校验是否满足正常工作条件。（　　）
A. 正确　　　　　　　　　　　　　　B. 错误

3. [单选题] 电动机的控制和保护电器的额定电流应不小于（　　）。
A. 电动机的起动电流
B. 电动机机端三相短路电流周期分量有效值
C. 电动机的额定电流
D. 电动机机端三相短路冲击电流有效值

4. [多选题] 下列关于电气设备使用环境条件，说法正确的是（　　）。
A. 一般规定电气设备使用的环境条件是年最高气温为+40℃，海拔高度为1000m
B. 当实际的环境温度高于规定的环境温度时，电气设备可以降容使用
C. 海拔高度影响电气设备内绝缘的耐压水平
D. 110kV及以下的大多数电气设备，可使用在海拔2000m以下地区

5. [判断题] 断路器不仅要具有短路电流开断能力，而且要具有一定的短路电流关合能力。（　　）
A. 正确　　　　　　　　　　　　　　B. 错误

6. [判断题] 断路器的额定短路开断电流小于额定短路关合电流。（　　）
A. 正确　　　　　　　　　　　　　　B. 错误

7. [单选题] 断路器的额定短路关合电流应不小于通过它的（　　）。
A. 最大持续工作电流　　　　　　　　B. 三相短路电流周期分量有效值
C. 三相短路冲击电流有效值　　　　　D. 三相短路冲击电流峰值

8. [判断题] 35kV限流式熔断器不能用在10kV电网中。（　　）
A. 正确　　　　　　　　　　　　　　B. 错误

9. [单选题] 电气设备动稳定电流又叫（　　）。
A. 额定峰值耐受电流　　　　　　　　B. 额定短时耐受电流
C. 额定短路冲击电流　　　　　　　　D. 额定短路关合电流

10. [多选题] 下列说法错误的是（　　）。
A. 校验热稳定必须用幅值　　　　　　B. 校验热稳定必须用有效值
C. 校验动稳定可以用幅值　　　　　　D. 校验动稳定必须用有效值

11. [单选题] 开关电器的热稳定电流又叫（　　）。
A. 额定短时耐受电流　　　　　　　　B. 额定峰值耐受电流
C. 短路冲击电流　　　　　　　　　　D. 额定电流

12. [单选题] 电气设备动稳定电流峰值应不小于通过它的（　　）。
   A. 最大持续工作电流　　　　　　　B. 三相短路电流周期分量有效值
   C. 三相短路冲击电流有效值　　　　D. 三相短路冲击电流峰值

13. [单选题] 断路器的额定短路开断电流应不小于通过它的（　　）。
   A. 最大持续工作电流　　　　　　　B. 三相短路电流周期分量有效值
   C. 三相短路冲击电流有效值　　　　D. 三相短路冲击电流峰值

14. [判断题] 保护电动机的熔断器其熔体额定电流应不小于电动机的起动电流，以保证电动机起动时熔体不熔断。（　　）
   A. 正确　　　　　　　　　　　　　B. 错误

15. [单选题] 限流式熔断器的额定短路开断电流应不小于（　　）。
   A. 最大持续工作电流　　　　　　　B. 三相短路次暂态电流有效值
   C. 三相短路冲击电流有效值　　　　D. 三相短路冲击电流峰值

16. [单选题] 非限流式熔断器的额定短路开断电流应不小于（　　）。
   A. 最大持续工作电流　　　　　　　B. 三相短路电流周期分量有效值
   C. 三相短路冲击电流有效值　　　　D. 三相短路冲击电流峰值

17. [判断题] 额定电流为 125A 的熔断器内可安装 80A 的熔体。（　　）
   A. 正确　　　　　　　　　　　　　B. 错误

18. [判断题] 电压互感器不需要校验动、热稳定性。（　　）
   A. 正确　　　　　　　　　　　　　B. 错误

19. [判断题] 电压互感器一、二次侧都安装熔断器是为了防止电网短路时短路电流损坏电压互感器。（　　）
   A. 正确　　　　　　　　　　　　　B. 错误

20. [判断题] 电能计费用的电流互感器的准确度级至少为 0.5 级。（　　）
   A. 正确　　　　　　　　　　　　　B. 错误

21. [判断题] 互感器的准确度级与二次负荷大小无关。（　　）
   A. 正确　　　　　　　　　　　　　B. 错误

22. [判断题] 短路保护用电流互感器准确度级均为 P 级。（　　）
   A. 正确　　　　　　　　　　　　　B. 错误

23. [单选题] 出线上限制短路电流的电抗器电抗百分数越大，则短路电流和线路电压损失情况是（　　）。
   A. 短路电流越大、电压损失越大　　B. 短路电流越小、电压损失越小
   C. 短路电流越大、电压损失越小　　D. 短路电流越小、电压损失越大

24. [单选题] 35kV 配电装置一般采用（　　）电压互感器。
   A. 电容分压式　　　　　　　　　　B. 树脂浇注绝缘电磁式
   C. 油浸绝缘电磁式　　　　　　　　D. SF_6 气体绝缘电磁式

25. [单选题] 载流导体正常最高允许温度一般不超过（　　）℃。
   A. 70　　　　B. 220　　　　C. 130　　　　D. 320

26. [多选题] 电力线路导线截面积的选择要考虑以下问题（　　）。
   A. 经济电流密度　　B. 机械强度　　C. 导线长期发热　　D. 电晕

27. [单选题] 超高压输电线路导线截面积首先应按（ ）条件选择，再校验其他条件是否符合要求。
    A. 经济电流密度   B. 机械强度   C. 发热   D. 电晕

28. [单选题] 电力线路的最大持续工作电流应不大于导线持续容许电流，这便是导线截面积选择的（ ）条件。
    A. 经济电流密度   B. 机械强度   C. 发热   D. 电晕

【参考答案与解析】
1. A 2. B 3. C 4. ABD 5. A 6. A 7. C 8. A 9. A 10. AD
11. A 12. D 13. B
14. B。[解析] 熔体熔断需要一定的加热时间，保护电动机的熔断器的熔体额定电流根据电动机的起动时间一般按电动机起动电流的 0.25～0.4 倍选取。
15. B 16. C 17. A
18. A。[解析] 电压互感器并联在电网上，电网短路电流不会流经电压互感器。
19. B。[解析] 是对电压互感器二次电路短路进行保护，以免损坏电压互感器。
20. A 21. B 22. B 23. D 24. C 25. A 26. ABCD 27. A 28. C

第五单元　配电装置的类型及特点

一、主要知识点

（一）配电装置的定义与分类

配电装置是按主接线的要求，由开关设备、载流导体、保护和测量电器以及其他必要的辅助设备构成，用来接受和分配电能的装置。

配电装置按安装地点不同，分为屋内配电装置和屋外配电装置；按组装方式不同，分为装配式配电装置和成套配电装置。

（二）配电装置的安全净距

配电装置的各种间隔距离中最基本的是空气中的最小安全净距 A 值，它表明带电部分至接地部分（A_1 值）或相间（A_2 值）的最小安全净距。保持这一距离时，无论正常或过电压的情况下，都不致发生空气绝缘的电击穿。其余的 B、C、D、E 值是在 A 值的基础上，加上运行维护、搬运和检修工具活动范围及施工误差等尺寸而确定的。

（三）配电装置图形

配电装置结构以及其中设备布置和安装用配置图、平面图和断面图表示。

配置图是表示进出线、母线、断路器、隔离开关、接地开关、互感器、避雷器等设备和导体在配电装置配置情况的图形。

平面图是表示配电装置的房屋及其间隔、走廊和出口等处的平面布置轮廓。

断面图是配电装置的结构图，它表明在配电装置的间隔断面中，设备间的相互连接及具体布置方式。

（四）屋内配电装置

屋内配电装置的设备都布置在屋内，具有如下特点：①由于允许安全净距小和可以分层布置，占地面积小；②不受气候影响；③能有效地防止污染，减少事故发生概率和维护工作量；④房屋建筑投资较大。

屋内配电装置的接线方式多为双母线或单母线分段接线，按其布置形式的不同，可分为单层装配式布置、单层成套式布置、单层装配与成套混合式布置、双层装配式布置、双层装配与成套混合式布置。

6~10kV 屋内配电装置多采用装配式和成套式配电装置混合布置的方式，具有占地面积小、土建结构简单、设计施工进度快、便于运行管理等优点。

35~220kV 的屋内配电装置，因安全净距大、设备的体积和质量也较大，只采用双层和单层式布置。

（五）屋外配电装置

屋外配电装置的电气设备都布置在屋外，具有如下特点：①不需要建筑房屋，土建工程量和费用较小，建设周期较短；②相邻设备之间的距离可适当加大，使运行安全，便于带电作业；③扩建方便；④占地面积大；⑤受环境条件影响，设备运行、维修和操作条件较差。

屋外配电装置根据电气设备和母线的布置高度，可分为中型、半高型和高型等。

（六）成套配电装置

成套配电装置具有如下特点：①结构紧凑，占地面积小；②安装简便，有利于缩短建设周期和进行扩建；③运行可靠性高，维护方便；④造价较高。

成套配电装置分为低压成套配电装置、高压开关柜、SF_6 全封闭组合电器（GIS）、箱式变电站、电缆分支箱、封闭母线等。

1. 低压成套配电装置

主要有固定式低压开关柜、抽出式低压开关柜、低压动力配电箱和低压照明配电箱、电能表箱。

固定式低压开关柜的所有电器元件是固定安装的；抽出式低压开关柜的主要电器元件安装在可移出的抽屉上，抽屉具有互换性，当抽屉内的电器元件故障时可更换抽屉单元，快速恢复供电。

2. 高压开关柜

它是 3~35kV 交流金属封闭开关设备的俗称，是以开关设备为主体，将其他各种电器元件按一定主接线要求组装为一体的成套电气设备。高压开关柜按绝缘方式可分为充气柜（SF_6）和空气绝缘柜两大类。按柜内主要电器元件固定的特点，可分为固定式和移开式（手车式）两种。

3. SF_6 全封闭组合电器

它是气体绝缘金属封闭开关设备（Gas Insulated Switchgear，GIS）的简称，也叫气体绝缘变电站（Gas Insulated Substation）。它由断路器、隔离开关、接地开关、互感器、避雷器、母线、连接管和过渡元件等电气设备连接而成，安装在金属圆筒内，充入 0.3~0.5Mpa 的

SF$_6$气体作为绝缘介质。GIS 有分相式、三相母线共体式、三相共体式 3 种结构，广泛用于 66kV 及以上的高压、超高压和特高压系统中。

4. 箱式变电站

又称为组合式变电所，我国国家标准称之为预装式变电站，它由高压配电室、变压器室和低压配电室组成，具有占地面积小、施工安装方便、维护工作量小等优点。有 10kV 和 35kV 两个电压等级的产品，应用于各类供配电系统中。

5. 电缆分支箱

它用于 15kV 及以下电缆线路配电网，具有分支电缆连接简单、全绝缘、全密封、耐腐蚀、免维护、安全可靠的优点。

二、模拟测试题

1. [单选题] 配电装置各种间隔距离中最基本的是（　　）的最小安全净距。
   A. 空气中　　　　　B. SF$_6$气体中　　　C. 绝缘油中　　　D. 绝缘装置表面
2. [单选题] 配电装置相间最小安全净距为（　　）。
   A. A 值　　　　　　B. A$_1$ 值　　　　　C. A$_2$ 值　　　　　D. B 值
3. [判断题] 只要满足最小安全净距，无论正常或过电压的情况下，都不致发生空气绝缘的电击穿。（　　）
   A. 正确　　　　　　　　　　　　　　　　B. 错误
4. [单选题] 配电装置按组装方式的不同，分为（　　）配电装置和成套配电装置。
   A. 预装式　　　　　B. 装配式　　　　　C. 组装式　　　　　D. 箱式
5. [单选题] 下列（　　）不是屋外配电装置的特点。
   A. 建设周期较短　　B. 便于带电作业　　C. 扩建方便　　　　D. 散热条件好
6. [多选题] 表示配电装置的结构以及其中设备的布置和安装情况的图形有（　　）。
   A. 主接线图　　　　B. 配置图　　　　　C. 平面图　　　　　D. 断面图
7. [单选题] （　　）是配电装置的结构图，它表明设备间的相互连接及具体布置方式。
   A. 主接线图　　　　B. 配置图　　　　　C. 平面图　　　　　D. 断面图
8. [判断题] 屋内配电装置的接线方式多为双母线或单母线分段接线。（　　）
   A. 正确　　　　　　　　　　　　　　　　B. 错误
9. [多选题] 10kV 电网中使用的成套配电装置有（　　）。
   A. 高压开关柜　　　B. GIS　　　　　　C. 箱式变电站　　　D. 电缆分支箱
10. [多选题] 成套配电装置具有以下特点（　　）。
    A. 结构紧凑，占地面积小　　　　　　　B. 安装简便
    C. 运行可靠性高　　　　　　　　　　　D. 免维护
11. [单选题] 110kV 及以上电网中使用的成套配电装置是（　　）。
    A. 高压开关柜　　　B. 预装式变电站　　C. GIS　　　　　　D. 电缆分支箱
12. [单选题] 高压开关柜用于（　　）电压等级的电网中。
    A. 3～10kV　　　　B. 3～35kV　　　　C. 3～66kV　　　　D. 110kV 及以上
13. [单选题] 高压电器的 GIS 是（　　）缩写。

A. Gas in Station B. Gas Insulated Switchgear
C. Geographic Information System D. Geographic Information Station

14. [判断题] 所有的高压开关柜都是封闭而非密封的结构。（　　）
    A. 正确 B. 错误

15. [单选题] GIS 中的 SF_6 气体的主要作用是（　　）。
    A. 灭弧 B. 冷却 C. 内绝缘 D. 外绝缘

16. [单选题] 现在的居民住宅小区一般采用（　　）供电。
    A. GIS 变电站 B. 杆上变电台 C. 箱式变电站 D. 土建式变电站

17. [多选题] GIS 变电站具有以下特点（　　）。
    A. 占地面积小 B. 运行可靠性高 C. 维护工作量少 D. 造价低

18. [多选题] 箱式变电站一般由变压器室和（　　）3 个独立的隔室组成。
    A. 电缆室 B. 高压配电室 C. 断路器室 D. 低压配电室

19. [判断题] 与固定式高压开关柜相比，移开式高压开关柜具有检修方便、恢复供电时间短的优点。（　　）
    A. 正确 B. 错误

20. [判断题] SF_6 断路器内的 SF_6 气体与 GIS 中的 SF_6 气体作用是相同的。（　　）
    A. 正确 B. 错误

【参考答案与解析】

1. A 2. C 3. A 4. B 5. D 6. BCD 7. D 8. A 9. ACD 10. ABC 11. C 12. B

13. B。[解析] GIS 也称为气体绝缘变电站（Gas Insulated Substation）。

14. B。[解析] 充气式高压开关柜（充 SF_6 气体）是密封的。

15. D 16. C 17. ABC 18. BD 19. A 20. B

第六单元　变压器的运行分析

一、主要知识点

（一）发电厂变电所主变压器的选择

在发电厂和变电所中，用于向电力系统或用户输送电能的变压器称为主变压器；用于两个电压等级之间交换电能的变压器称为联络变压器；用于发电厂（变电所）自用电系统的变压器称为厂（所）用变，或自用变。

选择主变压器时，应根据发电厂、变电所的性质、容量、与电力系统联系情况、电压等级、发电机电压等基本情况，并考虑 5~10 年的发展需要，进行综合分析。

1. 发电厂主变压器容量、台数的选择原则

（1）单元接线中的主变压器容量应按发电机额定容量扣除本机组的厂用负荷后，留有 10% 的裕度选择。

（2）接于发电机电压母线与高压母线之间的主变器容量按下列条件选择：

① 当发电机电压母线上的负荷最小时，应能将接于发电机电压母线上发电机发出的功率减去发电机电压母线上的最小负荷而得到的最大剩余功率送至系统。

② 若发电机电压母线上接有两台及以上主变压器，当负荷最小且其中容量最大的一台主变压器退出运行时，其他主变压器应能将发电最大剩余功率的 70% 以上送至系统。

③ 当发电机电压母线上的负荷最大且其中容量最大一台机组退出运行时，主变压器应能从系统倒送功率，满足发电机电压母线上最大负荷的需要。

④ 对水电厂比重较大的系统，由于经济运行的要求，在丰水期应充分利用水能，这有可能停用火电厂的部分或全部机组，以节约燃料，火电厂的主变压器应能从系统倒送功率，满足发电机电压母线上最大负荷的需要。

2. 变电所主变压器容量、台数的选择

变电所一般装设两台主变压器，枢纽变电所可装设 2～4 台。

变电所主变压器的容量一般按变电所建成后 5～10 年的规划负荷考虑，并应按照其中一台停用时其余变压器能满足变电所最大负荷的 60%～70% 选择（35～110kV 变电所取 60%，220kV 及以上变电所取 70%）。当全部Ⅰ、Ⅱ类重要负荷超过上述比例时，应按满足全部Ⅰ、Ⅱ类负荷的供电要求选择。

3. 主变压器型式的选择

(1) 相数的选择。330kV 及以下的变电所和发电厂，一般选用三相式变压器。如果受到运输等条件限制时可选两台容量较小的三相变压器，在技术经济合理时，也可选用单相变压器组。500kV 及以上系统应按容量、可靠性要求、运输条件、负荷和系统情况，经技术经济比较后确定采用三相式变压器还是单相变压器组。

(2) 绕组数的确定。只有一个升高电压等级向用户供电或与系统连接的发电厂以及只有两个电压等级的变电所，采用双绕组变压器。有两个升高电压等级向用户供电或与系统连接的发电厂以及有 3 个电压等级的变电所，应优先采用三绕组变压器（包括自耦变压器）。采用扩大单元接线的发电厂应优先采用分裂绕组变压器。当变压器需要与 110kV 及以上的两个中性点直接接地系统相连时，应优先采用自耦变压器。

(3) 绕组联结组标号。110kV 及以上电压侧均为 YN 接线；35kV（60kV）作为高中压侧时一般采用 Y 接线，作为低压侧时则采用 Y 或 D 接线；3～10kV 电压侧一般为 D 接线，也可以为 Y 接线。YN,d11,d11 是分裂绕组变压器联结组标号；YN,a0,d11 是自耦变压器联结组标号；I，I0，I0 和 I，a0，I0 是单相三绕组变压器组联结组标号。

(4) 冷却方式。中小容量变压器采用自然风冷和强迫风冷；大容量变压器采用强迫油循环风冷。强迫导向油循环风冷或水冷一般用在大容量变压器中。

(二) 变压器的发热与温升

(1) 变压器的发热和散热。变压器运行时，绕组、铁心和附加的电能损耗都将转化为热能，使变压器各部分的温度升高。变压器的发热很不均匀，绕组温度最高，最热点在高度方向的 70%～75% 处。大容量变压器电能损耗大，单靠油箱壁和散热器（风扇）不能达到发热和散热的平衡，需要采用强迫油循环冷却或强迫导向油循环冷却。

(2) 变压器的温升。不论冷却方式如何，变压器的温升从底部到顶部都近似呈线性增加，而且在任意高度，绕组对油的温差基本不变。我国国家标准规定变压器的环境温度条件为：最高气温 +40℃；最高日平均气温 +30℃；最高年平均气温 +20℃；最低气温 -30℃。

（三）变压器的绝缘老化

采用 A 级绝缘（油浸电缆纸）的变压器，如果在额定负荷和规定的环境温度下连续运行，绕组最热点温度维持在 98℃ 时，变压器的使用寿命为 20～30 年。绕组温度每增加 6℃，寿命就减少一半（六度法则）。

（四）变压器的正常过负荷

变压器存在季节性负荷不平衡和昼夜负荷不平衡，在一些时间内，变压器处于欠负荷运行，寿命损失减小，在需要时，则可以过负荷运行。过负荷运行时的寿命损失增加与低负荷时寿命损失减少相互补偿。这种过负荷称为正常过负荷。

实际运行中，常采用查正常过负荷曲线的方法确定过负荷值。IEC 制定了各种类型的变压器正常过负荷曲线，根据环境温度和负荷率，可查出过负荷倍数和过负荷容许时间。自然油循环变压器的过负荷倍数不能超过 1.5，强迫油循环变压器的过负荷倍数不能超过 1.3。

（五）变压器的事故过负荷

当系统发生故障，如变电所一台主变因故障而切除时，为了保证重要负荷供电不中断，可以让正常的变压器大幅度过负荷运行。这种过负荷称为事故过负荷。

事故过负荷是以牺牲变压器正常使用寿命为代价的，它将加速绝缘老化。为了防止严重影响变压器的使用寿命，事故过负荷时绕组最热点温度不得超过 140℃，电流不得超过额定电流的 2 倍。

（六）变压器的并列运行

两台变压器并列运行可以提高供电可靠性（一台变压器故障时，另一台变压器继续承担重要负荷的供电）和经济性（低负荷时，可退出一台变压器，以减少电能损耗）。

变压器的理想并列运行条件为：①变比相等；②短路阻抗（短路电压）相等；③绕组联结组标号相同。

在满足一定条件下，变比不等和短路阻抗不等的变压器可以并列运行。

（1）变比不等的变压器并列运行。这种情况下，两台变压器二次感应电动势不相等，而二次侧并联，因而二次电压是相等的，这样两台变压器之间便出现了电势差，产生环流，即产生了循环功率。

对降压变压器，变比小的变压器输出电流（功率）增加，而变比大的变压器输出电流（功率）减小，即循环功率是由变比小的变压器流向变比大的变压器。

对升压变压器，循环功率是由变比大的变压器流向变比小的变压器。

当变比相差很大时，会影响变压器的正常工作，严重情况下甚至会使变压器损坏。一般规定：两台并列运行的变压器变比相差不得大于 0.5%。

（2）短路阻抗（短路电压）不相等的变压器并列运行。并列运行的变压器负荷分配与短路阻抗（短路电压）成反比，短路阻抗（短路电压）小的变压器承担的负荷大，短路阻抗（短路电压）大的变压器承担的负荷小。容量小的变压器承担的负荷大，有可能过负荷。一般规定短路电压差不超过 10%。

二、模拟测试题

1. ［多选题］发电厂和变电所中的主变压器按结构型式有以下种类（　　）。
   A. 三相双绕组变压器　　　　　　　B. 三相三绕组变压器
   C. 三相自耦变压器　　　　　　　　D. 单相变压器组

2. ［单选题］单相变压器组一般用于电压等级为（　　）系统中。
   A. 10～35kV　　B. 35～110kV　　C. 110～330kV　　D. 500kV 及以上

3. ［单选题］采用扩大单元接线的发电厂应优先采用（　　）。
   A. 双绕组变压器　B. 三绕组变压器　C. 自耦变压器　D. 分裂绕组变压器

4. ［单选题］220kV 变电所设有两台主变压器，每台容量应为变电所最大负荷的（　　）左右。
   A. 100%　　B. 50%　　C. 60%　　D. 70%

5. ［判断题］变压器在额定负荷下运行时效率最高。（　　）
   A. 正确　　　　　　　　　　　　　B. 错误

6. ［单选题］110kV 变电站三绕组变压器将 110kV 电压降为 35kV 和 10kV 两个电压等级，变压器绕组联结组标号应为（　　）。
   A. YN,y0,d11　B. YN,yn0,d11　C. YN,d11,y0　D. YN,d11,d11

7. ［单选题］变压器运行时（　　）部位温度最高。
   A. 油顶层　　B. 油底层　　C. 绕组　　D. 油箱壁

8. ［多选题］下列关于变压器的发热与散热的说法中正确的是（　　）。
   A. 变压器的铜耗和铁耗是变压器中最主要的热源
   B. 变压器中最热点在油面
   C. 越靠近顶层，油的温度越高
   D. 中小容量变压器采用自然风冷和强迫风冷

9. ［多选题］下列关于变压器的使用寿命的说法中正确的是（　　）。
   A. 采用 A 级绝缘的变压器，如果在额定负荷和规定的环境温度下连续运行，油面温度维持在98℃时，变压器的使用寿命为 20～30 年
   B. 变压器的使用寿命是由绕组绝缘决定的
   C. 变压器在低负荷运行时，其使用寿命损失减小
   D. 变压器使用寿命的"六度法则"就是绕组温度每增加6℃，寿命就减少一半

10. ［判断题］变压器过负荷运行时会加速变压器绝缘老化，减少使用寿命。（　　）
    A. 正确　　　　　　　　　　　　　B. 错误

11. ［判断题］变压器事故过负荷时输出功率不得超过额定容量的2倍。（　　）
    A. 正确　　　　　　　　　　　　　B. 错误

12. ［判断题］若变压器运行的环境温度长期低于规定值，则需要时变压器可以过负荷运行。（　　）
    A. 正确　　　　　　　　　　　　　B. 错误

13. ［判断题］变压器的事故过负荷能力是指发生事故的变压器可以过负荷的倍数及其过负荷运行时间。（　　）

A. 正确 B. 错误

14. [判断题] 任何电气设备都不能超过其额定电流（容量）运行。（   ）
A. 正确 B. 错误

15. [多选题] 大容量变压器采用的冷却方式是（   ）。
A. 自然风冷 B. 强迫风冷
C. 强迫油循环冷却 D. 强迫导向油循环冷却

16. [多选题] 变压器并列运行有利于（   ）。
A. 保证电压水平 B. 提高供电可靠性
C. 提高运行的经济性 D. 限制短路电流

17. [判断题] 低负荷时，两台并列运行的变压器退出一台运行能减少变压器铜耗。（   ）
A. 正确 B. 错误

18. [判断题] 两台变比不相等的变压器不能并列运行。（   ）
A. 正确 B. 错误

19. [判断题] 两台短路电压不相等的变压器不能并列运行。（   ）
A. 正确 B. 错误

20. [单选题] （   ）不同的两台变压器不能并列运行。
A. 容量不同 B. 绕组联结组标号 C. 变比 D. 短路电压百分数

21. [多选题] 两台变压器并列运行的理想条件是（   ）。
A. 变比相等 B. 短路阻抗相等
C. 绕组联结组标号相同 D. 容量相等

22. [多选题] 下列关于变比不相等的两台变压器并列运行的说法正确的是（   ）。
A. 两台变压器二次电压不相等
B. 两台变压器二次感应电动势不相等
C. 环流由变比小的变压器流向变比大的变压器
D. 变比小的变压器承担的负荷变大，变比大的变压器承担的负荷变小

23. [单选题] 两台容量相同，短路电压相同的升压变压器 T1 和 T2 并列运行时，如果变比 $K_1 > K_2$，则两台变压器输出功率（   ）。
A. T1 大于 T2 B. T1 等于 T2 C. T1 小于 T2 D. 无法判断

24. [单选题] 两台容量相同，短路电压相同的降压变压器 T1 和 T2 并列运行时，如果变比 $K_1 > K_2$，则两台变压器输出功率（   ）。
A. T1 大于 T2 B. T1 等于 T2 C. T1 小于 T2 D. 无法判断

25. [单选题] 两台容量相同，变比相等的降压变压器 T1 和 T2 并列运行时，如果短路电压 $U_{K(T1)} > U_{K(T2)}$，则两台变压器输出功率（   ）。
A. T1 大于 T2 B. T1 等于 T2 C. T1 小于 T2 D. 无法判断

【参考答案与解析】

1. ABCD 2. D 3. D 4. D
5. B。[解析] 变压器负荷率为 60%~70% 时效率最高。

6. A   7. C   8. ACD   9. BCD
10. B。[解析] 正常过负荷时寿命损失增加与低负荷时寿命损失减少相互补偿。
11. A   12. A   13. B
14. B。[解析] 变压器有较大设计裕量,可以正常过负荷和事故过负荷运行。
15. CD   16. BC   17. B
18. B。[解析] 按规定,变比相差不大于0.5%的两台变压器可以并列运行。
19. B。[解析] 按规定,短路电压差不超过10%的两台变压器可以并列运行。
20. B   21. ABC   22. BCD   23. A   24. C   25. C

第七单元　自耦变压器的特点和运行方式

一、主要知识点

(一) 自耦变压器的工作原理

1. 自耦变压器的容量关系

如图4-20所示,自耦变压器一次绕组由串联绕组(bc)和公共绕组(cd,也是二次绕组。对于三绕组自耦变压器,它是中压绕组)串联而成。一次绕组的匝数为N_1,二次绕组的匝数为N_2,电压比为$k_{12}=N_1/N_2$;一次电流与二次电流之比为$1/k_{12}$;公共绕组与串联绕组的电流比为$(k_{12}-1)$;公共绕组电流与二次电流比为$(1-1/k_{12})$。

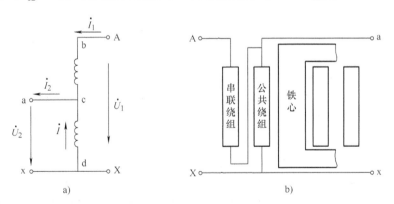

图4-20　自耦变压器原理图

自耦变压器的传送功率由两部分组成,一部分是一次侧经串联绕组由电路直接传送到二次侧的功率,称为传导功率;另一部分是通过公共绕组由电磁感应传送到二次侧的功率,称为感应功率。额定条件下的传送功率称为自耦变压器的额定通过容量,它就是自耦变压器的铭牌额定容量。通过电磁感应传送的最大功率(即公共绕组的容量)称为自耦变压器的标准容量。

2. 自耦变压器的效益系数

标准容量与额定容量之比称为效益系数(k_b),$k_b=1-1/k_{12}$。电压比k_{12}越小,k_b越小,绕组容量越小,采用自耦变压器的效益越显著。通常要求电压比$k_{12}\leq 3$。

3. 自耦变压器的过电压

由于自耦变压器高压与中压绕组有电路的直接连接，任一侧发生过电压都会传递到另一侧。过电压保护措施如下：

（1）自耦变压器高压与中压侧出口都必须装设避雷器。避雷器必须装设在自耦变压器和连接自耦变压器的隔离开关之间，且避雷器回路中不应装设隔离开关。

（2）自耦变压器的中性点必须直接接地或经小电抗接地（经小电抗接地的目的是为了减小单相接地短路电流），以避免高压侧电网发生单相接地时，在非接地相的中压绕组出现过电压。自耦变压器的高压和中压电压等级必须是110kV及以上。

4. 三绕组自耦变压器

为了消除因铁心饱和而产生的三次谐波电动势以及减小自耦变压器的零序阻抗，自耦变压器一般要装设一个接成三角形的第三绕组（低压绕组）。第三绕组可用来连接发电机、调相机或发电厂厂用备用电源。

第三绕组的额定电压一般为6~35kV。其容量视其用途分为两种：

（1）如果仅用来消除三次谐波，其容量一般为标准容量的1/3左右（为满足动、热稳定性要求容量不能太小）。

（2）如果用来连接发电机、调相机或发电厂厂用备用电源，其容量最大可达到自耦变压器的标准容量。

（二）自耦变压器的运行方式

三绕组自耦变压器各绕组传输功率的大小和方向随电力系统的运行方式而改变，某些情况下会造成三绕组自耦变压器的容量得不到充分利用或绕组过负荷。

自耦变压器的运行方式主要有联合运行方式和自耦运行方式。后者第三绕组不参加功率交换，只在高—中压侧有功率交换，其最大传输功率等于自耦变压器的额定容量。联合运行方式中，第三绕组参加功率交换，典型的运行方式有以下两种：

（1）联合运行方式一。高压侧同时向中压、低压侧传输功率或中压、低压侧同时向高压侧传输功率。其特点是串联绕组负荷较大，最大传输功率受串联绕组容量的限制，运行中应监视串联绕组负荷。这种运行方式适合于送电方向主要以低压和中压侧向高压侧送电为主、单机容量为125MW及以下的发电厂。

（2）联合运行方式二。中压侧同时向高压、低压侧传输功率或高压、低压侧同时向中压侧传输功率。其特点是公共绕组负荷较大，最大传输功率受公共绕组容量的限制，运行中应监视公共绕组负荷。在此运行方式下，自耦变压器的容量得不到充分利用。以此运行方式为主的发电厂一般不选用三绕组自耦变压器。传送功率方向变化较大的联络变压器，可采用加大公共绕组容量的自耦变压器。

（三）自耦变压器的优缺点

（1）优点：由于自耦变压器一部分功率由电路直接传送，绕组容量较小，因而节省铁心材料、绕组铜线以及钢材，变压器体积小，重量轻，功率损耗小，效率较高，造价较低，经济效益好，极限制造容量大（在容许的运输条件下制造单台容量更大的变压器）。

（2）缺点：①由于高、中绕组有电的联系，其短路阻抗比小，短路电流大；②二次绕组的绝缘必须按较高的电压设计；③由于运行方式的多样化，继电保护整定困难；④电压调整困难。

二、模拟测试题

1. [多选题] 下列关于自耦变压器的说法中，正确的是（   ）。
A. 自耦变压器的一次侧与二次侧之间不仅有磁的联系，而且有电的联系
B. 自耦变压器的一次绕组由串联绕组和公共绕组串联而成
C. 自耦变压器的二次绕组就是公共绕组
D. 自耦变压器公共绕组电流与二次侧电流相等

2. [单选题] 自耦变压器的功率传递方式是（   ）。
A. 电磁感应　　　　B. 电路直接传送　　C. A 和 B 两者都有　　D. A 和 B 两者均无

3. [判断题] 自耦变压器公共绕组的容量等于变压器的容量。（   ）
A. 正确　　　　　　　　　　　　　　　B. 错误

4. [判断题] 自耦变压器通过电磁感应传送的最大功率就是自耦变压器的额定容量。（   ）
A. 正确　　　　　　　　　　　　　　　B. 错误

5. [判断题] 自耦变压器的标准容量总是大于其通过容量。（   ）
A. 正确　　　　　　　　　　　　　　　B. 错误

6. [判断题] 自耦变压器变比越小，其标准容量与额定容量之比越小。（   ）
A. 正确　　　　　　　　　　　　　　　B. 错误

7. [判断题] 自耦变压器一、二次侧的额定容量相同。（   ）
A. 正确　　　　　　　　　　　　　　　B. 错误

8. [判断题] 自耦变压器变比越大，采用自耦变压器的效益越显著。（   ）
A. 正确　　　　　　　　　　　　　　　B. 错误

9. [判断题] 自耦变压器高压侧出口必须装设避雷器，而中压侧出口不需要。（   ）
A. 正确　　　　　　　　　　　　　　　B. 错误

10. [判断题] 自耦变压器只能用于中性点直接接地系统中。（   ）
A. 正确　　　　　　　　　　　　　　　B. 错误

11. [判断题] 自耦变压器高压绕组中性点必须接地，而中压绕组可不接地或经消弧线圈接地。（   ）
A. 正确　　　　　　　　　　　　　　　B. 错误

12. [单选题] 在 110kV 及以上中性点直接接地系统中，凡需选用三绕组变压器的场合，均可优先选用（   ）。
A. 自耦变压器　　B. 普通变压器　　C. 分裂绕组变压器　　D. 三相变压器组

13. [单选题] 自耦变压器适用的电压等级是（   ）。
A. 6kV　　　　　B. 10kV　　　　　C. 35kV　　　　　D. 220kV

14. [多选题] 下列关于自耦变压器第三绕组说法正确的是（   ）。
A. 它是自耦变压器的低压绕组　　　　B. 它的额定电压一般为 6~35kV
C. 它可用来连接发电机　　　　　　　D. 它必须接成三角形

15. [判断题] 自耦变压器主要有联合运行方式和自耦运行方式，后者第三绕组不参加

功率交换。（　　）

　　A. 正确　　　　　　　　　　　　B. 错误

16. [多选题] 下列关于自耦变压器运行的说法正确的是（　　）。

　　A. 自耦变压器用于联络变压器时，功率传输方向不是固定的

　　B. 由于自耦变压器短路阻抗较小，必要时需采取限制短路电流的措施

　　C. 高压侧同时向中压侧、低压侧传输功率的运行方式中，串联绕组负荷较大，运行中应监视串联绕组负荷

　　D. 中压侧同时向高压侧、低压侧传输功率的运行方式中，公共绕组负荷较大，运行中应监视公共绕组负荷

17. [多选题] 下列属于自耦变压器优点的是（　　）。

　　A. 经济效益好　　　　　　　　　　B. 一、二次漏磁通小

　　C. 短路电流小　　　　　　　　　　D. 短路电流大

18. [多选题] 自耦变压器具有以下优点（　　）。

　　A. 节省材料　　　　　　　　　　　B. 体积小

　　C. 电压调整简便　　　　　　　　　D. 适于制造大容量的变压器

19. [判断题] 自耦变压器由于运行方式的多样化，继电保护整定困难。（　　）

　　A. 正确　　　　　　　　　　　　B. 错误

20. [判断题] 自耦变压器只能用于发电厂。（　　）

　　A. 正确　　　　　　　　　　　　B. 错误

21. [单选题] 三绕组自耦变压器有（　　）个中性点。

　　A. 0　　　　　B. 1　　　　　C. 2　　　　　D. 3

【参考答案与解析】

1. ABC　2. C

3. B。[解析] 公共绕组的容量是电磁感应传送的容量，只是变压器容量的一部分。

4. B　5. B

6. A。[解析] 标准容量与额定容量之比称为效益系数，其值等于 $(1-1/k)$。

7. A　8. B　9. B　10. A

11. B。高压绕组和中压绕组接成星形，共用一个中性点。

12. A　13. D　14. ABCD　15. A　16. ABCD

17. AB。[解析] 短路电流大是自耦变压器的特点，但不是优点，而是缺点。

18. ABD　19. A　20. B

21. B。[解析] 高压绕组和中压绕组接成星形，共用一个中性点。第三绕组（低压绕组）接成三角形。

第五部分

高电压技术

第一单元　电介质的电气特性及放电理论

一、主要知识点

绝缘的作用是将电位不相同的带电导体隔离。具有绝缘作用的材料称为电介质。电介质有气体、液体、固体三类。

(一) 气体电介质的绝缘特性

1. 气体中带电粒子的产生和消失

常用的气体电介质有空气、SF_6 气体。

(1) 带电粒子的产生。气体放电是气体中的带电粒子在电场作用下作定向运动形成导通电流的现象。而带电粒子是气体分子电离（又叫游离）所产生的。电离是指电子脱离原子核的束缚而形成自由电子和正离子的过程。

① 碰撞电离。在电场的作用下，若带电粒子（最主要的是电子）在自由行程（λ，两次碰撞之间的行进距离）中获得的动能大于气体分子的电离能，则与气体分子碰撞时可能使气体分子电离。碰撞电离是气体放电过程中产生带电粒子的最重要方式，增大外施电压（电场强度）会提高碰撞电离的概率。

② 热电离。气体分子高速运动碰撞引起电离。

③ 光电离。光辐射引起的气体分子电离。光子的能量为 $W = h\gamma$（h 为普朗克常数，γ 为光子频率）。

④ 表面电离。在外界电离因素作用下，电子可能从金属电极的表面释放。发射电子所需要的能量叫逸出功，它与电极材料及气体表面的状态有关，一般为 $1\sim 5\mathrm{eV}$，小于电子在空间的电离能，即从阴极发射电子比在空间使气体分子电离更容易。

表面电离的主要形式有：正离子碰撞阴极、光电子发射（金属表面受到光的照射时发射电子）、强场发射、热电子发射。

(2) 带电粒子的消失。

① 扩散。带电粒子从浓度高的区域扩散到浓度低的区域。

② 复合。电子与正离子复合的概率很小，参加复合的电子绝大多数先形成负离子再与正离子复合。复合时，会以光辐射的形式释放能量，有可能又导致新的光电离。

③ 附着效应。SF_6、氧气、水蒸气等属于电负性气体，电子容易附着在这些气体分子上形成负离子，阻碍放电的发生，因而具有较高的绝缘强度。

2. 均匀电场中气体的击穿

(1) 非自持放电和自持放电。必须借助外加电离因素才能维持的放电称为非自持放电。不需要外加电离因素而仅由电场的作用就能维持的放电称为自持放电。

如图 5-1 所示，在空气中两个平行电板电极加上直流电压，形成较均匀的电场，得到气体放电电流与电压的关系。

OA 段：大气中的少量带电粒子（高能辐射、阴极表面

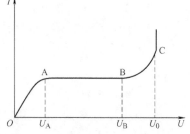

图 5-1　放电电流与电压的关系

光电子发射而形成）在电场作用下，定向运动，形成电流。电压升高，带电粒子运动速度加快，电流随之增大。

AB 段：带电粒子全部参加了导电，电流趋于饱和。

BC 段：出现碰撞电离，电流越来越大。

外施电压到达 U_0 之前，间隙中电流很小，且需要外界电离因素来维持，属于非自持放电。外施电压到达 U_0 后，发生强烈的电离，属于自持放电。U_0 称为自持放电起始电压。在均匀电场间隙中，U_0 等于击穿电压 U_b（对应的电场强度称为击穿场强）。

（2）汤逊放电理论。

① 电子崩的形成。碰撞电离将使电子按照几何级数不断增多，类似雪崩发展，这种急剧增大的空间电子流被称为电子崩。电子崩头部电子数目最多，尾部则是正离子。

② α 过程及 γ 过程。

α 系数：一个电子沿着电场方向行经单位长度后，平均发生的碰撞电离次数。如设每次碰撞电离只产生一个电子和一个正离子，α 即是一个电子在单位长度行程内新电离出的电子数或正离子数。α 对应于起始电子形成电子崩的过程（α 过程）。

β 系数：一个正离子沿着电场方向行经单位长度后平均发生的碰撞电离次数。β 对应离子崩的过程（β 过程），其作用可以忽略。

γ 系数：一个正离子碰撞阴极表面时，使阴极表面平均释放出的自由电子数。正离子引起阴极发射电子的过程称为 γ 过程。

③ 自持放电条件。若 α 过程产生的正离子在 γ 过程至少引起阴极发射 1 个电子，放电就会达到自持，即自持放电条件为

$$\gamma(e^{\alpha d}-1) \geq 1 \tag{5-1}$$

式中，d 为气体间隙的距离。

自持放电条件下空气间隙的击穿电压为

$$U_b = \frac{BPd}{\ln\dfrac{APd}{\ln\left(1+\dfrac{1}{\gamma}\right)}} \tag{5-2}$$

式中，A、B 为与气体种类有关的常数；P 为气体的压强。

由此可知，击穿电压对 γ 的变化不敏感，而取决于 Pd。

（3）巴申定律。式(5-2) 表明的规律称为巴申定律。其内容是：当气体成分和电极材料一定时，气体间隙击穿电压是气体压强（P）与间隙距离（d）的函数，即 $U_b = f(Pd)$。气体在均匀电场中 $U_b = f(Pd)$ 曲线如图 5-2 所示。

如果考虑温度变化的影响，可用气体密度 δ 代替 P，即 $U_b = f(\delta d)$。

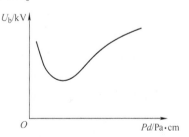

图 5-2 气体在均匀电场中 $U_b = f(Pd)$ 曲线

（4）汤逊放电理论的适用范围。汤逊理论适用于低气压短间隙（$Pd < 27\text{kPa} \cdot \text{cm}$）。在高气压长间隙中，放电外形、放电时间、击穿电压、阴极材料的影响与低气压短间隙中的气体放电存在较大差异。

(5) 流柱理论。流柱理论是高气压长间隙气体放电理论。其主要内容是：

① 初始电子崩的形成。在外界电离因素（如紫外光）的作用下，在阴极附近产生起始有效电子。在足够强的外电场作用下，电子向阳极运动，与气体分子产生碰撞电离，带电粒子数目不断扩大，形成电子崩。

② 空间电场畸变。如图 5-3 所示，由于电子运动速度远大于正离子运动速度，电子集中在电子崩头部，电离过程也集中在电子崩头部，使合成电场 E_{com} 发生畸变（E_0 为原电场强度），崩头和崩尾电场大为增强，而电子崩中部电场减弱。

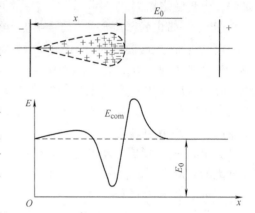

图 5-3 电子崩空间电荷对外电场的畸变

③ 二次电子崩的形成。电子崩头部电荷密度大，分子和离子容易受到激励，当它们从激励状态恢复到正常状态时（反激励过程），放射出大量光子。附近的气体因光电离而产生二次电子。在崩尾局部增强电场作用下，形成新的电子崩，即二次电子崩。

④ 流柱的形成。二次电子崩中的电子进入主电子崩头部的正空间电荷区（电场强度较小），大多形成负离子。大量的正、负离子构成了等离子体，即流柱。

⑤ 间隙击穿。流柱头部的电离放射出大量光子，继续引起空间光电离。流柱前方出现新的二次电子崩，它们被吸引到流柱头部，延长了流柱通道。流柱不断向阴极推进，头部电场越来越强，因而其发展也越快。流柱发展到阴极，间隙被导电良好的等离子通道所贯通，间隙击穿。

上述从正极出发的流柱叫正流柱。如果外施电压比击穿电压高，则电子崩不需要通过整个间隙，其头部电离程度就很剧烈，极易产生新的二次电子崩，主电子崩头部的电子与二次电子崩尾部的正离子汇合，形成流柱，迅速向阳极推进。此为负流柱。

流柱理论认为电子碰撞电离及空间光电离是维持自持放电的主要因素，并强调了空间电荷畸变电场的作用。

3. 不均匀电场中气体的击穿

不均匀电场分为稍不均匀电场和极不均匀电场。电场不均匀系数 f 等于间隙中最大场强与平均场强之比。$f<2$ 为稍不均匀电场，$f>4$ 为极不均匀电场。

(1) 稍不均匀电场和极不均匀电场的放电特点。

① 均匀电场（平板电极）。放电达到自持，间隙立即被击穿。击穿电压取决于极间距离。

② 稍不均匀电场。例如，d（极间距离）$<2D$（球隙直径）的球隙就属于稍不均匀电场。其放电特性与均匀电场相似，一旦出现自持放电便立即导致整个气隙击穿，击穿电压取决于极间距离。

③ 极不均匀电场。棒—棒、棒—板、针—针以及 $d>4D$ 的球隙属于极不均匀电场。极不均匀电场放电有两大特征：一是电晕放电；二是极性效应。

(2) 极不均匀电场中的电晕放电现象。

① 电晕放电的特点。在极不均匀电场中，当间隙上所加电压远低于击穿电压、间隙被完全击穿之前，在曲率半径小的电极表面附近，场强已经达到自持放电条件，这时会出现电

晕放电，产生蓝紫色的晕光，并伴随着咝咝的电晕噪声和臭氧的气味。

电晕放电是极不均匀电场所特有的一种自持放电形式。开始出现电晕时的电压称为电晕起始电压，而电极表面的场强称为电晕起始场强。

电晕起始阶段，放电电流呈现脉冲形式，一般认为这与电离的间隙性有关。

② 输电线路的电晕放电。输电线路电晕起始场强（E_c）计算公式为

$$E_c = 30m\delta(1 + \frac{0.3}{\sqrt{r\delta}}) \tag{5-3}$$

式中，m 为导线表面的粗糙系数，对光滑导线 $m = 1$，对一般导线 $m = 0.82 \sim 0.9$；δ 为空气相对密度；r 为导线半径。

输电线路电晕放电将产生电晕损耗和无线电干扰，对于 220kV 及以上线路要采取一定的措施，降低导线表面场强，通常是采用分裂导线，等效增大导线半径。

输电线路导线表面污秽和雨、雪、霜天气都会使电晕损耗增加。

（3）极不均匀电场中的放电过程。极不均匀电场中的放电过程可分为非自持放电、流柱发展、先导放电、主放电等 4 个阶段。下面分析正极性棒—板（正棒负板，简称正极性）间隙的放电过程。

① 非自持放电阶段。如图 5-4 所示，棒极附近强电场区形成电子崩，电子崩的电子进入棒极，棒极附近空间留下许多正离子，积聚起正空间电荷，它与电子构成的空间电场减弱了紧贴棒极附近的电场，而加强了外部空间的电场，棒极附近难以形成流柱，电晕起始电压高。

② 流柱发展阶段。随着电压的上升，棒极表面附近形成流柱。流柱等离子体头部具有正电荷。正空间电荷减小了流柱中的电场，而加强了其头部电场，使此处易于产生二次电子崩，继而流柱向负极（板极）推进。

③ 先导放电阶段。当流柱发展到足够的长度后，数量极大的电子流向棒极（正极），流柱根部温度急剧上升，产生热电离。这个具有热电离的通道称为先导通道。新的电离过程使电离加强，电导增大，从而加大了其头部前沿区域中的场强，引起新的流柱，导致先导通道不断伸长。

④ 主放电阶段。当先导通道头部发展到非常接近板极时，这一很小间隙中的高场强引起强烈电离，并迅速向阳极传播。这就是主放电过程。主放电通道贯穿电极间隙导致间隙击穿。

（4）极不均匀电场中的极性效应。

① 正极性棒—板（简称正极性）。如图 5-4 所示，电晕起始电压高，击穿电压低。

② 负极性棒—板（简称负极性）。如图 5-5 所示，电晕起始电压低，击穿电压高。

4. 气体间隙的稳态击穿电压

（1）气隙击穿条件。气隙击穿条件包括：①足够高的电压或电场强度；②有效电子；③一定的时间。

稳态电压包括直流电压和工频交流电压，其变化速率很小，放电发展的时间可忽略不计；而冲击电压（雷电冲击电压、操作冲击电压）变化很快，必须考虑放电发展时间。气体间隙的击穿电压与电场均匀性有很大关系，电场越均匀，击穿电压越高。

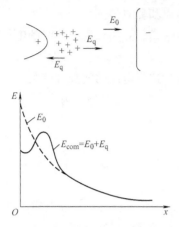
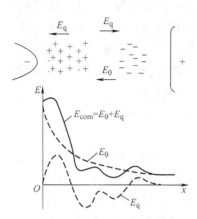

图 5-4　正极性棒—板间隙自持放电前电场　　图 5-5　负极性棒—板间隙自持放电前电场
E_0—原电场　E_q—空间电荷的电场　E_{com}—合成电场

（2）均匀电场中的击穿电压。在均匀电场中，相同间隙的直流击穿电压与工频交流击穿电压（幅值相同），从自持放电到间隙完全击穿的时间可以忽略不计。击穿电压（单位：kV）的经验公式为

$$U_b = 24.4\delta d + 6.1\sqrt{\delta d} \tag{5-4}$$

式中，d 为间隙距离（cm）；δ 为空气相对密度。

在标准大气状态条件下，稳态击穿电压幅值与极间距离近似为线性关系，空气间隙耐受场强约为 30kV/cm。

（3）稍不均匀电场中的击穿电压。稍不均匀电场有球—球间隙、球—板间隙、同轴圆筒间隙等。

稍不均匀电场击穿特性与均匀电场类似。

在稍不均匀电场中也存在极性效应，它体现在不对称电场中。如一球接地的球—球间隙，由于电场分布不对称，而有较弱的极性效应。

（4）极不均匀电场中的击穿电压。

① 直流击穿电压。

棒—板间隙：正极性棒—板平均击穿场强约为 4.5kV/cm；负极性棒—板平均击穿场强约为 10kV/cm。

棒—棒间隙：一方面棒—棒间隙有正极性尖端，放电容易由此发展，所以其击穿场强比负极性棒—板低；另一方面棒—棒间隙有两个尖端，即有两个强电场区域，使电场均匀程度增加，其最大场强比棒—板间隙低，从而其击穿场强比正极性棒—板高。因此，棒—棒间隙击穿场强介于极性不同的棒—板间隙之间。

② 工频击穿电压。

棒—板间隙：击穿总是发生在棒为正极性、电压达到幅值附近时。工频击穿电压和正极性棒—板的直流击穿电压相近，而稍低于负极性棒—板的直流击穿电压。

棒—棒间隙：工频击穿电压比棒—板间隙要高一些。

击穿电压的"饱和现象"：随着间隙距离加大，电场不均匀性增加，平均击穿场强明显降低，这在棒—板间隙中尤为严重。即使增大间隙距离，也难以提高击穿电压。

5. 雷电冲击作用下气体间隙的击穿

(1) 雷电冲击电压标准波形。雷电冲击电压标准波形为非周期性双指数衰减波,如图5-6所示。IEC标准(我国采用):波头时间 $T_1 = 1.2\mu s$,容许偏差 ±30%;波尾时间(半峰值时间) $T_2 = 50\mu s$,容许偏差 ±20%。可表示为 ±1.2/50μs,其中"±"表示波的极性。

(2) 放电时延。冲击放电所需要的全部时间为

$$t_b = t_1 + t_S + t_f \qquad (5-5)$$

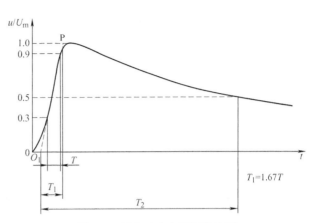

图5-6 雷电冲击电压标准波形

式中,t_1 为间隙开始施加冲击电压到电压升高到持续电压作用下的击穿电压 U_S(称为静态击穿电压)的时间;t_S 为从 t_1 开始到间隙中出现第一个电子的时间;t_f 为从出现有效电子到间隙完成击穿的时间。其中,$t_S + t_f$ 为放电时延。

(3) 雷电冲击50%击穿电压($U_{50\%}$)。它是间隙击穿百分比(概率)为50%的雷电冲击电压值。

雷电冲击50%击穿电压($U_{50\%}$)与稳态电压下的击穿电压(静态击穿电压 U_S)之比称为冲击系数(β)。均匀和稍不均匀电场中,$\beta = 1$;在极不均匀电场中,$\beta > 1$。

(4) 伏秒特性。击穿电压与击穿时间(t_b)的曲线。

对均匀电场和稍不均匀电场,平均击穿场强较高,放电时延较短,伏秒特性曲线比较平坦;对极不均匀电场,平均击穿场强较低,放电时延较长,伏秒特性曲线较为陡峭。

击穿电压和击穿时间都具有分散性。

过电压保护装置的伏秒特性始终处于被保护设备绝缘的伏秒特性之下,才能达到完全保护。

6. 操作冲击电压作用下间隙的击穿

(1) 操作冲击电压标准波形同样为非周期性双指数衰减波,与雷电冲击电压标准波形类似。我国国标为:波头时间 $T_1 = 250\mu s$,容许偏差 ±20%;波尾时间(半峰值时间) $T_2 = 2500\mu s$,容许偏差 ±60%。可表示为 ±250/2500μs。

(2) 操作冲击50%击穿电压。

均匀和稍不均匀电场:间隙的操作冲击50%击穿电压与雷电冲击50%击穿电压($U_{50\%}$)和工频击穿电压(幅值)几乎相同。

极不均匀电场:①操作冲击电压下的击穿通常发生在波头部分,正极性操作冲击击穿电压较负极性下要低得多;②操作冲击50%击穿电压和间隙距离的关系具有饱和特性。

7. 大气条件对气隙击穿的影响

我国规定的标准大气条件是:气压 $P_0 = 101.3 \text{kPa}$,温度 $t_0 = 20°C$,绝对湿度为 $h_0 = 11\text{g/cm}^3$。

(1) 空气相对密度的影响。

气压和温度的影响可归结为空气相对密度的影响。空气相对密度与气压成正比，与绝对温度成反比。

气压增大或温度降低时，空气相对密度增大，带电粒子在气体中运动的平均自由行程减小，在电场作用下所积累的动能较小，碰撞电离概率下降，击穿电压升高。

(2) 湿度的影响。

在均匀或稍不均匀电场中，湿度对空气击穿电压的影响可忽略不计。

在极不均匀电场中，空气平均击穿场强较低，水分子易捕获自由电子形成负离子，使电离能力下降，击穿电压随湿度的增大而升高。

(3) 海拔高度的影响。

海拔高度增加，气压降低，空气密度减小，带电粒子自由行程增大，积累的动能增大，电离能力增强，间隙击穿电压降低。

对于海拔高度在 1000~4000m 地区使用的电力设备的外绝缘及干式变压器的绝缘，海拔高度每高 100m，绝缘强度就下降约 1%。

8. 提高气体击穿电压的措施

影响气体间隙击穿电压的主要因素有：电场分布、施加电压的波形、气体的种类与状态。

提高气体间隙击穿电压的主要途径有两个方面：一是改善电场分布，尽量使之均匀；二是削弱或抑制气体介质中的电离过程。

(1) 改善电场分布。

① 改进电极形状及表面状况。增大电极曲率半径；改善电极边缘形状以消除边缘效应；尽量避免电极表面出现毛刺、棱角。采用屏蔽罩可增大电极曲率半径，一些高压设备的高压出线端都加装屏蔽罩（如球形电极或环形电极），提高电晕起始电压。

② 利用空间电荷改善电场分布。在极不均匀电场中，可利用放电自身产生的空间电荷来改善电场分布。例如，在线—板结构电场中，可利用细线效应在细线周围产生刷状放电，破坏电晕层，提高击穿电压。但它只对提高稳态击穿电压有效，雷电冲击电压作用时间太短，来不及形成空间电荷层。

③ 极不均匀电场中利用屏障改善电场分布。加入薄层固体绝缘件（如纸或纸板）作为屏障，使之拦住与电晕电极同号的空间电荷，使得电晕电极与屏障之间电场减弱，并在屏障与极板之间形成比较均匀的电场。从而提高整个间隙的击穿电压。一般来说，这种措施只能提高稳态击穿电压。冲击电压作用下，屏障来不及积累空间电荷而作用不大。

(2) 削弱或抑制电离过程。

① 采用高气压。当气压在 10 个标准大气压以下时，空气的击穿场强随气压呈线性增加。再继续增加气压，将呈现饱和。但高气压对外壳的密封性和机械强度的要求很高，可用 SF_6 气体代替空气。再有，在极不均匀电场中，采用高气压效果不显著。

② 采用电负性气体。SF_6 的电气强度约是空气的 2.5 倍，灭弧能力则为空气的 100 倍以上。但在极不均匀电场中，SF_6 的绝缘性能得不到充分发挥。用 N_2、CO_2 或空气与 SF_6 气体混合，也能提高这些气体的电气强度。

③ 采用高真空。真空中气体分子非常少，产生电离的概率很小。但真空间隙也有饱和

问题,当间隙增大到一定距离时,其耐压能力不再提高。

9. 沿面放电

(1) 沿面放电的特点。沿着固体介质表面发生的气体放电称为沿面放电。沿面放电发展为贯穿性放电时称为沿面闪络。

放电特点:在相同的放电距离条件下,沿面闪络电压比纯空气间隙的击穿电压低得多。表面潮湿、污染时的沿面放电电压更低,甚至可能在工作电压下发生表面闪络。因此,一个绝缘装置的实际耐压能力取决于它的沿面闪络电压。

(2) 不同电场中的沿面放电。气体介质与固体介质交界面(简称界面)上电场分布对沿面放电有很大影响。

① 均匀电场中的沿面放电。固体介质处于均匀电场中,电力线与界面平行。其放电特点是:放电总是发生在沿着固体介质的表面上,且放电电压比纯空气间隙的放电电压要低很多。其原因有三:

一是由于固体介质与电极接触不良、存在小间隙。由于空气间隙的介电常数比固体介质小得多,在交流电压作用下,小间隙的场强高,将首先发生放电,带电粒子沿着固体介质表面移动,使原有电场发生畸变,降低了沿面闪络电压。

二是潮气被吸附到固体介质的表面而形成薄水膜,水膜中的离子受电场驱动逐渐积聚在电极附近表面,使沿面电位分布不均匀,降低了沿面闪络电压。石蜡、硅橡胶等憎水性材料,表面不易形成水膜;瓷、玻璃等亲水性材料影响较大。

三是固体介质表面具有一定的粗糙度,而使得表面电场发生了畸变。

② 极不均匀电场具有强垂直分量时的沿面放电。变压器出线套管属于这种情况,随着电压的升高,会先后出现电晕放电、细线状辉光放电、滑闪放电、沿面闪络。

辉光放电:显示辉光的气体放电现象。

滑闪放电:沿固体介质表面的不稳定的树枝状放电。

③ 极不均匀电场具有弱垂直分量时的沿面放电。支柱绝缘子属于这种情况,由于界面上电场垂直分量很弱,因此不会出现热电离和滑闪放电。其沿面闪络电压与空气击穿电压的差别比上述②小一些。

(3) 绝缘表面脏污时放电。

① 绝缘污闪发展过程:积污受潮、出现干区、辉光放电、局部电弧(绝缘表面不断延伸发展的局部电弧俗称爬电)、表面闪络。

② 污闪电压:一旦爬电至某一临界长度时,弧道的进一步伸长就不再需要更高的电压,能延伸完成沿面闪络,相应的电压称为污闪电压。

③ 湿闪电压:即固体介质表面有水膜时的沿面放电电压。湿闪电压低于干闪电压。

④ 污闪事故:输电线路绝缘子串的污闪是导致电力系统故障的主要原因之一。同一地区绝缘子积污、受潮状况大致相同,因此容易发生大面积多点污闪事故。污闪时自动重合闸成功率远低于雷电闪络时的情况,因而往往导致事故扩大和长时间停电。

⑤ 降低污闪的措施:增大爬电距离、清扫去污。

(4) 提高沿面放电电压的方法。

① 屏障。设置突出的棱缘,如绝缘子的伞裙。

② 屏蔽。很多高压电气设备都在引出线上采用屏蔽电极,使电场均匀。

③ 提高表面憎水性。以纤维素为基础的有机绝缘物具有亲水性和很强的吸水能力，受潮后绝缘性能显著下降。玻璃和电瓷是离子性电介质，具有较强亲水性，吸附的水分在表面形成水膜，大大增加了表面电导，降低了沿面闪络电压。硅有机化合物具有很强的憎水性，可用硅有机化合物对纤维素介质（如电缆纸、电容器纸、布、纱等）做憎水处理。对电瓷、玻璃等绝缘也可在其表面涂覆憎水涂料。

④ 消除绝缘体与电极的缝隙。消除缝隙的最有效方法是将电极与绝缘体浇铸嵌装在一起。

⑤ 改变绝缘体表面局部区域的电阻率。通过这种方法使表面切向电场均匀，可防止滑闪放电，提高沿面闪络电压。例如，在大电机定子绕组槽口附近导线绝缘上涂半导电漆，使绝缘表面电阻减小，降低表面电位梯度。

⑥ 强制固体表面的电位梯度。在高压绝缘套管、电缆终端头等绝缘装置中，可用在内部加电容极板的方法，使轴向和径向电位分布均匀。

（二）液体、固体电介质的绝缘特性

1. 电介质的极化

（1）极化的形式。在外电场作用下，电介质中正、负电荷沿电场方向位移，形成电矩的现象叫作电介质的极化。

① 电子式极化。在外电场作用下，物质原子中电子的运动轨道相对原子核产生位移的极化叫电子式极化。电子式极化存在于所有电介质中，其特点是：极化时间极短（约10^{-15}s），与外施电压频率无关；极化具有弹性，外电场撤除后，原子核与电子的作用中心又重合；几乎不消耗能量；温度对极化的影响不大。

② 离子式极化。离子式极化发生在离子式结构电介质中（固体无机化合物多数属于离子式结构，如云母、陶瓷），它是指在外电场作用下正、负离子相对位移所形成的极化，其特点是：极化时间极短（约10^{-13}s），与外施电压频率无关；极化具有弹性；几乎不消耗能量；温度对极化有影响，温度升高时，离子间结合力减弱，极化程度增强，但同时离子的密度减小，使极化程度降低，通常前者影响大，ε_r具有正温度系数。

③ 偶极子极化。偶极子极化发生在极性电介质中（橡胶、纤维素、植物油），这种电介质存在偶极子。在外电场作用下，偶极子沿电场方向定向排列。这种由于极性电介质偶极子转向所形成的极化称为偶极子极化，其特点是：极化时间较长（约为$10^{-10} \sim 10^{-2}$s）；极化与频率有关，频率升高，ε_r减小，极化减弱；极化是非弹性的；极化需要消耗能量。温度对极化有很大影响，温度较低时偶极子转向困难；温度升高时极化增强，ε_r随温度升高而增大；当温度继续升高时，分子热运动加剧，妨碍偶极子转向，极化减弱，ε_r随温度升高而减小。

④ 夹层极化。夹层电介质界面上出现电荷积聚的过程叫夹层极化，其特点是：极化过程缓慢，极化时间数小时至数天，因此只有在电源为低频时才能完成；极化过程有能量损耗；由于夹层界面上有电荷积聚，使等效电容增大。

⑤ 空间电荷极化。在大多数电介质中，往往存在晶格缺陷。在电场作用下，电介质中的正、负离子做定向移动，可能被晶格缺陷捕获，形成空间电荷。这个过程叫作空间电荷极化，其特点是：极化过程很缓慢；极化过程需要消耗能量；极化在较低频率电场中存在，高

频下空间电荷来不及移动。

(2) 电介质的介电常数。介电常数反映了电介质的极化性能。对气体电介质,单位体积内所含分子数量很少,极化率很低,相对介电常数(ε_r)接近于1。液体和固体电介质可以分为中性或弱极性电介质和极性电介质两类。中性或弱极性电介质:ε_r在1.8~2.8之间,仅存在电子式极化和离子式极化。极性电介质的ε_r在3~6之间。

2. 电介质的电导

(1) 气体电介质的电导。它是由电离出来的带电粒子在电场作用下移动而形成的。

(2) 液体电介质的电导。构成电导的因素主要有两种:一种是由液体本身和杂质的分子解离为离子,构成离子电导;另一种是液体中的胶体质点,如变压器油中的小水滴在吸附电荷后形成带电质点,构成电泳电导。液体电介质的电导率随温度上升而按指数关系增大。

(3) 固体电介质的电导。包括体积电导(主要是杂质离子引起)和表面电导。后者是表面吸附了水分、灰尘或其他具有导电性的物质引起的。水分对固体介质表面电导起重要作用,亲水性电介质(如玻璃、瓷)表面电导比憎水性物质(如石蜡、硅有机物)大得多。固体电介质的电导很大程度上取决于表面电导。

3. 电介质的损耗

(1) 电介质损耗的构成。任何电介质在电场作用下都会有能量损耗,简称介质损耗。

介质损耗包括极化损耗和电导损耗。极化损耗包括偶极子极化损耗和夹层极化损耗。在直流电压作用下,由于极化过程仅在电压施加后的很短时间内存在,而没有周期性的极化过程,因此可认为不存在极化损耗。

引起电导损耗的泄漏电流与外施电压的频率无关,因此电导损耗在直流电压和交流电压作用下都存在。

(2) 介质损耗角正切值$\tan\delta$。图5-7是电介质的等效电路及相量图。图中C_p和R_p分别为电介质的等效电容和等效电阻,I_R和I_C分别为电导电流(泄漏电流)和极化电流。

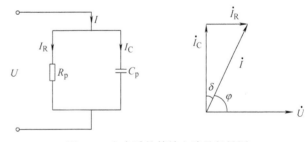

图5-7 电介质的等效电路及相量图

介质损耗角正切值$\tan\delta$为

$$\tan\delta = \frac{1}{\omega R_p C_p} \tag{5-6}$$

介质功率损耗为

$$P = U^2 \omega C_p \tan\delta \tag{5-7}$$

$\tan\delta$越大,介质损耗越大。

(3) 液体和固体电介质的损耗特性。

① 与温度的关系。中性电介质和弱极性电介质只有电子式极化和离子式极化,介质损耗主要是电导损耗,因此温度对$\tan\delta$的影响与温度对电导的影响相似,随温度升高按指数

规律增大。这类电介质 $\tan\delta$ 约为 10^{-4} 数量级，聚乙烯、聚苯乙烯、硅橡胶、云母都属于此类。

极性电介质中具有极化损耗和电导损耗，与温度的关系较为复杂。极性液体电介质 $\tan\delta$ 与温度的关系如图 5-8 所示（极性固体电介质具有类似的关系）。温度 $<t_1$ 时，随着温度上升，液体的黏度减小，偶极子易转向，极化增强，极化损耗显著增加；同时，电导损耗也随温度升高而略有增加。在 $t_1 \sim t_2$ 之间，分子热运动加快，妨碍偶极子转向，极化减弱。温度 $>t_2$ 时，电导损耗随温度的升高而急剧增大，成为介质损耗的主要部分。

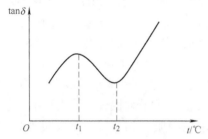 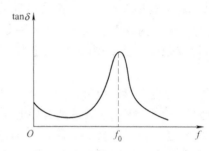

图 5-8　极性液体电介质 $\tan\delta$ 与温度的关系　　图 5-9　极性液体电介质 $\tan\delta$ 与频率的关系

② 与频率的关系。极性液体电介质 $\tan\delta$ 与频率的关系如图 5-9 所示。当频率很低时，介质损耗主要是电导损耗，总的损耗很小，但容性电流也很小（容抗大），所以 $\tan\delta$ 比较大，此时 $\tan\delta$ 随频率升高而增大。当频率升高到某一值（图中的 f_0）时，由于偶极子来不及转向，极化减弱，极化损耗也减小，因此 $\tan\delta$ 随频率的升高而减小。

③ 与电压的关系。外施电压不太高时，介质损耗为极化损耗和电导损耗，$\tan\delta$ 变化不大；当外施电压超过一定值时，可能发生局部放电，产生电离损耗，$\tan\delta$ 迅速增大。

4. 液体电介质的击穿

(1) 纯净液体电介质的击穿理论。纯净电介质的击穿可用电击穿理论和气泡击穿理论（"小桥"理论）来解释。

① 电击穿理论。对于纯净的液体电介质，在电场作用下，阴极上由于高电场发射或热电子发射产生的电子被加速，碰撞液体分子产生电离，形成电子崩。由碰撞电离产生的正离子集结在阴极附近，增强了阴极附近电场，使阴极发射的电子数增多。当外施电压增大到一定程度时，导致液体击穿。

② 气泡击穿理论（"小桥"理论）。当外施电压较高时，液体中可能产生气泡。由于气泡的介电常数比液体低得多，电气强度也比液体介质低得多，而气泡与液体串联时，其场强比液体高（场强与介电常数成反比），因此电离首先发生在气泡中。气泡电离后，气泡温度升高、体积膨胀、密度减小，电离得到进一步发展。电离产生的带电粒子撞击液体分子，使之产生气体，导致气体通道进一步增大。如果许多电离的气体在电场作用下排列成气体小桥，液体击穿就可能沿此通道发生。

(2) 工程液体电介质的击穿。工程液体电介质含有气体（气泡）、水分、纤维等杂质。气泡击穿理论同样可用于含有这些杂质的液体。由于水和纤维杂质的介电常数很大，在电场作用下很容易极化，并逐渐沿电场方向形成小桥。如果小桥贯穿两电极，则由于水分和纤维的电导大，引起泄漏电流增大，温度升高，使水分汽化，气泡增多扩大；如果纤维尚未贯穿整个电极间隙，则会因纤维介电常数高于油的介电常数使得纤维端部周围场强明显增加，在强电场作用下被电离分解出气体，形成气泡小桥，最终导致液体击穿。

(3) 影响液体电介质击穿电压的因素。

① 液体电介质的自身品质。液体品质对击穿电压的影响与杂质存在的状态、电场均匀度、电压类型有关。若气体和水分等杂质以溶解状态存在，则对击穿电压影响不大。如果呈悬浮状态，容易形成小桥，击穿电压随气体含量增加而下降。当液体中有纤维存在时，水分对击穿电压的影响特别明显，这是因为纤维是极性电介质且容易吸潮，容易形成小桥。纤维越多，击穿电压越低。在不均匀电场中，液体品质对击穿电压影响不大。在冲击电压作用下，杂质来不及形成小桥，因此液体品质对冲击电压的影响不大。

② 温度。对干燥的变压器油，温度升高加剧碰撞电离，击穿电压下降。对受潮的变压器油，-5℃以下时，油很粘稠，小桥排列困难，击穿电压高；温度在 0~60℃ 范围内，随着温度升高，一部分水分从悬浮状态转为溶解状态，击穿电压提高；超过80℃后，水开始汽化，产生气泡，击穿电压下降。

③ 电压的作用时间。由于加压后杂质聚集到电极间或电介质发热需要一定时间，所以击穿电压随加压时间的增长而下降。

④ 电场均匀度。在直流或工频电压作用下，当液体电介质纯净度较高时，改善电场均匀度能够明显提高击穿电压；对于品质较差的液体介质，因杂质的聚集和排列已使电场畸变，因而改善电场均匀度对提高击穿电压的作用并不明显。在冲击电压作用下，改善电场均匀度对提高击穿电压有利，而与油的品质关系不大。在不均匀电场中，在高场强处先发生放电，电场对带电粒子的作用力使该处液体扰动，不易形成杂质小桥，因此杂质对击穿电压的影响较小。工频击穿电压的分散性在极不均匀电场中不超过5%，而在均匀电场中可达30%~40%。

⑤ 压力。无论电场均匀与否，工程用变压器油工频击穿电压随油压的增大而升高。原因是压强增大时，气体在油中的溶解度增大，气泡数量减少。

(4) 提高液体电介质击穿电压的方法。

① 清除杂质。包括过滤、脱气及防潮、吸附剂等措施。

② 采用油和固体介质组合。一是覆盖层，即在紧贴电极表面覆盖一层很薄（一般小于1mm）的固体绝缘材料，如漆膜、胶带纸，使杂质形成的小桥不能直接与电极接触，限制泄漏电流；二是绝缘层，即在曲率半径小的电极上包缠较厚的固体绝缘层，减小杂质小桥的影响；三是屏障，即在油间隙中放置尺寸较大的厚纸板等固体绝缘屏障，阻止杂质小桥的形成。

5. 固体电介质的击穿

(1) 固体电介质的击穿形式。固体电介质的电气强度比气体、液体高，它属于非自恢复性绝缘。固体电介质的击穿有电击穿、热击穿和电化学击穿等形式。

① 电击穿理论。固体电介质电击穿理论同样建立在碰撞电离基础上。固体电介质中存在少量传导电子，在电场加速下与晶格结点上的原子发生碰撞电离，形成电子崩。当电子崩发展到足够强时，电导急剧增大而导致击穿。电击穿的特点是：电压作用时间越短，击穿电压越高；电介质发热不显著；击穿电压与环境温度几乎无关，而与电场均匀度有密切关系。

② 热击穿理论。外施电压（电场）→介质损耗→电介质发热→温度升高→电导率增大

（电导率具有正温度系数）→电流进一步增大→损耗发热随之增加→温度不断升高→电介质分解、炭化→电气强度下降→击穿。热击穿的特点是：击穿电压随环境温度的升高而下降；击穿电压随散热条件有关，如电介质厚度大，则散热困难，因此击穿电压不随电介质厚度成正比增加；外施电压频率升高，击穿电压下降。

③ 电化学击穿理论。电、热、化学和机械力的长期作用→介质内部出现气隙等缺陷→局部放电→绝缘逐渐劣化→击穿电压逐渐下降（长时间击穿电压只有短时间击穿电压的几分之一）→整个绝缘击穿。这种击穿称为电化学击穿。电化学击穿的特点是：击穿电压低于电击穿和热击穿电压，甚至在工作电压下发生击穿。

（2）固体电介质击穿电压的影响因素。

① 电压作用时间。电压作用时间越长，击穿电压越低。若外施电压作用时间很短（如0.1s）就被击穿，很可能是电击穿；若外施电压作用时间较长（如几分钟到数十小时）被击穿，则可能是电击穿和热击穿联合作用，往往是热击穿起决定作用；若电压作用时间在几十小时以上被击穿，则大多数属于电化学击穿。

很多有机电介质的短时电气强度很高，但耐局部放电的能力较差，因此长时间的电气强度很低。不能用油浸等方法来消除局部放电的绝缘结构（如旋转电机），就需要采用耐局部放电的云母等无机绝缘材料。

② 温度。当环境温度低于某个值（称为转折温度）时，固体电介质击穿场强很高，且与温度无关，此时若击穿就属于电击穿；当环境温度高于转折温度时，击穿场强迅速下降，这种击穿属于热击穿。

③ 电场均匀程度。在均匀电场中，击穿电压较高，击穿电压随介质厚度的增加呈线性关系上升，冲击系数接近于1。在不均匀电场中，随着介质厚度的增加，电场不均匀程度也增加，击穿电压不随介质厚度的增加呈线性上升，当厚度达到一定程度后，再增加厚度对提高击穿电压意义不大，反而可能导致热击穿。

④ 电压的种类。在交变电场作用下，固体电介质易发生极化，产生极化损耗，使介质发热，击穿电压降低。因此，直流击穿电压比交流击穿电压高得多（如同一根电缆的直流耐压约为交流耐压的3倍）。冲击电压作用时间短，固体介质在冲击电压作用下只会发生电击穿，因此冲击击穿电压高于工频击穿电压。

⑤ 累积效应。局部放电产生累积效应，使固体绝缘装置的击穿电压下降。

⑥ 受潮。固体电介质受潮后，电导和介质损耗增大，容易导致热击穿，击穿电压会迅速下降。对不易吸潮的材料，如聚乙烯、聚四氟乙烯等中性介质，受潮后击穿电压仅下降一半左右；对容易吸潮的极性介质，如棉纱、纸等纤维材料，受潮后击穿电压可能仅为干燥时的百分之几或更低。

⑦ 机械负荷。当绝缘结构承受较大的机械负荷，使材料出现开裂或微观裂缝时，击穿电压将显著下降。有机固体电介质在长期运行中因热、化学等作用而逐渐变脆，遇到较大的机械应力时就可能裂开或松散，若在这些裂缝中充有污浊物或受潮后，击穿电压下降更多。

（3）提高固体介质击穿电压的主要措施。

① 改进绝缘设计。采用合理结构，使电介质的电气强度与所承受的电压相配合；改进电极形状，尽量使电场均匀。

② 改进制造工艺。尽量消除固体介质中的杂质、气泡、水分，防止发生局部放电。

③ 改善运行条件。防潮、防污,保持良好的通风散热条件。

6. 组合绝缘的电气强度

(1) 多层组合绝缘。

① 在直流电压作用下：电介质等效为电阻,各层电介质承受的电压（场强）与电阻成正比,与电导率成反比。因此,应该把电气强度高、电导率小的材料用在电场最强处。

② 在交流和冲击电压作用下：电介质等效为电容,各层电介质承受的电压（场强）与电容（介电常数）成反比。因此,应该把电气强度高、介电常数小的材料用在电场最强处。

③ 变压器油—屏障式绝缘：纸板屏障能够改善油隙中的电场分布和阻止贯通性杂质小桥的形成。但由于纸板的介电常数比油的介电常数高,如果在油隙中放置多个纸板屏障,会使油中的电场强度显著增大,反而不利。

(2) 同心圆组合绝缘。高压交流电缆常用单相圆芯结构。绝缘中最大电场强度出现在芯线表面上,其值为

$$E_{max} = \frac{U}{r_0 \ln \frac{r_2}{r_0}} \tag{5-8}$$

式中,r_0、r_2 分别为电缆芯线和绝缘层的外径。

最小场强出现在绝缘层的外表面处。电缆中的平均场强为

$$E_{av} = \frac{U}{r_2 - r_0} \tag{5-9}$$

绝缘利用系数为

$$\eta = \frac{E_{av}}{E_{max}} \tag{5-10}$$

η 值越大,表明电场越均匀,绝缘材料利用得越充分。为了提高绝缘利用系数,应采用分阶绝缘结构,以减小电缆芯线附近的最大电场强度。所谓分阶绝缘是指利用多层不同介电常数的绝缘材料构成组合绝缘,其原则是越靠近电缆芯线的内层选用介电常数越大的材料,以实现电场均匀化,提高整体击穿电压。

7. 电介质的老化

电气设备在长期运行中受到各种因素的影响,绝缘会产生不可逆的变化,其性能随时间的增长而逐渐劣化,这一现象称为电介质的老化。

引起电介质老化的因素很多,主要有热、电、机械力、光、辐射等物理因素和臭氧、酸、碱、潮湿等化学因素以及霉菌、微生物等生物因素。

(1) 电老化。电老化是介质内部局部放电引起的。

不同绝缘材料耐受局部放电能力有很大差别。云母、玻璃纤维等无机材料具有良好的耐局部放电能力。有机高分子材料耐局部放电能力较差。

(2) 热老化。热老化的原因是内部发生分子热裂解、氧化裂解。外在主要表现为：机械强度降低,电介质失去弹性、变脆,绝缘性能降低。

热老化的程度主要取决于温度和热作用时间。在一定的温度下,电介质不发生热损坏的时间称为电介质的寿命。

耐热性是绝缘材料的一个十分重要的指标。我国国家标准将绝缘电介质分成10个耐热

等级。当实际工作温度每超过规定温度8℃，绝缘寿命就缩短一半左右（称为热劣化8℃规则）。

(3) 环境老化。对有机绝缘材料，尤其是暴露在户外大气中的固体有机绝缘，环境老化是主要因素之一。环境老化按发生机理又分为：

① 光老化。太阳光的紫外线的能量大于多数有机绝缘物中主价键的键能，使分子键断裂，逐渐老化。

② 臭氧老化。臭氧与某些有机绝缘物相互作用时，会生成氧化物或过氧化物，导致高分子主键断裂，造成老化。

③ 化学老化。酸、碱、盐等物质对绝缘物产生腐蚀。

液体电介质老化的主要过程是液体的氧化。

二、模拟测试题

1. [单选题] 下列因素（   ）不会产生电离。
   A. 碰撞   B. 高温   C. 光辐射   D. 附着

2. [多选题] 下列因素（   ）可以使阴极表面发射出电子。
   A. 碰撞   B. 光辐射   C. 强电场   D. 高温

3. [单选题] 汤逊放电理论认为，气体分子电离的最主要因素是（   ）。
   A. 碰撞电离   B. 光电离   C. 热电离   D. 阴极表面电离

4. [单选题] 高温下气体分子间的碰撞电离称为（   ）。
   A. 碰撞电离   B. 光电离   C. 热电离   D. 表面电离

5. [单选题] 汤逊放电理论认为，气体间隙自持放电的必要条件是（   ）。
   A. 碰撞电离   B. 光电离   C. 热电离   D. 阴极表面电离

6. [多选题] SF_6气体分子电离能为15.6eV，比绝大多数气体高，这说明SF_6气体间隙（   ）。
   A. 击穿场强高   B. 击穿电压低   C. 电气强度高   D. 绝缘性能好

7. [单选题] SF_6气体具有较高绝缘强度的主要原因之一是（   ）。
   A. 无色无味性   B. 不燃性   C. 无腐蚀性   D. 电负性

8. [判断题] 均匀电场和稍不均匀电场气隙达到自持放电条件就会被击穿。（   ）
   A. 正确   B. 错误

9. [单选题] 正离子引起阴极发射电子的过程称为（   ）。
   A. α过程 B. β过程 C. γ过程   D. 自由行程

10. [判断题] 一个电子沿着电场方向行经单位长度，平均发生的碰撞次数称为α系数。（   ）
    A. 正确   B. 错误

11. [单选题] 在电子崩的形成过程中，（   ）的作用基本可以忽略。
    A. α过程 B. β过程 C. γ过程   D. 自由行程

12. [判断题] 气隙击穿电压等于自持放电起始电压。（   ）
    A. 正确   B. 错误

13. [多选题] 气体中带电粒子的消失主要有（   ）方式。

A. 表面电离　　　　B. 扩散　　　　　　C. 复合　　　　　　D. 碰撞电离

14. [单选题] 极间距离相同的稍不均匀电场间隙击穿电压较均匀电场间隙击穿电压（　　）。

   A. 相同　　　　　　B. 高　　　　　　　C. 低　　　　　　　D. 不能确定

15. [多选题] 与均匀和稍不均匀间隙相比，极不均匀电场间隙放电的特点是（　　）。

   A. 流柱　　　　　　B. 电晕放电　　　　C. 极性效应　　　　D. 自持放电

16. [单选题] 大气压下的 10cm 长空气间隙的放电现象适于用（　　）解释。

   A. 汤逊放电理论　　B. 巴申定律　　　　C. 流柱理论　　　　D. 电晕放电原理

17. [多选题] 流柱理论认为（　　）是维持自持放电的主要因素。

   A. 碰撞电离　　　　B. 空间光电离　　　C. 热电离　　　　　D. 阴极表面电离

18. [单选题] 流柱理论未考虑（　　）的现象。

   A. 碰撞电离　　　　B. 阴极表面电离　　C. 光电离　　　　　D. 电场畸变

19. [单选题] 流柱中的带电粒子是（　　）。

   A. 电子　　　　　　B. 正离子　　　　　C. 负离子　　　　　D. 等离子体

20. [单选题] 气体间隙中的高能光子会使气体分子产生（　　）。

   A. 碰撞电离　　　　B. 空间光电离　　　C. 热电离　　　　　D. 阴极表面电离

21. [判断题] 根据流柱理论，长气隙击穿电压与阴极材料无关。（　　）

   A. 正确　　　　　　　　　　　　　　　B. 错误

22. [单选题] 电晕放电是一种（　　）。

   A. 自持放电　　　　B. 非自持放电　　　C. 电弧放电　　　　D. 先导放电

23. [单选题] 棒—板间隙电晕放电发生的位置是（　　）。

   A. 棒极附近　　　　　　　　　　　　　B. 板极附近
   C. 棒、板之间任意位置　　　　　　　　D. 取决于极性

24. [判断题] 在极不均匀电场中，电晕起始电压比击穿电压低得多。（　　）

   A. 正确　　　　　　　　　　　　　　　B. 错误

25. [多选题] 下列关于输电线路电晕放电说法中正确的是（　　）。

   A. 输电线路平行导线是一种典型的极不均匀电场
   B. 导线表面越粗糙，越易发生电晕放电
   C. 工程上可通过增大线间距离来减少输电线路电晕的发生
   D. 输电线路雨天比晴天更易发生电晕

26. [单选题] 超高压输电线路采用分裂导线的目的是（　　）。

   A. 节省导线　　　　　　　　　　　　　B. 减小线路电能损耗
   C. 防止电晕放电　　　　　　　　　　　D. 降低电晕起始场强

27. [单选题] 极不均匀电场的长间隙放电过程是（　　）。

   A. 电晕放电→先导放电→主放电　　　　B. 先导放电→电晕放电→主放电
   C. 主放电→电晕放电→先导放电　　　　D. 电晕放电→主放电→先导放电

28. [单选题] 长间隙先导放电通道的形成以（　　）的出现为特征。

   A. 碰撞电离　　　　B. 表面电离　　　　C. 热电离　　　　　D. 光电离

29. [单选题] 气压、长度相同的①板—板间隙、②正极性棒—板间隙、③负极性棒—

板间隙击穿电压从低到高的顺序是（　　）。
A. ①②③　　B. ②③①　　C. ③①②　　D. ②①③

30. [判断题] 正极性棒—板间隙比负极性棒—板间隙的电晕起始电压低。（　　）
A. 正确　　　　　　　　　　B. 错误

31. [单选题] 气体放电都有一个（　　）而导致电子崩的阶段。
A. 热电离　　B. 流柱　　C. 电子碰撞电离　　D. 电晕放电

32. [单选题] 在棒—板气隙中，当外加电压达到自持放电起始电压时，棒极附近首先将出现（　　）。
A. 流柱　　B. 电晕　　C. 击穿　　D. 先导放电

33. [单选题] 均匀和稍不均匀电场气隙一旦出现（　　），则间隙击穿。
A. 电子崩　　B. 电晕　　C. 自持放电　　D. 非自持放电

34. [单选题] 在极不均匀电场中，正极性击穿电压比负极性击穿电压（　　）。
A. 低　　B. 高　　C. 相等　　D. 不能确定

35. [判断题] 气体间隙中电场不均匀系数越大，击穿电压越低。（　　）
A. 正确　　　　　　　　　　B. 错误

36. [多选题] 汤逊理论的适用范围是（　　）。
A. 均匀电场　　B. 低气压　　C. 短气隙　　D. 不均匀电场

37. [单选题] 在标准大气条件下，均匀电场的空气间隙击穿场强约为（　　）。
A. 5kV/cm　　B. 10kV/cm　　C. 20kV/cm　　D. 30kV/cm

38. [多选题] 下列间隙（　　）属于稍不均匀电场。
A. 球—球间隙（极间距离<2倍球隙直径）
B. 球—板间隙
C. 同轴圆筒间隙
D. 棒—板间隙

39. [判断题] 电场分布不对称的稍不均匀电场间隙气体放电同样具有极性效应。（　　）
A. 正确　　　　　　　　　　B. 错误

40. [单选题] 以下4种气体间隙的距离均为10cm，在直流电压作用下，击穿电压最低的是（　　）。
A. 球—球间隙（球径50cm）　　B. 负极性棒—板间隙
C. 棒—棒间隙　　　　　　　　D. 正极性棒—板间隙

41. [单选题] ①球—球间隙（球径50cm）、②正极性棒—板间隙、③负极性棒—板间隙、④棒—棒间隙的距离均为10cm，在工频电压作用下，击穿电压从高到低的顺序是（　　）。
A. ①②③④　　B. ①④②③　　C. ①④③②　　D. ①③②④

42. [判断题] 可以通过增加极不均匀电场间隙的距离来提高耐压水平。（　　）
A. 正确　　　　　　　　　　B. 错误

43. [多选题] 气隙击穿必须具备的条件是（　　）。
A. 足够高的电压　　B. 有效电子　　C. 一定的时间　　D. 出现电晕

44. [单选题] 下列（　　）不是雷电冲击电压的特点。

A. 峰值高 B. 陡度大 C. 作用时间极短 D. 持续作用

45. [单选题] 我国国家标准规定的雷电冲击电压标准波形表示为（ ）。
   A. （1.2±30%）μs B. （50±30%）μs C. ±1.2/50μs D. （1.2±20%）μs

46. [多选题] 关于冲击电压作用下气隙的击穿，下列说法正确的是（ ）。
   A. 冲击电压作用时间很短，必须考虑放电发展时间
   B. 气隙击穿电压与电场均匀性有很大关系，电场越均匀，冲击击穿电压越高
   C. 冲击电压作用下气隙击穿电压和击穿时间都具有分散性
   D. 极不均匀电场气隙冲击电压放电也存在极性效应

47. [判断题] 在均匀和稍不均匀电场气隙中，冲击击穿电压与工频击穿电压（幅值）接近。（ ）
   A. 正确 B. 错误

48. [多选题] 与均匀和稍不均匀电场相比，极不均匀电场气隙冲击击穿特性是（ ）。
   A. 平均击穿场强较低 B. 放电时延较长
   C. 放电分散性较大 D. 冲击系数较大

49. [单选题] 温度降低时，空气间隙的击穿电压（ ）。
   A. 不变 B. 升高 C. 降低 D. 不能确定

50. [单选题] 在极不均匀电场中，空气湿度增大，击穿电压（ ）。
   A. 不变 B. 升高 C. 降低 D. 不能确定

51. [单选题] 空气湿度影响空气击穿电压的原因是水分子（ ）。
   A. 具有电负性 B. 具有冷却作用 C. 运动速度慢 D. 电离能高

52. [单选题] 海拔高度增加，空气击穿场强（ ）。
   A. 不变 B. 升高 C. 降低 D. 不能确定

53. [单选题] 气压增大，空气击穿场强（ ）。
   A. 不变 B. 升高 C. 降低 D. 不能确定

54. [多选题] 下列哪些措施可提高气体间隙的击穿电压。（ ）
   A. 高气压 B. 高真空 C. 采用电负性气体 D. 使电场均匀

55. [判断题] 气体压强越高，电气强度越高。（ ）
   A. 正确 B. 错误

56. [判断题] 没有研制出110kV及以上真空断路器是因为真空间隙达到一定距离后耐压能力将出现饱和。（ ）
   A. 正确 B. 错误

57. [判断题] 变压器出线套管端部装球形屏蔽罩是为了降低最大场强，防止放电。（ ）
   A. 正确 B. 错误

58. [单选题] 沿着固体介质表面发生的气体放电称为（ ）。
   A. 电晕放电 B. 沿面放电 C. 火花放电 D. 辉光放电

59. [判断题] 放电距离相同时，沿面闪络电压比纯空气间隙的击穿电压低得多。（ ）

A. 正确 B. 错误

60. [判断题] 绝缘装置可能在工作电压下发生沿面闪络。（   ）
   A. 正确 B. 错误

61. [多选题] 沿面放电电压低于纯空气间隙击穿电压的主要原因有（   ）。
   A. 固体介质与电极存在小间隙 B. 固体介质表面形成水膜
   C. 固体介质表面粗糙 D. 固体介质表面电子发射

62. [单选题] 沿固体介质表面的不稳定的树枝状放电称为（   ）。
   A. 沿面闪络 B. 辉光放电 C. 电晕放电 D. 滑闪放电

63. [单选题] 具有强垂直分量的极不均匀电场中的放电有①电晕放电、②辉光放电、③滑闪放电、④沿面闪络，其发生的先后顺序是（   ）。
   A. ①②③④ B. ②①③④ C. ③①②④ D. ①③②④

64. [多选题] 下列（   ）属于憎水性材料。
   A. 石蜡 B. 硅橡胶 C. 电瓷 D. 玻璃

65. [单选题] 下列（   ）不是发生污闪最危险的气象条件。
   A. 大雾 B. 毛毛雨 C. 凝露 D. 大雨

66. [判断题] 固体介质表面的湿闪电压低于干闪电压。（   ）
   A. 正确 B. 错误

67. [判断题] 输电线路绝缘子污闪时的自动重合闸成功率远低于雷电闪络时的自动重合闸成功率。（   ）
   A. 正确 B. 错误

68. [多选题] 下列措施（   ）有利于防止绝缘子污闪。
   A. 增大爬电距离 B. 定期清扫
   C. 表面涂覆憎水涂料 D. 采用新型合成绝缘子

69. [单选题] 下列电介质中属于离子结构的是（   ）。
   A. 纸板 B. 变压器油 C. 空气 D. 云母

70. [单选题] 所有电介质都具有的极化是（   ）。
   A. 电子式极化 B. 离子式极化 C. 偶极子极化 D. 夹层极化

71. [多选题] 下列需要消耗能量的极化是（   ）。
   A. 电子式极化 B. 离子式极化 C. 偶极子极化 D. 夹层极化

72. [多选题] 与外施电压频率无关的极化是（   ）。
   A. 电子式极化 B. 离子式极化 C. 偶极子极化 D. 夹层极化

73. [单选题] 在下列4种类型的电介质极化中，极化时间最长的是（   ）。
   A. 电子式极化 B. 离子式极化 C. 偶极子极化 D. 夹层极化

74. [判断题] 温度越高，偶极子极化越强。（   ）
   A. 正确 B. 错误

75. [判断题] 电容器宜采用介电常数较大的材料作绝缘电介质，电缆宜采用介电常数较小的材料作绝缘电介质。（   ）
   A. 正确 B. 错误

76. [判断题] 中性或弱极性电介质不存在偶极子极化。（   ）

A. 正确　　　　　　　　　　　　　　B. 错误

77. [判断题] 液体电介质的电导率随温度上升而增大。（　　）
A. 正确　　　　　　　　　　　　　　B. 错误

78. [判断题] 杂质对液体和固体电介质的绝缘性能影响较大。（　　）
A. 正确　　　　　　　　　　　　　　B. 错误

79. [判断题] 固体电介质的电导很大程度上取决于其表面电导，且水分对固体介质表面电导起重要作用。（　　）
A. 正确　　　　　　　　　　　　　　B. 错误

80. [判断题] 中性电介质和弱极性电介质的介质损耗主要是电导损耗。（　　）
A. 正确　　　　　　　　　　　　　　B. 错误

81. [判断题] 极性电介质的介质损耗随温度升高而增大。（　　）
A. 正确　　　　　　　　　　　　　　B. 错误

82. [判断题] 外施电压频率越高，介质损耗越大。（　　）
A. 正确　　　　　　　　　　　　　　B. 错误

83. [单选题] 液体电击穿理论类似于气体放电的（　　）。
A. 汤逊理论　　　B. 流柱理论　　　C. 巴申定律　　　D. 电晕放电原理

84. [单选题] 液体的（　　）远大于气体，因此液体的电气强度远高于气体。
A. 密度　　　　　B. 介电常数　　　C. 电导率　　　　D. $\tan\delta$

85. [判断题] 极不均匀电场中，油的品质对击穿电压影响不大。（　　）
A. 正确　　　　　　　　　　　　　　B. 错误

86. [判断题] 油的品质对冲击击穿电压影响不大。（　　）
A. 正确　　　　　　　　　　　　　　B. 错误

87. [判断题] 均匀电场中油的工频击穿电压的分散性比极不均匀电场中高得多。（　　）
A. 正确　　　　　　　　　　　　　　B. 错误

88. [判断题] 若气体和水分等杂质溶解在油中，则对击穿电压影响不大。（　　）
A. 正确　　　　　　　　　　　　　　B. 错误

89. [多选题] 下列关于电介质的说法中，正确的是（　　）。
A. 电介质的电气强度一般用击穿场强表示
B. 电介质的电气强度：固体＞液体＞气体
C. 固体和液体电介质都属于非自恢复性绝缘
D. 固体和液体电介质会逐渐老化

90. [单选题] 平板电极间隙中的电介质为（　　）时，其击穿电压最高。
A. 空气　　　　　B. SF_6气体　　　C. 绝缘油　　　　D. 云母

91. [判断题] 固体电介质的击穿电压随电介质厚度成正比增加。（　　）
A. 正确　　　　　　　　　　　　　　B. 错误

92. [判断题] 固体电介质的击穿电压随外施电压频率的升高而下降。（　　）
A. 正确　　　　　　　　　　　　　　B. 错误

93. [判断题] 固体电介质的击穿电压随着运行时间的增加而下降。（　　）
A. 正确　　　　　　　　　　　　　　B. 错误

94. [多选题] 固体电介质的热击穿电压与下列因素（　　）有关。
    A. 介质损耗　　　　B. 环境温度　　　　C. 外施电压频率　　D. 电介质厚度

95. [单选题] 固体电介质的①电击穿、②热击穿、③电化学击穿的击穿电压从高到低的顺序是（　　）。
    A. ①②③　　　　　B. ①③②　　　　　C. ③①②　　　　　D. ②③①

96. [单选题] 在工作电压作用下，固体电介质不可能发生（　　）现象。
    A. 老化　　　　　　B. 电击穿　　　　　C. 局部放电　　　　D. 电化学击穿

97. [单选题] 固体绝缘装置在加上电压后不到1s就被击穿，则很可能是（　　）。
    A. 电击穿　　　　　B. 热击穿　　　　　C. 电化学击穿　　　D. "小桥"击穿

98. [单选题] 固体绝缘装置在加上电压后几十小时被击穿，则很可能是（　　）。
    A. 电击穿　　　　　B. 热击穿　　　　　C. 电化学击穿　　　D. "小桥"击穿

99. [单选题] 固体绝缘装置在加上电压后几小时被击穿，则很可能是（　　）。
    A. 电击穿　　　　　B. 热击穿　　　　　C. 电化学击穿　　　D. "小桥"击穿

100. [多选题] 云母作为一种优良的绝缘材料具有以下特点（　　）。
    A. 电气强度高　　　B. 耐高温　　　　　C. 耐局部放电　　　D. 有机绝缘材料

101. [判断题] 当环境温度达到一定值后，固体电介质击穿场强随温度的升高而迅速下降。（　　）
    A. 正确　　　　　　　　　　　　　　　B. 错误

102. [判断题] 在不均匀电场中，固体绝缘达到一定厚度后，再增加厚度对提高击穿电压意义不大，反而易导致热击穿。（　　）
    A. 正确　　　　　　　　　　　　　　　B. 错误

103. [单选题] 对同一固体绝缘装置，（　　）最低。
    A. 直流耐压　　　　B. 工频耐压　　　　C. 雷电冲击耐压　　D. 操作冲击耐压

104. [判断题] 同一根电缆的直流耐压比交流耐压高得多。（　　）
    A. 正确　　　　　　　　　　　　　　　B. 错误

105. [判断题] 在高频电压作用下，固体绝缘更易损坏。（　　）
    A. 正确　　　　　　　　　　　　　　　B. 错误

106. [判断题] 纸板受潮后其耐压水平可能降到干燥时的百分之几甚至更低。（　　）
    A. 正确　　　　　　　　　　　　　　　B. 错误

107. [判断题] 交流电力设备的绝缘应该把电气强度高、介电常数小的材料用在电场最强处。（　　）
    A. 正确　　　　　　　　　　　　　　　B. 错误

108. [判断题] 在变压器油隙中放置多个纸板屏障有利于增强变压器的绝缘能力。（　　）
    A. 正确　　　　　　　　　　　　　　　B. 错误

109. [判断题] 高压交流电缆越靠近芯线的绝缘层应选用介电常数越大的材料。（　　）
    A. 正确　　　　　　　　　　　　　　　B. 错误

110. [单选题] 为了提高绝缘利用系数，应采用（　　）。
    A. 高电气强度绝缘材料　　　　　　　　B. 低电导率绝缘材料

C. 介电常数高的绝缘材料　　　　　　D. 分阶绝缘结构

111. ［单选题］固体电介质电老化是由（　　）引起的。
A. 表面放电　　　B. 介质损耗　　　C. 局部放电　　　D. 泄漏电流

112. ［判断题］当实际工作温度每超过规定温度6℃，绝缘寿命就缩短一半左右。（　　）
A. 正确　　　　　　　　　　　　　　B. 错误

【参考答案与解析】

1. D　2. ABCD　3. A　4. C　5. D　6. ACD　7. D　8. A　9. C

10. B。［解析］是碰撞电离次数，碰撞不一定会引起电离。

11. B

12. ［答案］B。［解析］均匀电场和稍不均匀电场气隙击穿电压等于自持放电起始电压；而极不均匀电场气隙击穿电压高于自持放电起始电压。

13. BC　14. C

15. BC。［解析］流柱是长间隙的特点。

16. C。［解析］$pd=1013Pa \cdot cm$，属于高气压、长间隙。

17. AB　18. B　19. D　20. B

21. A。［解析］长间隙气体放电的发展不是依靠正离子撞击阴极表面产生二次电子，而是通过空间光电离产生二次电子，故阴极材料对长气隙击穿电压没有影响。

22. A　23. A　24. A

25. ABD。［解析］选项C增大线间距离能降低导线表面的场强，但将增加杆塔造价，并增大线路电抗，在工程上并不可取。选项D雨天附着在导线上的水滴在电场作用下将克服本身的表面张力而变成锥形，从而在尖端产生强烈的电晕放电。

26. C　27. A　28. C　29. B　30. B　31. C　32. B　33. C　34. A　35. A　36. ABC　37. D　38. ABC　39. A

40. D。［解析］球—球间隙是稍不均匀电场，直流击穿电压最高；在极不均匀电场中，直流击穿电压：负棒正板间隙＞棒—棒间隙＞正棒负板间隙。

41. C。［解析］球—球间隙是稍不均匀电场，工频击穿电压最高；在极不均匀电场中，工频击穿电压：棒—棒间隙＞负棒正板间隙＞正棒负板间隙。

42. B。［解析］极不均匀电场间隙的距离超过2m时，工频击穿电压开始饱和。

43. ABC　44. D　45. C　46. ABCD

47. A。［解析］在均匀和稍不均匀电场中冲击系数β接近于1。

48. ABCD　49. B　50. B　51. A　52. C　53. B　54. ABCD

55. B。［解析］气压达到一定值后，耐压能力将逐渐饱和。

56. A　57. A　58. B　59. A

60. A。［解析］当绝缘装置固体表面潮湿、污染时，沿面放电电压低，甚至可能在工作电压下发生沿面闪络。

61. BC　62. D　63. A　64. AB　65. D　66. A　67. A　68. ABCD　69. D　70. A　71. CD　72. AB　73. D　74. B　75. A　76. A　77. A

78. A。[解析] 无论是液体还是固体电介质，杂质会引起电导率增大。

79. A 80. A 81. B 82. B 83. A 84. A 85. A 86. A 87. A 88. A 89. ABD 90. D 91. B 92. A 93. A 94. ABCD 95. A 96. B 97. A 98. C 99. B 100. ABC 101. A 102. A 103. B 104. A

105. A。[解析] 在高频电压作用下，一方面由于局部放电更剧烈，介质损耗更大，因此电介质发热严重，更容易发生热击穿；另一方面，高频下的局部放电增强使绝缘劣化加速，导致电化学击穿时间缩短。

106. A 107. A 108. B 109. A 110. D 111. C 112. B

第二单元　输变电设备外绝缘及其放电特性

一、主要知识点

(一) 绝缘子

1. 绝缘子的作用与类型

绝缘子是将处于不同电位的导电体在机械上相互连接，而在电气上相互绝缘。按照绝缘和连接形式的不同，绝缘子可分为三类：

(1) 绝缘子。用于导电体和接地体之间的绝缘和固定连接，如输电线路固定导线的悬式绝缘子串。

(2) 瓷套。用作电器内绝缘的容器，并使内绝缘免遭受周围环境因素的影响，如电流互感器的瓷套等。

(3) 套管。用作导电体穿过接地隔板、电器外壳和墙壁的绝缘部件，如变压器出线套管、穿墙套管等。

2. 绝缘子的材料

绝缘子主要由绝缘件及固定材料组成。绝缘件的材料及其特点是：

(1) 电瓷。它是无机材料，耐腐蚀，抗老化，具有足够的电气强度和机械强度，击穿场强达到20kV/mm（有效值）以上。表面釉使瓷面表面致密、光滑、便于清洗。

(2) 钢化玻璃。其电气和机械强度大于电瓷，击穿场强达到30kV/mm（有效值）以上。输电线路钢化玻璃绝缘子损坏后能"自爆"，便于巡线时及时发现。

(3) 有机复合材料。其特点是重量轻、体积小、工艺简单，表面有憎水性，抗污闪能力强。复合绝缘子的玻璃纤维芯棒的抗拉强度高于钢。

3. 绝缘子的闪络电压

(1) 干闪电压。指表面清洁、干燥的绝缘子的闪络电压，反映户内绝缘子的主要性能。包括工频干闪络电压、雷电冲击干闪络电压和操作冲击干闪络电压。

(2) 湿闪电压。指表面洁净的绝缘子在淋雨时的闪络电压，反映户外绝缘子的主要性能。在工频电压作用下，干、湿闪络电压相差较大；在雷电冲击电压作用下，两者基本相同。

(3) 污闪电压。指表面脏污的绝缘子在受潮情况下的闪络电压，常用爬电距离来衡量绝缘子在污秽和受潮条件下的绝缘能力。

4. 各类绝缘子的特性

（1）支柱绝缘子。它是支撑高压母线和高压电器带电部分的绝缘支柱。154kV 及以上的支柱绝缘子常用几个支柱绝缘子串联组装而成。由于表面电压分布不均匀，一般采用均压环改善表面电压分布，提高闪络电压。户外绝缘子受到风霜雪雨和污秽物的浸蚀，使表面放电电压显著降低。户外绝缘子的瓷柱通常用伞裙防止瓷表面完全被雨淋湿，以提高闪络电压。

（2）线路绝缘子。6~10kV 架空线路采用针式绝缘子，35kV 及以上线路采用悬式绝缘子（串）。不同电压作用和不同表面状况的闪络路径不一样。由于绝缘子金属部分与接地的铁塔和导线之间存在杂散电容，绝缘子串电压分布不均匀，可采用分裂导线和均压环改善电压分布。

（3）复合绝缘子。由环氧树脂玻璃纤维芯棒、硅橡胶伞盘和护套组成的有机复合绝缘子，又称合成绝缘子。

（二）高压套管

1. 高压套管的分类

套管是用来使导体与隔板绝缘的一种绝缘和支撑装置，包括电器用套管（如变压器出线套管）和穿墙套管。按结构特点及所用材料，高压套管有以下类型：

（1）单一绝缘套管。包括瓷套管（35kV 及以下穿墙套管、10kV 及以下电器用套管）和树脂套管（组合电器用）。

（2）复合绝缘套管。包括充油套管（套管内充绝缘油，66kV 及以下电器用套管）和充气套管（套管内充 SF_6 气体，组合电器用）。

（3）电容式套管。包括油纸电容式和胶纸电容式，用于 110kV 及以上穿墙套管和电器用套管。

2. 高压套管的放电特性

（1）电场强度具有强垂直分量，中间法兰边缘电场强，易发生电晕及滑闪放电。沿面闪络电压低。

（2）法兰和导电杆间的电场也很强，绝缘容易击穿。

（3）需改善法兰和导杆附近的电场以及减小比电容。

3. 充油套管

在纯瓷套管中，瓷套与导电杆间的内腔里有空气层，如果在内腔中充绝缘油就成了充油套管。充油套管改善了散热条件，提高了击穿电压。但由于它依靠较宽的油隙为绝缘，当用于较高的电压等级时，套管直径很大，电气性能也不够优越，因此 110kV 及以上系统不用充油套管而采用电容式套管。

充油套管在法兰附近的电场很不均匀，易发生电晕放电和滑闪放电，可通过增加套管外径、减小介电常数等来减小比电容。

4. 电容式套管的绝缘特性

110kV 及以上电压等级的套管，通过电容芯子来改善电场分布。电容芯子是在导电杆上包以多层绝缘纸而构成的，绝缘纸层间夹有铝箔，组成一串串联的同轴圆柱形电容器。这样，不但耐压高且电场分布较均匀。

(三) 电容器的绝缘

电容器的绝缘介质有固体介质和液体介质。其中，固体介质是主要的绝缘介质，液体介质主要用来填充气隙，提高击穿场强。电容器电极之间通常采用多层固体介质（每层厚度一般不超过 15μm），以避免电弱点（电气强度较弱的固体介质内部缺陷）重叠，提高电气强度。

常用的电容器固体介质主要有以下三种：

(1) 电容器纸。具有密度高、机械强度高、电气强度高的特点。但电容器纸为有机极性介质，属于多孔性材料，吸湿性很强；高温下有较大的电导损耗，因此电容器纸很少单独使用，目前主要是与聚酯膜一起作为脉冲电容器的绝缘介质，起到引导绝缘油进入，实现聚酯膜完全浸渍、排除气体的作用。

(2) 塑料薄膜。其特点是机械强度、电气强度及绝缘电阻都很高，中性或弱极性塑料薄膜 $\tan\delta$ 值远小于电容器纸。聚丙烯薄膜是电力电容器主要的绝缘介质。

(3) 金属化膜。它是在绝缘材料（如纸、薄膜）表面喷镀一层薄薄的（小于 0.1μm）的金属（锌、铝），起到原来铝箔极板的作用。由于这层金属电极很薄，因此单位面积电极具有较大的电阻，当薄膜中某电弱点被电击穿时，短路电流产生的热量足以使击穿部位周围的金属蒸发，从而使薄膜恢复绝缘性能，这个过程叫绝缘的"自愈"。目前，金属化膜电容器在 10kV 以下系统中广泛应用。

(四) 电缆的绝缘

1. 电缆的结构

电力电缆由导电线芯、绝缘层和护套组成。由于电缆线芯由多股导线绞合而成，它与绝缘层之间存在气隙，因而在导电线芯和绝缘层之间有一层半导电纸作为内屏蔽层，改善电场分布，防止局部放电。同样，在绝缘表面和护套接触处也可能存在间隙，同样加一层半导电纸作为外屏蔽层。

对三相交流电缆，有总包绝缘型和分相铅包型两种结构型式。前者电场分布不均匀，很容易在较低电压下发生滑闪放电。因此，10kV 以上三相电缆采用分相铅包结构。

2. 绝缘介质

(1) 油纸绝缘电缆。纸存在大量空隙，必须经过浸渍处理。35kV 及以下的电缆采用黏性浸渍剂（油中加入松香）对纸进行浸渍。这种电缆不适合环境温度高或落差较大的地方使用。35kV 及以上的电缆采用黏度较小的油浸渍，并加以油压，以减少气隙，提高绝缘强度。自容式充油电缆就是利用电缆线路两端的压力箱，使电缆油始终处于一定的油压下，它已用在 110kV 及以上线路上。此外，还有一种钢管充油电缆。

(2) 管道充气电缆（GIC）。它是将单芯或三芯导体直接装在金属管道内，充 SF_6 气体或 $SF_6 + N_2$ 混合气体作为绝缘。具有电容小、介质损耗极小、散热性好等优点，目前已有 500kV 或更高电压等级的管道充气电缆。

(3) 橡皮和塑料绝缘电缆。目前用得比较广泛的塑料电缆有聚氯乙烯（PVC）电缆、聚乙烯（PE）电缆和交联聚乙烯（XLPE）电缆等。我国 110kV、220kV 交联聚乙烯（XLPE）电缆已大量使用。

(五) 变压器的绝缘

1. 变压器绝缘的分类

变压器的绝缘分为外绝缘（油箱外的空气绝缘，包括沿面）和内绝缘。

内绝缘又分为主绝缘和纵绝缘。主绝缘是指带电导体之间及其对接地部件（铁心、油箱）之间的绝缘。纵绝缘是指同一绕组的各部分之间的匝间绝缘、层间绝缘和不同线饼间的绝缘。

2. 变压器的主绝缘

（1）绕组间或绕组对铁心柱的绝缘。油浸式变压器的主绝缘采用油—屏障绝缘结构。变压器油既是绝缘介质，又是冷却介质。工程变压器油电气强度约为 $160 \sim 200 kV/cm$。变压器油在运行中会逐渐老化变质，老化有电老化和热老化。屏障是在绕组间、相间、铁心或铁轭的油隙中放置尺寸较大的纸筒或纸板，它起到阻止杂质小桥形成和改善电场分布的作用。

（2）绕组与铁轭间的绝缘。变压器绕组与铁轭间的绝缘距离比绕组间的距离大得多，绕组端部与铁轭间的电场很不均匀，而且有很强的电场切线分量。为此，在布置对铁轭的绝缘时，应采用多个角环。

（3）引线绝缘。绕组至分接开关或套管的引线采用较粗的导线，并包有一定厚度的绝缘层。

3. 变压器的纵绝缘

变压器高压绕组有饼式绕组和圆筒式绕组两种结构。在冲击电压作用下，变压器的各饼间、匝间等纵绝缘上的电压分布很不均匀，所以在核算纵绝缘时，应根据实际可能出现的电压来考虑。

（六）高压电机的绝缘

1. 高压电机绝缘的特点

高压电机是指 6kV 及以上的大中型汽轮和水轮发电机、同步调相机和交流电动机等。电机的绝缘分为定子绝缘和转子绝缘两部分，每部分又分为绕组绝缘和铁心绝缘。因为电机中有高速旋转部件，所以不能浸在油中，这样就易出现电晕、局部放电等问题。另外，为方便散热，绝缘较薄。由于定子绝缘损坏而导致的事故占全部停机事故的约 1/3。

高压电机在运行中受到热、机械力和电场的作用。电机绝缘结构的冲击击穿电压与工频击穿电压（幅值）之比接近 1，冲击电压对电机绝缘也是很大威胁。

2. 高压电机的主要绝缘材料

为了满足高压电机绝缘的要求，高压电机采用多种绝缘材料相互配合使用。

（1）绝缘漆。按用途分为浸渍漆、覆盖漆、防晕漆、胶粘漆等类型。

（2）云母制品。云母是电机尤其是高压电机极为重要的绝缘材料，它具有高电气强度、抗电弧、抗电晕、耐局部放电、不收缩、阻燃、不吸潮等优良的性能。云母制品由云母、补强材料（用以提高机械强度，如玻璃布等）和胶粘剂组合而成。云母制品可分为云母带、云母板、云母箔三大类。

（3）塑料薄膜。用高分子化合物制成，薄而软，其特点是耐潮、电气强度高、机械性能好。目前电机中用得最多的塑料薄膜是聚酯薄膜。

(4) 层压制品。绝缘层压制品是以有机、无机纤维或布作底材，浸涂不同的胶粘剂，经热压、卷绕而成。分为层压板、卷制品和模压制品三类。

3. 高压电机的主绝缘

电机的绝缘结构有套筒式绝缘和连续式绝缘两类。前者很少应用，目前基本采用连续式绝缘。连续式绝缘是在沿整个绕组上采用同一种绝缘，消除了套筒式绝缘有接缝的弱点。目前主要采用以玻璃纤维材料补强的环氧云母带绝缘（黄绝缘），耐热等级可以达到155℃。

确定主绝缘的厚度应考虑以下基本问题：

(1) 主绝缘电气强度的分散性。由于绝缘组成材料，特别是工艺过程，导致电气强度的分散性很大，绝缘应留有较大的裕度。

(2) 电气强度与厚度的关系。电场的不均匀度随绝缘层厚度的增加而增加，层状绝缘有一个电气强度最高的厚度范围。

(3) 局部放电的影响。电机绝缘中存在较多的气隙，容易发生局部放电。气隙越宽越容易引起放电。

综合上述因素，电机的绝缘应留有较大的裕度。

（七）GIS 的绝缘

SF_6 组合电器（气体绝缘全封闭组合电器，简称 GIS）采用 SF_6 气体作为电气元件的外绝缘。

1. SF_6 气体间隙电气强度的主要影响因素

(1) 电场的均匀度与气压。均匀电场中 SF_6 气体间隙的击穿场强大约是同等空气间隙的 $2.5 \sim 3$ 倍。随着电场不均匀程度的提高，SF_6 气体间隙击穿场强与空气间隙击穿场强的差值逐渐缩小，击穿场强逐渐饱和。SF_6 气体击穿场强也会随着气压的增加出现饱和，当压强增大到约 3MPa 以上时，击穿场强已达到饱和。在实际 GIS 中，一般采用 0.5MPa 左右的气压。

(2) 局部放电。在不均匀电场中，SF_6 气体间隙的局部放电起始电压与间隙击穿电压很接近。在设计 GIS 绝缘结构时，应使试验电压下的最大场强值低于局部放电起始电压。

(3) 电极表面状态。在 SF_6 气体中，电极电晕起始电压主要受电极表面形状和表面粗糙度的影响。粗糙度增大和凸起会导致间隙击穿电压降低。

2. GIS 绝缘结构

(1) SF_6 气体间隙绝缘。应使电场尽可能均匀，可采用同轴圆柱体结构，按外壳直径与带电体直径之比为 $e = 2.718$ 倍设计。

(2) SF_6—固体介质绝缘。要注意固体介质对电场的影响，避免固体介质表面的沿面放电。

(3) 出线绝缘。高压导体与接地外壳之间用 SF_6 作为绝缘介质，并用瓷套将 SF_6 与其他介质（如空气、油）隔离。

(4) SF_6—薄膜绝缘组合。主要用于 SF_6 绝缘的变压器和互感器中，作为绕组匝间和层间绝缘。

二、模拟测试题

1. [判断题] 绝缘子湿闪电压指表面洁净的绝缘子在受潮后的闪络电压。（　　）
   A. 正确　　　　　　　　　　　　B. 错误

2. [判断题] 绝缘子在工频电压作用下，干、湿闪络电压相差较大；在雷电冲击电压作用下，两者基本相同。（　　）
   A. 正确　　　　　　　　　　　　B. 错误

3. [判断题] 绝缘子污闪电压是指表面脏污的绝缘子在干燥情况下的闪络电压。（　　）
   A. 正确　　　　　　　　　　　　B. 错误

4. [单选题] 绝缘子在污秽和受潮条件下的绝缘能力常用污闪电压和（　　）来衡量。
   A. 湿闪电压　　B. $\tan\delta$　　C. 泄漏电流　　D. 爬电距离

5. [判断题] 高压支柱绝缘子一般采用伞裙改善表面电压分布，提高闪络电压。（　　）
   A. 正确　　　　　　　　　　　　B. 错误

6. [单选题] 下列（　　）不是复合绝缘子的优点。
   A. 重量轻　　B. 抗污闪能力强　　C. 抗拉强度高　　D. 不易老化

7. [判断题] 变压器出线套管属于电器用套管。（　　）
   A. 正确　　　　　　　　　　　　B. 错误

8. [单选题] 110kV及以上电压等级系统中使用的套管为（　　）。
   A. 瓷套管　　B. 树脂套管　　C. 充油套管　　D. 电容式套管

9. [判断题] 高压套管的法兰处是绝缘薄弱环节。（　　）
   A. 正确　　　　　　　　　　　　B. 错误

10. [单选题] 下列（　　）电容器材料具有绝缘自愈性能。
    A. 聚酯薄膜　　B. 电容器纸　　C. 聚丙烯薄膜　　D. 金属化膜

11. [判断题] 纸作为绝缘材料一般不单独使用。（　　）
    A. 正确　　　　　　　　　　　　B. 错误

12. [判断题] 液体介质不作为电容器的主绝缘介质，而用作浸渍剂，填充固体介质中的空隙。（　　）
    A. 正确　　　　　　　　　　　　B. 错误

13. [单选题] 电力电缆采用半导电纸作为屏蔽层，其作用是（　　）。
    A. 防止产生无线电干扰　　　　　B. 减小电容电流
    C. 散热　　　　　　　　　　　　D. 改善电场分布

14. [判断题] 10kV及以上三相电缆采用分相铅包结构。（　　）
    A. 正确　　　　　　　　　　　　B. 错误

15. [多选题] 110kV及以上的电缆有（　　）。
    A. 油纸绝缘电缆　　　　　　　　B. 充油电缆
    C. 管道充气电缆　　　　　　　　D. 交联聚乙烯（XLPE）电缆

16. [单选题] 目前国内 500kV 的电缆是（　　）。
A. 油纸绝缘电缆 B. 充油电缆
C. 管道充气电缆 D. 交联聚乙烯（XLPE）电缆

17. [多选题] 下列（　　）的绝缘属于变压器纵绝缘。
A. 高低压绕组之间 B. 高低压绕组与油箱之间
C. 绕组匝间 D. 绕组层间

18. [单选题] 油浸式变压器的主绝缘为（　　）。
A. 变压器油 B. 绝缘纸 C. 屏障 D. 油—屏障

19. [判断题] 高压电机易出现电晕、局部放电等问题。（　　）
A. 正确 B. 错误

20. [判断题] 高压电机击穿电压冲击系数接近1。（　　）
A. 正确 B. 错误

21. [判断题] 电机的绝缘应留有较大的裕度。（　　）
A. 正确 B. 错误

22. [判断题] 高压电机绕组导线云母带越厚，其电气强度越高。（　　）
A. 正确 B. 错误

23. [多选题] 下列关于 SF_6 气体间隙的说法正确的是（　　）。
A. 均匀电场中 SF_6 气体间隙的击穿场强大约是同等空气间隙的 2.5～3 倍
B. 电场不均匀度对 SF_6 气体间隙的击穿场强影响很大
C. SF_6 气体击穿场强会随着气压的增加出现饱和
D. SF_6 气体间隙中，电极表面粗糙会提高电晕起始电压

24. [判断题] 不均匀电场中，SF_6 气体间隙局部放电起始电压与间隙击穿电压很接近。（　　）
A. 正确 B. 错误

25. [多选题] 下列以 SF_6 气体作为外绝缘的电气设备有（　　）。
A. 高压组合电器 B. 充气式高压开关柜
C. SF_6 断路器 D. 管道充气电缆（GIC）

26. [判断题] GIS 采用柜型结构。（　　）
A. 正确 B. 错误

27. [多选题] GIS 设备不采用太高气压的因素有（　　）。
A. 设备密封 B. 外壳机械强度 C. 电气强度饱和 D. 环保要求

28. [单选题] 屏障对提高油间隙工频击穿电压的效果是（　　）。
A. 没有作用 B. 提高不显著 C. 有时会降低 D. 有显著提高

29. [单选题] 下列绝缘子（　　）具有损坏后"自爆"的特性。
A. 电瓷 B. 钢化玻璃 C. 硅橡胶 D. 乙丙橡胶

【参考答案与解析】

1. B 2. A 3. B 4. D
5. B。[解析] 伞裙是户外绝缘子防淋雨的，可提高湿闪电压。改善绝缘子表面电压分

布采用均压环。

6. D　7. A　8. D　9. A　10. D　11. A　12. A　13. D　14. A　15. BCD　16. C　17. CD　18. D　19. A

20. A。[解析] 雷电冲击50%击穿电压（$U_{50\%}$）与稳态电压下的击穿电压（静态击穿电压 U_S）之比称为击穿电压冲击系数（β）。

21. A

22. B。[解析] 云母带越厚，电场越不均匀，散热条件也会变差。

23. ABC　24. A　25. ABD

26. B。[解析] GIS采用圆筒型结构。

27. ABC　28. D　29. B

第三单元　电气设备绝缘特性的测试

一、主要知识点

（一）绝缘试验的目的与类型

1. 绝缘试验的目的

绝缘缺陷可分为两大类：

① 集中性缺陷。例如，绝缘子瓷体内裂缝、发电机定子绝缘介质的局部破损、电缆绝缘层内存在气泡等。

② 分散性缺陷（也叫分布性缺陷）。例如，电机和变压器内绝缘受潮、老化、变质。

绝缘缺陷会在电气特性上反映出来，通过绝缘试验可以发现绝缘缺陷，判断绝缘状况，预防绝缘事故发生。

2. 绝缘试验的类型

（1）按试验时间分。

① 制造过程：型式试验、抽样试验、出厂试验。

② 安装过程：交接试验。

③ 运行过程：预防性试验，即对绝缘进行各种试验和监测，对绝缘状态作出判断。设备大修后也必须进行相关试验。

（2）按施加电压高低分。

① 非破坏性试验。又称绝缘性能试验或检查性试验，是指在电压较低的情况下，或用其他不会损伤绝缘的方法检测绝缘的各种性能，主要包括绝缘电阻测试、介质损耗角正切（$\tan\delta$）测试、局部放电测试、绝缘油的气相色谱分析等。

② 破坏性试验。又称耐压试验，以高于设备的正常运行电压来考核设备的电压耐受能力和绝缘水平。试验项目主要有交流耐压试验、直流耐压试验、雷电冲击耐压试验、操作冲击耐压试验。

(二) 绝缘性能试验

1. 绝缘电阻与泄漏电流的测量

(1) 双层绝缘的吸收现象。电气设备大都采用组合绝缘和层式结构，在直流电压下均有明显的吸收现象（夹层极化过程中从电源吸收电荷的现象）。双层绝缘的等效电路如图 5-10 所示。如图 5-11 所示，当施加直流电压后，由于存在夹层极化，电流有 3 个分量：

① 电容充电电流 i_c。它很快就衰减到 0，分析时不予考虑。

② 电导电流 I_g。它是一个恒定值。

③ 吸收电流 i_a。它的持续时间较长，几分钟甚至更长，最后衰减到 0。

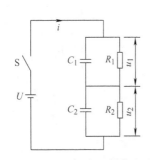

图 5-10 双层绝缘的等效电路

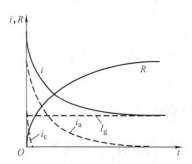

图 5-11 吸收曲线及绝缘电阻变化曲线

(2) 绝缘电阻和吸收比的测量。

① 绝缘电阻。在绝缘上施加直流电压 U，U 与电流的比值为绝缘电阻 R。R 随加压时间的增加而增大，极化结束后达到稳定值。如果绝缘良好，则 R 的稳定值很大，而且要经过较长时间才能达到稳定值。如果绝缘受潮或出现贯穿性导电通道，则 R 的稳定值较小，而且很快达到稳定值。

② 吸收比。被试品加压 60s 和 15s 所测得的绝缘电阻的比值称作吸收比 K。K 值越大，表示吸收现象越显著。当绝缘良好时，K 值应该远大于 1；当绝缘受潮时，K 值将变小。一般认为 $K < 1.3$ 时，就可判断绝缘可能受潮。

③ 极化指数。对于电容量较大的绝缘，如大型发电机，吸收时间常数大，有时会出现电阻很大但吸收比较小的现象。这时可利用极化指数 P 作为另一个判断指标，其值定义为被试品加压 10min 和 1min 的绝缘电阻的比值。若绝缘良好，则 P 值应不小于某一定值（如 1.5～2.0）。

对单一介质绝缘或电容量较小的绝缘被试品，可以只测量绝缘电阻；而对于电容量较大的绝缘被试品，不仅要测量绝缘电阻，还要测量吸收比。

(3) 试验设备与接线。常用的绝缘电阻表额定电压有 500V、1000V、2500V、5000V 等，有线路端子 L、接地端子 E 和屏蔽（或保护）端子 G 3 个接线端子。绝缘被试品接在 L 和 E 之间。屏蔽端子 G 用以消除绝缘被试品表面泄漏电流的影响。

(4) 绝缘电阻试验结果判断与适用范围。测量绝缘电阻能有效地发现的缺陷：贯穿性缺陷、绝缘受潮、表面污损。

测量绝缘电阻不易发现的缺陷：绝缘的局部缺陷（局部损伤或裂缝、含气泡、绝缘分层、脱开等）、绝缘的老化（此时的绝缘电阻还相当高）。

（5）泄漏电流测量。泄漏电流测量的接线如图 5-12 所示。因为试验电压较高（可达数十千伏），有可能发现尚未完全贯通的集中性缺陷或其他绝缘弱点（瓷质绝缘裂纹、局部损伤、绝缘油劣化、绝缘沿面碳化），测试灵敏度较兆欧表更高。对于良好的绝缘，其泄漏电流应随所加电压的上升而线性上升。

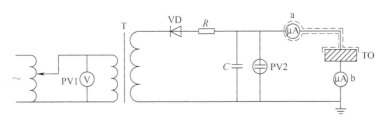

图 5-12　泄漏电流测量的接线

2. 介质损耗角正切（tanδ）的测量

（1）西林电桥测量原理。用于测量绝缘介质损耗角正切的西林电桥是一种交流电桥，如图 5-13 所示。它有两个高压桥臂，分别为被试品（R_x 和 C_x 并联）和无损耗的标准电容 C_N；两个低压桥臂，分别为可调无感电阻 R_3、无感电阻 R_4 和电容 C_4 的并联回路。为了保护低压回路和操作者的安全，在低压桥臂放置了放电管。为避免外部电场和交变磁场的干扰以及桥内各元件的电容耦合，低压部分用接地的金属网屏蔽起来。

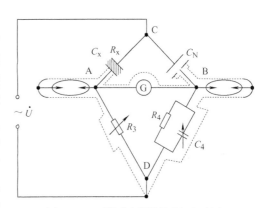

图 5-13　西林电桥测量原理电路图

被试品的介质损耗角正切和电容值分别为

$$\tan\delta = \frac{1}{\omega C_x R_x} = \omega C_4 R_4 \tag{5-11}$$

$$C_x \approx R_4 C_N / R_3 \tag{5-12}$$

（2）tanδ 测量中的电磁干扰及抗干扰措施。测量过程中的电磁干扰包括静电干扰和磁场干扰。静电干扰是一种电容性耦合干扰，干扰源为周围的高压带电体，包括电桥的高压引线。静电干扰源通过杂散电容对电桥各节点注入电流，使各桥臂电压发生变化，影响电桥平衡，产生测量误差。交变磁场将在桥内感应出电动势，也造成测量误差。

减小电磁干扰引起的测量误差的措施包括屏蔽、倒相等。

① 屏蔽。将电桥的低压部分（包括被试品的低压电极）用接地的金属网屏蔽起来。

② 倒相法。被试品难以实现屏蔽，可通过倒相法来消除外界电场的干扰。这种方法简单易行，将试验变压器一次侧电源线交换一下，电源正、反各测一次，相当于两次测量的试验电源电压相位相差 180°，从而消除或减小同频率干扰。

（3）测量 tanδ 的适用范围。

① 测量 tanδ 的方法适用于检测分布性绝缘缺陷，如绝缘受潮、绝缘老化、绝缘劣化、贯穿性缺陷、含有气泡等。而对集中性（局部性）缺陷反应不灵敏。

② 对于大容量发电机、变压器和电缆绝缘中的集中性（局部性）缺陷，应尽可能将这些设备分解成几个部分，然后分别测量它们的 $\tan\delta$。

3. 局部放电测量

（1）局部放电的三电容模型与放电过程。

局部放电三电容模型如图5-14所示。绝缘被试品经阻抗 Z 接到试验电压 u_t 回路。绝缘内部某处含有小气泡，其厚度远小于绝缘厚度，气泡上下壁之间的电容为 C_c，与之串联的完好介质的电容为 C_b，其余完好绝缘部分的电容为 C_a。气泡电容 C_c 承受的电压很低，但因气泡层很薄，且空气的介电常数比介质本身介电常数小，故气泡的电场强度高于介质的电场强度。空气隙的击穿场强比其他电介质低，当外加电压达到气泡放电电压 u_s 时，气泡发生放电，相当于与气泡并联的放电间隙 F 放电。间隙 F 放电后，气泡两端电压迅速下降，当电压降到不足以维持气体放电时，电弧熄灭，完成一次局部放电过程。

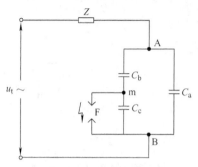

图5-14 局部放电三电容模型

（2）局部放电的主要表征参数。

① 视在放电量 q。间隙放电电荷实际上是无法测量的，视在放电量 q 是可以测量的参数，它是局部放电试验中的重要参量，国际和国家标准中，对于各类高压设备的视在放电量 q 的允许值均有所规定。视在放电量比真实放电量小得多，它以 pC 作为计量单位。

② 放电重复率 N。它是 1s 内发生的放电次数。外施电压越高，放电重复率也越高。

③ 放电能量。指一次局部放电所消耗的能量，为

$$W = \frac{1}{2}qu_i \tag{5-13}$$

式中，u_i 为气泡放电时外施电压。

（3）局部放电的测量方法。当绝缘内部发生局部放电时，将伴随着许多现象，有电脉冲、电磁波辐射等电现象，也有声、光、热、压力变化等非电现象。局部放电检测方法也分为电类和非电类。

① 脉冲电流检测法。此方法是测量视在放电量。当发生局部放电时，被试品两端会出现一个几乎是瞬时的电压变化，在检测回路中引起高频脉冲电流，将它变换成电压脉冲后，可以用示波器测量其波形和幅值，由于电压大小与视在放电量成正比，通过校准后就能得出视在放电量。

② 超声波探测法。发生局部放电时，会伴随超声波的产生，用压电晶体可以检测到超声波信号。不同条件下的局部放电会产生不同的超声波信号。

此外，还有噪声检测法、光检测法、化学分析法等。

4. 绝缘油的电气试验和气相色谱分析

（1）油中溶解气体与故障类型的关系。绝缘油与油中的固体有机绝缘材料（如纸和纸板）在运行电压作用下，会因电、热、氧化和局部电弧等多种因素作用逐渐变质，裂解成各种低分子气体。

劣化反应初期产生的气体较少，多溶解于油中，当产气较多时，会聚集成小气泡。电场

场强和外界温度越高，劣化反应速率越快。当存在绝缘故障时，油中所含某些气体的成分会大大增加。

油浸式电气设备的绝缘故障主要有两大类：过热性故障和高能放电故障。不同绝缘故障类型会产生不同的气体。通过检测绝缘油中溶解的气体成分、含量及随时间增长的规律，可以判断设备内部的故障类型和发展程度。

（2）气相色谱分析法。油色谱分析法是将变压器油取回实验室中用色谱仪进行分析。其过程是：

① 油样采集。要保证油样与外界空气的隔离。

② 脱气。常用的脱气方法有真空法和溶解平衡法。

③ 样品检测。气相色谱仪主要由色谱柱和鉴定器组成，不同成分的气体有次序地先后流出色谱柱，在鉴定器中形成色谱图。

④ 结果判断。IEC 推荐三比值法和改良的三比值法用于故障类型的判别。

（三）绝缘耐压试验

1. 工频耐压试验

工频耐压试验是高压设备绝缘的一项基本耐压试验，用于校核在交流高压下的绝缘水平。对220kV及以下电压等级的设备也用于等效校核绝缘耐受冲击电压的能力。国家标准规定试验时在绝缘上施加一定大小的工频试验电压1min，如不发生绝缘闪络、击穿或其他异常现象，则可判断绝缘合格。

（1）工频高电压试验设备。

① 高压试验变压器。其特点是：电压变比大，漏抗大，需要较厚的绝缘及较宽的油间隙；工作环境好，绝缘裕度小；运行时间短，散热系统简单，在额定电压下运行时间不能超过30min；试验电流小（只需供给被试品电容电流），额定容量要求低。250kV以上试验变压器高压侧额定电流一般为1A，500kV试验变压器的额定容量一般为500kVA。

高压试验变压器有单套管式和双套管式两种结构。单套管式高压绕组一端接地，另一端输出额定全电压，这种结构用于300kV以下试验变压器。双套管式高压绕组分成两部分，绕组中点与铁心和油箱相连，两端各经一个套管引出，这种结构高压绕组和套管对铁心、外壳的绝缘只需按全电压的一半进行考虑。

② 串级试验变压器。当试验电压要求很高时，为降低制造难度和成本，采用串级连接方式，即将几台变压器的高压绕组串联叠加输出高电压。常用的串级方式为自耦式串级，即高一级变压器的励磁电流由前一级高压绕组的一部分供给。如果3台单套管式变压器串级，则输出电压为单台变压器输出电压的3倍，第1台到第3台变压器的容量比为3:2:1。

③ 调压装置。用于调整输入到试验变压器一次绕组的电压，包括自耦调压器、移圈式调压器和电动发电机组等类型。

（2）工频耐压试验的接线。工频耐压试验的原理接线如图5-15所示。变压器保护电阻 R_1 用于在被试品 TO 或球间隙 F 突然放电时限制变压器二次电流，保护变压器。R_2 为测量铜球的保护电阻，在球击穿时，限制放电电流，防止灼

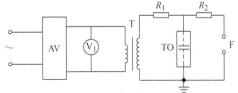

图5-15 工频耐压试验的原理接线

伤铜球表面。球间隙 F 用于试验电压的测量，另一作用是保护被试品。图中 AV 为调压器。

试验时，要注意以下两个问题：

① 容升效应。在通常的试验条件下，试验回路呈容性，电流超前电压某一角度，被试品上的电压将高于电源电压。由于容升效应，不能通过变压器的变比从低压侧的电压准确地求出被试品上的电压。

② 串联谐振。如果试验回路感抗与容抗数值接近，就可能出现串联谐振，产生谐振过电压。如果波形畸变，发生高次谐波串联谐振的可能性更大。

（3）谐振耐压试验。当被试品电容量较大时，如电缆、电容器、GIS 等，对其进行工频高压试验所需的变压器和调压器的容量就要很大。解决这个问题的方法是应用谐振回路。如图 5-16 所示，可调电感 L 与被试品电容 C_x 串联，可调电感 L 和试验变压器漏抗与被试品电容 C_x 构成谐振条件，就会产生高电压；同时，此时感性无功功率与容性无功功率抵消，所消耗的功率仅为电阻上消耗的有功功率。

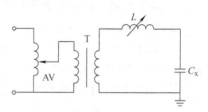

图 5-16　串联谐振试验线路原理图

串联谐振耐压试验减少了电源容量（包括变压器、调压器等）；被试品击穿时由于大电感的限流作用，使故障电流大大减小；由于试验回路处于工频谐振状态，电压波形中的谐波分量大大减小。

2. 直流耐压试验

（1）适用范围。利用直流高压可以对直流设备进行直流耐压试验；对一些电容量较大的交流设备，如发电机、电动机、电缆、电容器等，若受交流耐压试验电源容量限制而无法进行工频耐压试验，也常用直流耐压试验代替交流耐压试验。

与交流耐压试验相比，直流耐压试验具有以下特点：

① 直流下没有电容电流，对电源容量要求低。

② 在进行直流耐压试验时，可同时测量泄漏电流，可以更有效地发现尚未完全贯通的集中性绝缘缺陷。

③ 在直流高压下，局部放电微弱，对绝缘的损伤小。

④ 交、直流下绝缘内部电压分布不同，直流耐压试验不如交流耐压试验接近实际情况。

（2）试验电源。

① 高压整流回路。图 5-17a 所示为半波整流回路，保护电阻 R 用于限制短路电流和电容器的起始充电电流，以保护变压器和硅堆；C 为滤波电容，增大滤波电容可以减小电压波纹。我国标准规定：直流耐压试验电压波纹系数不大于 3%。如果需要获得更高的直流电压，可采用倍频整流电路。图 5-17b 为两倍电压整流回路。

② 串级直流高压发生器。为了产生更高的直流高压，可采用串级倍压整流回路。图 5-18 所示为 2 级串级直流高压发生器原理电路。n 级串级可产生 $2nU_m$ 的直流电压（U_m 为试验变压器最高输出电压幅值）。串级直流高压发生器输出电压波纹与串级级数、电容量、电源频率、输出电流等因素有关。采用较高频率的电源和大容量的电容器是有利的。增加串级级数固然可以提高空载电压，但带负荷时的电压降落急剧增加，因此带负荷时的输出电压未必随级数的增加而升高。

3. 冲击耐压试验

冲击耐压试验用来检验高压电气设备在雷电过电压、操作过电压作用下的绝缘性能，试验电压比正常运行电压高许多。许多高压电气设备在型式试验、出厂试验或大修后都必须进行冲击耐压试验。

(1) 雷电冲击电压的产生。

① 单级冲击电压发生器。标准雷电冲击电压是非周期性的指数衰减波，可由两个指数波形叠加形成，如图 5-19 所示。这一电压波形可由图 5-20 所示的电路产生。实际电路如图 5-21 所示，调整调压器 AV 的输出可以改变电容 C_1 的充电电压 U_0；根据试验要求，可以调整电阻 R_1 和 R_2 以改变发生器输出电压波形。放电球隙 F 作为冲击电压发生器的开关，其间隙距离可以根据放电电压进行调整。受高压硅堆和电容器额定电压限制，同时考虑放电球隙 F 的直径不宜太大，一般单级电压发生器的最高电压不超过200~300kV。

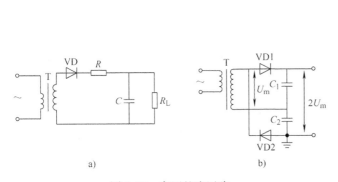

图 5-17 高压整流回路
a) 半波整流回路　b) 两倍电压整流回路

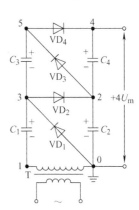

图 5-18 2 级串级直流高压发生器原理电路

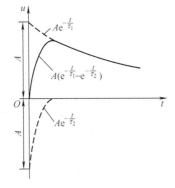

图 5-19 雷电冲击电压波形

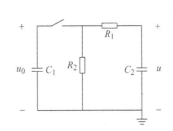

图 5-20 雷电冲击电压产生原理电路

② 多级冲击电压发生器。要获得更高的冲击电压幅值，需要采用多级串联的冲击电压发生电路，如图 5-22 所示，其基本原理为并联充电、串联放电，即先对多个电容器并联充电，然后这些电容器自动串联放电，产生幅值很高的冲击电压。

(2) 操作冲击电压的产生。操作冲击电压与雷电冲击电压的波形类似，都为非周期性的指数衰减波，可以利用上述冲击电压发生器来产生操作冲击电压波。通过调节冲击电压发生器的波头、波尾电阻，可以改变波头、波尾时间，加大波头、波尾电阻到合适的值，就可得到标准所规定的操作冲击电压波。

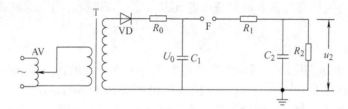

图 5-21　实际单级雷电冲击电压发生器电路

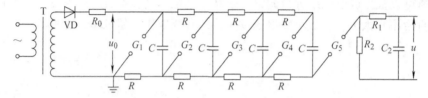

图 5-22　多级雷电冲击电压发生器原理电路

（3）冲击耐压试验。

① 电气设备内绝缘的雷电冲击耐压试验。采用 3 次冲击法，即对被试品施加 3 次正极性和 3 次负极性雷电冲击试验电压（±1.2/50μs 全波）。

② 电气设备外绝缘的雷电冲击耐压试验。采用 15 次冲击法，即对被试品施加 15 次正极性和 15 次负极性雷电冲击试验电压，相邻两次冲击的时间间隔应不小于 1min。在每组 15 次冲击的试验中，如果击穿或闪络不超过 2 次，则认为试验通过。

③ 电气设备内、外绝缘的操作冲击耐压试验与雷电冲击耐压试验的规定完全相同。

（四）高电压的测量

1. 高电压测量的特点与要求

高电压测量具有以下特点：被测量数值大；测量系统复杂；瞬态性；测量结果分散。

对高电压测量一是要求测量系统具有良好的瞬态响应特性；二是测量的不确定度在 ±3% 以内，测量中使用的低压仪表准确度级次应优于 0.5 级。

"不确定度"是指各项测量值距离测量平均值的最大距离，它是表明测量结果分散性的一个参数，是指测量获得结果的不确定的程度，不说明测量结果是否接近真值。

2. 交流高压的测量

交流高压的测量装置分为两类：一类是直接接高电压的装置，包括测量球隙与静电电压表；另一类是将高电压转换成低电压再进行测量的装置，如电容分压器。

（1）球间隙。在均匀和稍不均匀电场中，气体击穿电压与间隙距离有稳定的关系。球间隙就是利用这一原理来测量各种类型高电压（交流电压峰值或直流电压）。

利用球间隙测量高电压应注意以下几点：

① 间隙距离。为使测量的不确定度在允许范围内，应保证球间隙为稍不均匀电场，间隙距离与球直径之比不得大于 0.5。

② 照射。球间隙放电电压有一定的分散性，特别是当间隙距离很小的情况下，间隙内包含的初始电子较少，放电的分散性明显增大。为了使测量结果稳定，国家标准规定：当被测电压低于 50kV 或者球直径小于 12.5cm 时，要用 γ 射线或紫外线照射。

③ 保护电阻。为减轻球间隙放电时放电火花对铜球表面的烧蚀，需要使用球隙保护电阻。

（2）静电电压表。静电电压表是根据两电极之间存在静电力（电场力）的原理制成的，它反映的是电压的有效值（均方根值）。静电电压表可测量的电压范围为几十伏至 1000kV。

（3）电容分压器

电容分压器原理电路如图 5-23 所示，它是一种高阻抗转换装置，采用电容分压，实现用低压仪器测量高电压。与球间隙和静电电压表相比，电容分压器不仅可以测量电压的有效值、峰值，还可以接入示波器读取波形。

3. 直流高压的测量

（1）棒间隙。用球间隙测量直流电压时，测量数据分散性较大，不确定度超过 ±3%。而棒间隙的测量不确定度可以做到在 ±3% 以内。因此，我国标准规定棒间隙是测量直流高压的标准测量装置。

在标准大气压条件下，棒间隙的放电电压 U_b 与间隙距离 d 之间的关系为

$$U_b = 2 + 0.534d \tag{5-14}$$

（2）静电电压表。静电电压表在测量交流电压时，显示的是有效值。测量直流电压时，若被测电压无波纹，显示的值就是直流电压的大小。若存在波纹，当纹波系数不大于 20% 时（实际上直流试验电压要求不大于 3%），可认为有效值和平均值相等，即认为所测得的值为直流电压平均值。

（3）高阻分压器。测量直流高压用电阻分压器原理电路如图 5-24 所示。通过分压器的电流一般要限制在毫安级（如 1mA），故高压臂电阻一般按 1～2MΩ/kV 配置，一般用许多阻值较小的电阻元件串联组成。处于高电位的电阻元件和一些端子上容易产生电晕而导致测量误差，可采用高压部分整体屏蔽或分段屏蔽措施来消除电晕。

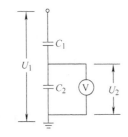
图 5-23 电容分压器原理电路

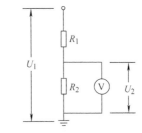
图 5-24 电阻分压器原理电路

4. 冲击高压的测量

冲击电压具有持续时间短、波形变化快和幅值高的特点。国标规定冲击电压测量的不确定度为：幅值在 ±3% 以内，波形时间在 ±10% 以内。

（1）球间隙。球间隙测量的是冲击电压峰值，确定球间隙 $U_{50\%}$ 的常用方法是 10 次加压法，即球间隙加上 10 次同样的冲击电压中，有 4～6 次放电。

(2) 冲击峰值电压表。其原理电路如图 5-25 所示，将被测电压经整流元件接到电容器上，电容器充电至峰值电压 U_m，利用静电电压表可测出 U_m 值。

(3) 冲击分压器测量系统。它由分压器—示波器（或峰值电压表）组成。分压器有电阻分压器、电容分压器、阻容分压器等。

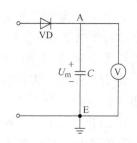

图 5-25　电压峰值测量原理电路

二、模拟测试题

1. ［单选题］电气设备运行过程中进行的绝缘试验是（　）。
   A. 型式试验　　　　B. 抽样试验　　　　C. 交接试验　　　　D. 预防性试验

2. ［多选题］下列属于破坏性试验的项目是（　）。
   A. 局部放电试验　　B. 工频耐压试验　　C. 直流耐压试验　　D. 雷电冲击耐压试验

3. ［多选题］关于绝缘电阻和吸收比，下列说法正确的是（　）。
   A. 绝缘吸收比越大，表示吸收现象越显著
   B. 如果绝缘受潮或出现贯穿性导电通道，则绝缘电阻很快达到稳定值
   C. 在绝缘上施以直流电压后，其绝缘电阻随加压时间的增加而增大，最后达到稳定值
   D. 当绝缘良好时，吸收比远大于 1

4. ［单选题］关于绝缘电阻和吸收比，下列说法错误的是（　）。
   A. 一般认为绝缘吸收比 $K<1.3$ 时，就可判断绝缘可能受潮
   B. 不能简单地用绝缘电阻的大小或吸收比来判断绝缘的好坏
   C. 对于电容量较大的绝缘有时会出现绝缘电阻很大但吸收比较小的现象
   D. 手摇式绝缘电阻表（摇表）采用电池供电

5. ［多选题］测量绝缘电阻能有效地发现的绝缘缺陷有（　）。
   A. 绝缘受潮　　　　B. 贯穿性缺陷　　　C. 绝缘老化　　　　D. 小裂缝

6. ［单选题］绝缘的泄漏电流值为（　）。
   A. 安培级　　　　　B. 毫安级　　　　　C. 微安级　　　　　D. 纳安级

7. ［判断题］泄漏电流测量试验电压较高，有可能发现尚未完全贯通的集中性缺陷。（　）
   A. 正确　　　　　　　　　　　　　　　B. 错误

8. ［单选题］绝缘施加直流电压 10min 和 1min 所对应的绝缘电阻的比值称为（　）。
   A. 吸收比　　　　　B. 极化指数　　　　C. 冲击系数　　　　D. 吸收系数

9. ［单选题］如果绝缘严重受潮，则其吸收比 K 将（　）。
   A. 远大于 1　　　　B. 远小于 1　　　　C. 接近于 1　　　　D. 不能确定

10. ［多选题］关于介质损耗角正切（$\tan\delta$）的测量，下列说法正确的是（　）。
    A. $\tan\delta$ 是表征绝缘功率损耗大小的特征参数
    B. $\tan\delta$ 可用功率表测量出来
    C. 若绝缘受潮，则 $\tan\delta$ 较大

D. 测量 tanδ 的方法适用于检测分布性绝缘缺陷

11. [单选题] 测量电气设备绝缘 tanδ 时应加的电压类型是（　　）。
A. 直流电压　　　B. 交流电压　　　C. 冲击电压　　　D. 任意电压

12. [单选题] 介质损耗角正切测量时，采用移相法可以消除（　　）的干扰。
A. 高于试验电源频率　　　　　　B. 与试验电源同频率
C. 低于试验电源频率　　　　　　D. 任何频率

13. [单选题] 局部放电通常采用（　　）模型进行分析。
A. 三电容模型　　B. 组合绝缘模型　　C. 西林电桥模型　　D. 气体放电模型

14. [多选题] 局部放电可测量的主要参数有（　　）。
A. 放电电荷量　　B. 视在放电量　　C. 放电重复率　　D. 放电能量

15. [单选题] 测量局部放电视在放电量的方法是（　　）。
A. 脉冲电流检测法　B. 超声波探测法　C. 噪声检测法　D. 光检测法

16. [判断题] 局部放电的视在放电量一般是 pC 级的。（　　）
A. 正确　　　　　　　　　　　　B. 错误

17. [单选题] 测量局部放电的主要目的是（　　）。
A. 测量电介质的电气强度　　　　B. 判断绝缘内部是否存在局部缺陷
C. 测量电介质的绝缘电阻　　　　D. 测量固体介质表面的分布电压

18. [多选题] 下列（　　）可以检测到绝缘受潮。
A. 绝缘电阻测量　　　　　　　　B. 泄漏电流测量
C. 局部放电测量　　　　　　　　D. 介质损耗角正切值测量

19. [单选题] 下列（　　）可以检测到介质内存在气泡等集中性缺陷。
A. 绝缘电阻测量　　　　　　　　B. 泄漏电流测量
C. 局部放电测量　　　　　　　　D. 介质损耗角正切值测量

20. [判断题] 变压器油—屏障在运行电压作用下也会逐渐变质。（　　）
A. 正确　　　　　　　　　　　　B. 错误

21. [判断题] 通过油气相色谱分析可以及早发现变压器内部绝缘缺陷。（　　）
A. 正确　　　　　　　　　　　　B. 错误

22. [多选题] 高压试验变压器的特点是（　　）。
A. 电压变比大　　B. 绝缘裕度大　　C. 散热条件要求高　　D. 额定电流小

23. [多选题] 关于工频耐压试验，下列说法正确的是（　　）。
A. 国家标准规定工频耐压试验加压时间为 1min
B. 工频耐压试验时被试品上的电压可能高于电源电压
C. 工频耐压试验时可能产生串联谐振或其他形式的过电压，需要采取相应的防范措施
D. 对电容量较大的高压电气设备可用谐振回路进行工频耐压试验

24. [判断题] 直流耐压试验仅用于校核直流输电设备的耐压能力。（　　）
A. 正确　　　　　　　　　　　　B. 错误

25. [多选题] 与交流耐压试验相比，直流耐压试验的特点是（　　）。
A. 试验电源容量小　　　　　　　B. 可同时测量泄漏电流
C. 对绝缘的损伤小　　　　　　　D. 更能反映绝缘实际情况

26. [判断题] 高压交流电缆可用直流耐压试验代替工频耐压试验。（　　）
　　A. 正确　　　　　　　　　　　　　　B. 错误

27. [单选题] 3级串级直流高压发生器产生的直流电压是试验变压器最高输出电压幅值 U_m 的（　　）倍。
　　A. 2　　　　　B. 3　　　　　C. 6　　　　　D. 9

28. [单选题] 我国标准规定：直流耐压试验电压波纹系数不得大于（　　）。
　　A. 1%　　　　B. 3%　　　　C. 5%　　　　D. 10%

29. [判断题] 直流耐压试验时，串级直流高压发生器输出电压与串级级数成正比。（　　）
　　A. 正确　　　　　　　　　　　　　　B. 错误

30. [判断题] 雷电冲击电压与操作冲击电压的波形均为非周期性的指数衰减波。（　　）
　　A. 正确　　　　　　　　　　　　　　B. 错误

31. [判断题] 雷电冲击电压发生器也可产生操作冲击电压。（　　）
　　A. 正确　　　　　　　　　　　　　　B. 错误

32. [单选题] 多级冲击电压发生器中电容器的充放电模式是（　　）。
　　A. 并联充电、并联放电　　　　　　　B. 并联充电、串联放电
　　C. 串联充电、并联放电　　　　　　　D. 串联充电、串联放电

33. [判断题] 电气设备内绝缘的雷电冲击耐压试验采用15次冲击法。（　　）
　　A. 正确　　　　　　　　　　　　　　B. 错误

34. [多选题] 交流高电压的测量装置有（　　）。
　　A. 西林电桥　　B. 球间隙　　C. 静电电压表　　D. 电容分压器

35. [多选题] 关于用球间隙测量高电压，下列说法正确的是（　　）。
　　A. 球间隙测量高电压是基于沿面放电原理
　　B. 球间隙测量的数据是交流高电压的峰值
　　C. 球间隙不能用来测量直流电压
　　D. 为了减小球间隙测量结果的不确定度，球间隙应该为稍不均匀电场

36. [单选题] 介质损耗角正切（tanδ）的测量设备是（　　）。
　　A 兆欧表　　　B. 微安表　　　C. 西林电桥　　　D. 球间隙

37. [单选题] 高压测量的球间隙其间隙距离 d 与球的直径 D 应满足（　　）。
　　A. $d = D$　　B. $d \leq D/2$　　C. $d \leq D/4$　　D. $d \leq 2D$

38. [单选题] 使用球隙测量高电压时，一些情况下要采取γ射线或紫外线进行照射，其作用是（　　）。
　　A. 清洁铜球表面　　B. 抑制放电　　C. 光电离　　D. 测球隙距离

39. [多选题] 直流高电压测量装置有（　　）。
　　A. 静电电压表　　B. 棒间隙　　C. 电容分压器　　D. 电阻分压器

40. [判断题] 直流高电压测量改用棒间隙是因为球间隙测量不确定度达不到要求。（　　）
　　A. 正确　　　　　　　　　　　　　　B. 错误

41. [多选题] 下列（　　）可用来测量冲击高电压。
　　A. 西林电桥　　B. 棒间隙　　C. 峰值电压表　　D. 球间隙

42. [单选题] 在工频耐压试验中,静电电压表测出的数据是电压的（　　）。
   A. 峰值　　　B. 有效值　　　C. 瞬时值　　　D. 平均值

43. [单选题] 下列仪器及测量系统中,不能用来测量直流高电压的是（　　）。
   A. 球间隙
   B. 电容分压器及低压仪表
   C. 静电电压表
   D. 电阻分压器及低压仪表

44. [判断题] 国标规定35kV系统中使用的高压开关柜1min工频耐受电压为85/90kV,其中湿耐压值为85kV,干耐压值为90kV。（　　）
   A. 正确　　　　　　　　　　B. 错误

45. [单选题] 下列能有效检测到电气设备绝缘内部集中性缺陷的试验方法是（　　）。
   A. 测量tanδ　　B. 测量吸收比　　C. 测量泄漏电流　　D. 测量绝缘电阻

46. [多选题] 用球间隙测量高电压需采取下列（　　）措施使测量不确定性达到要求。
   A. 铜球距离与铜球直径之比不大于0.5
   B. 进行大气条件的修正
   C. 铜球离周围带电导体和接地导体要有足够的距离
   D. 应先进行几次预放电以消除灰尘和其他细小杂物的影响

【参考答案与解析】

1. D　2. BCD　3. ABCD　4. D　5. AB　6. C　7. A　8. B　9. C　10. ACD
11. B　12. B　13. A　14. BCD　15. A　16. A　17. B　18. ABD　19. C
20. A　21. A　22. AD　23. ABCD　24. B　25. ABC　26. A　27. C　28. B
29. B。[解析] 带负荷时,直流高压发生器有较大的电压降落。
30. A　31. A　32. B　33. B　34. BCD　35. BD　36. C　37. B　38. C
39. ABD　40. A　41. CD　42. B　43. B　44. B　45. C　46. ABCD

第四单元　线路和绕组中的波过程

一、主要知识点

电力系统的架空线路、母线、电缆、发电机和变压器的绕组等几何尺寸较大,在等值频率很高的雷电过电压等冲击电压的作用下,需要用分布参数分析其内部的过渡过程。分布参数系统中的过渡过程本质上是电磁波的传播过程,简称波过程。

(一) 均匀无损单导线的波过程

1. 波传播的物理概念

首先研究均匀无损单导线的波过程。如图5-26所示,均匀无损单导线由无数个微小长度单元Δx组成,Δx单元上的电感和电容分别为ΔL和ΔC。电源合闸后,电源向电容充电,建立电场,形成电压。靠近电源的电容充电后向下一个Δx单元的电容充电,由于线路电感的作用,较远处的电容要间隔一定时间才能充上一定数量的电荷,并向更远处的电容放电。这样电容依次充电,便沿线路建立起电场,将电场能储存在电容中,也就是说电压波以一定的速度沿线路传播。同时,电容的充放电将有电流流过电感,它便在导线周围建立磁场,相应的电流波沿线路传播。这就是电磁波沿线路传播的过程。

2. 波动方程及解

如图 5-27 所示，设 x 为线路首端到线路任意一点的距离，线路单位长度电感和电容分别为 L_0 和 C_0，则线路单元长度 $\mathrm{d}x$ 的电感和电容分别为 $L_0\mathrm{d}x$ 和 $C_0\mathrm{d}x$，线路上电压 u 和电流 i 都是距离和时间的函数。

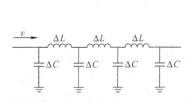

图 5-26　均匀无损单导线

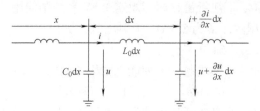

图 5-27　均匀无损单导线的单元等值电路

根据节点电流方程 $\sum i = 0$ 和节点电压方程 $\sum u = 0$ 可得

$$\left.\begin{array}{l}\dfrac{\partial u}{\partial x}+L_0\dfrac{\partial i}{\partial t}=0\\[2mm]\dfrac{\partial i}{\partial x}+C_0\dfrac{\partial u}{\partial t}=0\end{array}\right\} \quad (5\text{-}15)$$

将式（5-15）分别对 x 和 t 进行二阶求导和联立变换，可得如下二阶偏微分方程

$$\left.\begin{array}{l}\dfrac{\partial^2 u}{\partial x^2}=L_0C_0\dfrac{\partial^2 u}{\partial t^2}\\[2mm]\dfrac{\partial^2 i}{\partial x^2}=L_0C_0\dfrac{\partial^2 i}{\partial t^2}\end{array}\right\} \quad (5\text{-}16)$$

这就是均匀无损单导线的波动方程。应用拉普拉斯变换并假定线路电压、电流初始值为 0，可求出波动方程的通解为

$$\left.\begin{array}{l}u(x,t)=u_\mathrm{q}\left(t-\dfrac{x}{v}\right)+u_\mathrm{f}\left(t+\dfrac{x}{v}\right)\\[2mm]i(x,t)=i_\mathrm{q}\left(t-\dfrac{x}{v}\right)+i_\mathrm{f}\left(t+\dfrac{x}{v}\right)\end{array}\right\} \quad (5\text{-}17)$$

式中，$v=\dfrac{1}{\sqrt{L_0C_0}}$。

式（5-17）中，电压和电流都由前行波和反行波组成。式（5-17）可简写成

$$\left.\begin{array}{l}u=u_\mathrm{q}+u_\mathrm{f}\\i=i_\mathrm{q}+i_\mathrm{f}\end{array}\right\} \quad (5\text{-}18)$$

3. 波速和波阻抗

波的传播速度为

$$v=\dfrac{1}{\sqrt{L_0C_0}} \quad (5\text{-}19)$$

对于架空线路

$$v=\dfrac{1}{\sqrt{\mu_0\varepsilon_0}} \quad (5\text{-}20)$$

式中，μ_0 为空气磁导率；ε_0 为空气的介电常数。

架空线路 v 为光速，$c = 3 \times 10^8 \text{m/s}$。也就是说架空线路上的电流波和电压波是以光速沿线路传播的，它与导线的几何尺寸及悬挂高度无关。

电缆线路波的传播速度约为光速的 2/3。采用低介电常数的绝缘介质可以提高电磁波在电缆中的传播速度。

波阻抗为

$$Z = \sqrt{\frac{L_0}{C_0}} \tag{5-21}$$

波阻抗 Z 表示了线路中同方向传播的电流波与电压波的数值关系，但不同极性的行波向不同方向传播，需要规定一个正方向。规定沿 x 正方向运动的正电荷相应的电流波为正方向。这样，前行波电压和前行波电流总是同号，而反行波电压和反行波电流总是异号，即 $u_q/i_q = Z$，$u_f/i_f = -Z$。

分布参数线路的波阻抗与集中参数电路的电阻物理意义有本质的不同：

① 波阻抗表示向同一方向传播的电压波和电流波的比值大小，但波阻抗不消耗能量，其能量储存于电场和磁场中。波阻抗反映单位时间内导线获得电磁能量的大小。

② 如果线路上某点的前行波和反行波同时存在时，则该点电压和电流的比值并不等于波阻抗，即

$$\frac{u}{i} = \frac{u_q + u_f}{i_q + i_f} = Z \frac{u_q + u_f}{u_q - u_f} \neq Z \tag{5-22}$$

③ 波阻抗的大小只与导线单位长度的电感 L_0 和电容 C_0 有关，而与线路长度无关。

对于一般单导线架空线路，$Z \approx 500\Omega$；对分裂导线架空线路，$Z \approx 300\Omega$；电缆线路 Z 不大于 100Ω。

（二）波的折射和反射

波沿均匀无损线路传播时，电压和电流波形保持不变，它们的比值等于波阻抗。当行波到达线路某一点时，若线路参数发生变化，例如，从波阻抗较大的架空线到达波阻抗较小的电缆线路，由于两侧线路的波阻抗不同，而节点处的电压和电流值均具有唯一性，这就意味着节点处必须要发生折射、反射。

1. 折射波和反射波的计算

如图 5-28 所示，一无穷长直角波从波阻抗为 Z_1 的线路 1 传输到波阻抗为 Z_2 的线路 2，在交界点 A 处发生折射、反射。

设 u_{1q}、i_{1q} 分别为入射的电压波和电流波；u_{2q}、i_{2q} 分别为折射到线路 2 的电压波和电流波；u_{1f}、i_{1f} 分别为在 A 点处反射到线路 1 的电压波和电流波。由于 A 点左侧和右侧的电压和电流在 A 点必须连续，因此有以下关系

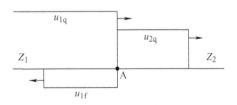

图 5-28 行波的折射和反射

$$\left. \begin{array}{l} u_{2q} = u_{1q} + u_{1f} \\ i_{2q} = i_{1q} + i_{1f} \end{array} \right\}$$

电压波的折射系数 α 和反射系数 β 为

$$\alpha = \frac{u_{2q}}{u_{1q}} = \frac{2Z_2}{Z_1 + Z_2}$$

$$\beta = \frac{u_{1f}}{u_{1q}} = \frac{Z_2 - Z_1}{Z_1 + Z_2}$$

(5-23)

α 和 β 之间满足

$$1 + \beta = \alpha \tag{5-24}$$

以上也适应于线路末端接有不同负载电阻的情况。

随着 Z_1 与 Z_2 的数值而异，α 和 β 的变化范围为：$0 \leq \alpha \leq 2$，$-1 \leq \beta \leq 1$。

① 当 $Z_2 = Z_1$ 时，$\alpha = 1$，$\beta = 0$，电压折射波等于入射波，不发生反射，实际上是均匀导线。

② 当 $Z_2 < Z_1$ 时（如行波从架空线进入电缆），$\alpha < 1$，$\beta < 0$，电压折射波小于入射波，电压反射波的极性与入射波相反，叠加后使线路 1 的总电压小于电压入射波。

③ 当 $Z_2 > Z_1$ 时（如行波从电缆进入架空线），$\alpha > 1$，$\beta > 0$，电压折射波大于入射波，电压反射波的极性与入射波同号，叠加后使线路 1 的总电压升高。

2. 几种特殊条件下的折射波和反射波

（1）线路末端开路（$Z_2 = \infty$）。$\alpha = 2$，$\beta = 1$。线路末端电压 $u_{2q} = 2u_{1q}$，反射波电压 $u_{1f} = u_{1q}$；线路末端电流 $i_{2q} = 0$，反射波电流为 $i_{1f} = -u_{1f}/Z_1 = -u_{1q}/Z_1 = -i_{1q}$。这一结果表明：由于线路末端发生电压波的全反射和电流波负的全反射，线路末端电压上升到入射电压的 2 倍；随着反射波的逆向传播，所到之处线路电压也加倍，而由于电流波负的全反射，线路的电流下降到零。

也可从能量角度来解释：末端开路，全部能量反射回去，单位长度总能量为入射波能量的 2 倍。由于入射波电场能与磁场能相等，而开路后磁场能全部转为电场能，电场能增大到原来的 4 倍，因而电压升高到原来的 2 倍。

过电压波在线路末端开路情况下的加倍升高对绝缘是很危险的。

（2）线路末端短路（$Z_2 = 0$）。$\alpha = 0$，$\beta = -1$。线路末端电压 $u_{2q} = 0$，反射波电压 $u_{1f} = -u_{1q}$；线路末端反射波电流为 $i_{1f} = -u_{1f}/Z_1 = u_{1q}/Z_1 = i_{1q}$。这一结果表明：入射波到达线路末端后，发生负的全反射，负反射的结果使线路末端电压下降到零，并逐步向首端发展；而电流波发生了正的全反射，线路末端电流增大到原来的 2 倍，且逐步向首端发展。

（3）线路末端接有匹配电阻（$R = Z_1$）。$\alpha = 1$，$\beta = 0$。线路末端电压 $u_{2q} = u_{1q}$，反射波电压 $u_{1f} = 0$；线路末端反射波电流 i_{1f} 为零。这一结果表明：入射波到达与线路波阻抗相同的负载时，没有发生反射现象，相当于线路末端与另一波阻抗相同的线路（$Z_2 = Z_1$）相连接，也就是均匀线路的延伸。

在高压测量中，常在电缆末端接上和电缆波阻抗相等的匹配电阻，以消除电缆末端折射、反射引起的测量误差。

3. 等值集中参数定理（彼得逊法则）

如图 5-29a 所示，波从波阻抗为 Z_1 的线路到达节点 A，Z_2 为任意的集中参数阻抗或一条无穷长线路的波阻抗，要计算分布参数线路节点 A 的电压（也就是折射电压波 u_{2q}），可采用等值集中参数定理，也就是彼得逊法则，将图 5-29a 的分布参数电路等效为图 5-29b 所示的集中参数电路：①线路波阻抗 Z_1、Z_2 分别用数值相等的集中参数电阻代替；②把线路入射电压波的 2 倍电压 $2u_{1q}$ 作为等值电压源。

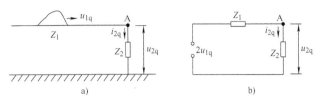

图 5-29　电压源的集中参数等效电路
a）波沿线路入射　b）戴维南等效电路

如果入射波为电流源（如雷电流），则可采用电流源形式的等效电路。

4. 波的多次折射、反射

上面讨论的波的折射、反射限于线路为无穷长的情况，实际的电网会出现波阻抗各不相同的三段导线相串联的情况，例如，两段架空线路中间加一段电缆，或用一段电缆将发电机连接到架空线路上，这样行波就会出现多次的折射、反射。

常用的计算行波多次折射、反射的方法有网格法和特性线法（贝杰龙法）。

（三）波通过串联电感和并联电容

① 波经过串联电感或并联电容后，电流或电压不能突变。
② 串联电感和并联电容的存在不会影响折射波的稳态值。
③ 增大 L 或 C 的值，能降低波的陡度。

（四）平行多导线系统中的波过程

输电线路是由多根平行导线组成的。波在一导线上传播时，在其他导线上会感应出耦合波。导线距离越近，耦合系数越大，导线间的电位差就越小。考虑导线之间的耦合作用后，其等值波阻抗比单导线大。这是由于导线间的互感作用使电流减小，互电容作用使导线电压升高。

（五）波的衰减与变形

波在线路上传播过程中产生损耗的因素主要有：导线电阻、线路对地电导、大地电阻、电晕。

1. 线路电阻和绝缘电导的影响

考虑线路电阻（包括导线电阻和大地电阻）和线路对地电导（对地绝缘电导）的单相有损传输线的单元等效电路如图 5-30 所示。

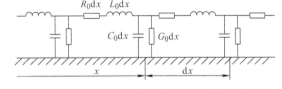

图 5-30　单相有损传输线的单元等效电路

当线路参数满足

$$R_0/G_0 = L_0/C_0 \tag{5-25}$$

时，波在线路上传播只有衰变，不会变形。

实际上，输电线路并不能满足上述无变形条件，因此波会发生衰减和变形。由于一般架空线路对地电导很小，波的衰减主要由线路电阻引起的。由于趋肤效应，线路电阻与频率有关，频率越高，电阻越大。因此，波头较陡的波沿线传播时衰减较快。

2. 冲击电晕的影响

(1) 冲击电晕的特征。当线路遭受雷电过电压或出现操作过电压时，导线上的电压升高，当超过电晕起始场强时，导线周围空气将发生电晕。研究表明，形成冲击电晕所需时间非常短，正极性冲击电压引起的电晕不到 $0.05\mu s$，负极性冲击电压引起的电晕不到 $0.01\mu s$。正极性冲击时的电晕较负极性冲击时大，对波的衰减和变形的影响也比负极性冲击时大。

(2) 对波过程的影响。

① 对导线耦合系数的影响。发生冲击电晕后，相当于扩大了导线的有效半径，使导线之间的耦合增强，导线耦合系数增加。

② 对波阻抗和波速的影响。电晕的出现，相当于扩大了导线的有效半径，增大了单位长度导线的对地电容 C_0；另一方面，轴向电流仍全部集中在导线内，所以单位长度导线的电感 L_0 不变。因而，波阻抗减小，一般可减小 20%~30%。波速也减小，冲击电晕强烈时，波速可减小到光速的 3/4。

③ 对波形的影响。由于电晕要消耗能量，消耗的能量又与电压的瞬时值有关，因此冲击电晕在使行波发生衰减的同时还伴有波形的畸变。发生冲击电晕后，波头各点电压对应的波速不一样，电压越高则波速越小，因此波头变形严重。

(六) 变压器绕组的波过程

在雷电和操作冲击电压作用下，变压器绕组的主绝缘和纵绝缘上可能受到很高的过电压而损坏。这种在冲击电压作用下产生的过电压，主要由绕组内部的电磁振荡过程和绕组之间的静电感应、电磁感应过程所引起。这两个过程统称为绕组的波过程。

1. 变压器绕组的电位分布

(1) 起始电位分布。冲击电压作用瞬间（$t=0$ 时），绕组电位分布取决于绕组全部对地电容与全部匝间电容的比值。绕组首端的电位梯度最高。这个比值越大，电位分布越不均匀。

(2) 稳态电位分布和振荡过程。绕组稳态电位分布发生在电磁振荡过程结束以后（理论上是 $t\to\infty$），此时电容开路，电感短路，电位分布取决于绕组电阻。这要经过一个电磁振荡过程。振荡的激烈程度与稳态电位和起始电位之差有关，差值越大，振荡越激烈。

绕组波过程除与电压波的幅值有关外，还与电压波形有关。例如，雷电截波将在绕组上产生很高的过电压，危及到变压器的纵绝缘。

(3) 改善绕组中电位分布的方法。稳态电位分布与初始电位分布的差异是绕组内产生振荡过电压的根本原因。在绕组绝缘设计中，除了采取措施减小侵入变压器的过电压幅值和陡度外，还需要在变压器的内部结构上采取措施进行过电压保护。减弱振荡的方法就是使得初始电位分布尽量与稳态电位分布一致。

改善初始电位分布的方法主要有两种：

① 补偿对地电容的影响。包括采用静电屏、静电环、静电匝等保护措施。

② 增大纵向电容。例如，大容量高压变压器采用纠结式绕组或内屏蔽式绕组。

2. 三相绕组的波过程

三相绕组变压器的波过程因绕组接线方式和进波方式的不同而有差异。星形联结中性点不接地变压器，当雷电波从一相导线传入、两相导线传入和三相导线传入，中性点最高电位分别为绕组首端电位的 2/3、4/3 和 2 倍。

3. 冲击电压在绕组间的传递

当冲击电压波侵入变压器的高压绕组时，会通过静电感应和电磁感应在低压绕组中产生过电压，对低压绕组及其连接的电气设备的绝缘构成威胁。例如，对超高压变压器高压绕组进行冲击截波试验时，可能会发生低压绕组对地击穿。

（七）旋转电机绕组中的波过程

当冲击波作用到电机绕组时，会出现电位不均匀分布的问题，威胁到电机绕组匝间绝缘。电机的绝缘一般较弱，为减弱过电压对电机的危害，通常采取外部保护措施。例如，在同步发电机出线端并联电容器，以降低过电压波的陡度。

电机绕组的波阻抗与电机的额定电压、容量和转速有关。额定电压越高，电机中每槽的匝数也会越多，使电感变大，因而波阻抗增大。电机容量越大，导线线径增大，每槽的匝数将减少，从而单位长度导线的电容增大而电感减小，波阻抗减小。

由于电机有铁损、铜损和绝缘介质损耗，因此波在绕组中传播时衰减和变形都比较严重。波到达中性点并再返回时，其幅值已经有很大衰减，陡度大为下降。因此，在估算绕组中最大纵向电位差时，可以认为是由侵入绕组的前行电压波造成的，并将出现在绕组的首端。

电机绕组匝间绝缘上所承受的冲击电压与侵入波陡度和每匝线圈的长度成正比，与波速成反比。为避免出现匝间绝缘故障，应将波的陡度降到 5kV/μs 以下。

二、模拟测试题

1. [判断题] 架空线路上电压、电流的传播速度与导线的几何尺寸无关。（ ）
   A.. 正确　　　　　　　　　　　　B. 错误
2. [判断题] 采用低介电常数的绝缘介质可以提高电磁波在电缆中的传播速度。（ ）
   A. 正确　　　　　　　　　　　　B. 错误
3. [单选题] 电磁波在电缆线路中的传播速度（ ）在架空线路中的传播速度。
   A. 等于　　　　B. 低于　　　　C. 高于　　　　D. 不能确定
4. [判断题] 线路的波阻抗与线路长度成正比。（ ）
   A. 正确　　　　　　　　　　　　B. 错误
5. [判断题] 波阻抗不消耗能量，它反映单位时间内导线获得电磁能量的大小。（ ）
   A. 正确　　　　　　　　　　　　B. 错误
6. [判断题] 线路上每一点的电压和电流的比值总是等于波阻抗。（ ）
   A. 正确　　　　　　　　　　　　B. 错误
7. [单选题] ①单导线架空线路、②分裂导线架空线路、③电缆线路的波阻抗从大到小的顺序是（ ）。
   A. ①②③　　　B. ③②①　　　C. ②①③　　　D. ②③①
8. [单选题] 当电压波从架空线路进入电缆线路时，架空线路的总电压将（ ）。
   A. 不变　　　　B. 升高　　　　C. 降低　　　　D. 不能确定
9. [单选题] 当电压波从电缆线路进入架空线路时，电缆线路的总电压将（ ）。

A. 不变　　　　　B. 升高　　　　　C. 降低　　　　　D. 不能确定

10. ［单选题］下列对波的传播速度 v 的表述中，正确的是（　　）。
A. 在不同对地高度的架空线上，v 是不同的
B. 在不同线径的架空线上，v 是不同的
C. 在不同线径和不同悬挂高度的架空线上，v 是相同的
D. 在架空线上和在电缆中，v 是相同的

11. ［单选题］下列表述中，对波阻抗描述不正确的是（　　）。
A. 波阻抗是前行波电压与前行波电流之比
B. 对于电源来说波阻抗与电阻是等效的
C. 线路越长，波阻抗越大
D. 波阻抗的大小与线路的几何尺寸有关

12. ［单选题］在波阻抗不同的两条线路交界处，入射电压波 u_{1q}、折射电压波 u_{2q} 和反射电压波 u_{1f} 三者之间的关系是（　　）。
A. $u_{1q} = u_{2q} + u_{1f}$　　B. $u_{2q} = u_{1q} + u_{1f}$　　C. $u_{1f} = u_{1q} + u_{2q}$　　D. $u_{2q} = u_{1q} - u_{1f}$

13. ［单选题］两个波阻抗分别为 Z_1 和 Z_2 的线路连接于 A 点，当电压波从 Z_1 上入射，传递至 A 点时发生折射与反射，则电压波反射系数 β 为（　　）。
A. $(Z_2 - Z_1)/(Z_1 + Z_2)$　　　　　B. $(Z_1 - Z_2)/(Z_1 + Z_2)$
C. $2Z_1/(Z_1 + Z_2)$　　　　　　　D. $2Z_2/(Z_1 + Z_2)$

14. ［单选题］若线路末端短路，则电压波反射系数是（　　）。
A. 1　　　　　B. -1　　　　　C. 0　　　　　D. -2

15. ［单选题］波阻抗为 Z 的线路末端接负载电阻 R，且 $R = Z$，入射电压波到达末端时，其折射系数 α 和反射系数 β 为（　　）。
A. $\alpha = 1, \beta = 0$　　B. $\alpha = -1, \beta = 1$　　C. $\alpha = 0, \beta = 1$　　D. $\alpha = 1, \beta = -1$

16. ［单选题］波在线路上传播，当末端短路时，以下关于波的反射描述正确的是（　　）。
A. 电流为 0，电压增大一倍　　　　　B. 电压为 0，电流增大一倍
C. 电流不变，电压增大一倍　　　　　D. 电压不变，电流增大一倍

17. ［单选题］波阻抗为 Z 的线路末端开路，入射电压波入侵到末端时，将发生波的折射与反射，则折射系数 α 和反射系数 β 为（　　）。
A. $\alpha = 2, \beta = 1$　　B. $\alpha = 2, \beta = -1$　　C. $\alpha = 0, \beta = 1$　　D. $\alpha = 0, \beta = -1$

18. ［单选题］导线波阻抗为 Z，如果有两个运动方向相反的幅值为 E 的电压波相遇，其电流为（　　）。
A. E/Z　　　　　B. 0　　　　　C. $2E/Z$　　　　　D. $-E/Z$

19. ［判断题］在高压测量中，在电缆末端接上和电缆波阻抗相等的匹配电阻，可减小测量误差。（　　）
A. 正确　　　　　　　　　　　　　B. 错误

20. ［单选题］应用（　　）可以把分布参数电路等效为集中参数电路。
A. 戴维南定理　　B. 诺顿定理　　C. 互易定理　　D. 彼得逊法则

21. ［判断题］应用彼得逊法则，可计算分布参数线路与任意集中参数阻抗连接点的反

射波电压。( )

A. 正确　　　　　　　　　　　　B. 错误

22. [判断题] 增大串联电感或并联电容的值，能降低雷电波的陡度。( )

A. 正确　　　　　　　　　　　　B. 错误

23. [判断题] 平行导线距离越近，导线间波的电位差就越小。( )

A. 正确　　　　　　　　　　　　B. 错误

24. [多选题] 波在线路上传播过程中产生损耗的因素有（　　）。

A. 导线电阻　　　B. 线路对地电导　　　C. 大地电阻　　　D. 电晕

25. [判断题] 波在有损线路上传播时一般都会产生衰变和变形。( )

A. 正确　　　　　　　　　　　　B. 错误

26. [判断题] 平行多导线的等值波阻抗比单导线大。( )

A. 正确　　　　　　　　　　　　B. 错误

27. [判断题] 波头较陡的波沿线传播时衰减较快。( )

A. 正确　　　　　　　　　　　　B. 错误

28. [单选题] 导线发生冲击电晕后，导线的耦合系数（　　）。

A. 不变　　　　　B. 增大　　　　　C. 减小　　　　　D. 不能确定

29. [多选题] 导线上出现冲击电晕后，（　　）。

A. 波阻抗减小　　　　　　　　　　B. 波速减小
C. 行波的幅值减小　　　　　　　　D. 导线耦合系数减小

30. [判断题] 改善电位分布是抑制变压器绕组产生振荡过电压的根本措施。( )

A. 正确　　　　　　　　　　　　B. 错误

31. [判断题] 对变压器的纵绝缘而言，雷电截波比雷电全波的危害更大。( )

A. 正确　　　　　　　　　　　　B. 错误

32. [判断题] 对超高压变压器高压绕组进行冲击截波试验时，可能会造成低压绕组对地击穿。( )

A. 正确　　　　　　　　　　　　B. 错误

33. [判断题] 电机绕组匝间绝缘上所承受的冲击电压与侵入波陡度成正比。( )

A. 正确　　　　　　　　　　　　B. 错误

34. [单选题] 在同步发电机出线端并联电容器的作用是（　　）。

A. 无功补偿　　　　　　　　　　　B. 电压调节
C. 储能　　　　　　　　　　　　　D. 降低过电压波陡度

35. [多选题] 关于电机绕组中的波过程，下列说法正确的是（　　）。

A. 当冲击电压作用到电机绕组时，绕组上电位分布不均匀，其中绕组首端电位最高
B. 额定电压越高的电机其绕组波阻抗越大
C. 容量越大的电机其绕组波阻抗越大
D. 波在电机绕组中衰减和变形都比较严重

36. [单选题] 当雷电冲击波进入星形联结中性点不接地变压器时，中性点最高电位可以达到绕组首端电位的（　　）倍。

A. 1　　　　　B. 2/3　　　　　C. 4/3　　　　　D. 2

【参考答案与解析】

1. A 2. A 3. B 4. B 5. A 6. B 7. A 8. C 9. B 10. C

11. C。[解析] 从功率的观点看,波阻抗与一数值相等的集中参数电阻相当,从电源获得的能量相等。故选项 B 是正确的。

12. B 13. A 14. B 15. A 16. B 17. A

18. B。[解析] 正方向电流为 E/Z,反方向电流为 $-E/Z$,叠加后线路电流为零。

19. A 20. D 21. B 22. A 23. A 24. ABCD 25. A 26. A 27. A 28. B

29. ABC。[解析] 因为冲击电晕要消耗能量,因此行波的幅值也会减小。

30. A 31. A

32. A。[解析] 低压绕组会产生感应过电压。

33. A 34. D 35. ABD 36. D

第五单元 电力系统防雷保护

一、主要知识点

(一) 雷电及防雷保护装置

1. 雷电的产生

雷电是雷云放电引起的。实测表明,在 5~10km 的高度上主要是正电荷云层,在 1~5km 的高度上主要是负电荷云层。负电荷在地面上感应出大量正电荷。带有大量不同极性或不同数量电荷的雷云之间或雷云与大地之间形成强大的电场。如果电场强度超过大气放电场强(约 30kV/cm,有水滴时约为 10kV/cm),就会发生云间或对大地的放电。

雷云对大地放电分为先导放电、主放电、余辉放电 3 个阶段。先导放电是雷云边缘逐级推进向地面发展,每级长度 10~200m,伸展速度约 10^7 m/s,各级之间有 10~100μs 的停歇。当先导接近地面时,地面上一些高耸物体会发出向上的迎面先导。上行先导与下行先导相遇时,就出现强烈的电荷中和过程,产生极大的电流(数万到数十万安),并伴随着雷鸣和闪光,这就是雷电的主放电阶段(时间约 50~100μs)。当主放电阶段结束后,雷云中的剩余电荷将继续沿主放电通道下移,使通道连续维持着一定余辉,称为余辉放电阶段。

2. 雷电参数

(1) 雷电流幅值分布的概率。我国标准推荐的雷电流幅值分布的概率为

$$\lg P = -I/88 \tag{5-26}$$

式中,I 为雷电流幅值(kA);P 为雷电流幅值≥I 的概率。

(2) 波形和极性。我国电力行业标准规定线路防雷设计中雷电流的波头时间为 2.6μs。

在线路的防雷保护设计中,雷电流的波头可简化为波头时间为 2.6μs 的斜角波,波头的平均陡度(单位:kA/μs)为

$$a = I/2.6 \tag{5-27}$$

当雷云电荷为负时,所发生的雷云放电为负极性放电;反之,雷电流极性为正。通常负极性所占比例为 75%~90%。电气设备的防雷保护和绝缘配合按负极性雷进行设计。

(3) 雷暴日和雷暴小时。按年雷暴日大体分为 4 个区域，新疆地区最低（10 日以下），海南岛最高（120 多日）。

我国大部分地区年雷暴小时与年雷暴日之比约为 3。

(4) 地面落雷密度和输电线路落雷次数。雷暴日和雷暴小时中包含了雷云之间的放电。

地面落雷密度：每平方千米每雷暴日的对地落雷次数，用 γ 表示。我国标准规定：对雷暴日为 40 的地区，$\gamma = 0.07$ 次/km² · 雷暴日。

输电线路落雷次数：每 100km 线路每年遭雷击的次数。

(5) 主放电通道波阻抗。主放电通道波阻抗与主放电通道雷电流有关，雷电流越大，波阻抗越大，一般在 300～3000Ω 之间。电力行业标准将主放电通道波阻抗取为 300Ω。

3. 避雷针和避雷线

避雷针和避雷线对直击雷进行保护，其保护范围按照约 99.9% 的保护概率而定，即失效率或绕击率为 0.1%。

(1) 避雷针的保护范围。求避雷针保护范围的方法有折线法和滚球法。

① 折线法。我国电力行业标准中，对避雷针保护范围的计算采用折线法。如图 5-31 所示，单支避雷针保护范围是一个圆锥体，设避雷针的高度为 h，被保护物体的高度为 h_x，在 h_x 高度上避雷针保护范围的半径 r_x 由下式决定

$$\left.\begin{array}{l} r_x = (h - h_x)P \quad (h_x \geq h/2) \\ r_x = (1.5h - 2h_x)P \quad (h_x < h/2) \end{array}\right\} \quad (5\text{-}28)$$

式中，P 是考虑了避雷针高度影响的校正系数。

发电厂和变电站的面积较大，采用多支避雷针。当两支等高避雷针相距不太远时，由于两针的联合屏蔽作用，使两针中间部分的保护范围比单针时要大，外侧保护范围与单支避雷针时相同。

② 滚球法。滚球法是 IEC 推荐的避雷针保护范围计算方法之一。我国国家标准《建筑物防雷设计规范》把滚球法强制作为计算避雷针保护范围的方法。

(2) 避雷线的保护范围。避雷线不仅作为架空输电线路的保护，也作为大型建筑物的保护，目前 500kV 及以上变电站采用避雷线保护。

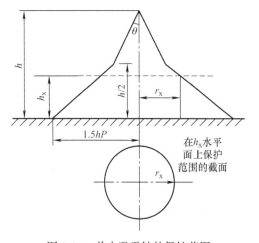

图 5-31 单支避雷针的保护范围

高度为 h 的单根避雷线的保护范围如图 5-32 所示，计算式为

$$\left.\begin{array}{l} r_x = 0.47(h - h_x)P \quad (h_x \geq h/2) \\ r_x = (h - 1.53h_x)P \quad (h_x < h/2) \end{array}\right\} \quad (5\text{-}29)$$

两根等高避雷线的保护范围其外侧与单根避雷线相同，内侧比单根避雷线大。

4. 避雷器

(1) 对避雷器的基本要求。避雷器用于对沿线路侵入发电厂、变电站的雷电过电压进

行保护。对其基本要求是：

① 具有良好的伏秒特性。避雷器伏秒特性的上限应不高于被保护设备伏秒特性的下限，并有一定的安全裕度。

② 具有良好的非线性电阻特性。要求避雷器在冲击电压作用结束后电阻能迅速增大。

（2）保护间隙和排气式避雷器（管式避雷器）。

① 保护间隙。它是 3～10kV 电网中某些场合使用的一种最简单的避雷器，由两个空气间隙组成。过电压消失后，间隙中仍有工频续流，但保护间隙的灭弧能力很差，只能熄灭中性点不接地系统中不大的单相接地电容电流。另外，保护间隙击穿后直接接地，会产生雷电截波，它不能用来保护有绕组的设备。因此，保护间隙仅用于不重要的设备和单相接地不会导致严重后果的场合。

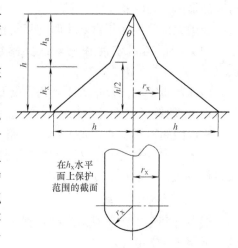

图 5-32　单根避雷线的保护范围

② 排气式避雷器（管式避雷器）。它由暴露在大气中的外间隙和产气管中的内间隙（又称灭弧间隙）串联而成，产气管在工频续流电弧作用下产生大量气体来灭弧。排气式避雷器能熄灭的工频续流有上、下限要求，工频续流太大则产气过多会使管子爆炸，工频续流太小则产气过少不足以熄灭电弧。排气式避雷器主要用于保护输电线路的大跨距线段和交叉跨越处以及变电站进线段。

（3）阀式避雷器。阀式避雷器由碳化硅阀片和火花间隙串联而成。碳化硅阀片具有非线性电阻特性，当大电流通过时，阀片呈现低阻值，在阀片上出现的电压（称为残压）受到限制；当工频续流流过时，阀片呈现高阻值，限制了工频续流，有利于灭弧。

阀式避雷器按结构特点分为普通阀式避雷器和磁吹阀式避雷器。后者的火花间隙带有磁吹功能，提高了灭弧能力。

阀式避雷器的主要参数有：

① 额定电压：电力系统正常工作时加在避雷器上的工频电压，与安装地点的电网额定电压相同。

② 灭弧电压：保证避雷器能在工频续流第一次过零时就熄灭电弧的条件下，允许加在避雷器两端的最高工频电压。

③ 冲击放电电压：在冲击电压作用下，避雷器放电的电压值（幅值）。

④ 工频放电电压：在工频电压作用下，避雷器放电的电压值。

⑤ 残压：在冲击电流通过避雷器时，在阀片上产生的电压峰值。残压随雷电冲击电流的增大而增大。因此，在规定残压的上限时，必须同时规定冲击电流的幅值。我国标准对此所做的规定分别为 5kA（220kV 及以下的避雷器）和 10kA（330kV 及以上的避雷器），电流波形为 8kA/20μs。

评价避雷器保护性能的指标有：

① 冲击系数：冲击放电电压与工频放电电压之比。冲击系数越接近 1，其伏秒特性越平坦，越有利于绝缘配合。

② 切断比：避雷器工频放电电压的下限与灭弧电压之比。因为间隙绝缘强度的恢复需要去游离的过程，因此灭弧电压总是低于工频放电电压。切断比越接近1，说明该火花间隙的绝缘恢复速度越快，灭弧能力越强。

③ 保护比：避雷器残压与灭弧电压之比。保护比越小，表明残压越低或灭弧电压越高，意味着绝缘上受到的过电压越小，而工频续流又很快被切断，保护性能越好。

(4) 金属氧化物避雷器（MOA）。金属氧化物避雷器（MOA）以氧化锌（ZnO）电阻片为基本元件，又称为氧化锌避雷器，它具有以下优点：

① 可以不需要火花间隙。ZnO电阻片具有优异的非线性电阻特性，可以不需要火花间隙，实现避雷器无间隙。无间隙结构也大大改善了陡波响应特性，不存在阀式避雷器的间隙放电电压随雷电波陡度增大上升的问题，提高了保护的可靠性，特别适合于伏秒特性平坦的SF_6组合电器（GIS）的保护。

② 无续流，动作负载轻，耐重复动作能力强。当过电压作用结束后，ZnO电阻片能迅速恢复绝缘状态，续流一般小于1mA，实际上可认为无续流。MOA只需吸收过电压的能量，而不需要吸收工频续流能量，因而动作负载轻，耐重复动作能力强。

③ 通流容量大。ZnO电阻片单位面积的通流能力要比SiC阀片大4～4.5倍。

④ 适用于多种需求。由于MOA没有串联火花间隙，因而易于制成直流避雷器；不受大气环境影响，可用于高海拔地区和GIS；由于MOA极强的耐污性能，可制成耐污型和带电清洗型避雷器。

⑤ 造价低。由于无间隙，因此结构简单、体积小、质量轻，可降低造价。

金属氧化物避雷器的主要电气性能参数如下：

① 额定电压：避雷器能短时耐受的最大工频电压有效值。

② 最大持续运行电压：能长期持续运行的最大工频电压有效值。它等于系统最高运行相电压。

③ 起始动作电压：又称参考电压或转折电压，指避雷器开始进入动作状态的电压，通常以通过1mA工频阻性电流分量峰值或直流电流时的电压U_{1mA}作为起始动作电压。

④ 压比：指避雷器在波形为8kA/20μs的冲击电流规定值（如10kA）作用下的残压与起始动作电压之比。压比越小，非线性越好，通过冲击电流时的残压越低，保护性能越好。

⑤ 荷电率：持续运行电压幅值与起始动作电压之比。

⑥ 工频耐受电压特性：这是考核MOA对工频过电压的耐受能力。

⑦ 保护比：避雷器额定冲击电流下的残压与最大持续运行电压幅值之比。保护比越小，表明通过冲击电流时的残压越低，保护性能越好。

(二) 接地与接地装置

1. 接地与接地电阻的概念

(1) "地"。电工中的"地"是指地中不受入地电流的影响而保持着零电位的土地。

(2) 接地。将地面上的金属物体或电气回路的某一节点通过导体与大地相连，使该物体或节点与大地保持等电位，称为接地。

(3) 接地装置。由接地线与接地体组成。接地体是埋设于地中的金属导体，分为人工接地体和自然接地体。前者是为接地目的而专门设置的；后者有钢筋混凝土基础、地下金属管道、电缆金属外皮等。

（4）接地电阻。它是接地点对地电压与接地电流的比值，包括接地体的电阻和土壤的散流电阻（接地电流在土壤中是以半球形扩散的）。前者很小，所以接地电阻主要是土壤的散流电阻。

2. 接地的类型

（1）工作接地。它是根据电力系统正常运行需要而设置的接地，如变压器中性点接地。工作接地要求接地电阻一般为 $0.5 \sim 10 \Omega$。

（2）保护接地。它是为保障人身安全而将电气设备外露可导电部分（如金属外壳）进行的接地。

触电有以下两种类型：

① 直接触电：人体接触或过分接近正常运行时的带电体而引起的触电。防止直接触电的措施有绝缘、隔离、安全电压等。

② 间接触电：人体接触正常时不带电而故障时带有危险电压的可导电部分（如电气设备的金属外壳）而引起的触电。防止间接触电的措施是保护接地。

保护接地要求的接地电阻通常为 $1 \sim 10 \Omega$。

（3）防雷接地。它是防雷保护装置所要求的接地，以向大地泄放雷电流。防雷接地电阻通常要求小于 30Ω。

雷电流一是幅值大，二是等值频率较高，当它流入大地时，会产生以下两个效应：

① 火花效应：雷电流幅值大，土壤中电流密度大，电场强度高，会使接地体周围的土壤产生火花放电（即电离），土壤导电性增强，电阻率降低，接地电阻变小。

② 电感效应：雷电流等值频率较高，接地体自身电感的影响增大，会阻碍电流向接地的远端流通。接地体越长，在雷电流波头部分其电抗较大，阻止了雷电流向接地体远端流动，结果接地体得不到充分利用，接地电阻增大。

由于火花效应和电感效应，冲击电流和工频电流作用下的接地电阻阻值不同。

3. 发电厂和变电站的接地

发电厂和变电站采用统一的接地网。接地网由扁钢水平连接，埋入地下 $0.6 \sim 0.8m$ 处，两根扁钢之间的距离为 $3 \sim 10m$，接地网面积与发电厂和变电站的面积相同。接地网工频接地电阻一般为 $0.5 \sim 5 \Omega$。

（三）电力系统防雷保护

1. 输电线路的防雷保护

（1）输电线路的雷电事故与耐雷水平。据统计，因雷击线路造成的跳闸事故占电网总事故的 60% 以上。

输电线路雷电过电压有直击雷过电压和感应雷过电压两种。

线路雷电事故过程：雷电过电压→线路绝缘闪络→冲击闪络转化为稳定的工频电弧→线路跳闸。

耐雷水平：雷击线路但不致引起绝缘闪络的最大雷电流峰值。

（2）输电线路感应雷过电压。感应雷过电压是雷击输电线路附近大地时通过电磁感应在导线上产生的过电压。按我国电力行业标准计算，雷云对地放电时，落雷处距架空导线的垂直距离 $S>65\text{m}$ 时，无避雷线的架空线路导线上产生的感应雷过电压最大值 U_i 可按下式估算：

$$U_i \approx 25Ih_c/S \tag{5-30}$$

式中，I 为雷电流幅值；h_c 为导线平均悬挂高度。

由此可知，输电线路感应雷过电压与雷电流幅值成正比，与导线平均高度成正比，与雷击点到线路的距离成反比。实测表明，感应雷过电压最大可达 300~400kV，对 35kV 及以下线路可能造成绝缘闪络，而对于 110kV 及以上线路一般不会引起闪络。

感应雷过电压在三相导线中同时存在，相间不存在相位差，故只能引起对地闪络。但如果两相或三相同时对地闪络，即会造成相间短路。

如果有避雷线，相当于增大了导线与地之间的电容，导线上的感应雷过电压会降低。

雷击线路杆塔时，由于主放电通道所产生的磁场迅速变化，将在导线上感应出与雷云极性相反的过电压。

(3) 输电线路直击雷过电压。输电线路直击雷过电压有以下 3 种情况：

① 雷击杆塔时的反击过电压。雷击杆塔顶部时，由于塔顶电位与导线电位相差很大，可能引起绝缘子串的闪络，即发生反击。雷击杆塔次数与雷击线路总次数的比值称为击杆率。降低杆塔接地电阻能有效提高线路的耐雷水平。

② 雷击避雷线档距中央时的过电压。此时，也会在雷击点产生很高的过电压，但由于避雷线的半径较小，会在避雷线上产生强烈的冲击电晕；又由于雷击点离杆塔较远，不足以使绝缘子串击穿，通常只需考虑雷击点处避雷线对导线的反击问题。

③ 绕击过电压。装设避雷线的线路，仍存在雷电绕过避雷线而击于导线，即发生绕击的可能性。一旦发生绕击，往往会引起绝缘子串的闪络。绕击跳闸是超高压和特高压线路发生雷击事故的主要原因。

(4) 输电线路的雷击跳闸率。输电线路雷击引起跳闸需要满足两个条件：一是雷电流超过线路的耐雷水平，线路绝缘将发生冲击闪络；二是冲击电弧转化为稳定的工频电弧保持线路接地。

① 建弧率。冲击电弧转化为稳定的工频电弧的概率，称为建弧率。它与绝缘子串表面的平均场强有关，也与闪络瞬间工频电压的瞬时值和去游离条件有关。

② 雷击跳闸率。包括雷击杆塔时的反击跳闸率和雷绕击导线的跳闸率。

(5) 输电线路的防雷措施。

① 架设避雷线。我国规程规定，110~330kV 线路应全线架设单避雷线；500kV 及以上应架设双避雷线。在采用双避雷线的输电线路上，双避雷线所组成的闭合回路中将感应出电流并引起功率损耗。为降低这种损耗和将避雷线作载波通信用，可将避雷线经一个小间隙与地绝缘起来。这样，正常运行时，避雷线对地绝缘；雷击时，间隙击穿，使避雷线接地。

② 降低杆塔接地电阻。

③ 架设耦合避雷线。作为一种补救措施，可在某些建成投运后雷击故障频发的线段上，在导线下方加装一条耦合避雷线，降低雷击跳闸率。

④ 采用不平衡绝缘方式。对于双回或多回同杆架设的线路，为了避免落雷时多回路同

时闪络跳闸，可采用不平衡绝缘方式，在一回路中的绝缘子片数少于另一回路，这样在雷击时绝缘水平较低的回路发生冲击闪络，闪络后的导线相当于避雷线，提高了其他回路的耐雷水平。

⑤ 装设自动重合闸。我国110kV及以上线路重合闸成功率高达75%～95%。

⑥ 采用消弧线圈接地方式。它能降低接地电流，降低雷击跳闸率。一般用于35kV及以下架空线路。

⑦ 加强线路绝缘。

⑧ 安装线路避雷器。

2. 发电厂和变电所的防雷保护

(1) 直击雷防护。直击雷防护采用避雷针和避雷线。应该使被保护物体处于避雷针和避雷线的保护范围内。因为当雷电流流过避雷针及其接地装置时，将会出现很高的电位，所以避雷针应该与被保护物体保持足够的距离，防止避雷针对被保护物体进行反击。一般情况下，避雷针与被保护物体空气距离不宜小于5m，地中距离不宜小于3m。

避雷针的装设分为独立避雷针和构架避雷针。对110kV及以上的配电装置，由于绝缘水平较高，一般将避雷针装在架构（不包括变压器门型架构）或屋顶上。对于35kV及以下变电站，应该采用独立避雷针，以免出现反击。

发电厂和变电站也可以采用避雷线对直击雷进行防护，同样要防止发生反击。

(2) 雷电侵入波防护。发电厂、变电站防止雷电侵入波的措施主要是装设避雷器以限制雷电过电压幅值。

变电站的避雷器一般安装在母线上，避雷器与被保护设备有一段距离，当有雷电侵入波时，被保护设备承受的电压高于避雷器残压一个 ΔU，ΔU 与避雷器和被保护设备之间的距离成正比。因此，要使避雷器起到良好的保护作用，它与被保护设备之间的电气距离不能超过一定的值，即存在一个最大电气距离。变压器是变电站最重要的设备，避雷器应尽量靠近变压器。

(3) 变电站进线段的保护。为限制雷电过电压侵入波的陡度，并限制流入避雷器的雷电流以降低残压，需要在临近变电站1～2km的进线段上加强防雷保护措施。具体措施是：

① 对35～110kV未沿全线架设避雷线的线路，在进线段必须架设避雷线。对35kV小容量变电站，可只在500～600m进线段上架设避雷线。

② 在进线段末端靠近进线隔离开关和断路器处安装一组排气式避雷器。

(4) 变压器的防雷保护。

① 三绕组变压器的防雷保护。当高压或中压侧有雷电波侵入时，通过静电耦合和电磁耦合，低压绕组也会出现一定的过电压。最不利的情况是低压绕组处于开路状态，对地电容很小，这时静电感应分量可能很大（$Q = CU$），而危及绝缘。考虑到静电感应分量使低压绕组三相电位同时升高，故只需在任一相低压出线端加装一只避雷器。中压绕组绝缘水平较高，不需要装避雷器。

② 自耦变压器的防雷保护。自耦变压器高、中压绕组的中性点均直接接地，雷电波侵入高压侧时，如果中压侧开路，则中压侧绕组端子将处于高电位，可能使中压套管闪络。因此，应在中压侧出线端与断路器之间装设避雷器保护。

③ 变压器中性点的防雷保护。如5.4节所述，当三相来波时，变压器中性点的电位会达到绕组首端电位的2倍。对于35kV及以下中性点非有效接地的系统，变压器是全绝缘的，其中性点的绝缘与进线端相同。对单进线、单台主变压器的变电站，需要在变压器中性点装设避雷器。对多路进线的变电站，过电压幅值较低，变压器中性点不必装避雷器保护。

我国110kV及以上系统一般采用变压器中性点直接接地，但为了降低单相接地短路电流和满足继电保护的需要，也有变压器是不接地的。而这种系统中的变压器中性点大都采用分级绝缘，即变压器中性点的绝缘水平要比相线端低得多，故需要在中性点上加装避雷器或保护间隙。

④ 配电变压器的防雷保护。高、低压侧三相均安装避雷器，并与变压器低压侧中性点、外壳3点共同接地。

(5) GIS的防雷保护。GIS（SF_6 气体绝缘组合电器，也叫 SF_6 气体绝缘变电站）的防雷保护具有以下特点：

① GIS绝缘结构具有比较平坦的伏秒特性，其冲击系数约为1.2~1.3，且负极性击穿电压比正极性击穿电压低。由于其雷电冲击绝缘水平与操作冲击绝缘水平十分接近，因此其过电压防护主要在于降低雷电冲击电压，需采用MOA。

② GIS的波阻抗一般只有60~100Ω，约为架空线的1/5。从架空线侵入的过电压经过折射，其幅值和陡度都显著变小，这对雷电侵入波防护是有利的。

③ GIS结构紧凑，设备之间电气距离很小，被保护设备与避雷器相距较近。

④ GIS内一旦出现电晕，很容易发展成击穿，而且不能恢复原有的电气强度，甚至导致整个GIS系统的损坏。

我国电力行业标准规定，对与架空线路直接相连的GIS设备，在GIS管道与架空线路连接处应装设金属氧化物避雷器（MOA）。

3. 旋转电机的防雷保护

(1) 旋转电机防雷保护的特点。旋转电机（发电机、调相机、大型电动机）防雷保护要比变压器困难得多，雷害事故率也比变压器高。这是因为旋转电机在绝缘结构、性能、绝缘配合方面具有以下特点：

① 在相同电压等级的电气设备中，旋转电机绝缘的冲击耐压水平最低。

② 保护旋转电机用的避雷器的残压和电机的冲击耐压值很接近，绝缘裕度低。因此电机仅靠避雷器保护是不够的，还必须与电容器、电抗器、电缆等结合起来进行保护。

③ 匝间绝缘要求侵入波陡度受到严格限制。

电机与线路的连接方式有两类：直配式（电机直接与架空线相连，包括经过电缆段、电抗器）和非直配式（通过变压器与架空线连接）。

(2) 直配电机的防雷保护。图5-33所示为我国行业标准推荐的25~60MW直配发电机防雷电保护的接线图。图中，F2为装在发电机出线母线上的专用避雷器，它是限制进入发电机绕组的侵入波幅值的最后一关；C为装在发电机出线母线上的并联电容器，它用于限制侵入波陡度和降低感应雷过电压；插接的一段电缆（≥150m）通过电缆屏蔽层对缆芯的分流，限制流入避雷器F1的冲击电流，以降低避雷器残压；电抗器L的作用一是限制工频短路电流，二是在防雷方面降低侵入波陡度、减少流过F2的冲击电流进而降低F2上的残压；

F3 为电机中性点的防雷保护；排气式避雷器 FE1、FE2 是为了发挥电缆段的作用。

（3）非直配电机的防雷保护。经变压器送电的发电机可能受到的雷电过电压是经由变压器绕组传递的过电压，包括静电感应分量和电磁感应分量。如变压器低压绕组到电机绕组的连线是电缆或封闭式母线，则静电感应分量

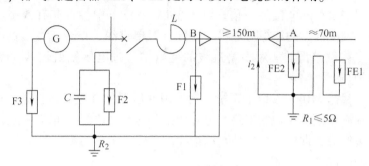

图 5-33　25～60MW 直配发电机防雷电保护接线

可不考虑。如发电机与变压器间有较长架空母线或软连接线时，除应有直击雷保护外，还应防止雷击附近避雷针时产生感应过电压。为此，应在电机出线上装设电容器（每相不小于 0.15μF）或避雷器，它们也可限制静电感应分量。

对于电磁分量，一般危害较小。对于特别重要的发电机，可在出线上装设避雷器。

二、模拟测试题

1. ［单选题］雷云放电属于（　　）。
   A. 电晕放电　　　B. 火花放电　　　C. 辉光放电　　　D. 电弧放电
2. ［单选题］雷云放电过程依次为（　　）3 个阶段。
   A. 先导放电→主放电→余辉放电　　　B. 主放电→先导放电→余辉放电
   C. 余辉放电→先导放电→主放电　　　D. 先导放电→余辉放电→主放电
3. ［单选题］输电线路落雷次数是指每（　　）km 线路每年遭雷击的次数。
   A. 10　　　B. 100　　　C. 500　　　D. 1000
4. ［单选题］我国电力行业标准规定线路防雷设计中雷电流的波头时间为（　　）μs。
   A. 1.2　　　B. 1.5　　　C. 2.6　　　D. 10
5. ［判断题］地面落雷密度是指每个雷暴日每平方千米地面上的平均落雷次数。（　　）
   A. 正确　　　B. 错误
6. ［判断题］电气设备的防雷保护和绝缘配合按负极性雷进行设计。（　　）
   A. 正确　　　B. 错误
7. ［单选题］避雷针的保护范围是指雷击概率为（　　）的空间范围。
   A. 0%　　　B. 0.1%　　　C. 1%　　　D. 99.9%
8. ［判断题］阀式避雷器由阀片和火花间隙并联组成。（　　）
   A. 正确　　　B. 错误
9. ［单选题］S1、S2 分别为某避雷器及其被保护设备的伏秒特性曲线，要使设备受到可靠保护必须（　　）。
   A. S1 高于 S2　　　B. S1 等于 S2　　　C. S1 低于 S2　　　D. S1 与 S2 相交
10. ［单选题］雷电流通过避雷器阀片电阻时，产生的压降称为（　　）。
    A. 灭弧电压　　　B. 额定电压　　　C. 冲击放电电压　　　D. 残压
11. ［单选题］阀式避雷器的保护比是指残压与（　　）之比。

A. 灭弧电压　　　B. 额定电压　　　C. 冲击放电电压　　D. 工频放电电压

12. [单选题] 阀式避雷器的切断比是指避雷器工频放电电压的下限与（　　）之比。
A. 灭弧电压　　　B. 额定电压　　　C. 冲击放电电压　　D. 工频放电电压

13. [单选题] 我国标准规定220kV及以下电压等级的避雷器按通过的最大雷电冲击电流幅值为（　　）kA进行设计。
A. 1　　　　　　B. 5　　　　　　C. 10　　　　　　D. 100

14. [多选题] 下列关于阀式避雷器的说法中正确的是（　　）。
A. 雷电冲击系数越接近1，保护性能越好
B. 切断比越接近1，保护性能越好
C. 保护比越小，保护性能越好
D. 灭弧电压越低，保护性能越好

15. [单选题] 保护间隙动作后会形成截波，对变压器和电机的（　　）威胁最大。
A. 对地绝缘　　　B. 相间绝缘　　　C. 主绝缘　　　　D. 匝间绝缘

16. [多选题] 以下（　　）是金属氧化物避雷器（MOA）的优点。
A. 不需要间隙　　B. 无续流　　　　C. 通流容量大　　D. 动作负载轻

17. [单选题] 由于金属氧化物避雷器的（　　）特点，它适于作为直流避雷器。
A. 无火花间隙　　B. 通流容量大　　C. 动作负载轻　　D. 可靠性高

18. [单选题] 当MOA通过1mA工频阻性电流分量峰值时，避雷器两端的电压为（　　）。
A. 额定电压　　　　　　　　　　B. 最大持续运行电压
C. 参考电压　　　　　　　　　　D. 残压

19. [单选题] MOA流过规定波形和峰值的冲击电流时避雷器两端的电压为（　　）。
A. 额定电压　　　　　　　　　　B. 最大持续运行电压
C. 参考电压　　　　　　　　　　D. 残压

20. [判断题] 电气设备的接地部位始终处于零电位。（　　）
A. 正确　　　　　　　　　　　　B. 错误

21. [单选题] 防止间接触电的措施是（　　）。
A. 绝缘　　　　　B. 隔离　　　　　C. 安全电压　　　D. 保护接地

22. [判断题] 雷电流的火花效应使得冲击接地电阻变小。（　　）
A. 正确　　　　　　　　　　　　B. 错误

23. [判断题] 雷电流的电感效应使得冲击接地电阻变小。（　　）
A. 正确　　　　　　　　　　　　B. 错误

24. [判断题] 输电线路导线悬挂越高，所产生的感应雷过电压越高。（　　）
A. 正确　　　　　　　　　　　　B. 错误

25. [判断题] 由于输电线路感应雷过电压在三相导线中同时存在，相间不存在相位差，只能引起对地闪络，不可能发生相间短路。（　　）
A. 正确　　　　　　　　　　　　B. 错误

26. [多选题] 下列关于输电线路感应雷过电压的说法中正确的是（　　）。

A. 输电线路上的感应雷过电压是雷云通过静电感应产生的
B. 输电线路上的感应雷过电压与雷击点到线路的距离成反比
C. 110kV 及以上线路一般不会因感应雷过电压引起闪络
D. 输电线路电压等级越高，感应雷过电压也会越高

27. [单选题] 雷电直击于导线或电气设备时产生的过电压称为（　　）。
   A. 反击雷过电压　　B. 绕击雷过电压　　C. 感应雷过电压　　D. 直击雷过电压

28. [单选题] 雷击线路时，线路绝缘不发生闪络的最大雷电流幅值称为（　　）。
   A. 地面落雷密度　　B. 耐雷水平　　C. 雷击跳闸率　　D. 击杆率

29. [单选题]（　　）是超高压和特高压线路发生雷击事故的主要原因。
   A. 反击雷过电压　　B. 绕击雷过电压　　C. 感应雷过电压　　D. 直击雷过电压

30. [单选题] 雷击输电线路杆塔引起绝缘子串闪络的现象称为雷电的（　　）。
   A. 直击　　B. 反击　　C. 绕击　　D. 冲击

31. [判断题] 所有的避雷线都是直接接地的。（　　）
   A. 正确　　B. 错误

32. [判断题] 对于双回路同杆架设的输电线路，在通常的防雷措施不能满足要求时，可采用不平衡绝缘方案。（　　）
   A. 正确　　B. 错误

33. [判断题] 降低杆塔接地电阻能有效提高输电线路的耐雷水平。（　　）
   A. 正确　　B. 错误

34. [单选题] 变电站避雷针与配电构架间的空气距离应不小于（　　）米。
   A. 3　　B. 4　　C. 5　　D. 6

35. [单选题] 下列（　　）不属于输电线路防雷措施。
   A. 架设避雷线
   B. 降低杆塔接地电阻
   C. 装设浪涌吸收器
   D. 装设自动重合闸装置

36. [多选题] 下列关于防雷保护的说法正确的是（　　）。
   A. 110kV 及以上的配电装置，一般将避雷针装在构架上
   B. 35kV 及以下的配电装置应装设独立避雷针
   C. 防雷接地电阻要求小于 30Ω
   D. 雷电侵入波的防护主要用避雷器

37. [判断题] 500kV 及以上输电线路应架设双避雷线。（　　）
   A. 正确　　B. 错误

38. [判断题] 避雷针应该尽量靠近被保护的电气设备。（　　）
   A. 正确　　B. 错误

39. [单选题] 当避雷器与被保护设备之间有一定距离时，若有雷电波侵入，则被保护设备绝缘上的电压比避雷器的残压（　　）。
   A. 低　　B. 高　　C. 一样大　　D. 不能确定

40. [判断题] 避雷器应该尽量靠近被保护的电气设备。（　　）
   A. 正确　　B. 错误

41. [单选题] 变电站三绕组变压器雷电过电压侵入波保护应采用下列（　　）方案。

A. 高压、中压、低压三侧三相均装避雷器

B. 高压、中压侧三相均装避雷器

C. 高压、低压侧三相均装避雷器

D. 高压侧三相、低压侧任一相装避雷器

42. [判断题] 所有星形联结、中性点不接地的变压器必须在中性点安装避雷器保护。（ ）

A. 正确　　　　　　　　　　　　B. 错误

43. [单选题] 雷电波沿特高压线路侵入特高压变电站或换流站，会在变电站的连接点和电气设备上产生复杂的（ ），形成雷电过电压，作用在设备绝缘上。

A. 感应电压　　B. 潜供电流　　C. 绕击电流　　D. 折反射波

44. [判断题] 配电变压器应在高压侧和低压侧的三相都安装避雷器保护。（ ）

A. 正确　　　　　　　　　　　　B. 错误

45. [多选题] GIS 防雷保护的特点是（ ）。

A. 绝缘的伏秒特性平坦　　　　　B. 雷电冲击系数接近 1

C. 被保护设备与避雷器的电气距离较小　　D. 要采用 MOA 进行防雷保护

46. [判断题] 由于 GIS 设备的波阻抗比架空线路小得多，因而能显著降低架空线雷电侵入波的幅值和陡度。（ ）

A. 正确　　　　　　　　　　　　B. 错误

47. [判断题] 在相同电压等级的电气设备中，旋转电机绝缘的冲击耐压水平最低。（ ）

A. 正确　　　　　　　　　　　　B. 错误

48. [判断题] 旋转电机的雷电侵入波保护仅靠避雷器是不够的，还必须与电容器、电抗器、电缆等结合起来进行保护。（ ）

A. 正确　　　　　　　　　　　　B. 错误

49. [单选题] 下列（ ）能降低冲击电压波的陡度。

A. 串联电容器　　B. 并联电容器　　C. 串联电抗器　　D. 并联电抗器

【参考答案与解析】

1. B 2. A 3. B 4. C 5. A 6. A 7. B 8. B 9. C 10. D 11. A 12. A 13. B 14. ABC 15. D 16. ABCD 17. A 18. C 19. D

20. B。[解析] 当有电流流入大地时，电流在大地中呈半球形扩散，地中电位呈双曲线分布，其中接地点电位最高，一般离接地点 20m 处电位为零。

21. D 22. A 23. B 24. A 25. B 26. BC 27. D 28. B 29. B 30. B 31. B 32. A 33. A 34. C 35. C 36. ABCD 37. A 38. B 39. B 40. A 41. D 42. B 43. D 44. A 45. ABCD

46. A。[解析] 由于 $Z_2 < Z_1$，折射系数 $\alpha < 1$，即电压折射波小于入射波。

47. A 48. A 49. B

第六单元　电力系统内部过电压种类及其防护措施

一、主要知识点

（一）内部过电压的种类及基本特征

由于电力系统中开关操作、故障或其他原因，使系统参数发生变化，在系统内部引起电磁能量转换和传递过程中产生的过电压，称为内部过电压。内部过电压按其产生原因可分为操作过电压和暂时过电压两大类。前者是因开关操作或故障引起；后者因系统的电感电容参数配合发生变化引起。

操作过电压持续时间一般在0.1s以内，而暂时过电压的持续时间则长得多。

内部过电压的大小用过电压倍数（标幺值，p.u.），即过电压幅值与该处最高运行相电压幅值之比来表示。内部过电压倍数与电力系统结构、系统容量及参数、中性点接地方式、断路器性能、母线上出线回数、电力系统运行接线和操作方式等因素有关，最高可达4倍。

典型的内部过电压种类如下：

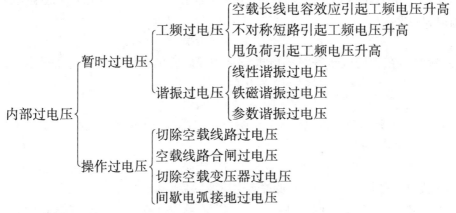

（二）工频过电压（工频电压升高）

1. 工频过电压的特点

电力系统中在正常或故障时可能出现幅值超过最大工作相电压、频率为工频或接近工频的电压升高，称为工频电压升高，或工频过电压。

工频过电压幅值不高，对具有正常绝缘的电气设备没有危险。但是，在超高压和特高压系统中，由于它和操作过电压往往同时发生，因此它直接影响操作过电压的幅值。同时，工频过电压的大小是决定避雷器额定电压的重要依据。另外，持续时间长的工频电压升高仍可能危及设备的安全运行。因此，在超高压和特高压系统中，为降低电气设备绝缘水平，需要对工频过电压予以限制。

2. 空载长线电容效应引起工频电压升高

（1）产生原因。对于较长的输电线路，当线路空载时，线路呈容性，即线路上容性无功功率大于感性无功功率，使线路电压升高，末端电压将高于首端电压。实际上，输电线路轻载时也会产生末端电压升高现象。

(2) 影响因素。线路越长，线路末端电压升高越严重。工频电压升高还受电源容量的影响，电源容量越小，工频电压升高越严重。但任何情况下，工频过电压都不会超过 2.9 p.u.。

(3) 限制措施。在超高压和特高压输电线路上，在线路末端并联电抗器来限制工频过电压。

3. 不对称短路引起的工频电压升高

严格地说，是单相接地短路引起相电压升高。对于中性点小电流接地系统（不接地或经消弧线圈接地），发生单相接地故障时，健全相的相电压升高到线电压（金属性接地）。而对于中性点直接接地系统（110kV 及以上），单相接地短路时，健全相电压的变化与序阻抗有关，如果零序电抗小于正序电抗，则健全相电压较故障前有所降低；如果零序电抗等于正序电抗，则健全相电压不变；如果零序电抗大于正序电抗，则健全相电压较故障前升高。

阀式避雷器的灭弧电压通常依据单相接地短路引起的工频电压升高来选定。

4. 甩负荷引起的工频电压升高

(1) 产生原因。当输电线路重负荷运行时，由于某种原因（如发生短路故障）使断路器跳闸，出现突然甩掉负荷，也是造成工频电压升高的一个重要原因，通常称作甩负荷效应。

甩负荷引起工频电压升高的主要原因如下：

① 发电机电势不能突变。当线路输送大功率时，发电机的电势必然高于母线电压。甩负荷后，发电机的磁链不能突变，将在短时间内维持输送大功率时的暂态电势，但电源电抗上的压降不变，导致母线电压上升。

② 空载长线的电容效应。

③ 调速器和制动设备的惯性。由于这些设备的惯性，甩负荷后不能立即起到调速作用，造成发电机转速增加，在短时间内（一般持续数秒）电压和频率均上升，工频电压升高就更严重。

运行经验表明，若系统发生单相接地，继电保护动作使线路突然甩负荷，考虑到线路的容升效应，则工频过电压可达 2 p.u.。

(2) 限制措施。一般主要采用在线路上安装并联电抗器来限制这种过电压。

(三) 谐振过电压

1. 谐振过电压的危害

电力系统中存在许多电感和电容元件（包括杂散电容），当系统进行操作或发生故障时，电感、电容元件可形成振荡回路，如自由振荡频率等于电源频率，就会发生谐振。

电力系统的谐振过电压不仅会在操作或故障时的过渡过程中产生，而且可能在过渡过程结束后的较长时间内稳定存在，直到发生新的操作使谐振条件受到破坏为止。

谐振过电压可在各种电压等级的电力系统中产生，尤其在 35kV 及以下系统中，谐振造成的事故较多。

2. 谐振过电压的类型

电力系统中的电容和电阻元件一般认为是线性参数，而电感元件则不然。根据振荡回路中包含不同特性的电感元件，相应地谐振过电压有 3 种不同类型：

（1）线性谐振过电压。振荡回路由不带铁心的电感元件（如输电线路的电感、变压器的漏感）或励磁特性接近线性的带铁心的电感元件（如消弧线圈，其铁心中有气隙），和系统中的电容元件组成。当振荡回路的自振频率与电源频率相等或接近时，产生串联谐振，产生比电源电压高得多的过电压。

（2）参数谐振过电压。系统中某些元件的电感会发生周期性变化，如发电机转动时其电感的大小随着转子位置的不同而周期性地变化。当发电机带有电容性负载（如一段空载线路），参数配合不当时，就有可能引发参数谐振现象。

（3）铁磁谐振过电压。当电感元件带有铁心（如变压器、电压互感器等）时，一般都会出现饱和现象。这时电感不再是常数，而是随着电流或磁通的变化而变化，在满足一定条件时，就会产生铁磁谐振现象。铁磁元件的饱和特性，使其电感值呈现非线性特性，所以铁磁谐振又称为非线性谐振。

3. 铁磁谐振的基本特点

（1）铁磁谐振的必要条件是 $\omega L_0 > 1/(\omega C)$，其中 L_0 为未饱和时的电感值。电感不是常数，故回路没有固定的自振频率，具有各种谐波谐振的可能性，包括高次谐波谐振和分次谐波谐振。

（2）铁磁元件的非线性铁磁特性是产生铁磁谐振的根本原因，但铁磁元件饱和效应本身也限制了过电压的幅值。此外，回路损耗也使谐振过电压受到阻尼和限制，当回路电阻大于一定的数值时，就不会出现强烈的铁磁谐振过电压，这就说明铁磁谐振过电压往往发生在变压器处在空载或轻载的时候。

4. 两种常见的谐振过电压

（1）中性点不接地系统单相断线引起的谐振过电压。在中性点不接地系统中，当一相断线（故障断线、断路器非全相动作、熔断器不同期熔断），就有可能发生基波铁磁谐振。

（2）电磁式电压互感器饱和引起的谐振过电压。在中性点不接地系统中，当电压互感器合闸或线路单相接地时，电压互感器会出现数值较大的励磁涌流，使电压互感器出现饱和，激发铁磁谐振过电压。

限制这种谐振过电压的措施有：

① 选用励磁特性较好的电压互感器，或改用电容式电压互感器。
② 在电压互感器开口三角绕组或互感器中性点与地之间接入消谐器。
③ 在母线上加装对地电容，破坏谐振条件。
④ 采取临时倒闸措施，如投入消弧线圈，或将变压器中性点临时接地。

（四）间歇性电弧接地过电压

1. 产生原因

中性点不接地系统发生单相接地时，如果接地电流（电容电流）超过一定值，会在接地点出现断续电弧，这将导致电感电容回路振荡，造成电弧接地过电压。间歇性电弧接地过电压也叫作断续电弧接地过电压。

2. 影响因素

影响间歇性电弧接地过电压的主要因素有：

(1) 电弧熄灭与重燃时的相位。电弧的燃烧与熄灭有很大的随机性，直接影响过电压的发展过程和大小。

(2) 系统的相关参数。在同样的情况下，考虑线间电容时比不考虑线间电容时过电压要小，原因在于线间电容使电荷存在重新分配的过程，使健全相电压起始值增大，更接近振荡结束后的稳态值，故过电压将下降。在振荡过程中，由于线路电阻和电弧损耗的存在，过电压幅值也会降低。

间歇性电弧接地过电压的幅值并不太高，绝大部分过电压不高于3.1p.u.，一般电气设备和线路的绝缘应能耐受。但这种过电压遍及全系统，且持续时间较长，对于绝缘较弱的设备，如直配电机等，威胁较大。

3. 限制措施（经消弧线圈接地）

变压器中性点经消弧线圈接地可减小单相接地电流，使接地点不产生断续电弧。

我国电力行业标准规定：3～10kV 水泥电线杆架空线路和所有的 35～66kV 架空线路，单相接地电流超过 10A；3～10kV 电缆线路，单相接地电流超过 30A 时，中性点经消弧线圈接地。

消弧线圈应采用过补偿方式，即单相接地时消弧线圈电感电流 I_L 大于电网对地电容电流 I_C。

（五）切除空载线路过电压

1. 产生原因

当切除空载线路时，断路器切断的是数值较小的容性电流，一般为十几安到百安。但在断路器分闸初期，由于恢复电压（断路器动静触头间的电压由电弧燃烧时的等电位恢复到电弧熄灭后的电网相电压）较高，容易引起断路器触头间电弧重燃。电弧重燃将引起电路中的电感、电容回路振荡，产生过电压。

2. 影响因素

(1) 电弧发生与熄灭的随机性。过电压的大小主要取决于电弧重燃时刻和熄灭时刻。

(2) 母线出线数。母线出线多，则电容大，能降低过电压。

(3) 线路负载及电磁式电压互感器。线路上的残余电荷经由互感器和空载变压器释放，能降低过电压。

(4) 中性点接地方式。中性点非有效接地系统的过电压比中性点直接接地系统的过电压高 20% 左右。

3. 限制措施

目前降低切除空载线路过电压的主要措施是采用灭弧能力强的断路器，如 SF_6 断路器。

（六）空载线路合闸过电压

1. 产生原因

空载线路合闸包括正常合闸和自动重合闸两种情况。

(1) 正常合闸过电压。正常运行时对空载线路合闸，合闸前线路处于零初始状态，合闸瞬间，电源通过电感对电容充电，电感、电容回路将发生振荡，产生过电压。最严重的情况是在电源电压为幅值时合闸，电容上的过电压可达到 2p.u.。我国实测值为

1.9~1.96p.u.。

(2) 自动重合闸过电压。自动重合闸时，由于线路上有残余电荷和残余电压，电感、电容回路的振荡更加激烈。最严重的情况是电源电压与线路残余电压反极性，此时过电压可达到2.91p.u.。

若采用单相重合闸，则线路上不存在残余电荷，就不会出现高幅值的过电压。

2. 影响因素

(1) 合闸相位。如果合闸不是在电源电势接近幅值时发生，则合闸过电压较低。

(2) 线路损耗。线路上的电阻和当过电压较高时线路上产生的电晕都构成能量的损耗，减弱振荡，从而降低过电压。

(3) 线路残余电压与极性。在重合闸过程中，由于绝缘子存在一定的泄漏电阻，一般会在约0.5s内使残余电压下降10%~30%，降低重合闸过电压的幅值。

3. 限制措施

(1) 采用带并联电阻的断路器，是限制这种过电压最有效的措施。但要注意选取合适阻值的电阻。

(2) 采用选相合闸。即在电源电压与线路残余电压相位相同或电位差接近零时进行合闸。

(3) 消除和削弱线路残余电压。采用单相自动重合闸，能避免在线路上形成残余电压。此外，线路侧装设电磁式电压互感器，通过泄放回路的残余电荷，也有助于降低过电压。

(4) 安装避雷器。

我国电力行业标准规定：330kV 和 500kV 系统的合闸过电压不应大于 2.2p.u. 和 2.0p.u.。对于220kV及以下系统，无须采取限制措施。

(七) 切除空载变压器过电压

1. 产生原因

在切除空载变压器时，由于变压器励磁电流很小，而断路器的灭弧能力又很强，所以当电流还没有过零时，电弧就熄灭了，出现所谓的"截流"现象。由于这种截流现象，将导致截断前变压器励磁电感中的磁场能全部转化为截断后变压器对地电容中的电场能，从而产生过电压。

2. 影响因素

(1) 断路器灭弧性能。切除空载变压器过电压的大小近似与截流值成正比。截流值与断路器灭弧性能有关。断路器开断时的截流值存在上限，且基本上比较稳定。切断小电流时，灭弧能力强的断路器，其过电压比较高。使用相同的断路器，当变压器引线电容较大时(如空载变压器带有一段电缆式架空线)，过电压也比较小。

(2) 变压器特性。变压器空载励磁电流或电感的大小对过电压有一定影响。空载励磁电流的大小与变压器容量有关，也与变压器铁心所用的导磁材料有关。近年来，随着优质铁磁材料的广泛应用，变压器的励磁电流减小很多。此外，变压器绕组改用纠结绕法以及增加静电屏蔽等措施使对地电容有所增大，也使过电压有所降低。

我国对切除110~220kV热轧硅钢片空载变压器的实测数据表明：在中性点直接接地的电力系统中，这种过电压一般不超过3p.u.；在66kV及以下的中性点不接地电力系统中，一般不超过4p.u.。当切除具有冷轧硅钢片的变压器时，过电压一般不超过2.0p.u.，可不采取保护措施。

3. 限制措施

虽然切除空载变压器的过电压幅值较高，但这种过电压持续时间短、能量小，采用避雷器可进行有效的限制。避雷器安装位置应该在断路器的变压器侧，以保证在断开后，避雷器仍留在变压器的连线上。另外，这组避雷器在非雷雨季节也不应退出运行。

二、模拟测试题

1. ［多选题］与雷电过电压相比，内部过电压的特点是（　　）。
   A. 过电压幅值不高　　　　　　　　B. 持续时间较长
   C. 与电网运行电压等级有关　　　　D. 过电压能量来自电力系统本身
2. ［单选题］内部过电压倍数为内部过电压幅值与电网最高运行（　　）之比。
   A. 线电压有效值　　B. 线电压幅值　　C. 相电压有效值　　D. 相电压幅值
3. ［多选题］以下属于内部过电压的是（　　）。
   A. 工频电压升高　　　　　　　　　B. 间歇性电弧接地过电压
   C. 变电所侵入波过电压　　　　　　D. 铁磁谐振过电压
4. ［单选题］下列不属于内部过电压的是（　　）。
   A. 工频过电压　　B. 操作过电压　　C. 谐振过电压　　D. 大气过电压
5. ［多选题］下列属于谐振过电压的是（　　）。
   A. 铁磁谐振过电压　　　　　　　　B. 线性谐振过电压
   C. 参数谐振过电压　　　　　　　　D. 暂态过电压
6. ［单选题］以下属于操作过电压的是（　　）。
   A. 工频电压升高　　　　　　　　　B. 间歇性电弧接地过电压
   C. 变电所侵入波过电压　　　　　　D. 铁磁谐振过电压
7. ［多选题］下列属于操作过电压的有（　　）。
   A. 切断空载线路过电压　　　　　　B. 空载线路合闸过电压
   C. 切断空载变压器过电压　　　　　D. 断续电弧接地过电压
8. ［多选题］下列可能产生过电压的情况是（　　）。
   A. 空载变压器合闸　　　　　　　　B. 长距离输电线路空载运行
   C. 空载线路合闸　　　　　　　　　D. 真空断路器开断高压电动机
9. ［单选题］空载长线路末端电压升高的原因是（　　）。
   A. 断路器灭弧性能不好　　　　　　B. 中性点不接地
   C. 电容效应　　　　　　　　　　　D. 线路电感电流突变
10. ［单选题］空载长线路工频电压升高的根本原因在于线路中（　　）在感抗上的压降使得电容上的电压高于电源电压。
    A. 电阻性电流　　B. 电感性电流　　C. 电容性电流　　D. 雷电流
11. ［单选题］限制空载长线工频过电压的措施是（　　）。
    A. 串联电抗器　　B. 并联电抗器　　C. 串联电容器　　D. 并联电容器
12. ［单选题］发电机突然甩负荷引起的过电压属于（　　）。

A. 操作过电压　　　　B. 谐振过电压　　　　C. 工频过电压　　　　D. 外部过电压

13. [判断题] 避雷器的灭弧电压通常依据单相接地短路引起的工频电压升高来选定。（　　）

A. 正确　　　　　　　　　　　　　　　B. 错误

14. [判断题] 铁磁谐振过电压往往发生在变压器处在空载或轻载的时候。（　　）

A. 正确　　　　　　　　　　　　　　　B. 错误

15. [单选题] 中性点不接地系统发生单相接地故障时，可能引起的间歇性电弧接地过电压属于（　　）。

A. 工频过电压　　　　B. 谐振过电压　　　　C. 操作过电压　　　　D. 暂时过电压

16. [单选题]（　　）电网有可能产生间歇性电弧接地过电压。

A. 低压　　　　　　　B. 3～66kV　　　　　C. 超高压　　　　　　D. 特高压

17. [单选题] 产生间歇性电弧接地过电压的根本原因是（　　）。

A. 接地电流太小　　　　　　　　　　　B. 接地电流太大

C. 接地电流呈感性　　　　　　　　　　D. 中性点直接接地

18. [单选题] 限制间歇性电弧接地过电压的措施是（　　）。

A. 串联电容器补偿　　　　　　　　　　B. 并联电容器补偿

C. 消弧线圈补偿　　　　　　　　　　　D. 安装避雷器

19. [单选题] 限制空载线路合闸过电压的主要措施是（　　）。

A. 装设避雷器　　　　　　　　　　　　B. 装设消弧线圈

C. 采用真空断路器　　　　　　　　　　D. 采用带并联电阻的断路器

20. [单选题] 下列关于谐振过电压的描述，正确的是（　　）。

A. 是一种暂态现象　　　　　　　　　　B. 是一种稳态现象

C. 不会产生于操作的过渡过程中　　　　D. 不会长时间稳定存在

21. [多选题] 空载线路合闸过电压的影响因素有（　　）。

A. 合闸相位　　　　　　　　　　　　　B. 线路损耗

C. 线路上残压的变化　　　　　　　　　D. 自动重合闸的类型

22. [单选题] 当变压器带有一段电缆时，使用截流水平相同的断路器切除空载变压器所产生的过电压会（　　）。

A. 变大　　　　　　　B. 变小　　　　　　　C. 持续时间长　　　　D. 持续时间短

23. [单选题] 在电力系统中发生铁磁谐振时，谐振回路中的电感是（　　）参数元件。

A. 时变　　　　　　　B. 线性　　　　　　　C. 受控　　　　　　　D. 非线性

24. [多选题] 电力系统下列设备（　　）在运行中可能引起铁磁谐振过电压。

A. 变压器　　　　　　　　　　　　　　B. 电磁式电压互感器

C. 电容式电压互感器　　　　　　　　　D. 并联电容器

25. [单选题] 空载线路合闸时可能出现的最大过电压不会超过（　　）p.u.。

A. 1.5　　　　　　　　B. 2　　　　　　　　C. 3　　　　　　　　D. 4

26. [单选题] 220kV及以下电网中电气设备的绝缘水平主要取决于（　　）。

A. 大气过电压　　　　B. 操作过电压　　　　C. 工频过电压　　　　D. 谐振过电压

27. [判断题] 用于限制变压器雷电侵入波过电压的避雷器也可限制切除空载变压器所产生的过电压。（ ）

    A. 正确   B. 错误

28. [判断题] 切除空载线路与切除空载变压器产生过电压的原因相同。（ ）

    A. 正确   B. 错误

29. [判断题] 对于220kV及以下电网，无须采取限制空载线路合闸过电压的措施。（ ）

    A. 正确   B. 错误

30. [判断题] 三相自动重合闸比单相自动重合闸更有利于降低空载线路合闸过电压。（ ）

    A. 正确   B. 错误

【参考答案与解析】

1. ABCD　2. D　3. ABD　4. D　5. ABC　6. B　7. ABCD

8. BCD。[解析] 选项A空载变压器合闸不会产生过电压，但会出现很大的励磁涌流。选项D真空断路器开断高压电动机可能会产生过电压：①真空断路器灭弧速度很快，可能出现截流，产生截流过电压；②可能出现电弧熄灭后重燃，出现高频电流，高频电流过零时熄灭，接着又可能出现重燃、熄灭的多次重复过程，产生过电压。

9. C　10. C　11. B　12. C　13. A　14. A

15. C。[解析] 中性点不接地系统发生单相接地时的过电压有两种情况，一是不对称接地短路引起相电压升高，它是工频过电压；另一种是间歇性电弧接地过电压，它是操作过电压。

16. B　17. B　18. C　19. D　20. B　21. ABCD　22. B　23. D　24. AB

25. C　26. A　27. A

28. B。[解析] 切除空载线路产生过电压的原因是电弧重燃引起过电压；切除空载变压器产生过电压的原因是断路器出现截流引起过电压。

29. A　30. B

附 录

国家电网招聘电工类专业毕业生考试大纲

（2021年版）

一、公共与行业知识（20%）

类别	序号	主要知识结构
一般能力	1	言语理解：对语言文字的综合分析能力
	2	数理思维：快速理解和解决算数问题的能力
	3	判断推理：根据一定的先知条件，通过拥有的知识、思维进行判定、推断，对事物得出结论的能力
	4	资料分析：主要包括文字类资料、表格类资料、图形类资料和综合类资料4种基本形式，综合考查应试者阅读、理解、分析、计算等方面的能力
企业文化、电力与能源战略	5	参见《国家电网有限公司企业文化、电力与能源战略》题库
形势与政策	6	中国共产党和中国政府现阶段的重大方针政策，2020年1月至今的国际、国内重大时事

二、专业知识（80%）

（一）本科生

主要课程	序号	主要知识点
电工技术基础	1	电路的基本概念与基本定律
	2	线性电阻电路的等效变换与分析
	3	叠加原理、戴维南和诺顿定理
	4	一阶和二阶电路的时域分析
	5	正弦稳态电路的分析
	6	含耦合电感电路的分析与计算
	7	三相电路的基本概念和计算
	8	非正弦周期电流电路的分析
	9	二端口网络的基本概念、方程和参数
	10	交/直流基本电参数的测量方法
	11	电力电子器件的原理及特性
	12	基本变流电路结构及原理
	13	变压器的结构与工作原理
	14	同步电机的结构、原理及运行特性
	15	异步电机的结构、原理及运行特性
电力系统分析	16	电力系统的基本概念
	17	电力系统各元件特性及数学模型
	18	电力系统潮流分析与计算
	19	电力系统有功功率和频率调整

（续）

主要课程	序号	主要知识点
电力系统分析	20	电力系统无功功率和电压调整
	21	电力系统故障的基本概念
	22	电力系统简单故障分析与计算
	23	同步发电机数学模型
	24	电力系统稳定的基本概念
	25	电力系统静态稳定分析
	26	电力系统暂态稳定分析
电力系统继电保护	27	电力系统继电保护的基本概念和要求
	28	阶段式电流保护配合原理、构成和整定计算
	29	距离保护的工作原理、动作特性和整定计算
	30	输电线路纵联保护原理
	31	输电线路自动重合闸的作用和要求
	32	变压器、母线的主要故障类型、保护配置和特殊问题
电气设备及主系统	33	电气设备的类型及原理
	34	电气主接线的形式、特点及倒闸操作
	35	限制短路电流的方法
	36	电气设备的选择
	37	配电装置的类型及特点
	38	变压器的运行分析
	39	自耦变压器的特点和运行方式
高电压技术	40	电介质的电气特性及放电理论
	41	输变电设备外绝缘及其放电特性
	42	电气设备绝缘特性的测试
	43	线路和绕组中的波过程
	44	电力系统防雷保护
	45	电力系统内部过电压种类及其防护措施

（二）研究生

主要课程	序号	主要知识点
电网技术基础	1	电力系统潮流分析与计算
	2	电力系统有功功率和频率调整
	3	电力系统无功功率和电压调整
	4	电力系统经济运行
	5	电力系统简单故障分析与计算
	6	电力系统静态稳定的概念

(续)

主要课程	序号	主要知识点
电网技术基础	7	电力系统暂态稳定的概念
	8	电力系统继电保护的基本概念和要求
	9	阶段式保护的配合原理
	10	输电线路纵联保护原理
	11	变压器的主要故障类型和保护配置
电力工程基础	12	电气设备的类型及原理
	13	电气主接线的形式、特点及倒闸操作
	14	限制短路电流的方法
	15	电气设备的选择方法
	16	电介质的基本特性及放电理论
	17	输变电设备外绝缘及其放电特性
	18	电气设备绝缘特性的测试方法及作用
	19	电力系统内部过电压种类及其防护措施
电网络理论	20	网络元件和网络的基本性质
	21	网络图论基本理论
	22	网络的矩阵分析方法
	23	网络状态变量分析的基本概念
	24	网络灵敏度分析的基本概念
现代电力系统分析	25	电力系统最优潮流的数学模型及算法
	26	电力系统状态估计的基本概念
	27	电力系统静态安全分析的基本概念
	28	电力系统静态等值方法的特点及应用
	29	电力系统复杂故障的分析
	30	电力系统暂态稳定分析的直接法和时域法
	31	电力系统小扰动稳定分析
	32	直流输电的基本原理及动态数学模型
	33	柔性输电的工作原理和稳态数学模型

参 考 文 献

[1] 邱关源. 电路 [M]. 5版. 北京：高等教育出版社，2006.
[2] 汤蕴璆. 电机学 [M]. 5版. 北京：机械工业出版社，2014.
[3] 辜承林，陈乔夫，熊永前. 电机学 [M]. 4版. 武汉：华中科技大学出版社，2018.
[4] 王兆安，刘进军. 电力电子技术 [M]. 5版. 北京：机械工业出版社，2009.
[5] 于永源，杨绮雯. 电力系统分析 [M]. 3版. 北京：中国电力出版社，2007.
[6] 夏道止. 电力系统分析 [M]. 2版. 北京：中国电力出版社，2010.
[7] 邰能灵，范春菊，胡炎. 现代电力系统继电保护原理 [M]. 北京：中国电力出版社，2011.
[8] 张保会，尹项根. 电力系统继电保护 [M]. 2版. 北京：中国电力出版社，2009.
[9] 刘宝贵，叶鹏，马仕海. 发电厂变电所电气部分 [M]. 3版. 北京：中国电力出版社，2016.
[10] 许珉，孙丰奇. 发电厂电气主系统 [M]. 2版. 北京：机械工业出版社，2011.
[11] 林福昌. 高电压工程 [M]. 2版. 北京：中国电力出版社，2011.
[12] 吴广宁. 高电压技术 [M]. 北京：机械工业出版社，2007.